연결된 위기

우크라이나 전쟁에서 한반도 핵위기까지,
얄타체제의 해체는 무엇을 의미하는가

백승욱 지음

연결된
위기

우크라이나 전쟁에서
한반도 핵위기까지,

얄타체제의 해체는
무엇을 의미하는가

백승욱 지음

1부 우크라이나 전쟁에서 한반도 핵위기까지

◯ 얄타체제의 해체로 나아가는 세계
— 신냉전이라는 오독
— 우크라이나 전쟁과 강대국 중심 질서로의 회귀
— 우크라이나 전쟁 이후의 세계

◯ 중국의 새로운 100년과 시진핑 체제의 도전
— 시진핑의 신시대
— '중화민족의 위대한 부흥'과 당의 전면 영도
— 새로운 위협으로 부상하는 중국

2부 다시 보는 얄타체제의 형성과 동아시아

◯ 루스벨트의 새로운 자유주의 구상:
  단일 세계주의라는 잊힌 출발점
— 진영론과는 다른 단일 세계주의라는 얄타구상
— 소련을 파트너로 삼는 자유주의적 세계질서 수립
— 얄타체제 수립의 지정학: 서로 연결된 독일, 폴란드,
  우크라이나 문제의 역사적 연원
— 두 세계주의 아래에서 지속되는 얄타의 구도
— 얄타의 단일 세계주의가 남긴 질문

◯ 얄타체제와 중국의 '중간지대의 혁명'
— 동아시아 냉전 형성과 중국의 '중간지대의 혁명'
— 중국혁명의 '동류화' 과정: 일본에서 소련으로 모델의 전환
— 20세기 자유주의적 세계질서 구상과 소련, 중국의 맞물림
— 중간지대 혁명 때문에 전개된 사회주의 건설기의 모순들:
  '1957년학'이라는 질문
— 체계의 카오스라는 우려

생각의힘

이매뉴얼 월러스틴 선생을

추모하며

차례

프롤로그 위기는 연결되어 있다　9

1부 우크라이나 전쟁에서 한반도 핵위기까지

1장 얄타체제의 해체로 나아가는 세계

1. 신냉전이라는 오독　35

2. 우크라이나 전쟁과 강대국 중심 질서로의 회귀　48

3. 우크라이나 전쟁 이후의 세계　59

2장 중국의 새로운 100년과 시진핑 체제의 도전

1. 시진핑의 신시대　87

2. '중화민족의 위대한 부흥'과 당의 전면 영도　98

3. 새로운 위협으로 부상하는 중국　119

2부 다시 보는 얄타체제의 형성과 동아시아

3장 루스벨트의 새로운 자유주의 구상: 단일 세계주의라는 잊힌 출발점

1. 진영론과는 다른 단일 세계주의라는 얄타구상　147

2. 소련을 파트너로 삼는 자유주의적 세계질서 수립　154

3. 얄타체제 수립의 지정학: 서로 연결된 독일, 폴란드, 우크라이나 문제의 역사적 연원　182

4. 두 세계주의 아래에서 지속되는 얄타의 구도　202

5. 얄타의 단일 세계주의가 남긴 질문　220

4장 얄타체제와 중국의 '중간지대의 혁명'

    1. 동아시아 냉전 형성과 중국의 '중간지대의 혁명'　229

    2. 중국혁명의 '동류화' 과정: 일본에서 소련으로 모델의 전환　242

    3. 20세기 자유주의적 세계질서 구상과 소련, 중국의 맞물림　262

    4. 중간지대 혁명 때문에 전개된 사회주의 건설기의 모순들:

     '1957년학'이라는 질문　288

    5. 체계의 카오스라는 우려　298

에필로그　얄타체제 해체로 나아가는 세계와 핵위기에 직면한 한국　305

부록1　"우크라이나와 대만 위기는 연결된다… '노'라고 할 수 있는 한국이

    중요"(「한겨레」 인터뷰)　340

부록2　얄타협정문　355

주　369

참고문헌　393

찾아보기　409

위기는
연결되어 있다

이 책은 러시아가 우크라이나를 침공한 직후인 2022년 3월 9일 한 신문사와 진행한 인터뷰에서 시작되었다. 나는 러시아의 우크라이나 침공이 중국의 대만 무력점령 위협 및 북한의 핵도발 위협과 연결되어 함께 진행될 수도 있다고 우크라이나 전쟁 몇 달 전부터 주장하고 있었다. 그 인터뷰에서 나는 연결된 위기가 발생하는 이유는 우리가 익숙하게 살아온 세계질서가 크게 동요하고 있기 때문이며 그 위기를 '얄타체제의 해체'라고 부르는 것이 적절하다고 말했다(부록의 인터뷰를 참고하라). 세 가지 위협 요인이 서로 맞물려 작동하는 것은 세계가 우리가 알고 있던 2차 세계대전 이후의 세계질서와는 매우 다른 어떤 것으로, 혹은 무질서의 시대로 전환되고 있기 때문이다. 불행히도 현실은 점점 더 연결된 위기의 방향으로 나아가고 있다. 익숙한 지식과 대응법만으로는 다가올 또 다른 위기

를 돌파하기가 쉽지 않을 수 있다.

심각한 국제정세

국제정세가 심상치 않다. 한국 사회가 심각한 여러 위협으로부터 비켜나 있던 시대가 끝나고 위기의 핵심 장소로 바뀔 수 있는 상황이다. 제2차 세계대전 이후 냉전이라는 방식으로 세계질서를 관리하면서도 열강 사이의 전쟁을 억제해온 얄타체제가 해체되고 있기 때문이다. 2022년 2월 24일 발발한 우크라이나 전쟁은 그 얄타체제가 무너지는 현실을 보여주고 있으며 그것이 갖는 함의는 우리 사회에도 분명하다.

먼 곳에서 벌어지는 우크라이나 전쟁을 우리와는 무관한 것으로, 안타깝게 여기면서도 어느 정도 거리를 두고 각자의 일상을 이어가면 된다고 생각하는 사람도 많을 것이다. 그렇지만 멀어 보이던 우크라이나 전쟁이 한국의 지정학적 위기와 연결되어 평온한 일상을 무너뜨리는 시작이 될는지도 모른다. 우크라이나 전쟁은 중국의 대만 점령, 나아가 한반도 핵위기와 연결될 수 있기 때문이다. 지구상 어느 곳보다 한국이 이 얄타체제 해체가 촉발한 연결된 위기의 위협적 공간이 되고 있다. 한국전쟁 이후 70여 년간 크고 작은 군사적 위기가 있었지만, 한반도에서 전쟁이 일어나지는 않으리라는 믿음이 이미 일상에 자리 잡았다. 그러나 이제 계속해서 그렇게 믿어도 될지 불안이 커지고 있다. 한반도는 전쟁 심지어 핵위기 가능성을 알리는 시계가 째깍째깍 조여오고 있는 아슬아슬한 상황이다.

현대사에서 한반도의 지정학적 질서가 크게 요동친 시기는 두 번 있었다. 한 번은 19세기 말에서 20세기 초 일본 식민지로 전락한 때고, 또 한 번은 2차 대전 종료 후 해방된 한국이 남북으로 분단되어 결국 전쟁으로 치달은 때였다. 되돌아보면 두 차례 국제적 대변동의 국면에서 한국의 지식인, 정치가와 사회운동은 정세변화를 객관적으로 분석해 최악의 상황을 벗어날 돌파구를 찾는 데 성공하지 못했다. 복잡 미묘한 국제정세에 직면했을 때마다 한국 사회는 이를 분석하고 체계적 대응에 나서기보다 의지만으로도 현실을 돌파할 수 있다는 과도한 열망에 빠지곤 했고, 이는 곧 좌절로 이어졌다. 그러다 보니 우리 마음대로 세상을 바꿀 수 있다 생각해 국제정세란 무시해도 좋은 것 아니면 우리로서 어찌 해볼 수 없는 숙명으로 간주하곤 했다. 나는 이를 '분석의 부재와 의지의 과잉'이라고 불렀다.[1]

지금은 다를까? 또다시 심각하고 위태로운 국제정세에 직면한 한국 사회는 냉정하고 차분한 분석과는 여전히 멀리 떨어져 있다. 더 많은 정보와 깊이 있는 이해로 무장한 다음 과거로 되돌아간다면, 좀 더 현명하게 행동하고 상이한 역사 경로를 찾아낼 수 있을까? 그런 사고 실험이 성공을 거둔다면, 우리는 지금 처해 있는 위기에 대한 냉정한 분석을 통해 다가올 위기를 벗어날 혜안을 갖출 수 있을까?

이 책의 주장

이 책에서 강조하려는 주장을 먼저 간단하게 제시하고 출발하는 것이 좋겠다.

첫째, 나는 우크라이나 전쟁이 드러낸 세계적 동요를 '얄타체제의 해체'로 부를 것이다. 얄타체제는 2차 세계대전을 종결짓는 과정에서 미국의 루스벨트, 소련의 스탈린, 영국의 처칠이 1945년 2월 크림(크룸)반도의 얄타에 모여서 합의한 전후 질서의 기본 틀이다. 유엔 안전보장이사회(안보리)로 대표되는 다자주의 구도를 전제로 하여 식민주의를 배격하고 독립국가의 발전주의적 길을 바탕으로 삼은 이 새로운 세계질서는 사실 자본주의와 사회주의의 단순한 진영 대립 이상의 의미를 담고 있었다. 이는 냉전하에서도 지속된 세계질서였고 강대국 간 전쟁은 이 틀을 통해 규제되었다. 그렇기에 냉전의 미-소 대립보다 얄타체제의 바탕에 있던 미-소의 불가피한 '협력'을 먼저 이해해야 현재의 변화를 직시할 수 있다. 많은 논자들이 지금의 변화를 '신냉전'이라고 부르면서 과거의 냉전적 체제 대결이 유사하게 이어지고 있는 것으로 보지만, 이런 관점으로는 변화하는 현실을 포착하기 어렵다. 우크라이나 전쟁은 전후 세계질서의 기본 틀인 얄타체제가 무너지고 있고 자칫 세계가 2차 세계대전 이전, 1차 세계대전 시대로 되돌아갈 수 있음을 보여준다. 영토 확장이나 경제적 이익을 위해 강대국 사이의 전쟁이 빈번하게 일어났던 시대로 말이다. 이런 복잡한 현실에 눈을 가리고 '편 가르기'식 대립을 되풀이해 국제정세 또한 단순하게 내 편 네 편을 가르는 방식으로 설명하려는 유혹에 빠지는 것은 국내 정치에 초래한 폐해보다 훨씬 더 위험하다.

둘째, 얄타체제의 동요와 해체는 동아시아 지정학적 질서에 심각한 위협을 가중한다. 우크라이나 전쟁은 중국이 대만을 무력으로 점령할 가능성을 증가시키는 것과 맞물리며, 이는 또한 남한에 대한 북한의 핵도발 위협을 증폭시킨다. 세계질서의 동요가 한반도에 새로운 위협을 야기하는 이유는 동아시아 지정학의 급변 때문이고, 그중 중요한 요인은 중국의 위상 변화이다. 중국의 변화가 한반도에 미치는 함의는 대만과 관련해 동아시아에 새로운 위기를 고조시킬 수 있고, 그와 맞물려 그간의 한반도 전쟁 억지 역할이 약화되고 북한의 핵위협이 커질 수 있는 배경이 된다는 점이다. 북한 또한 미국 본토 타격용 핵무기 개발을 통해 대미 협상력을 높이고 자국 안보를 유지하려는 수준을 넘어, 2021년 이후부터는 전술핵 개발을 통해 확전 역량을 키우려는 새로운 시도를 하고 있다고 보아야 할 것이다. 최근 2년간 전술핵과 탄도미사일 개발에 집중하고 있는 북한의 새로운 핵전략은 남한에 대해 이전과도 다른 종류의 군사적 위협이 되고 있다.

과거의 역사에 근거해 미래를 투사하고, '내가 알던 중국', '내가 알던 북한' 등의 단편적 경험이나 지식으로 현실의 급박한 변화를 무시하려는 태도는 제대로 된 대응을 가로막는다. 동아시아 지정학적 변동의 주요인으로서 시진핑 체제 이후의 중국을 냉정하게 분석하고 이와 연결 지어 북한의 전환도 새롭게 바라보아야 한다. 남한에 대한 북한의 태도가 왜 예전과 같은 관점에서 설명되기 어려운지, 남한 사회가 왜 예전과는 다른 심각한 군사적 위협에 노출되는지를 이해하려면 얄타체제의 해체라는 관점에서 우크라이나 전쟁부터 중국을 거쳐 한반도까지 이어지는 위기를 심도 있게 살펴볼 필요가 있다.

세계질서의 변화와 그것이 한국 사회에 초래할 수 있는 위기에 대응하기 위해서는 우리가 알던 현대사 전반을 다시 살펴보아야 하고, 그간의 익숙한 정치적 태도도 비판적으로 성찰해야 할 것이다. 분석이 결핍된 의지만으로는 위기를 돌파하기 어렵다. 대격동의 시대에는 기존 질서의 붕괴와 그에 따른 혼란을 심지어 찬양하는 사람들도 늘어나기 마련이다. 지금의 질서가 무너지면서 세계적으로 거대한 무질서가 도래해야 비로소 새로운 미래가 열릴 것이라는 일부 자칭 '좌파'의 근거 없는 허망한 낙관이나 '대란대치大亂大治'(중국 문화대혁명 때의 구호로, 대혼란이 일어나야 새로운 질서가 수립된다는 의미) 식의 사고는 '보이지 않는 손'이 시장의 조화를 가져다줄 것이라는 신화만큼이나 또 다른 신화일 따름이다.

많은 질문을 다시 제기하고 새로운 답을 모색해볼 필요가 있다. 2차 세계대전의 성격이 무엇이었는지, 20세기 자본주의와 사회주의는 무엇이었는지, 냉전은 무엇이었고 냉전 형성 과정에서 미국과 소련은 실제로 얼마나 적대적이었는지, 러시아혁명과 중국혁명의 관계는 무엇이었는지, 한국전쟁 발발을 둘러싼 국제정세는 어떠했는지, 유럽 냉전과 동아시아 냉전은 어떻게 관련되고 어떻게 유사하면서도 다른지, 중국 사회주의 건설 과정과 개혁개방은 어떻게 설명될 수 있는지, 한국 현대사는 이 20세기 세계적 변동과 어떻게 얽혀 있었는지, 얄타체제는 이런 많은 변화에 어떤 새로운 방향성을 부여했었는지 등에 대해 질문을 제기하고 이전과는 다른 접근을 시도해야만 할 것이다. 우리에게 익숙한 정치적 '선택지'들이 힘을 발휘하지 못한다면, 그 선택지를 당연하게 만들었던 역사해석에 문제가 있던 것이 아닌지부터 짚어보아야 할 것이다.

제1차 세계대전 시기와의 비교

　지금 세계정세의 동요가 왜 위험한지 따져보려면 시야를 조금 더 길게 가져갈 필요가 있다. 우리에게는 2차 세계대전 이후 세계 질서를 당연히 주어진 것으로 생각하는 관성이 있다. 그렇지만 이런 관점이 당연한 것은 아니다. 세계가 100년 전, 또는 그 이전으로 회귀할 수도 있기 때문이다. 현재의 위기를 냉전 시기에 비추어 보는 것이 왜 적절하지 않은지 이해하려면 조금 더 과거로 거슬러 올라갈 필요가 있다. 지금의 세계적 동요에서 관찰되는 특징은 여러 가지 점에서 100년 전 1차 세계대전 시기와 유사하다. 이는 세계가 다시 그 시기로 돌아갈 수 있다는 불길한 조짐일 수도 있다. 구체적으로 여섯 가지 정도 중요한 유사점을 찾을 수 있다. 강대국들의 전쟁, 팬데믹, 자유주의 위기, 파시즘, 전시자본주의 그리고 사회주의라는 유사점이다.

　첫째, 지금의 세계는 '신냉전'보다는 강대국들의 대립이 1차 세계대전으로 귀결된 당시와 더 유사해지고 있다. 지난 70여 년간 냉전이라 부르던 시기에 오히려 유럽 강대국 사이에서 전쟁이 억제되고 유럽 주변이나 외부에서 전쟁이 벌어졌음을 고려하면 지금 세계는 2차 세계대전 이후가 아니라 그 이전, 1차 세계대전 시기와 유사하다고 볼 수 있다. 특히 러시아가 다시 거대한 변동의 중심에 놓인다는 점에 주목해야 할 텐데, 1장에서 설명하겠지만 이는 2차 세계대전보다는 1차 세계대전이나 심지어 19세기 중엽 크림전쟁 시기의 대립을 연상시킨다. 러시아를 유럽에 통합시키지 못한 실패가 긴 후과를 낳고 있는 것이다.

　둘째, 세계적 팬데믹이다. 우크라이나 전쟁이 코로나19 팬데믹의 세계적 충격과 맞물려 진행된 것은 한 세기 전 1차 세계대전이 스페인독감의 전 지구적 확산과 맞물려 진행된 것과 유사한 모습을 띠고 있다. 1차 세계대전은 독일과 동맹국의 패배로 끝났지만, 전쟁이 종료된 것은 단지 전투에서의 패배만이 아니라 새로운 바이러스인 스페인독감에 노출된 병사들이 참호에서 대규모로 쓰러져나간 결과이기도 했다. 유럽, 미국, 아프리카 등에서 프랑스 북부로 집결한 농촌 징집병들은 스페인독감 바이러스에 면역력이 거의 없었고 속수무책으로 쓰러졌다.[2] 20세기 후반의 새로운 집계에 따르면 스페인독감 사망자는 5,000만 명이 넘는데, 전쟁 사망자와 스페인독감 사망자를 구분하는 것이 무의미할 만큼 충격이 컸다. 대규모 인구이동과 총력전이라는 형태의 새로운 전쟁을 중심으로 전례 없는 수준으로 사람들 간 상호접촉의 밀도가 높아져 사상자가 늘어났다. 1차 세계대전 시기 팬데믹은 19세기 말 '세계화'의 결과로 출현했던 것인데, 코로나19라는 21세기 초 팬데믹 또한 마찬가지로 세계화와 연결되어 있었다. 팬데믹은 세계를 통합시킨 세계화와 무관하지 않다. 팬데믹은 국가의 권위적 통제를 강화시켰고, 팬데믹에 대해 각국이 보인 상이한 대응에 따라 세계는 균열로 나아갔다.

셋째, 자유주의의 위기이다. 1차 세계대전은 19세기 고전적 자유주의가 신화로 받들고 있던 '자기조정적 시장경제'에 대한 믿음이 글자 그대로 무너진 결과였다.[3] 금본위제가 무너진 세계경제는 블록화와 식민지 개척의 영토주의적 팽창이라는 악순환에 빠져들었다. 1870년대 대불황에서 시작해 20세기 초 1차 세계대전에 이르기까지 19세기 자유주의 위기를 벗어나려는 여러 시도는 또 다른 위기를 불렀고, 결국 두 차례의 세계대전을 초래했다. 1차 세계대전 시기 자유주의는 전쟁의 발발 원인과 그 해결책을 찾아내지 못했고 세계는 이상주의, 현실주의, 경제세계주의 사이에 분열되었다.[4] 21세기 초 세계는 또다시 자유주의의 위기를 겪고 있는데, 이번에는 신자유주의의 위기라는 형태로 전개되고 있다. '사회'라는 관념 자체가 위기에 빠졌다. 신자유주의 금융세계화가 개별경제를 반복적으로 위기에 빠뜨리자 그 위기를 방지하고 해결하기 위해 새로운 금융기법들이 출현해 세계경제로부터의 이탈을 막고 세계경제를 관리 가능한 방식으로 묶어두려는 시도를 증가시켰다. 그러나 2008년 미국발 금융위기가 단적으로 보여주듯, 자본축적의 위기를 돌파하기 위한 금융적 통합은 새로운 금융적 위기를 낳았고 중심부 국가와 초국적 금융기구들이 주도하는 대응은 파생상품을 중심으로 하는 금융기법을 통해 금융적 통합의 고삐를 더 죄는 방식으로 위기를 돌파하려 했다.[5] 19세기 말 위기 때와 달리 이번의 세계경제 위기는 블록화를 불가능하게 하는 새로운 금융적 통합이라는 해결책을 찾은 듯 보였다. 그렇지만 그 이면은 이른바 '사회의 해체와 양극화'였고 심각한 정치의 위기로 이어졌다.[6]

넷째, 19세기에서 20세기로 넘어가는 과정은 파시즘의 세계적 영향력 확산과 뗄 수 없는 것이었다. 폴라니가 『거대한 전환』에서 보여주듯, 20세기 전환기는 자기조정적 시장경제라는 신화의 붕괴와 자유주의 제도의 쇠락 및 파시즘 부상의 시기였다.[7] 파시즘은 자유주의 붕괴에 대한 '사회의 자기보호'라는 구도로 등장하였다. 파시즘은 단순한 위로부터의 억압이 아니었고 새롭게 정치적 권리를 얻은 대중의 열망이 부정적 진화의 길로 나아가면서 대중의 폭력으로 전환된 결과였다.[8] 그와 대비해 20세기 말 신자유주의 위기는 기존 정당 체제가 약화하면서 포퓰리즘의 창궐과 극우 정당의 융성 그리고 권위주의 체제의 경쟁적 강화라는 결과를 낳고 있다. 우크라이나 전쟁과 세계질서의 대동요도 이런 변화와 떨어져 있지 않다. 기존 정치 제도의 틀 속에서 자신의 목소리와 불만을 담아낼 수 없는 대중의 분노가 어떻게 진화할지는 알 수 없는 일이다.

다섯째, 전쟁과 팬데믹은 자본주의의 변신을 촉진시켰는데, 1차 세계대전 시기 그 독특한 대응의 결과로 전시자본주의가 등장했다. 이는 19세기 이념인 고전적 자유주의가 내세운 자기조정적 시장경제의 무력함을 돌파하기 위한 시도였으며, 뉴딜적·사회주의적·파시즘적 길이라는 상이한 방향으로 분기하였다. 1차 세계대전 시기 전시자본주의를 거치면서 국가권력은 개인들의 권리를 억압하는 방향으로 나아갔다. 대외적으로는 '민족자결권'을 내세우며 자유주의의 사도로 등장한 미국 우드로 윌슨Woodrow Wilson 대통령도 국내에서는 방첩법과 치안유지법을 밀어붙였다. 국가는 사회에 대한 관리의 책임도 져야 하는 행정국가로 변모했고, 그로부터 새로운 위기가 다시 또 출현하는 상황이 발생했다.[9] 한 세기 지나 코로나19 팬데믹 상황에서 전시자본주의적 대응이 나타났는데, 세계적 공조보다는 국가 통제의 강화를 통해 문제를 해결할 수 있다는 단기적 환상이 고조되고 있다.[10] 권위주의 체제의 강화와 맞물린 전시자본주의적 특징은 중국에서 두드러지게 나타난 바 있다.

마지막으로 100년의 시차를 두고 앞선 다섯 가지 특징이 유사하게 반복되었다면, 가장 다른 특징을 보이는 것은 사회운동의 대응이다. 1차 세계대전을 초래한 세계 자본주의 위기의 중요한 결과

물은 사회주의 운동의 고조였고 대표적인 산물이 러시아혁명이었다. 그런데 현재는 사회주의를 경험한 두 대국인 중국과 러시아가 오히려 세계질서에 대한 위협적 존재가 되었으며 새로운 대안으로서 사회주의 운동은 찾아볼 수 없다. 세계질서의 동요 그리고 자유주의 질서의 위기에 직면해 미래지향적 사회주의보다는 각종 극단주의만 넘쳐난다. 수많은 저항과 불만이 분출되고 있음에도, 그 저항이 한 세기 전처럼 집중점을 찾기는 어려워 보이고, 그 때문에 오히려 부정적 상황으로만 전개되고 있다.

20세기 중반 두 차례 세계대전을 딛고 세계가 앞으로 나갈 수 있던 배경에는 러시아와 중국 두 개의 사회주의 혁명이 있었고, 식민지로부터 독립하려던 광범한 반식민지 투쟁이 있었으며, 새로운 권리의 주체가 되고자 하는 노동, 페미니즘, 인종차별 철폐 등 다양한 사회운동이 있었다. 통치체제도 이러한 도전에 따라 심대한 변화를 겪지 않을 수 없었다. 국민국가를 중심으로 한 발전주의 시대가 그 역사적 산물이다. 그러나 지금 세계는 마치 영화필름을 거꾸로 돌리듯 '성과'들을 서서히 무너뜨리면서 그 이전의 세계로 돌아가고 있는 듯 보인다. 한 세기 전 세계의 주목을 받았던 '사회주의인가 야만인가'라는 구호는 사라진 대신 '적의 적은 동지'라는 위험한 선동만 분출하고 있다. 내가 앞서 출간한 책에서 한국 사회에서도 나타나고 있는 이런 선동의 한 측면을 '앞선 세대의 게으른 습관적 반미주의'라고 부르며 비판한 것은 이 때문이었다.[11] 자신이 문제를 해결할 능력이 없을 때 외부의 큰 힘을 빌려 '거대 악'을 제거하려는 사고는 사회주의나 국제주의와는 아무 관련도 없는 위험한 분노의 표출일 따름이다.

이처럼 현 시기의 여러 징후는 한 세기 전의 세계적 혼란을 상기시키고 위기가 심화될 가능성을 경고하고 있다. 20세기 초 세계는 오늘날 못지 않은 대대적 세계화와 금융적인 통합을 이루어냈으며, 그로 인해 세계경제는 '벨 에포크'와 대불황의 온탕과 냉탕을 오가다 붕괴 직전 상황까지 나아갔고 전대미문의 대살육 전쟁이라는 비극을 겪었다. 두 번의 세계대전 이후 세계는 이 비극에서 벗어나기 위한 집단적 노력을 하였는데, 그것은 바로 전 지구적 '뉴딜'과 소련식 사회주의의 불충분한 역사적 '타협'이었다. 이 책에서 '얄타체제'라고 부르는 그 구도는 해체되고 있는데, 얄타체제가 많은 문제점과 모순을 안고 있다 해도 대안 없는 해체는 긍정적일 수 없다. 문제가 많은 이 질서를 더 나은 새로운 질서로 대체해야 하는 것이지, 그 이전의 더 낡은 질서로 퇴행하는 것이 해결책이 되서는 안 되기 때문이다.

분석이 부재한 현실은 늘 의지의 과잉이라는 대응을 낳았다. 20세기 초 그리고 해방 국면에서 그랬듯이, 지금 또다시 의지의 과잉은 냉정한 분석의 여지를 빼앗고 과잉된 기대와 바람은 성찰의 기회를 빼앗을 것이다. 앞선 책에서 나는 한국정치가 새로운 개편의 길로 나아가지 못하면 수구적 영남당과 민족주의적 포퓰리즘의 적대적 공생으로 귀결될 가능성이 크다고 이야기했다.[12] 안타깝게도 현실은 그런 방향으로 나아가고 있는 듯하다. 이는 국제정세에 대한 대응에서도 그대로 반복되는데, '신냉전'이라는 사고를 벗어나지 못하는 한계는 국제정세에 대한 '가치동맹' 외교를 내세우며 실제로는 낡은 반공주의적 사고를 벗어나지 못하는 방식, 또는 기존 구도에 대한 어떤 변형도 반대하는 무이념적 '실용외교', 그도 아니면 국제정세 분석이 결여된 민족지상주의 사이를 반복할 뿐으로 보인다. 돌파구가 보이지 않는다고 길이 없는 것은 아니다. 길이 없는 것처럼 보일 때일수록 더 냉정하게 작은 균열을 찾아내고 그 다음에는 먼저 자신의 두 다리를 굳건하게 땅속에 깊이 박아 딛고서 바람에 흔들리고 강물에 쓸려가지 않도록 버텨야 할 것이다.

이 혼돈의 시기에 한국의 현주소를 살피는 일이란 녹록지 않은데, 이를 삼중의 위기라는 현실로 조망해볼 수 있다.[13] 제도의 위기, 정치의 위기, 사상의 위기가 그것이다. 첫째로 한국경제는 이제까지의 성장을 지속할지, 이 사회의 통치방식은 안정적으로 유지될지 그리고 한국의 지정학적 안전은 담보될 수 있을지 근본적 의문이 제기되고 있는데, 이것이 제도의 위기다.[14] 다음으로 이 상황을 분석하고 대처할 수 없는 무능함, 즉 정치의 위기가 있다. 한국 사회는 언제나 정치의 과잉으로 보이지만, 과연 그 축적—통치구조와 세계질서에 적절히 대응하고 작동하는 정치인지 의문이 있었고, 이제 의문을 넘어 위기로 판단하지 않을 수 없는 상황이 전개되고 있다.[15] 셋째로 지난 100여 년의 역사를 통해서 검토해보자면, 이는 한국 사회에서 '사상사의 부재'의 위기로 나타남을 확인할 수 있다. 한국 사회의 현실을 보면 제도들은 그럭저럭 잘 작동해왔는지 모르지만, 그 제도의 출발점을 검토하고 수선하기 위한 사상의 거점은 매우 취약함을 알 수 있다. 혁명을 겪은 사회는 혁명이념이나 건국이념으로 회귀해 현재를 성찰하며, 서구와 다른 방식으로 근대로 전환한 사회에서는 격동의 사상적 전환기를 되돌아보며 현재의 위기를 돌파할 반성의 좌표를 세우려 한다.[16] 그래야만 위기에 빠진 현 사회가 나아가려 했던 미래의 지향이 무엇인지를 다시 한번 바로잡고 논의를 모아갈 수 있다. 한국에 과연 모두가 인정하는 그런 근대 전환기의 사상적 회귀점이 있는가? 거리-분노-적폐가 정치를 대체하고 정치의 사법화가 모든 운동을 대체하는 현실에 만족해도 될까? 한국 사회는 향후 100년, 혹은 그에 미치지 못하더라도 향후 30년 정도의 미래사회를 방향 짓는 사상적 좌표를 가지고 있는 것일까?

책의 구성

이 책을 읽는 독자들은 계속 불편할지도 모른다. 신념의 기반이 되었던 역사적 현실을 자꾸 다시 되돌아봐야 하는데, 자신이 서 있는 사상의 좌표가 무엇인지 되물어 보는 것은 매우 불편하고 꺼려지는 경험이다. 이런 비판적 작업을 되풀이한다고 모든 것을 해결해줄 대안이 불쑥 솟아오르는 것도 아니다. 불편함은 이 책을 쓰는 내게도 수시로 찾아온다. 그렇지만 자신이 알고 있는 것들에 대해 끊임없이 회의하며 다시 단단하게 다져진 신념이 아니라면, 우리가 붙잡고 있는 것은 그저 한 줌의 의미 없는 고집이나 환상에 불과할 수 있다. 더 나은 세상을 고민하며 미래를 열어가고자 한다면, 때로는 아주 냉정하게 이 세계를 통치자의 관점에서 분석하는 작업도 필요할 것이고, 자신의 신념이 결국 누구를 위한 것이었는지도 끊임없이 되물어야 할 것이다.

위기가 발현되는 공간을 중심으로 나누어 보자면 '내치'의 위기와 '외치'의 위기가 있을 것이다. 나는 한국 사회에서 '내치'의 위기를 다룬 분석 일부를 2022년 말 출간한 『1991년 잊힌 퇴조의 출

발점: 자유주의적 전환의 실패와 촛불의 오해』(북콤마)에 담았다. 이번 책은 그 후속 작업으로서 '외치'의 위기를 다루는 것을 목표로 삼고 있다. 이 책은 외치의 위기를 분석하기 위한 역사적·전 지구적 접근을 시도하고 있으며, 총 4장으로 구성되고 여기에 프롤로그와 에필로그 및 부록을 붙였다.

책은 1부와 2부로 나뉜다. 1부에서는 현 국제정세 위기의 성격을 검토한 후 이것이 어떻게 동아시아의 심각한 지정학적 위기로 연결되는지 살펴볼 것이며, 우크라이나 전쟁이 대만 위기와 연동되고 한반도 핵위기로 이어지는 맥락을 '얄타체제의 해체'라는 관점에서 규명한다. 2부에서는 얄타체제가 형성된 역사를 들여다봄으로써 얄타체제 해체의 함의를 집중적으로 파헤친다. 2차 세계대전의 핵심인 독소전쟁으로부터 얄타구상의 등장으로 나아가는 역사적 과정을 조명하고 이렇게 수립된 전후 질서의 함의를 살펴본 다음 동아시아에서의 변용으로서 중국혁명을 얄타체제 형성의 맥락에서 재해석한다.

장별 내용을 조금 더 자세히 소개하면, 1부 1장에서는 현 시기 세계질서의 동요와 동아시아 지정학의 변화를 다룬다. 우크라이나 전쟁이 2차 세계대전 종결로 형성된 얄타체제의 기본적 틀을 흔들고 해체하는 계기임을 보여주고자 했다. 이 전쟁은 대만에 대한 중국의 무력점령, 남한에 대한 북한의 핵도발이 동시적으로 연결될 위험을 높이고 있는데, 그 이유는 앞서 말했듯 신자유주의 위기 이후 국가간체계, 즉 2차 세계대전과 더불어 수립되어 작동해온 전 지구적 질서가 근본적으로 무너지는 과정에 들어섰기 때문이다. 미국 위협론이나 나토의 팽창만으로 이 전쟁을 설명하지 못 하는 이유는 무엇인지, 2차 세계대전 이후 국가간체계의 특징은 무엇이며 그 질서는 왜 그리고 어떻게 허물어지고 있는지 등의 질문을 다룰 것이다.

2장은 우크라이나 전쟁이 동아시아 지정학의 동요로 연결된다는 문제의식으로 돌아와, 왜 중국이 중요한 변수가 되는지, 왜 대만 위기가 중대한 문제로 부상하는지 살핀다. 2012년 이후의 중국, 즉 시진핑 체제의 특징을 이해하는 작업이 요점이 될 것이다. 중국에서 시진핑 체제는 앞선 시기와 다른 특징을 보이며, 얄타체제의 해체로 나아가는 세계적 혼란을 가속화할 가능성이 크다. 중국에서 사회주의 실험을 통해 제기하려던 많은 질문이 봉합되고 대신 '중화민족의 위대한 부흥'이라는 수세적 예외주의의 이데올로기가 강하게 부상했다. 2022년 중국공산당 20차 당대회에 앞서 2021년 11월 발표된 중국공산당의 제3차 역사결의는 시진핑의 지도적 위치를 수립하는 중요한 계기를 보여주기에, 이를 통해 우리가 알던 중국과 지금의 중국이 어떻게 달라졌는지 그리고 왜 중국이 세계질서에 대한 도전자가 되는지 설명한다. 시진핑 체제의 중국이 앞선 시대의 중국과 같은 특성을 보이는지, 중국은 왜 신자유주의 세계에 통합되면서도 세계질서의 도전과 위협이 되고 있는지, '중화민족의 위대한 부흥'은 왜 사회주의적 구호가 될 수 없는지 분석한다.

2부로 넘어가 3장에서는 얄타체제의 형성을 새롭게 조명한다. 해체되고 있는 얄타체제가 과연 무엇이었는지 그 원점으로 돌아가 살펴보는 것이 중요하다. 특히 얄타체제를 단순히 진영 대립적 냉전구도로 해석하는 틀을 벗어나 2차 세계대전 종결의 독특한 타협과정으로 볼 필요가 있고, 이를 통해 강대국 사이 전쟁 억제의 메커니즘이 어떻게 수립되었는지를 이해하는 것이 주요한 과제이다. 그렇기에 얄타체제의 작동과 구분해서 '얄타구상'을 루스벨트의 '단일세계주의'를 중심으로 분석한다. 얄타구상은 19세기 자유주의를 넘어서서 탈식민주의 세계질서를 만들고자 한 루스벨트의 단일세계주의 구상에 스탈린이 하위 파트너로 참가하면서 만들어진 구도임을 먼저 살피고, 이후 이 얄타구상이 상당히 변형되기는 하지만 유지되었음을 확인한다. 냉전이 과연 진영 간 대립을 의도해 형성된 것이었는지, 2차 세계대전 종결과정에서 미국과 소련의 관계는 어떠했는지, 얄타구상은 어떤 방식으로 변형되었는지를 질문한다.

4장은 얄타구상 단계에서 새로운 세계질서 수호를 위한 '네경찰국'의 일원으로 포함되었으나 실제로는 얄타체제가 확립되는 시기에 중요 행위자로 들어가지 않았던 중국이 이후 어떻게 이 얄타체제의 작동 구도에 포함되는지, 그에 따라 얄타구상으로부터 얄타체제로의 변화가 어떻게 진행되었는지 들여다본다. 2차 세계대전 이후 동아시아의 냉전이 유럽의 냉전과 비슷하면서도 다른 점을 이해하려면 중국 변수를 알아야 할 필요가 있으며, 이를 통해 한국전쟁에 대해서도 다르게 접근할 수 있다. 더불어 1951년 이후 '샌프란시스코 체제'라는 방식으로 작동해온 동아시아 전후 재편과 냉전 구도의 형성도 더 잘 이해할 수 있을 것이다. 공산당 주도의 농민혁명을 강조하는 중국혁명의 표준적 서사를 넘어서서 이를 2차 세계대전 전개와 종전 후 세계질서 수립의 맥락에서 비판적으로 재해석하려는 새로운 시도가 중국에서도 중요해지고 있다. 이 책에서는 중국 내부에서 기존 해석에 대한 비판으로 제기된 '중간지대의 혁명'이라는 관점에 따라 중국혁명을 얄타체제에 올라타서 성공한 혁명으로 보면서, 얄타체제의 일부이자 동아시아 냉전 형성의 특수성을 보여주는 계기로 설명할 것이다. 중국혁명의 성공 이유는 무엇이었는지, 중국혁명은 얄타체제 형성과 어떻게 연결되어 진행된 것인지, 한국전쟁이 얄타체제 아래 불안정한 국제정세의 틈새에서 어떻게 벌어지게 되었는지, 한국전쟁에 참전하면서 내건 '항미원조'는 중국의 국제적 위상을 어떻게 변화시켰는지도 검토한다. 이 장의 논의를 읽고 나서 우리는 20세기에 역사적으로 전개된 '사회주의 혁명'을 어떻게 이해할지에 대해서도 다시 생각해볼 수 있을 것이다.

본문의 분석이 역사의 재해석을 통해 현재를 이해하려는 것이라면, 마지막 '에필로그'에서는 이런 새로운 해석을 가지고 한반도 정세를 어떻게 전망할 수 있을지 하나의 시론을 제시한다. 앞으로 전개될 가능성이 있는 여러 가지 경로 중 하나로, 다소 극단적이고 비관적으로 보일 수 있는 한반도 핵위기의 예시를 들었다. '사고실험'을 통해 현 시기 세계질서 변화의 엄중함을 이해할 수 있다면, 이런 방식의 글쓰기도 유용할 것이라고 생각했기 때문이다. 본문이 다루는 여러 역사적 해석의 복잡함에 바로 들어서기 주저하는 독자라면 '프롤로그' 다음에 '에필로그'를 먼저 읽고 자신의 문제의식을 세운 다음, 1장부터 읽어보는 방식을 취해도 좋을 것이다.

세계체계 분석의 시각에서

이 책이 지금 같은 형태로 모습을 갖추게 된 출발점은 서두에서 말했듯, 20대 대통령 선거가 있던 2022년 3월 9일 「한겨레」 23면에 실린 박민희 논설위원과의 인터뷰 "우크라이나와 대만 위기는 연결된다… '노'라고 할 수 있는 한국이 중요"였다. 그보다 5개월 전쯤인 2021년 11월 19일 세종대에서 열린 현대중국학회 가을 학술대회 토론 자리에서 나는 최근 중국의 변화와 그 위험성을 경계하며 다음과 같이 문제제기했다. "중국 연구자로서 30여 년간 중국을 연구하고 이야기해왔지만, 지금은 중국에 대해 이야기하는 것이 부끄럽다. 나는 중국에서 발언하지 못하고 있는 중국인 친구들을 대신해 목소리를 내야 한다고 생각한다. (…) 지금 중국은 우리가 알던 중국과 너무 다르다. (…) 만일 대만 섬에 대한 중국의 군사적 위협이 전개되고, 동시에 러시아가 우크라이나를 침공하고, 그 시점에 북한이 대대적으로 핵실험을 재개하고 핵도발을 개시한다면, 이를 한반도 통일 대업이 열리는 길로 환영해야 할 것인가."

그때 토론회에 참석했던 박민희 논설위원이 이 도발적 발언을 기억하고 있다가 우크라이나 전쟁 발발 직후 국제정세의 심각성을 비판적으로 지적하는 인터뷰를 끈질기게 요청했다. 인터뷰에 응한 이후 2022년 한 해 동안 새얼문화재단, 민주노총, 사회진보연대 광전지부, 지역의 공부 모임과 그 외 여러 공간에서 이 주제로 강연할 기회가 많았고, 평소 꺼리던 TV 출연도 한 차례 했다(8월 28일, KBS 〈이슈 PICK 쌤과 함께〉). 강연을 할수록 한국 사회 내 뿌리 깊은 국제정세에 대한 무관심 또는 의지로 가득한 오해가 얼마나 문제인지 새삼 깨닫게 되었다. 그래서 내 연구도 좀 더 진척시키고 중요한 쟁점에 대한 소통의 폭을 넓히기 위해 강의와 병행해 여러 편의 글을 쓰게 되었다. 이 책은 그런 연이은 시도와 성과를 모은 것이다. 이번에 책을 준비하면서 이미 썼던 글들을 대폭 수정하고, 강연에서 발언한 내용도 추가로 덧붙였으며, 좀 더 전달이 잘 될 수 있도록 많은 곳을 손봤다.

출발점인 「한겨레」 인터뷰가 중요하다고 여겨 부록으로 실어 두었다. 그리고 '얄타체제의 해체'라는 주장을 펴고 있는 만큼, 얄타회담의 함의를 이해하기 위해 얄타협정문 전문도 번역해 부록으로 수록하였다. 보통 얄타회담의 일본 문제 관련 부분만 역사학계에서 논의되었지만, 더 핵심적인 부분인 유엔 창립과 유럽 문제에 대한 합의 내용을 잘 이해해두면 도움이 될 것이다.

이 책은 신문 인터뷰와 새얼문화재단 강연을 보고 연락해온 생각의힘 출판사와의 새로운 인연이 계기가 되어 세상에 나오게 되었다. 어려운 역사적 내용을 독자들의 관심과 잘 연결시키려고 계속 채근한 정혜지 편집자의 노력으로 책이 조금이라도 더 친절한 방식으로 바뀌었다고 생각한다. 광주과학기술원GIST 김동혁 교수와 성균관대학교 차태서 교수께서 이 책 초고를 읽고 여러 가지 유익한 조언을 해주었다. 감사드린다. 이 책에 실린 중국에 대한 비판적 분석은 오랫동안 '비판적 중국 연구'의 방향을 함께 모색해온 동료 연구자들과의 오랜 토론의 산물이라고 할 수 있다. 많은 분들의 도움이 있었지만 그중 중국 연구의 핵심기지인 성균중국연구소를 키워온 이희옥 교수, 성공회대 동아시아연구소를 동아시아 비판적 연구의 중심지로 만든 백원담 교수, 중국연구의 표준을 세워온 서울대 조영남 교수가 늘 내게 중국을 가지고 우리 시대를 새롭게 고찰하도록 독려해준 데 감사의 말을 남기려 한다.

내가 국제정치 전공자가 아니면서도 국제정세에 대한 글을 쓰고 책까지 내게 된 것은 오랫동안 자본주의 세계의 변화를 '세계체계 분석'이라는 관점에서 시공간을 확대해 이해해보려 노력한 데 힘입었다. 세계를 하나의 통합된 체계로 바라보면서 내적 요소들의 복잡한 차이점을 들여다보고 역사와 공간의 비교를 통해 그 동학을 살펴보려는 시도는 한국 사회라는 공간의 범위를 넘어서 좀 더 넓고 복잡한 구도 속에서 한국의 역사적 사회변동을 이해해보려 한 나의 바람을 잘 충족시켜 주었다. 세계체계 분석에 대한 나의 관심은 중국을 주제로 한 내 오랜 연구나 마르크스에 대한 내 관심사를 풍성하게 만들어준 자원이기도 했다. 세계체계 분석의 질문을 내 연구의 중요한 출발점으로 삼을 수 있던 데는 이매뉴얼 월러스틴 선생의 도움이 컸다. 1998년 가을부터 1년 반 정도 빙엄튼 대학의 페르낭 브로델 센터에서 머물렀던 경험은 세계체계 분석의 사유에 심도 있게 젖어들 수 있는 좋은 기회였다. 연구소에 체류하던 시기에 월러스틴과 만났고, 그 후 한국에서 열린 두 차례 토론회에서 다시 그와 만나 대화할 수 있던 것은 좋은 학문적 자극으로 남았다.

월러스틴은 2025년 이후에는 세계체계가 섭동하는 분기의 시대에 들어설 것이라고 줄곧 이야기했고 또 사망 전까지 500회를 꼭 채운 논평을 통해 지금도 지속되는 국가간체계의 대격동 조짐을 예리하게 분석하였다.[17] 과거의 통찰에 기반해 다가올 미래의 가닥을 비판적으로 잘 포착했던 월러스틴이 살아 있더라면 지금 세계의 위기에 어떤 날카로운 분석을 더해주었을지 궁금함과 아쉬움을 함께 느끼면서, 이 책을 고故 이매뉴얼 월러스틴 선생께 헌정한다.

1부

우크라이나
전쟁에서
한반도 핵위기까지

1장

얄타체제의
해체로
나아가는 세계

1

신냉전이라는
오독

2022년 2월 24일 러시아의 우크라이나 침공은 향후 세계질서 변화에 큰 영향을 끼친 사건으로 기억될 것이다. 전쟁의 원인과 성격 규정을 둘러싸고 국내외에서 논쟁이 벌어졌는데, 현시대 세계자본주의 성격, 미국 헤게모니 부침의 역사, 제국주의론의 함의, 신자유주의의 흥망, 자유주의의 역사 등에 대한 상이한 판단을 배경으로 여러 입장이 분기하고 있다.

우크라이나 전쟁의 원인과 성격

이 전쟁을 어떻게 볼지를 놓고 크게 세 가지의 입장이 대립하고 있다. 첫째로 미국 주도의 '나토NATO(북대서양조약기구) 동진'에서 문제의 원인을 찾는 미국 책임론, 둘째로 러시아의 무모한 영토주의적 팽창에 책임을 묻는 러시아 책임론, 셋째로 미국-서유럽과 러시아 쌍방의 책임을 함께 묻는 양비론으로 나눌 수 있다. 그리고 이런 입장 차에 따라 전쟁의 해결책 또한 나뉘는데, 첫째 미국 책임론은 러시아에 대한 제재 중지, 나토 팽창의 중단, 우크라이나에 대한 군사지원 중단, 우크라이나 내 러시아 영향 지역을 확대하고 점령지역의 독립성을 유지·인정하는 등의 내용을 포괄한다. 둘째 러시아 책임론에서는 러시아에 대한 더욱 강력한 제재와 우크라이나에 대한 지속적 무기 지원을 바탕으로 전쟁 이전 상태로 러시아의 철군을 강제하는 것이 중요한 내용이 된다. 셋째 양비론에서는 우크라이나에 대한 서방의 무기 지원을 중단하고 현 상태에서 즉각 휴전할 수 있도록 국제적 개입을 늘리는 것이 주요한 논점이 된다.

전쟁 발발 직후부터 지금까지 유럽의 좌파 사이에서도 이런 대립이 지속적으로 확인되는데, 「뉴레프트리뷰New Left Review」 편집장인 수전 왓킨스Susan Watkins는 대표적으로 양비론을 제기하면서, 러시아와 더불어 미국에 전쟁 책임을 묻고, 무기 지원의 중단과 즉각적 휴전을 해결책으로 제시한 바 있다.[1] 이런 입장에 반대하며 러시아 책임론을 대표하는 인물로는 우크라이나 좌파로서 적극적으로 이 '방어 전쟁'에 참여한 타라스 빌로우스Taras Bilous를 들 수 있다. 그는 이번 전쟁을 2014년 돈바스 전쟁Donbass War의 복잡성과도 구분하면서, 서구 좌파들의 태도가 위선적이라고 비판하고 민족자결권을 방어하기 위한 우크라이나 민중의 투쟁을 결코 낮게 평가해서는 안 되며 즉각적 휴전이 성사된다고 러시아의 팽창주의가 중단될 수 없다고 주장한다. 그런 이유에서 러시아에 대한 더욱 강한 압박과 우크라이나에 대한 지속적인 도덕적·군사적 지원의 필

요성을 제기한 바 있다.[2]

이런 입장의 분기는 전쟁이 4개월 간 지속된 시점인 2022년 7월 5일 마르셀로 무스토Marcello Musto 주도로 개최된 서구 대표적 좌파 이론가들의 토론회에서도 확인된다. 저명한 마르크스주의자인 미카엘 뢰비Michael Löwy, 에티엔 발리바르Étienne Balibar, 실비아 페데리치Silvia Federici 등이 참가했다.[3] 이 토론회에서 미국인 페데리치가 미국의 군사적 팽창주의와 군산복합체의 책임론을 좀 더 강조했다면,[4] 무스토는 양비론을 펼치면서 즉각적 휴전을 위한 외교적 노력에 매진해야 함을 강조했다. 그에 비해 뢰비는 푸틴이 우크라이나를 침공하면서 내세운 명분에 근거가 없는 것은 아니지만, 이 전쟁은 어떤 이유로도 정당화될 수 없고 우크라이나 인민의 저항할 권리를 부정할 수 없음을 주장했다. 토론회에서 가장 강경한 태도를 보인 것은 발리바르였다. 그는 나토 팽창의 위험성을 인정하고 그것을 냉전 시기부터 지속되어온 군사적 위협과 연결시키면서도, 러시아의 침공은 무조건 비난받아야 하며 우크라이나 인민의 대응에 논란의 여지가 있음에도 '정의의 전쟁'이라는 규정까지 적용할 수 있다고 봤다. 그는 이 전쟁에서 '평화주의pacifism'는 무책임한 태도일 수밖에 없다고 지적하면서 러시아의 행태에 대해 '제국주의'라는 논점을 불러낸다.[5] 이러한 논점은 국내 논자들 가운데 러시아의 침공을 비판할 때도 제기되며,[6] 여기서 더 나아가 러시아의 파시즘화라는 우려도 있다.[7]

절대적 평화주의는 훌륭한 이념으로 보이지만 2차 세계대전 상황으로 돌아가면 딜레마에 처하게 된다. 절대적 평화주의라는 태도가 새로운 질서를 구상하도록 추동하지도 못하면서 기존 질서의 급속한 붕괴 앞에 무력하기만 할 수 있기 때문이다. 1941년 6월 22일 독일의 대대적 소련 침공으로 시작된 독소전쟁을 예로 들어 보자. 바로 그 직후 제3국들이 개입하여 소련이 양보하는 방식으로, 예컨대 현재 우크라이나, 벨라루스 전체 영토와 소련 서부 일부를 독일에 할양하는 방식으로 전쟁을 중단시켰다면 문제는 해결되고 평화가 유지될 수 있었을까? 역사에 가정은 없다지만, 그랬다면 소련 인민 2,700만 명의 희생도 막을 수 있었을 것이고, 소련 사회주의의 생존력도 키웠을 것이고, 1942년 이후 집중적으로 가동된 폴란드 여섯 곳의 홀로코스트 절멸수용소의 비극도 없었을 것이라고 가정할 수 있을까? 히틀러의 독일은 거기에 만족해 팽창주의를 단념했을까? 얄타체제 같은 질서는 등장하지 않은 가운데 파시즘이 유럽 거의 전 대륙을 지배하게 되고 유라시아 대륙 반대쪽에서는 아마 일본이 중국 영토의 3분의 1 정도와 시베리아 상당 부분을 할양받는 대제국을 수립했을 수도 있었을 것인데 그것은 바람직한 결과인가? 반대로 이렇듯 엄청난 희생을 감수하고 '끝장 전쟁'을 밀어붙인 루스벨트와 스탈린은 전쟁광이었던 것일까? 물론 가정들만으로 역사를 판단할 수도 없고, 그동안 눈감았던 많은 비극적 현실을 성찰의 무대에 올려야 한다는 점도 중요할 것이다. 그렇지만 세계사가 좋은 방향, 진보의 방향으로만 진전하지 않을 때 불가피한 정세적 판단을 해야 한다는 현실 또한 부정하기는 어렵다. 결국 과거의 교훈에서 현재 선택의 근거를 어떻게 찾는가가 문제일 것이다.

우크라이나 전쟁에 대한 입장이 대립하는 이유 중 하나는, 현 세계정세를 '신냉전'이라고 규정하고 냉전의 선입견에 비추어 현 상황을 재단하기 때문으로 보인다. '신냉전'이라는 시각은 미중 무역갈등에 이어진 미국(과 유럽) 대 러시아-중국의 대립을 보면서, 탈냉전 이후 세계가 다시 냉전 시기와 마찬가지로 체제와 이념 대립의 시대로 회귀하고 있다고 해석한다. 러시아의 침공 직후 미국 바이든 대통령은 이 전쟁의 성격을 한층 확장해 향후 중국과의 대립까지 염두에 두고서 민주주의 대 독재democracy vs. autocracy라고 규정했는데, 이 또한 신냉전이라는 인식을 증폭하는 데 힘을 보탰다. 마치 자유주의 진영을 대표하는 미국과 '구사회주의' 진영을 대표하는 러시아의 대립이 재개되고, 여기에 중국 또한 가세하여 외견상 대결 구도가 갖추어진 모습이다. 이런 대립 구도는 우크라이나 전쟁과 연결된 위기에도 그럴듯하게 적용될 수 있기 때문에 신냉전 류의 분석은 계속 힘을 얻을 것으로 보인다. 그렇다면 '신냉전'이니 냉전 시대처럼 각자의 정치 이념에 따라 한쪽 진영을 택하고, 그럼으로써 문제가 어느 정도 해결되리라고 안도하면 되는 것일까?

'신냉전'이라는 사고에서 벗어나기

러시아의 우크라이나 침공으로 초래된 세계질서의 변동을 살펴보기 위해서는 먼저 이 '신냉전'이라는 규정이 적절한지부터 검토할 필요가 있다. 이와 같은 규정은 현 정세를 좀 더 긴 시간대와 공간 범위로 확장해 문제 이해도를 높인다는 장점이 있을 수 있다. 하지만 냉전의 진영 대립이 지금까지 계속된다는 관성적 전제는 국제정세의 새로운 변화를 포착하기 어렵게 만든다. 몇 가지 문제를 지적해보자.

첫째, 현재 우리가 목격하는 것은 '냉_冷전'이 아니라 폭격과 살상이 매일 전개되는 '열_熱전'이며, 이는 오히려 냉전의 전쟁 억제 기제가 무너지고 있음을 보여준다. 물론 냉전 시기에도 서구의 냉전은 아시아의 열전과 결합되었지만, 과거 아시아의 뒤늦은 열전이 냉전의 공고화로 가는 과정에 발생했던 것과 달리 현재 우리가 마주한 혼란은 냉전의 공고화와 비슷한 방향으로 가고 있다고 보기 어렵다. 과거 냉전에는 독일의 분할점령을 둘러싸고 2차 세계대전 승전국들 사이에서 벌어진 비전투적 긴장관계와 여기에 참여한 국가들의 세력권 확장에서 벌어진 실제 전쟁이 복잡하게 얽혀 있었다.[8] 냉전이 형성되는 과정에서 '서구' 내에서의 열전을 억제하기 위해 비서구지역에서 한국전쟁이나 베트남전쟁처럼 단속적으로 열전이 전개되기도 하였지만 이는 냉전을 공고화하는 과정에서 나타났고 다시 냉전의 틀을 강화시켰다.[9] 우크라이나 전쟁은 냉전 시기 '열전'에 대한 전쟁 억제 기제가 유럽 내에서조차 무너지고 있고, 전쟁 억제의 중요한 축이었던 러시아가 오히려 냉전 '이전'의 '열전' 방식의 중요한 도발자로 전환하고 있음을 보여준다. 이라크 전쟁으로 미국이 보여준 새로운 '열전' 방식이 한 단계 더 진척되어 위험한 시대가 열리고 있는 것이다.

둘째, 현재의 대립은 자본주의 대 사회주의의 체제 대립이 아니다. 신냉전 류의 해석은 과거 체제 대립의 그림자를 불러냄으로써 핵심적 질문을 회피하고 특정 체제 우위론과 그에 대한 반박으로 논쟁을 끌고 갈 위험을 안고 있다. 또한 현재의 대립은 신자유주의 대 반신자유주의의 대립도 아니고, 오히려 신자유주의적 세계통합 때문에 초래된 위기라고 할 수 있다. 러시아는 물론 중국도 더는 자본주의 진영과 대립하는 사회주의 진영의 종주국이 아니며, 지금 대립이 그런 체제 대결 때문에 나타나는 것도 아니다. 러시아나 중국 어느 쪽도 세계화로부터 이탈하는 반세계화 도전 세력이라고 볼 수도 없다. 러시아는 유럽의 일부이고자 했고 푸틴 집권 초기에는 나토 가입 의사까지 밝혔으며 에너지 공급망으로 유럽과도 밀접하게 얽혀서 냉전 시기보다 훨씬 더 세계경제에 통합되어 있다. 바로 이런 역설적 특성 때문에 러시아에 대해 미국이 주도하는 서방의 금융 제재가 효과를 거두고 있는 것이기도 하다. 중국의 경우는 더 말할 필요도 없이 전 지구적으로 통합된 자본주의 세계경제의 중심국이다.

'신냉전'이라 부르는 대립 구도는 세계화가 초래한 위기 때문에 세계경제의 중심에서 발생한 갈등과 관련된다. 신자유주의와 세계경제의 통합은 농산물·서비스·지적재산권까지 포함하는 무역자유화wTO, FTA의 확대, 생산공정의 전 지구적 분할, 글로벌 로지스틱스의 중요성 상승, EU 통합이나 워싱턴 컨센서스에서 확인되는 금융적 준칙의 강화, 고도금융의 무제약적 활동 증가 등의 결과로 개별 사회의 경제정책 자율성을 약화시켰다(원심력). 이에 대응해 정치권력의 자율성을 확보하려는 시도(구심력)가 트럼프식 통치자의 출현, 브렉시트Brexit 같은 이탈, 다양한 포퓰리즘의 분출이나 러시아와 중국의 권위주의처럼 '영토적 온전성'을 강화하려는 방식으로 나타났다. 러시아나 중국의 대응에는 어떤 사회주의적 고민의 흔적도 없다. 오히려 우크라이나 전쟁 이후 러시아와 중국이 보여주는 모습에서는 지난 세기 사회주의가 표방한 국제주의의 마지막 흔적까지 다 지워져 있다. 처음에는 마치 자본주의 대 사회주의의 체제 대립처럼 보이던 외양이 시간이 지나면서 점점 약화하고 제국 규모의 핵보유 강대국들 사이의 파워게임 중심으로 전환해갈 것으로 보인다. 결국 체제 대립을 가장한 강대국 대립 그리고 이를 위해 유인과 강압을 병행해 연계 세력들을 확장하려는 변화가 시작되고 있는 것이다.

셋째, 신냉전의 구도는 은연중에 민주주의 대 독재의 대립처럼 그려지는 경우가 있지만, 현실은 그렇게 간단하지 않다. 단적으로 나토 자체가 역설적으로 '독재'나 일부 극우 세력까지(뷔르키예, 헝가리, 폴란드, 오스트리아, 심지어 이탈리아 등) 포괄하고 있기 때문이다. 나토에 가입한 나라의 위협이 모두 외부로부터만 오는 것도 아니다. 또 나토라는 배에 올라탄 국가들은 나토가 '민주주의 진영'이어서가 아니라 현실적·실용적 판단에서 이 선택을 한 경우가 많다. 그렇기 때문에 나토에 가입했다고 해서 모두 한목소리를 내는 것도 아니다.

넷째, 그래서 세계를 두 개의 진영으로 나누는 '신냉전' 사고와 달리 현재 또 향후의 구도는 냉전 시기처럼 분명한 두 개의 진영 대립으로 전개되리라 보이지 않는다. 우크라이나 전쟁이 세상을 미국 대 러시아-중국의 두 축으로 나눈 것처럼 보이지만, 현실에서는 강대국들 사이에서조차 모호한 '회색지대'가 광범하게 나타난다. 프랑스, 독일 등은 중국과의 경제적 관계 때문에서라도 정치와 경제를 분리해 대응하고 유럽과 기타 지역을 구분하려고 한다. 인도 같은 경우 한편에서는 쿼드를 통해 미국과 가깝게 가는 것처럼 보이지만 러시아 무기의 최대 수입국이며, 힌두 근본주의를 내세우는 국내 통치 전략의 측면에서도 미국 중심의 진영적 대립 구도에 그대로 들어가 있는 것도 아니다. 유럽과 동아시아로부터 떨어져 있는 브라질 같은 라틴아메리카 지역의 태도 또한 신냉전으로 해석될 수 없다. 더욱이 '신냉전'적 대결을 주도하는 미국의 국제전략이 보호주의적 방식으로 자국 중산층을 육성하려는 국내 목표와 자유주의 세계질서를 확장하려는 국제목표라는 서로 모순적인 방향을 동시에 추진하고 있기 때문에 이 진영 대결적 구도는 언제든 외부적 요인이 아닌 미국 내부적 요인 때문에 동요할 가능성이 크고 결국 이상적 목표는 약화하고 실리적 목표만 남게 될 가능성도 높다.[10] 그렇게 될수록 진영 응집력은 약화하고 신냉전적 대립구도는 밀려나면서 '보호주의 진영화'만 남게 된다.[11]

다섯째, 신냉전이라는 사고의 근원인 냉전 시기를 되돌아보더라도, 당시가 과연 실제 전쟁 중의 적대가 상시화한 세계였는지에 대해 다시금 근본적으로 질문할 필요가 있다. 우리는 과거를 현재의 시각으로 해석하기 쉽다. 그래서 1960~1970년대 진영 대립, 베트남전쟁, 쿠바 미사일 위기, 유럽에서 핵미사일 배치를 둘러싼 대립, 아프리카 내전 개입 등의 사건을 거치며 형성된 냉전적 시각으로부터 소급적으로 2차 세계대전 전후 질서의 수립과정을 이해하려고 한다. 냉전의 체제 대립이 가장 상위에 있고 여타의 것은 모두 거기에 종속되어 있다는 발상이 우리가 세계를 이해하는 견고한 틀이 되었기 때문이다. 과연 이런 회고적 역사관이 타당한 것일까? 우리가 알고 있는 이 세계질서는 처음부터 진영을 가르는 냉전의 구도로 만들어진 것일까? 그리고 그런 구도가 지금도 여전히 지속되고 있는 것일까?

여기서 '냉전'에 대한 우리의 표준적 이해에 대해 질문을 던질 필요가 있다. 바로 그 '냉전' 시기에 중국(중공)이 러시아(소련)를 '사회 제국주의'라고 부를 정도로 양국이 적대적으로 대립했었고, 반면에 1972년 닉슨이 중국을 방문하고 1979년에 '수교'를 맺을 정도로 미중 관계는 그다지 적대적이었다고 보기 어려웠다. 거기서 거슬러가 '냉전' 형성기까지 더 나아가 보면, 두 개의 중국(국민당의 중국과 공산당의 중국)에 대해 미국은 한국전쟁 발발 이전까지는 지속적으로 우호적이었으며, 얄타체제가 형성되는 과정에서 소련과 스탈린에 대한 루스벨트의 태도 또한 결코 적대적이었다고 볼 수 없었다. 따라서 냉전을 넘어서는 2차 세계대전 전후 세계질서의 기획이 있음을 확인해보고, 냉전은 오히려 그 전후 기획이 변형되면서 등장한 하위 범주로 이해해야 하는 것이 아닐까?

이런 점에서 현재 우리가 냉전체제의 지속인 '신냉전'이 아니라, 그 냉전체제가 딛고 서 있던 세계질서의 기초 틀이 해체되는 과정에 있는 것은 아닌지 질문해야 할 것이다. '신냉전'이라는 설명 틀은 자칫 세계 구도를 단순하게 두 진영으로 나누고 둘 중 어딘가에 속해 위기를 피해갈 수 있다는 환상을 만들어내면서 현재의 심각한 전 지구적 위기에 눈을 감게 할 수 있다. 진영이 대립하던 냉전 시기나 또는 진영 대립이 해체된 탈냉전 시기에 와서도 세계질서는 식민주의에서 벗어난 독립국가들의 발전을 모델로 삼고 유엔 회원국을 그 규정적 형식으로 표방했으며, 이 질서의 실질적 통제력을 안보리의 강대국에 부여했다. 이런 질서는 사실 2차 세계대전 이후 강대국 간 합의의 산물이고 특정한 세계경제 구도 위에서 작동할 수 있었다. 그렇다면 지금 이 구도에 어떤 균열이 발생하고 있는지가 쟁점이 되지 않을 수 없으며, 그에 대한 판단은 다시 20세기에 수립된 이 세계질서를 어떻게 볼지와 무관하지 않을 것이다.

그렇다고 해서 국제정세에 대한 '신냉전' 방식의 대응과 개입을 무시해야 한다고 말하는 것은 아니다. 이 얄타체제 해체라는 세계질서의 대동요에 미국은 명시적으로 냉전 시기의 방식을 복제해 세계를 관리하려 하고 있고, 이런 흐름이 한국 정부의 외교적 대응에도 직접적으로 영향을 주고 있기 때문이다. 현실과 괴리가 있더라도 '담론적 전략'으로서 신냉전이라는 프레임은 여전히 작동하고 있다. 냉전 형성기 소련에 대한 '봉쇄containment' 정책을 수립한 조지 케넌George Frost Kennan의 구상을 복제하여 중국을 '건설적 관여'에서 '맞춤형 봉쇄' 대상으로 설정하는 것이 트럼프-바이든으로 이어진 미국 세계전략의 핵심 방향이라고 할 수 있다. 디지털 기술 보호연합을 강화하고, 중국을 전 지구적 핵심 공급망에서 차단하며, 인도양에서 태평양으로 이어지는 대중국 포위 군사네트워크를 확장하고, 미국이 군사적으로 직접 나서는 대신 각 지역에서 책임을 부담하고 대리전쟁에 나설 수 있는 국가들을 선별해서 집중적으로 지원하는 등의 정책은 우크라이나 전쟁 이후 점점 더 힘을 얻고 있다. 이는 특히 현재의 세계구도를 냉전적 체제 대립과 거의 동일한 것으로 상정하는 미국의 '자유주의적 이념집단'을 중심으로 추진된다.[12] 미국은 쇠퇴하는 자국의 지위를 되돌리기 위해서라도 '가치동맹'으로서 '신냉전' 동맹을 중국과 러시아 등 도전세력을 봉쇄하는 군사적·경제적 연합으로 확장하고자 할 것이다. 오커스AUKUS를 중심축으로 하면서 쿼드QUAD를 보완해 군사적 동맹을 강화하고 여기에 동북아시아와 동남아시아의 '책임국가'들을 포함시키려 시도하고 이와 더불어 '칩4'(한국·미국·일본·대만)와 인플레이션 감축법IRA 등의 방식으로 미국을 중심으로 한 새로운 경제질서를 모색하고자 할 것이다.

신냉전이라는 관점을 붙잡고 우크라이나 전쟁에서 동아시아 까지의 세계질서 변동을 해석하려는 태도는 한국에서도 그대로 확인된다. 한편에서는 현재의 세계질서를 '가치동맹'을 중심으로 끌고 가면서 이를 오래된 '반공동맹'의 확장으로 해석하고 그 틀을 그대로 국내정치에 끌어들이려고 시도한다. 다른 한편에서는 그 거울상으로서, 이 '가치동맹'의 국제적 위협을 사회주의 세계에 대한 제국주의적 위협으로 해석하면서 또 다른 반대쪽의 가치동맹을 형성하고자 하는 오래된 시도가 새롭게 힘을 얻고 있기도 하다.

그러나 양쪽 어디에 서더라도 '신냉전'이라는 인식 틀은 혼돈의 시기를 돌파할 해결책을 찾는 데에 심각한 걸림돌이 될 것으로 보인다. 신냉전이라는 방식의 설명은 자칫 현재 국제정세의 위기를 한편에 '수구적 냉전세력'이 서 있고 다른 한편에 그에 반대하는 '탈냉전 저항세력'이 서 있는 것 같은 방식으로 호도할 위험도 크다. 현실은 전혀 그런 방식으로 전개되고 있는 것이 아님에도 말이다. 향후 한편에서는 미국 중심의 '단극체제'를 유지할 수 있다는 확신 아래 자유주의 가치동맹을 강화하려는 시도가 당분간 지속될 것이다. 미국의 태평양-인도양 영향력은 확대되면서 중국 '봉쇄'는 강화될 것이고 관련국들은 선택을 강요받을 것이다. 그렇다고 중국이 '반미동맹'을 주도해 새로운 진보에 서게 되는 것도 아니다. 또다른 한편에서는 가치동맹 어느 한편에 가담한 것처럼 보이던 국가들 중에서 개별 국가의 이해관계에 따른 이탈 또한 가속되고 '다극체제'적 특징이 두드러지기 시작할 것이다. 러시아-중국에 대한 미국의 봉쇄전략에서 유럽, 인도, 중동, 남미가 어떤 입장을 취할지 알기 어렵다. 대립되는 흐름이 동시에 진행될 것이기 때문에 그중 어느 한 변화를 자기 판단을 정당화하는 논거로 삼기도 쉽겠지만 그것은 다시 현실의 복잡성을 신냉전이라는 단순함으로 회귀시켜 해석하려는 시도로 빠질 수밖에 없다. 냉전적 구도만 가지고 이런 변화에 대해 판단하게 되면 답은 나오지 않을 것이고, 그렇다고 단순한 '실용적 대처'가 답이 될 수도 없다. 전 지구적 차원에서 하나의 선택지만 있는 것이 아니라, 각 지역의 지정학적 조건에 따라 여러 상이한 모색을 결합해 서로 다른 해결책을 찾으려는 시도들이 공존하게 될 것이기 때문이다. 놓여 있는 지정학적 조건이 달라지면 다른 나라가 취한 선택지가 자신의 선택지가 되기 어려워지는 것이다.

2

우크라이나 전쟁과
강대국 중심 질서로의 회귀

우크라이나 전쟁을 냉전적 체제 대결의 틀로 해석하게 된 배경에는 전쟁 원인으로서 '나토 동진'이라는 쟁점이 있었다. 이 문제를 검토해보자. 우크라이나 침공 원인과 관련해 가장 많이 이야기된 것이 바로 나토 동진과 이에 대한 미국 책임론이다. 1991년 소련 해체와 더불어 소련의 영향 아래 있던 바르샤바조약기구가 해체되었음에도 나토는 해체되지 않았고, 그 시점에 "1인치도 동진하지 않겠다"고 했던 약속을 깨고 구사회주의권 동유럽 국가의 대부분 지역으로 확장한 것이 사실이며 이제 러시아의 문턱에까지 이르렀다는 것이다. 이 전쟁을 미국이 경쟁자 없는 단극uni-polar세계의 헤게모니를 유지하기 위해 체제 대결 구도를 강화한 결과이자 탈냉전과 9.11 이후 미국의 전 지구적 팽창주의의 산물로 보는 것이다.[13]

나토 동진 때문인가

분기점은 우크라이나에서 친러시아 정책을 펴던 야누코비치 대통령이 축출되고 서구 지향성이 부각된 2013년 11월부터 2014년 초까지의 유로마이단Euromaidan 운동 이후이다. 이를 중요한 도발로 보는 것이다.

'나토 동진론'과 함께 미국의 책임으로 거론되는 것들이 몇 가지 더 있다. 반러·친서방 성향의 신나치 세력이 부상하고 우크라이나 영토 특히 돈바스 지역에서 러시아계 주민에 대한 대대적 인권 탄압과 학살이 있었다는 주장 그리고 반러시아 서방주의자인 무능한 젤렌스키를 대통령으로 뽑았다는 비난 등이 그것이다. 미군의 세균전 본부가 있다는 주장도 있다. 이런 주장 모두 사실상 나토의 동진에 대한 부가적 설명이라고 할 수 있다.

이런 논지들을 결합해, 크게는 신나치 세력을 궤멸하는 "러시아의 해방전쟁"이라거나 최소한 "위협에 직면한 러시아의 자위책"으로 이 전쟁을 해석하는 입장이 광범하게 등장한다.[14] 국내에서도 우크라이나 신나치화와 나토 동진의 미국 책임론[15]부터 미국 위협에 반대하는 북·중·러 동맹론까지 다양한 러시아 옹호론을 확인할 수 있다. 단적으로 통일운동 그룹인 「민플러스」는 다음과 같은 입장을 표명했다.

러시아의 군사작전은 도네츠크와 루간스크 인민공화국에 가해진 신나치 세력의 학살 만행을 막기 위한 푸틴 러시아 대통령의 불가피한 선택으로 볼 수 있다. (…) 미국은 중국을 악마화하기 위해 홍콩 사태, 위구르 자치구 문제, 대만 문제 등을 일으키고, 나토

동진을 강행해 돈바스 전쟁에 불을 질러 러시아를 자극했다.[16]

국내 '민주진영'에 광범하게 확산되어 있는 러시아 옹호와 반미동맹 강화론은 국제정세를 객관적으로 분석하는 데 큰 장애가 된다. 이미 답이 정해진 틀을 벗어나려 하지 않고 빠르게 변하는 국제정세에 대한 세심한 분석의 필요성도 느끼지 않기 때문이다.

나토의 동진 문제는 탈냉전 시기 미국의 전 지구적 통치전략 확장과 떼어서 논의될 수 없다. 이와 관련해 몇 가지 중첩된 복잡한 역사가 있다. 첫째로 쇠퇴하는 미국 헤게모니로부터 벗어나 독자적으로 유럽의 안보적 중심성을 형성하려는 시도가 있었고, 둘째로 이와 반대로 유럽을 미국의 헤게모니 전략 아래 계속해서 포섭하려는 시도가 있었으며, 셋째로 나토가 단지 외적 안보문제만이 아니라 참여국가의 내적 치안문제에도 핵심적으로 작동하도록 변형되어온 역사 또한 동시에 있다.

유럽에서 쇠퇴하는 미국 헤게모니로부터 안보적으로 독립할지 아니면 미국의 영향력을 확대할지와 관련된 이슈에 있어서 역설적인 장면 중 하나는 집권 초기인 2000년대 초반 푸틴 자신이 나토에 가입할 의사를 밝힌 적이 있었다는 점[17]이다. 2003년 이전까지 푸틴은 미국과 '허니문 시기'를 지내며 테러와의 전쟁에 동참하면서 서방 질서의 일원이 되고자 했고 나토에 대해서도 적대적이지 않았다.[18]

그 시점과 현재를 대비해보자면, 중요한 점은 결국 러시아를 유럽의 핵심 일원으로 수용해내지 못하고 유럽 외부의 타자로 배척하게 된 이유가 무엇인지를 규명하는 것이다. 프랑스가 주도해 나토가 아닌 별도의 유럽안보 체제를 구성하려던 지속적 시도(여기에서 러시아는 중요한 구성 부분이 된다)와 이와 대조적으로 프랑스를 상대화하고 이스라엘을 부각시키면서 중동을 중요한 유럽의 위협요소로 설정해 나토를 강화하려던 미국의 시도는 결국 유럽 독자적인 다자적 안보기구가 아니라 나토가 강화 및 확대되는 길로 귀결된다.[19] 탈냉전 이후에도 서유럽 안보를 나토에 의존하는 대가로 미국이 유럽의 저임승차cheap-riding를 용인해주는 공생관계도 형성되었지만, 그와 동시에 유럽 자체의 군사역량은 취약해지고 미국에 대한 의존은 커지면서 전시 상황이 되면 미국의 부담이 크게 늘게 되는 구조가 만들어졌다.[20]

한편 '나토 동진'이 집중적으로 진행된 것은 오히려 나토에 대한 푸틴의 입장이 전환되는 2004년 이전 시기로, 푸틴조차 나토 가입 의사를 밝히던 때였다. 냉전 시기 가입국 16개국에 더해 1999년 체코, 헝가리, 폴란드 등 3개국과 2004년 동유럽 7개국이 가입했고, 그 후 2009년 2개국, 2017~2019년 2개국이 추가 가입했다. 2000년대 이전까지는 미국 의회에서 어떤 국가를 나토에 가입시킬지가 중요한 쟁점이 되었으나, 2000년대 이후에는 가입 숫자를 늘리는 데에만 관심이 기울여졌다.[21] 이렇게 본다면 나토가 러시아에 늘 위협이었다기보다는 2004~2005년에서 2014년을 거치면서 본격적으로 위협이 된 배경을 이해하는 것이 중요할 것이다.

나토가 이렇게 확장되고 더불어 미국의 영향력이 지속된다는 데서 주의할 점은 나토가 단지 국방·안보협의체에 한정되는 것이 아니라, 그 이상의 초국적 치안통치체제로 작동한다는 점이다. 이는 냉전 시기로부터 현재까지 이어지는 영향력으로, 유럽 전체 차원에서 미국 헤게모니에 위해를 가할 수 있는 잠재적 위협 세력들에 대한 공개적이면서도 은밀한 '공작' 영역의 확대와 군사훈련 확대 등의 문제까지를 포괄하는 것이다.[22] 그런 점에서 나토의 확대는 단지 군사적 동맹의 확장을 말하는 것이 아니라 이 '대서양 공동 지배'에 위협이 될 수 있는 세력들에 대한 억압과 배제의 전략이 확장됨을 의미하는 것이라고 볼 수 있다.

'나토 동진'에 대해 푸틴이 느끼는 위협의 실체는 이런 점에서 좀 더 분명히 이해할 수 있다. 러시아가 대외적으로 제시한 위협의 이미지는 사실 양차 세계대전을 통해 확인된 바 있는 독일의 군사적 영토적 팽창 시도로서의 '동진'이었다. 그런 점에서 '나토의 동진'과 '나치 독일의 동진'을 같은 방식으로 등치시키는 데는 주의가 필요하다. 현재의 위협은 군사적 침공보다는 유럽에서 친서방의 초국적 통치체제를 수립하려는 '정권 교체regime change'의 위협이라고 할 수 있기 때문이다. 아랍지역 '오렌지혁명'의 경우처럼 아래로부터 서구적 지향을 가진 민중의 저항과 위로부터 서방의 '공작'이 결합해 정권을 일시에 붕괴시킬 수 있다는 위기감이 있는 것이다. 나토의 동진이 영토적 '동진'으로 이어질 가능성은 적다는 점에서 푸틴의 러시아가 느끼는 '위협'은 나토 확장의 내치적 측면과 관련해서 이해되어야 할 것이다. 러시아가 2014년 우크라이나의 유로마이단에서 확인되는 반러시아 친서구 방향의 전환을 집중적으로 문제 삼는 것도 이와 연관되어 있다. 과거 독일의 팽창과 나토 동진을 등치시키기에는 설득력이 부족하기 때문에 중간 항으로 '신나치 세력의 부상'이라는 설명 고리가 등장했다고 할 수 있다. 우크라이나가 실제로 나토에 가입했기 때문에 벌어진 것이 아니라 가입할 수도 있는 '가능성' 때문에 전개되었다는 점도 정황적 맥락을 이해하는 데 도움을 준다. 이렇듯 복합적 고려 없이 지속적 '포위 위협'에서 모든 이유를 찾는 방식은 설득력이 떨어진다.

이런 점에서 나토의 동진이 러시아의 우크라이나 침공을 정당화할 근거가 될 수는 없지만, 침공의 맥락을 이해하는 데에는 중요한 요소임을 알 수 있다. 그리고 나토가 유럽 안보의 지배적 기구가 된다는 것은 우크라이나 전쟁이 어떤 형태로 종식되건 그 이후에도 계속 중요한 문제로 남을 것임을 시사한다. 왜냐하면 나토 동진은 9·11 테러 이후 미국 네오콘Neocon의 세계전략에서 드러나는 '예방적·선제적 공격'의 논리(이라크전쟁에서 아프가니스탄전쟁까지)가 확장된 결과라고 볼 수 있고, 탈냉전 시기 세계 도처에서 발생한 분쟁들과 유사한 배경을 보여주기 때문이다. 러시아가 어떻게 유럽의 일원이 될 수 있는가가 문제인데, 유럽연합EU이 유럽이 직면한 문제를 푸는 해결책이 되지 못하고 오히려 '새로운' 갈등이 되는 것처럼 나토 또한 유럽 다수 국가의 안보문제 해결을 위한 지배적 형식이 되고 있지만, 이 역시 어떤 유럽을 구성할 것인가를 둘러싼 논쟁으로 나아가 해결책을 찾지 못한다면 계속해서 문제가 될 것임을 알 수 있다.[23] 탈냉전 시기에 현실주의 국제정치학자들은 국가들 간 경합이 늘어나고 나토가 쇠퇴할 것으로 예상했지만, 나토는 계속 팽창했다. '신냉전'의 결과로 팽창한 것이 아니라, 1945년 이후 형성된 국가간체계(3장에서 자세히 설명할 얄타체제)를 변형하기 어렵고 기성 제도적 지속성이 강고했던 것이 오히려 원인이었다. 이렇게 되면 대안적 질서는 형성되기 어렵고 안보 위협은 증가하는데, 그 결과 기존 질서의 보호 속에 들어서서 안보 비용을 줄이려는 국가들이 더 늘어나면서 나토가 팽창하는 결과를 가져왔다는 사실도 부정하기 어렵다.[24] 신냉전이 나토를 팽창시켰다기보다는 다른 대안적 안보체제가 등장하지 못하면서 나토가 팽창해가고 그 결과 현실이 역설적으로 '신냉전'처럼 보이게 되는 것이다.

강대국 중심의 대결 질서로 회귀

러시아의 우크라이나 침공에는 나토 동진을 넘어서는 근본적 쟁점이 있다. '나토 동진'이 문제이고 러시아에 대한 '정권 교체 위협'이 증가했다고 하더라도 나토에 가입한 것도 아니고 가입할 가능성이 있다는 이유로 우크라이나를 침공했다는 것은 누가 보더라도 논리의 비약이기 때문이다. 이번 침공은 그레나다, 이라크, 아프가니스탄 등에 대한 과거 미국 주도의 개입전쟁이나 1970년대 소련의 아프가니스탄 침공과 유사하게 주권 원리를 침해하는 전쟁이라는 점에서 연속성이 있지만, 그와 동시에 완전히 다른 측면이 있다. 유엔 안보리 상임이사국이 바로 자신의 '영토적 온전성territorial integrity'을 이유로 전쟁을 개시했다는 점이다. 이는 배타적 영향력 행사의 공간인 '세력권sphere of influence' 논리에서 더 나아가 영토 지배에 대한 주장을 2차 세계대전 이전 시기로 몰고갈 수 있다는 점에서 우리에게 익숙한 세계질서와는 근본적으로 다른 주장이다. 2차 세계대전 이후 세계는 유엔총회와 안보리 중심으로 관리되어 왔는데, 이 전쟁은 이런 질서가 깨지고 있음을 보여주는 것이기 때문이다. 지금까지 안보리 상임이사국인 '강대국'들은 직접적인 자국의 영토 확장은 암묵적·상호적으로 제약한다는 원칙을 지켜왔기 때문이다.

이 새로운 양상은 강대국들이 영토적 온전성에 집착하던 1차 세계대전과 2차 세계대전 시기의 세계를 연상시킨다. 독일 팽창 시기 '레벤스라움Lebensraum'('생존공간'으로 번역되며 국가와 민족의 생존과 발전에 필요한 공간적 영역을 뜻하는 용어로, 양차 대전 당시에 독일 등에서 식민지 확장을 뒷받침하는 개념으로 사용되었다)의 그림자가 드러나는 것 같기도 하다. 러시아의 비판적 지식인 알렉산더 부즈갈린 Alexander Buzgalin도 우크라이나-러시아의 대립이 세계적으로 신자유주의의 동일한 경제적 이해관계로부터 상이한 정치적 지향의 대립으로 갈라진다는 점에서 1차 세계대전 시기와 유사해 보이며 다만 규모가 작고 '소극笑劇'이라고 전쟁 발발 전인 2015년에 강조한 적이 있다.[25] 이제는 그 소극이 참담한 비극으로 바뀌었을 따름이다.

러시아의 우크라이나 침공 정당화에 동원된 논리가 19세기 말 20세기 초 영토 팽창의 논리와 매우 유사하다는 점도 현 시기 위기의 성격을 이해하는 데 도움이 된다. 나토 동진, 무능력하고 위험한 우크라이나 지도부, 자국 국민을 위협하는 신나치 세력의 등장을 이유로 점령전쟁을 정당화하는 방식은 한 세기 전의 전형적인 강대국 팽창주의 주장이다.

이 논리를 19세기 말의 한반도에 적용해본다면, 이는 당시 '정한론'을 내세운 일본 팽창주의 세력의 주장과 크게 다르지 않음을 알 수 있다. 러시아의 남진에 따라 일본이 갖게 된 국가 생존(주권선)에 대한 위협, 이를 제어할 수 없는 무능력한 조선 왕조와 신하들, 조선에 살고 있는 일본인의 신분 안전이라는 세 가지 명분을 내세워 조선을 병합했던 것이다. 이렇게 자국에 대한 위협이 존재한다는 근거로부터 선제적으로 영토 병합을 추진했던 것이 19세기 말 20세기 초의 세계였고, 2차 세계대전 이후 '자유주의적' 세계질서는 이를 최대한 규제하려고 했던 것이라고 할 수 있다. 그런 점에서 우리는 러시아의 우크라이나 침공은 2차 세계대전 이전 후발 강대국이 영토적 온전성을 추구하던 시대에나 있을 법한 사건임을 알 수 있다. 이러한 대결의 시대가 된다면 위협에서 벗어나 생존할 수 있는 것은 '대국' 규모의 핵보유 국가들과 유럽-나토로 결합한 제국적 규모의 준연방적 기구에 속한 지역뿐이다.

따라서 현재의 위기를 단지 우크라이나에서 벌어지는 지역 분쟁으로 이해해서는 안 된다. 지금까지 미국과 나토 주도로 진행된 주권침해적 전쟁이 주로 세계체계 주변부의 위협적 세력에 대해 전개되었다면, 이번 전쟁은 바로 이 자본주의 세계경제에 긴밀하게 통합된 중심지역에서 벌어지고 있다는 점이 특징이다. 더욱이 그 세계경제 질서 자체에 대해 도전하거나 이탈하면서 촉발된 것도 아니라, 그 질서에서 좀 더 안정적인 큰 몫을 차지하고자 하는 경합이 지속되면서 발생한 것이라는 특징을 보인다. 러시아는 석유와 천연가스 수출을 통해 유럽 경제에 매우 긴밀하게 통합되어 있으며, 독일을 중심으로 한 유럽연합은 이 때문에 러시아의 군사적 위협을 억제할 수 있다고 보고 경제통합을 지속적으로 강화해왔다. 그런데도 전쟁은 발발했다. 그런 점에서 이런 국제정세를 두 체제 사이의 '외적 진영 대립'의 외양을 띠던 냉전 시대의 구도로 이해하기는 어렵다.

영토적 온전성을 추구하며 세계질서를 흔드는 상황은 중국도 마찬가지다. 우크라이나에 대한 러시아의 태도와 유사한 입장을 대만에 대한 중국의 태도에서도 확인할 수 있다. 중국이 어떻게 지정학적 위협이 되고 있는지 미국 주도의 '자유주의 세계질서'와 신냉전의 입장에 서 있는 학자들의 목소리를 먼저 들어보자.

중국은 (…) 장기적인 취약성의 창이 열리기 전에 단기적인 기회의 창을 다급하게 이용하려고 들 것이다. 중국은 세계 각국으로부터 양보를 얻어내게 해줄 경제 제국의 건설을 강력히 추진할 것이다. 또 국내외에서 기술 권위주의를 강화함으로써 민주적 공동체를 약화시키려고 시도할 것이다. 가장 우려스러운 것은 중국이 (…) 설사 미국과의 전쟁을 불사하고서라도 이웃 국가들을 상대로 무력을 사용할 강력한 유인을 갖고 있다는 점이다. (…) 중국이 재빠르게 움직이는 동안 미국과 이 지역의 다른 국가는 점증하는 위협에 대처가 늦었다. 미국이 중국의 이러한 팽창적이고 적극적인 공세를 성공적으로 약화시킬 수 있다면 중국을 상대로 한 장기적인 경쟁에서 승리할 수 있다. 미국이 실패한다면 중국이 세계적인 세력 균형을 뒤엎거나, 세계를 분란과 비극으로 끌고 들어갈 수 있다.[26]

중국은 마치 안정적인 자유주의 세계에 대해 외부로부터 도전해 이를 무너뜨리려는 세력처럼 묘사되고 있다. 그렇지만 중국은 러시아의 경우와 마찬가지로, 아니 그보다 훨씬 더 미국 중심의 세계경제 질서에 통합되어 있으며 기존 질서를 대체하는 새로운 질서를 세우려고 하는 것으로 보이지도 않는다. 세계의 많은 국가들이 미국보다 중국과 경제적으로 밀접한 관계를 맺고 있으며 어느 국가도 이 관계를 쉽게 단절할 수 있다고 생각하지 않는다. 그렇지만 앞선 인용문에서 말한 중국의 위협적 변화는 새로운 국면에 접어든 것으로 보이고, 대만의 군사적 점령 가능성을 필두로 한 새로운 움직임이 나타나고 있다는 점을 무시할 수 없다.

현재의 급박한 국제정세를 이해하기 위해서는 2차 세계대전 이후 국민경제를 단위로 한 발전주의 시대가 종식되고 금융세계화에 의해 추동되는 신자유주의 시대가 들어섰으며, 이 신자유주의가 세계적 통합을 강화하는 대가로 개별 국민국가의 통합과 문제해결 역량을 상당히 손상시켰다는 점부터 인지하는 것이 중요하다. 이 세계체계 외곽으로부터의 국가간체계의 균열은 지난 수십 년간 지속적으로 드러난 바 있고(이라크, 아프가니스탄, 소말리아, 수단, 아르헨티나, 남아프리카 등 목록은 길게 이어진다), 이제는 질서의 수립자들인 중심부로 균열이 확산된 것이다. 우크라이나 전쟁은 '영토적 온전성' 문제를 놓고 얄타체제의 수립자들 사이에 균열이 생겼음을 보여주는 중요한 신호라고 할 수 있다. 균열에서 나아가 해체로 이어질 수 있는 현재의 위기는 상당히 근본적 의미의 위기일 수 있는데, 왜냐하면 이는 "자유주의적 세계질서 자체를 뒷받침하는 논리에 대한 의문을 야기하기 때문"이다.[27] 자유주의의 헤게모니적 팽창처럼 보이는 이 '신냉전'적 현실은 오히려 자유주의 헤게모니 쇠퇴와 '보호주의 진영화'의 현실일 수도 있다.[28]

3

우크라이나 전쟁
이후의 세계

여기서 잠시 20세기 세계체계를 주도한 미국 헤게모니 쇠퇴를 둘러싼 논쟁을 점검하려 한다. 미국 헤게모니가 쇠퇴하고 있다는 데에는 큰 이견이 없겠지만 이 과정을 탈냉전 시기와 관련해 어떻게 해석할 것인가에 대해서는 서로 다른 견해들이 제출되고, 이는 현재 우크라이나 전쟁 이후 세계를 해석하는 방식에도 반영되고 있다.

단극체제에서 다극체제로 이행인가 헤게모니 쇠퇴인가

이 책의 논의와 연결 지어 쟁점을 다소 단순화하자면 현재 국제정세를 '단극체제에서 다극체제'로 가는 이행기로 볼 것인가, 아니면 미국 헤게모니 쇠퇴의 장기적 과정으로서 얄타체제의 해체로 볼 것인가의 차이가 있다고 할 것이다. 1989년 베를린 장벽 붕괴와 1991년 소련 붕괴 이후 세계의 특성을 어떻게 해석할지 그리고 탈냉전 시기를 미국 헤게모니의 단극체제가 수립된 별도의 시기로 구분할지가 쟁점이다.

탈냉전 시기를 그에 앞선 냉전 시기와 구분해 '자유주의의 승리'의 시기로 구획하고자 하는 견해가 있는데, 자유주의 관점의 존 아이켄베리John Ikenberry가 대표적이다.[29] 소련 붕괴로 냉전의 경쟁자가 사라지면서 세계질서는 미국이라는 단극이 통치하는 자유주의 시대에 들어섰다고 보는 것이다. 이러한 입장은 2008년 미국 금융위기 이후에도 그대로 이어지긴 하지만, 트럼프의 등장과 미국의 자국 중심적 국제전략, 전 지구적으로 등장한 도전 세력 등으로 인해 아이켄베리 자신도 동요하고 있는 것으로 보인다.[30] 아이켄베리의 견해는 이 탈냉전 시기에 미국이 '지적·도덕적 지도력'을 발휘하지 못하고 주로 군사력에 의존한 국제전략을 전개하면서 결코 세계질서의 '자유주의적' 성격을 수립하지 못했다는 점을 경시한다는 데서 문제가 있다. 미국 자유주의 헤게모니의 전성기는 2차 세계대전 이후 냉전 시기이며 그 이후는 오히려 그 쇠퇴과정으로 보아야 할 것이다.

그래서 이런 자유주의적 승리론에 대한 반박으로 국제정치학의 현실주의 학파에서는 냉전의 양극체제, 탈냉전의 단극체제 그리고 현재 다극체제의 시대로 이행하고 있는 것으로 시기 구분하는 견해가 힘을 얻고 있다. 이들은 탈냉전 시기 들어서 미국은 유럽에서는 통합을 강화하면서 동시에 나토의 강화로, 동아시아에서는 군사동맹과 병행한 중국의 포섭으로, 아메리카 지역은 미국을 중심으로 한 단일시장 통합의 방식으로 묶어내면서 다른 도전 세력이 성장하지 못하도록 배제하는 단극체제를 수립했다고 해석한다. 그리고 우크라이나 전쟁은 미국이 단극체제가 다극체제로 전환되는 것을 수용하지 않고 다극체제의 주요 세력을 배제하려다가 초래한 충돌로 해석한다. 나토의 압박을 통한 러시아의 배제와 미중 대결을 거치며 중국을 배제한 미국 주도의 세계질서를 수립하려는 시도가 이탈세력을 늘리고 대결을 조장하는 과정으로 이해하며, 다극체제의 세계에 걸맞은 새로운 질서의 모색이 중요해지는 것이다.[31]

단극체제에서 다극체제로의 전환이라는 분석이 현재 국제정세의 특징을 일정 정도 포착하는 것은 사실이다. 이 접근법은 미국 헤게모니 쇠퇴과정에서 확인되는 '과잉팽창overstretch'의 한계를 잘 지적하며, 이는 얄타체제의 해체를 통해 강조하려는 것과도 다르지 않다. 또 '현실주의적' 판단은 네오콘적·이념주의적 사고를 비판하고 객관적 현실에 기반해 강대국들의 현실적 이해관계의 상호합의가 지속 가능한 세계질서를 제안한다는 점에서 검토해 볼 필요가 있다. 국제정세를 이념적 대립으로 손쉽게 정리하고 넘어가려는 입장과 달리 현실주의적 해석은 실제적 해결책을 찾아 나가는 데도 도움을 줄 수 있다.

그렇지만 이처럼 탈냉전 시기를 단극체제에서 다극체제로 바꾸고 있는 것으로 이해한다면 1990년대 이후 신자유주의 등장과 전 지구적 영향력 확산을 설명하는 데 문제가 생긴다. 강대국 간의 대립에 우선적으로 초점을 맞추는 현실주의 접근은 도전국가가 많아진 현실은 잘 지적하지만 2차 대전 이후 수립된 미국 헤게모니의 토대가 왜 흔들리게 되었는지 충분히 잘 설명해주지 않는다. 단극체제를 앞선 냉전시대와 대비된 하나의 중요한 시기로 구분하려 한다면 세계경제를 상대적으로 안정적으로 유지할 수 있는 새로운 경제 통합의 구도가 필요하고 신자유주의가 그런 역량을 보였어야 한다. 그러나 신자유주의는 새로운 축적체제라기보다는 미국경제의 위기('체계적 축적순환'의 위기)를 돌파하기 위한 '금융적 팽창'의 성격을 띠고 있다는 점에서 미국 헤게모니가 쇠퇴하는 과정에서 나타난 특징으로 이해하는 것이 더 적절하다.[32] 탈냉전 시기의 '단극체제'나 '다자주의적 일방주의'의 특징도 미국 헤게모니가 지닌 독특한 특징에 기인해 헤게모니 쇠퇴에 대한 강력한 반작용의 결과로 해석하는 것이 더 낫다. 조반니 아리기Giovanni Arrighi는 미국의 이라크 전쟁에 대해 평가하면서 미국 헤게모니의 특징을 다음과 같이 분석했는데, 이 책도 아리기의 견해에 동의하면서 분석을 전개할 것이다.

> 조정과 적응에 저항한 네덜란드가 체계의 붕괴에 끼친 영향은 미미했다. 이에 비해 오늘날 우리는 스펙트럼의 다른 극에 이르렀다. 미국 중심 세계체계의 붕괴를 도발할 만큼 확실히 공격적인 새로운 권력은 존재하지 않지만, 미국은 한 세기 전의 영국에 비해 자신의 쇠퇴하는 헤게모니를 착취적 지배로 전환시킬 수 있는 훨씬 큰 역량을 갖추고 있다. 만일 이 체계가 붕괴한다면, 그것은 곧 적응과 조정에 저항한 미국 때문일 것이다.[33]

미국 헤게모니는 그 정점기에 비해 쇠퇴하고 여기저기 균열이 발생하고 있었지만, 소련이 무너진 이후 미국이 세계를 마음대로 쥐고 흔들 수 있는 강력한 수단을 지닌 것처럼 보여서 미국 헤게모니의 쇠퇴는 '쇠퇴'가 아니라 겉으로는 더욱 강력해진 새로운 '부상'처럼 보였다. 전 세계 금융에 대한 미국의 강력한 지배력과 압도적인 군사적 우위가 결합해 미국 헤게모니는 경쟁자를 제거한 전무후무의 진정한 '단극체제'에 진입한 것처럼 보였다. 하지만 이는 1990년대 클린턴의 '신경제' 시기와 뒤이은 2000년대 부시의 네오콘 시대 사이 대립과 논쟁에서 드러나듯 미국 경제의 이익에 필요한 지역(중심부)과 미국이 헤게모니를 유지하고자 하는 지역(전 세계)이 일치하지 않고, 경제적 이익과 무관한 지역에서 헤게모니를 유지하려 할 때 막대한 비용을 감당해야 하는 문제를 발생시켰다.[34] 자본축적 순환에 직접 포섭되는 지역은 유럽, 북미, 동아시아 정도로 한정되고 그 외 지역은 자원과 노동력의 상황에 따라 선별적으로 일부만 글로벌 로지스틱스 고리에 포섭된다. 이 때문에 아프리카, 라틴아메리카, 아랍 지역의 많은 곳에서 국민국가 발전주의의 성공이라는 자유주의 신화가 무너지고, '제3세계'라고 동질적으로 지칭하기도 어려워 축적의 공간에서 배제되고 불안정이 일상이 되는 '제4세계'라는 지칭마저 등장하고 있다.

　'단극체제에서 다극체제로의 전환'보다 미국 헤게모니 지배의 쇠퇴로서 '얄타체제의 해체'로 현재의 변화를 바라볼 때 2차 대전 이후 세계경제 및 세계질서의 변화를 함께 이해하는 데 더 유리하다. 미국 헤게모니는 군사적·정치적 힘만이 아니라 경제적 힘이기도 했기 때문이다. 그리고 이렇게 볼 때 '발전주의' 패러다임하에 부상한 '제3세계'의 시대가 왜 사라졌는지도 이해할 수 있다.[35] 자유주의를 내세운 미국의 지배가 이제 '지적·도덕적 리더십'이라는 의미에서 헤게모니의 특징을 발휘하지는 못하고 있는 것이다.

자유주의 중심은 공고하게 남아 있는데 '외부의 적들'이 늘어나면서 갑자기 다극체제로 바뀐 것이 아니다. 자유주의 위기가 온 이유는 단지 세계질서에 대한 외부 도전이 늘어나 단극체제가 붕괴해서가 아니라 '자유주의 세계 내부'로부터의 붕괴에 따른 것이기도 하다. 자유주의의 체제관리·포섭 능력이 떨어지면서 핵심 국가들 내부에서 비자유주의적 세력이 힘을 얻기 시작했는데, 이는 특히 2008년 세계금융위기 이후 두드러진다. 미국 공화당의 비자유주의적 세력의 부상과 주류화, 영국 브렉시트에서 떠오른 비자유주의 세력, 프랑스를 시작으로 독일로도 확장된 인종주의적 극우 정당의 세력화 등은 근본적으로 자유주의 헤게모니 자체의 위기가 '내파'에 따른 과정인 것으로 이해될 수 있다.[36] 현실은 미국이 여전히 견결한 자유민주주의의 중심지대로 남아 있고 이를 허물려는 '외부의 적들'의 공격으로부터 외롭게 수성하고 있는 상황이 아니다. 현실주의적 접근에서는 서로 맞붙어 싸우는 국가들을 통일적 세력이자 불변의 실체로 보고 있는데, 현재는 모든 지역에서 그 '국가'의 정체가 모호해지고 분열되고 위기에 처하면서 전개되고 있다. 얄타체제가 수립한 '국가상' 자체도 위기에 빠진 것이다.

예방적·선제적 공격으로의 전환

얄타체제의 해체는 신자유주의 모순의 심화와 뗄 수 없는 관계에 있다. 신자유주의적 방식으로 세계를 금융적으로 통합시키는 것은 한 세기 전처럼 세계를 경제블록으로 분열시켜 강대국 간 전쟁으로 나아가는 것을 막거나 지연시켰을 수는 있지만, 모순 자체를 해소하지는 못했다. 국민경제 단위의 발전주의를 희생시키는 대신 전 세계를 금융적 혁신을 통해 강하게 묶어내고 이탈을 불가능하게 함으로써 문제를 봉합했기 때문이다. 신자유주의는 새로운 중심부 국가들의 자본축적을 유지하는 돌파구는 될 수 있었지만, 국가간체계로서 얄타체제가 지속되기 어려운 곤경을 가중시켰고 결국 얄타체제 해체로 나아가는 길을 열었다.

자본주의의 금융적 통합과 축적이 온전하게 이루어지는 공간은 북미, 유럽, 동아시아 그리고 나머지 지역의 일부뿐이며 그 외 많은 지역은 통합과 축적에서 선택적으로 '배제'되고 버려져 있다. 냉전 시기에 체제 경쟁의 무대였던 아프리카, (동)남아시아, 중동, 라틴아메리카 지역의 많은 곳이 더는 신자유주의적 축적의 필수 공간이 되지 못한다. 1980년대 외채 위기와 IMF의 두 차례 개입 이후 이런 특징은 전 지구적인 것이 되었다. 아래로부터 세계를 바라보면 발전주의에 기반한 '자유주의 헤게모니'는 너무 먼 곳의 이야기가 되었다.

이렇듯 급격히 변화한 세계질서에 대한 개입을 두고 클린턴 시기와 부시 네오콘 시기의 차이점이 두드러지게 나타난 바 있다. 신경제 중심의 클린턴 시기에는 미국 자본의 이해관계에 기반해 신자유주의적으로 재편된 지역을 선별적으로 관리하는 것으로 국제전략의 목표를 좁혀서 잡았다. 반면 부시와 더불어 등장한 네오콘 시대에는 클린턴 방식의 국제 전략이 결국은 외부의 반발 세력을 키우면서 위기를 가속화할 것으로 보고, 다시 미국의 국제전략을 전 지구적 개입으로 확장하게 된다. 9.11과 더불어 개시된 이라크전쟁이 그런 개입의 성격을 잘 보여준다. 이 새로운 군사개입과 전쟁은 직접적·경제적 이해관계 때문이 아니라 국제전략적 위기를 예방하겠다는 '예방적·선제적 공격'으로의 전환을 보여준다.[37]

그러나 무력을 휘두르면서까지 '자유주의 헤게모니'를 전 지구적으로 내세웠음에도 군사적으로 개입한 지역을 '자유주의적'으로 개편한 것도 아니고 '자유주의의 이데올로기적' 힘을 더 키운 것도 아니다. 뒤이어 전개된 아프가니스탄 전쟁이나 이란에 대한 대응, 오바마 시기의 동아시아로의 전환pivot to Asia 역시 마찬가지였다. 문제는 여기서 전 지구적인 전략적 개입이 자본주의적 축적 공간을 팽창시키는 것은 아니며, 이 때문에 해당 지역을 자본주의적으로 포섭하는 데 성공할 가능성도 낮다는 점이다. 개입을 할수록 '배제'가 고착되고, 자본주의적 이윤이 아니라 난민이 늘어난 사실이 그 역설을 잘 보여준다.

잘 알려져 있듯이 전후 세계경제 질서의 기본틀인 브레튼우즈 체제가 1970년대에 무너지면서 세계경제는 1980년대부터 신자유주의적 전환을 시작한다. 1979년 미국에서 폴 볼커 연준 의장이 달러 신뢰성 강화를 목표로 미국 국채 이자율을 상승시키면서 긴축정책을 시작한 것을 계기로 시장개입적 자유주의 제도 운용(이른바 케인즈주의)에 대한 대대적 반전이 일어나고 신자유주의적 전환이 전면화되었다.[38] 신자유주의는 자본의 이동을 제약하고 이를 통해 고도금융을 통제한 전후 브레튼우즈 체제와 달리, 국민경제의 자율성이 갖는 틀을 허물고 전 지구적 금융 통합을 강화하였다.

신자유주의는 한 세기 전과 같은 세계경제의 해체를 방지하기 위한 새로운 방식의 통합을 추진했는데, 몇 가지 주요 특징을 보면 다음과 같다. 첫째, 다자주의적 자유주의는 세계경제를 블록화하는 경향을 억제하고 금융적 통합력을 높인다. 둘째, 국민국가는 더 이상 경제의 기본단위가 아니며 세계경제는 경쟁력 있는 경제행위자들의 네트워크적 통합으로 전개된다(초국적 기업은 금융위기 시대에 세계적 네트워크를 유지시키는 중요한 고리가 되는데 이런 초국적 기업 네트워크라는 특징은 이미 미국 헤게모니 형성 과정에서 마련된 것이다). 셋째, 개별 국민경제는 이런 초국가적 금융투자에 개방되는 방향으로 전환되어야 한다. 회계적 투명성, 외국인 투자에 대한 금융시장의 개방성, 특히 국채시장의 개방성, 금융자본에 의한 경제정책 개입-통제력이 상승한다. 넷째, 경제행위자들은 모두 투자의 책무성에 종속된 기업적 주체로 전환한다.

신자유주의는 세계자본주의의 수익성이 저하한 결과로 출현하였고, 금융을 우위에 두는 방식으로 전개되었다.[39] 신자유주의적 전환의 이유 자체가 자본주의 세계경제의 붕괴를 막고 위험을 분산시키려는 데 있기 때문에 신자유주의는 층화하고 차별화한 방식으로 경제적 위험을 구조적으로 분산시키기 위해 노력한다. 금융 세계화의 방식으로 신자유주의는 세계경제를 통합한다. 그 정점에서 산업의 중심이 아예 금융으로 전환하는 곳은 미국이지만, 그 바로 아래에서 유럽이나 동아시아는 산업의 중심이 금융이 아니라 제조업으로 유지되더라도 초국적 금융 투자에 점점 더 개방되는 방식으로 전환된다. 그 아래 층위에서는 개별 국가의 국민경제적 통합은 해체되고 선별적으로 세계경제의 공정 분할과 로지스틱스에 통합된다. 초국적 금융기관들이 이런 전 지구적인 층화한 통합을 주도한다. 그러나 이런 방식은 개별 국가의 경제정책의 자율성 그리고 통치의 유지와 관련해 중대한 문제를 발생시킨다.

　경제위기가 반복되며 신자유주의의 압박은 더 커지고 정치의 공간은 점점 더 축소된다. 상이한 사회집단들의 상이한 존재적 요구들을 정치의 공간에서 수용하고자 하던 앞선 시대 정치의 틀은 약화되고 '사적'인 것의 '공적'인 것에 대한 지배력이 확장된다. 이제 경쟁은 집단 간 차이보다 집단 내 차이를 더 크게 만들고, 집단 사이의 차이를 현실로 인정하고 거기에 국가가 개입하는 재분배의 정치는 점점 더 설 자리를 잃게 된다. 불평등이 전 지구적으로 확장되며, 국가의 재분배적 개입은 자본이 해외로 이탈할 수 있는 경우 제약을 갖게 된다. 사회는 불평등과 배제로 가득하지만 타인에 대한 연대만큼이나 정치적 조직에 대한 소속감을 형성하는 것은 어렵게 된다.

　볼프강 슈트렉Wolfgang Streeck은 이렇듯 서서히 무너지는 상태의 특징을 스태그네이션, 과두적 재분배, 공공영역의 약탈, 부패, 글로벌 무정부 상태라고 지칭하면서 '관리되는' 쇠락의 특징을 강조했다.[40] 현실은 암울하지만 그렇다고 쉽사리 '붕괴'하거나, 20세기 초 같은 방식의 위기를 겪을 것으로 보이지는 않는다.[41] 20세기 초 국제 금융체계의 대교란과 시장의 붕괴, 보호주의 창궐과 세계전쟁으로 이어지는 '체계의 카오스'를 거친 20세기 초반과는 달리 오늘날의 세계자본주의는 단순히 19세기의 제도적 질서로 복귀하지는 않는다. 대신 자본주의 경제 '리스크'를 행정적으로 관리하는 것이 아니라 '시장'을 통해 관리하고 위험을 분산하기 위한 새로운 금융적 기법들을 끊임없이 발전시키고, 이를 통해 세계경제는 위기와 통합을 반복하면서 예전보다도 더 '이탈'을 허용하지 않는다.

우크라이나 전쟁은 누적된 신자유주의의 문제점, 금융을 통한 자본축적 공간의 전 지구적 확장과 국가간체계 질서의 관리 불가능성이 모순적으로 결합되어 나타난 하나의 결과이다. 이 전쟁이 현재의 세계경제 질서에서 이탈함으로써 발생한 것이 아님에도 국가간체계를 동요시키는 계기가 되는 것이라면, 여기서 우리는 위기가 왜 이런 방식으로 분출되는지를 질문해볼 필요가 있다. 20세기 후반 이후 세계자본주의는 19세기 말처럼 블록경제화하지도 지구적 영토분할로 치닫지도 않았지만 조금씩 균열이 커져 왔다. 탈냉전 이후 구사회주의권까지 포섭해가면서 국제사회의 '자유주의적 포섭'의 외연이 확장되었지만 과거 국민국가 단위의 발전주의 시대가 부활할 수도 없고 신자유주의적 사회 해체 효과도 가중되면서, 비자유주의적 이탈의 흐름도 늘어나는 등 자유주의적 세계질서 자체의 심각한 위기를 낳고 있다고 할 수 있다.[42]

신자유주의로 인한 위기의 특성을 보자면, 지구적 경제통합의 과정은 동시에 끊임없이 개별 사회의 자율성을 약화하는(통치의 원심력을 강화하는) 이른바 '사회의 위기'를 초래하게 되며, 이에 대해 어떻게 자율성(통치의 구심력)을 확보할지가 도처에서 중요한 문제가 된다. 구사회주의권이 몰락한 탈냉전 시대에 자유주의의 승리가 보편화된 것이 아니라 그 자유주의의 한계가 드러나며 오히려 다양한 비자유주의적 도전들이 나타났다. 일당 권위주의, 국가 자본주의, 민주주의적 국가주의, 이슬람 신정주의, 좌우의 비자유주의적 포퓰리즘 운동 등 그 목록은 계속해서 늘어나고 있다.[43]

이라크전쟁의 두 가지 교훈(자국 안보를 위해 대량살상무기를 보유해야 한다는 것, 그리고 미국이 두 전선에 동시 개입하지는 못한다는 것)

에서 출발해 새로운 전쟁을 준비하며 자국 안보 대비를 키우는 세력이 커지며 위협을 증폭시킨다. 그렇지만 위협은 외부로부터만 오는 것이 아니다. 이제 위험성의 요인은 내부에서도 계속 증폭된다. 첫째로 내부의 불복종, 분리주의 세력은 중요한 도전세력이다. 둘째로 지속적으로 유입되는 난민과 이민의 이질성 또한 위험 세력으로 부상한다. 셋째로 과거 비교적 안정적으로 제어되었던 인근 세력권 지역 또는 통제 아래 있던 '자치지역'이 안보의 위협이 될 수 있다. 이는 기존의 정당질서를 무너뜨리는 내적 요인으로 작용하고 있다. 외부적 위험의 단속과 억제는 내부적 위험의 예방과 분리되지 않는다.

이런 다중적 안보위협으로 인해 최소한의 '공동지배-공동관리' 관념도 약화되며, 핵보유 강대국 중심으로 세계질서의 재편이 이루어질 가능성이 커진다. EU 같은 지역 통합조차 핵보유 강대국 대결 모델의 일부로 편입된다. 이처럼 국제질서의 최소한의 공조-합의가 무너지면서 강대국의 자국이익 중심주의가 부상하는 것이 얄타체제의 해체로 나아가는 길이라고 할 수 있으며, 이는 세계질서의 '공위기空位期, interregnum'로 이어질 우려를 키울 수밖에 없다.[44] 얄타체제의 해체는 자본주의 세계체계를 지탱해온 세계질서가 위기에 처해 있음을 보여주지만,[45] 그렇다고 해서 이를 대체하는 더 나은 세계질서의 틀이 등장하고 있는 것도 아니라는 점이 문제다. 개별 국가들은 각자도생하려 하겠지만 그러기 위해서는 스스로 강력한 자율성과 자생력을 갖추어야 한다. 제국적 규모의 핵보유 강대국들이 부상하면서 서로를 견제하며 이 과정에서 블록에 준하는 군사적 연계성을 강화하기 위한 세력권을 넓혀갈 것이다. 미국 주도의 나토처럼 최대한의 참여국을 포함한 경우에는 당분간 우위가 유지될 수 있을는지도 모른다. 도전국가들은 세계적 군사력의 비대칭성에 대한 정당한 비판으로 등장할 수 있겠지만, 그 귀결은 매우 위험한 또 다른 군사적 도전으로 끝날 수 있다. 미국 또한 자유주의 헤게모니의 중심국으로 체제대결을 주도하는 것처럼 보이지만, 단극체제의 자유주의 헤게모니 정책의 실패를 인정하면서 빠르게 국제정치의 현실주의를 수용해 변신할 수도 있다.[46] 쇠퇴하는 헤게모니이면서도 자원의 과도한 집중에 힘입어 '과잉팽창'이 가능한 이례적 조건 때문에 오랫동안 지속될 것으로 보였던 단극체제 아래 세계질서의 지속적·자유주의적 팽창 전략이 결국 미국 쇠퇴를 급속하게 재촉할 수도 있고, 그 현실에 대한 국내적 반응이 급격하게 전개될 수도 있기 때문이다.[47]

우크라이나에서도 세계경제로 통합되는 과정이 문제가 되었다. 이미 2010년대 신자유주의적 전환이 러시아처럼 올리가르키 Oligarchy 중심으로 추진되면서 친러시아 올리가르키와 친서방 올리가르키 사이의 이해관계 대립이 우크라이나 동부와 서부의 역사적·문화적·경제적 차이와 결합하면서 우크라이나의 내적 분할과 외부의 개입이 중첩될 수 있음을 보여준 바 있다. 2014년의 유로마이단과 뒤이은 돈바스 내전과 러시아어 사용 지역에 대한 우크라이나 정부의 탄압, 크림반도 분리 등의 과정은 신자유주의적 원심력에 대한 우크라이나 내의 균열과 러시아 내의 균열을 더욱 가중시켰다.[48]

신자유주의적 통합에 대응해 통치의 자율성(구심력)을 확보하려는 반작용은 정치체제의 성격과 세계경제에 통합된 방식에 따라 달라진다. 보통 유럽의 다당제 국가들을 보면 이것이 집권 정당이 계속 교체되는 방식으로 나타났는데, 핵심적인 몇 국가를 제외하면 이런 위기가 반복되면서 지난 반세기 이상의 통치를 지탱해온 양당 체제의 핵심 정당 자체가 약화하거나 거의 소멸하고 대신 포퓰리즘적 정치에 대한 의존이 커진다. 이탈리아가 대표적이며 프랑스에서도 그런 경향이 관찰된다. 2차 세계대전 이후 양당 구도가 그나마 유지되는 곳은 자유주의 본산지인 영국과 미국 그리고 2차 세계대전 이후 '미국화' 과정을 거친 독일과 일본 정도라고 할 수 있지만 여기서도 내파는 지속되고 있다. 20세기에 확장되어온 권리의 증대와 민주주의 확장의 정치는 전반적으로 위기에 처해 있는 것으로 보인다.[49]

이에 비해 다당제의 기초가 취약한 국가들에서는 선거를 통한 집권세력의 반복적 교체보다는 훨씬 더 권위주의적인 방식의 변화가 나타나는 경향이 있다. 올리가르키에 대한 통제에 기반한 푸틴의 방식이나 이미 나토에 가입한 몇몇 동유럽 나라들의 방식 또한 그렇다고 할 수 있다. 러시아의 오랜 '반체제' 인사인 보리스 카갈리츠키Boris Kagarlitsky도 국제지정학적 원인보다는 세 번째 임기를 거치며 푸틴 이후 지배 질서를 유지하기 어렵다는 내부적 원인에서 우크라이나 전쟁 발발 원인을 찾으며, 국내의 논자 중에도 2010년대 이후 푸틴이 느끼는 정권 내부 취약성 문제를 더 중요하게 보는 경우가 있다.[50]

중국도 덩샤오핑 방식의 개혁·개방에서 시진핑 방식의 개혁·개방 시대로 오면서 이런 변화가 확인된다. '시진핑 사상'의 전면적 지도를 내세워 권위주의적 방식을 강화하려는 중국의 시도는 특히 코로나19의 창궐과 그에 대처하는 과정의 일종의 '전시자본주의'적 상황에서 더욱 중요해졌다. 2년간의 이례적 통제는 국가가 인구와 보건, 경제를 강력히 통제할 수 있는 독특한 상황이었다. 이 직후 러시아의 우크라이나 침공이 시작되었고 중국의 대만 침공 가능성이 증폭되는 것 또한 이 코로나19 통제 경험과 무관하지 않다.

러시아의 우크라이나 침공이나 중국의 대만 무력통일 위협, 북한의 핵도발 가능성은 모두 세계질서의 '공위기'의 징후들이라고 할 수 있으며, 이런 위협과 위기는 개별적으로 나타나지 않고 서로 연결된 위기로 진행될 가능성이 크다. '내정'이라고 여기는 지역에 대한 러시아와 중국의 공세적 대응이 모두 2014년부터 시작되었다는 것은 상징적이다. 내부 이탈 세력과 통치의 자율성 약화(원심력)에 대한 우려는 2014년경 유로마이단과 홍콩 우산혁명이라는 계기에서 뚜렷하게 등장했다. 2012년 대통령에 다시 당선된 푸틴과 2012년 중국공산당 총서기가 된 시진핑이 당면한 현실이 바로 여기였고, 양국 모두에서 내부적 권위주의 체제 강화와 대외적 강경노선의 수립으로 이어졌다. 중국과 러시아 양국 정상은 2022년 우크라이나 침공 직전의 베이징 동계올림픽에서 연대의 이미지를 극대화하였다. 중국은 2023년 시진핑 주석 3연임을 달성했다. 푸틴은 2024년 네 번째 임기가 종료되면서 선거를 통해 다섯 번째 임기에 들어서야 하는 과제가 있는데, 2연임 후 한 번 건너뛴 것을 기준으로 보자면 2024년은 푸틴도 3연임의 과제를 새롭게 떠안는 해가 된다. 3연임에 성공한 시진핑은 2023년 3월 20일 모스크바에서 푸틴을 만나 우크라이나에 대한 러시아의 공격 그리고 대만 문제에 대한 중국의 입장을 공유하고 북한의 핵도발에 대해서도 자위권 차원에서 지지하기로 하였다. 2018년 이전까지는 북한의 핵개발에 대한 안보리 제재에 동참했던 러시아와 중국이 점차 이 제재로부터 이탈하여 묵인-동조하는 방향으로 전환하는 것은 2014년 이후 러시아와 중국의 변화와 무관하지 않을 것이다.

중국의 최근 동향을 러시아의 우크라이나 침공과 연동해서 어떻게 이해할 것인가에 대해 우리는 2장에서 집중적으로 검토할 것인데, 이런 중국의 변화가 한반도 정세에 미치는 영향을 심각하게 사고할 필요가 있다는 점에서 순서를 바꾸어 북한의 최근 핵전략 전환을 먼저 확인한다. 이 논의를 바탕으로 다음 장에서 중국의 변화를 살펴보기로 하자.

비대칭적 확전으로 나아가는 북한의 핵전략

얄타체제 해체에 대한 북한의 선택지도 러시아나 중국의 대응과 어느 정도 유사하긴 하지만, 두 나라에 비해 세계경제에 대한 통합도가 매우 낮다는 점에서 경제적 고려보다 정치적·군사적 고려가 더 크다는 점을 강조해둘 필요가 있다. 북한은 러시아나 중국과 유사하게 내부적으로 권위주의 체제를 강화하고 대외적으로는 강경노선을 수립했다. 앞서 설명한 2014년 무렵의 출발점과 시기도 비슷해 김정은은 2012년 권력을 승계하였고 2013년부터 새로운 노선을 제기하였다.

북한의 핵무기 개발은 탈냉전 시기인 1993년 김일성 주석 주도로 핵확산금지조약NPT 탈퇴와 영변 핵재처리시설 가동에서 시작했다. 본격적으로 핵실험에 나선 것은 2006년 1차 핵실험과

2009년의 2차 핵실험 등 김정일 국방위원장의 집권기였지만 김정은 체제가 등장하며 이전과는 다른 중요한 변화가 발생했다. 김정은은 집권 초기부터 중국과의 우호적 개방정책을 폐기하고 '경제건설·핵무력건설 병진노선'을 내세웠다. 그 중요한 전환점이 2013년으로, 2월의 3차 핵실험 직후인 2013년 3월 조선노동당 중앙위원회 전체회의에서 이 병진 노선을 채택하였다. 이어 4월에는 '자위적 핵보유국의 지위를 더욱 공고히 할 데 대하여'라는 법령을 채택해 응징억제 전력으로서 핵무기의 위상을 분명히 하였다. 2017년에는 6차까지의 핵실험을 종결하면서 핵무기 체계를 기본적으로 완성하는 '국가핵무력 완성' 선언이 있었다. 대략 이 시기까지 북한의 핵전략은 핵의 선先 사용(선제적 사용) 가능성은 배제한 '응징억제'의 태세를 신속히 세우는 데 맞춰져 있었다.

핵개발을 무기 삼아 미국과 통 큰 협상을 통해 정상국가로 전환하고자 했던 구상이 2019년 '하노이 노딜'로 수포로 돌아가면서 북한은 다시 본격적으로 핵전력 강화의 길로 나아갔다. 북한은 내외의 위협 요인에 대처하고자 내부적으로 백두혈통의 통치체제를 강화하는 동시에 외부적으로 전술핵 개발과 이를 탑재할 초음속 탄도미사일 개발을 집중 추진하는 방향으로 핵전략을 전환했다. 명확하게 이를 표명한 때는 2021년 1월 9일 조선노동당 제8차 대회 사업총화 보고다. 여기서 김정은 위원장은 "핵 기술을 더욱 고도화해, 소형·경량화, 전술무기화를 발전"시킨다며 "핵선제 및 보복타격 능력을 고도화할 데 대한 목표가 제시됐다"고 말했다. 또 "초대형 방사포, 신형 전술로켓과 중장거리 순항미사일을 비롯한 첨단핵 전술무기들도 연이어 개발했다"고 덧붙였다.[51] 이 선언은 '국방과학

발전 및 무기체계개발 5개년 계획'을 표명한 것으로, 향후 핵전력 강화를 위한 '5대 핵심과업'으로 ①전술핵무기 ②초대형핵탄두 ③ 극초음속활공비행체 ④핵추진잠수함과 수중 및 지상발사 고체연 료 대륙간탄도미사일ICBM ⑤정찰위성을 들고 이 개발을 2025년 말 까지 완수하겠다는 목표가 수립되었다.[52] 하노이 노딜 이후 전술핵 개발로의 대대적인 전환은 그 후 몇 년에 걸쳐 하나하나씩 계속 실 현되고 있다. 이러한 변화는 북한에 대한 군사위협이 증가해 북한 이 일시적 안보 차원에서 수세적으로 대응한 것이라는 통상적 방 식으로 이해될 수 있는 것은 아니고, 전술핵의 실제적·선제적 사용 가능성을 염두에 둔 기본적 핵전략의 전환으로 이해되어야 한다.[53] 북한은 더 나아가 2022년 9월 '핵무력 정책법'을 반포해 핵무기 또 는 대량살상 무기 공격이 "감행됐거나 임박했다고 판단되는 경우" 나 국가지도부에 대한 적대세력의 공격(예를 들어 '참수작전')이 "감 행됐거나 임박했다고 판단되는 경우" 핵무기를 사용할 수 있음을 명시했다. "임박했다고 판단되는"이라는 구절이 들어갔음에 주의 할 필요가 있다.[54] 핵무기 선 사용(선제 사용) 가능성을 열어두었기 때문이다.

이렇게 핵무기 선 사용 가능성을 열어놓는 방향[55]으로 전환한 배경에는 북미관계의 중재자로서 남한의 역할이 제한적이며 '편향 된 중재자'에 불과하다는 판단과, 핵무력 건설과 병진하려던 경제 성장 목표가 달성되지 못하고 있다는 문제가 함께 작용했다.[56] 이 에 따라 북한의 핵전략은 응징보복 수준에서 더 나아가 '전략적 억 제력을 강화'하는 방향으로 전환해, 2019년 12월 조선노동당 7기 15차 당전원회의에서 미국과 '장기 대결전'을 선언하고, 2021년

1월 8차 당대회에서는 '국방력 강화' 방침을 내놓았다. 2019년의 전술핵 집중 개발 방침과 2022년의 '핵무력 정책법'은 이런 맥락에서 제출되었다. 2020년부터 코로나19 확산으로 북한이 외교무대에 나설 수 없던 상황 그리고 2022년 2월 24일 러시아의 우크라이나 침공으로 조성된 새로운 '신냉전'적 대결 구도는 북한의 공세적 핵전략을 강화시키는 요인으로 작용했다.[57]

'핵무력 정책법'을 선포한 시기인 2022년 9월 북한 최고인민회의 시정연설에서 김정은 위원장은 현 국제정세를 '신냉전'이 아니라 "미국이 제창하는 일극세계로부터 다극세계로의 전환"이라고 판단하고 힘의 균형에 입각한 평화를 제창하였다.[58] 북한도 현 국제정세를 '신냉전'으로 보고 있지 않다는 것이 확인되는데, 이는 예전 방식으로 북한 핵개발에 대응하는 일이 쉽지 않으리라는 점을 시사하는 것이기도 하다. 왜냐하면 현재가 만일 '신냉전' 상황이라면 오히려 과거 냉전 아래 미-소 중심 세계질서의 관리와 유사한 방식으로 미-중 간 세력의 균형을 유지하면서 중국을 통해 북한의 핵위협을 관리할 수 있을지도 모른다. 문제는 상황이 '신냉전'적 방식으로 전개되고 있지 않다는 것이다.[59]

이런 시기에 표면적으로는 '혁명론'의 외양을 고수하면서도 한반도 통일에 대한 북한의 입장 또한 달라졌다. 북한은 2021년 1월 조선노동당 8차 당대회에서 당 규약 서문에 있던 "전국적 범위에서 민족해방민주주의혁명 과업 수행"이라는 문구를 삭제한 것으로 알려졌다.[60] 이는 '민족해방민중민주주의혁명NLPDR의 혁명통일'이 더 이상 조선노동당의 목적이 아니라는 의미이다. 그 함의가 협상을 전제로 한 평화 공존일지, 아니면 오래 전부터 발화되어온 '김일성 민족'이라는 북한의 통합이념을 강화해 북과 남을 점점 더 북방민족과 남방민족 사이의 현실적 대치관계로 규정하기 시작하는 것인지 당장은 알기 어렵다. 그렇지만 그 함의가 국가주의를 내세운 현실주의적 무력 사용 가능성의 확대라면, 북한 핵전략의 방향 전환이 초래할 부정적 함의는 극한적·군사적 대결 시대의 개창일 수 있다.

비핀 나랑Vipin Narang은 핵전략을 촉매형catalystic, 확증보복형assured retaliation, 비대칭적 확전형asymetrical escalation 셋으로 구분하고, 북한의 핵전략은 촉매형에서 비대칭저 확전형으로 전환하고 있다고 분석한다. 2008년부터 2010년대 중반까지 북한의 핵전략은 촉매형에 가까웠는데, 핵개발을 추진하되 그 도달 수준과 대응태세를 모호하게 유지함으로써 대결 당사자가 아닌 '제3국'의 적극 개입을 유도해 안보를 유지하고자 하는 방식이다. 이스라엘의 핵개발이나 초기 파키스탄의 핵개발이 미국의 대응을 불러와 안보 지원을 유도했던 방식이다. 초기 북한의 핵개발도 '제3국'으로 중국을 활용해 중국이 한편에서는 북한 핵개발을 제어하면서도 다른 한편 북한 안보의 후견자가 될 수 있도록 최대한 활용했던 것이다.[61]

반면 2019년 하노이 노딜 이후, 북한의 핵전략은 두드러지게 '비대칭적 확전형'으로 전환한다. 핵사용의 문턱을 낮추고 영구적 도발 상태를 유지함으로써 적대적 세력의 재래식 대량공격이나 '참수작전'의 수행을 불가능하게 만들고자 하는 전략이다. 더는 '비핵화'나 중국이라는 제3국의 개입을 통한 '촉매형'으로 유도가 어려워진 것이다.[62] 그런데 이 '비대칭적 확전형'의 위험성은 '제3국'의 조정 역할을 배제한 상태에서 안보를 유지하고자 하는 도발적 성격이 두드러지기 때문에 그 전략이 성공하려면 불가피하게 확증보복형 전략을 강화시켜야 하고 또 이 확증보복의 속도를 내지 않으면 안보 위험이 급속히 고조된다는 데 있다. 남한에 대한 전술핵의 사용 문턱을 낮추는 전략은 필수적으로 ICBM/잠수함발사탄도미사일SLBM로 미국 본토에 대한 확증보복 역량을 신속히 고조시키는 것이 성공할 때만 효과적일 수 있기 때문이다.[63]

이 핵전략 전환은 앞서 말했듯이 2021년 노동당 8차 당대회 선언과 2022년 '핵무력 정책법'으로 공식화되었다. 정리해보면 네 가지 중요한 특징이 관찰된다.[64] 첫째, '응징억제punishment deterrence - 선 사용 배제no first-use' 교리로부터 '거부억제denial deterrence - 선 사용 가능first-use'으로 핵전략 교리가 바뀌었으며, 후자의 원칙 아래 양자를 결합한 교리도 운용 가능해졌다. 자위를 목적으로 미국에 대해 강력한 응징보복 역량을 갖추는 데서 이제는 응징억제 역량을 확장하는 동시에 전술핵 개발을 통해 미국-남한 연합의 재래식 전력의 우위를 무력화하는 거부억제 역량을 강화하고 선제적 핵 사용을 배제하지 않는 더 공세적 방향의 전환이 발생한 것이다. 둘째, 재래식 전쟁과 핵전쟁의 경계가 낮아지고 평시와 전시를 구분하지 않고 핵벼랑에 설 가능성이 커지면서 실제 전투에서 전술핵을 선제적으로 사용할 수 있는 가능성이 커졌다. 셋째, 전략핵 사용 결정권을 김정은 위원장이 장악하고 있다고 하더라도 전술핵의 실전 지휘통제 권한이 현장 지휘관에게 위임되는 변화가 발생하고 있다. 전술핵 지휘통제권이 현장에 위임되면 우발적 확전 가능성이 생기면서 재래식 무력에 대한 억제력이 작용할 수 있게 된다. 넷째, 전술핵 운용에서 비대칭적 확전을 추진하는 '비확전을 위한 확전

escalate to de-escalate' 방식을 펴게 되면서 전략핵에서 미국 본토를 겨냥한 SLBM을 중심으로 하는 대량의 확증보복 역량의 신속한 발전과 맞물린다. 육지에서 발사하는 ICBM으로는 미국에 대한 확증보복 역량을 충분히 발휘할 수 없다고 느끼기 때문이다.

하노이 노딜 이후 북한의 대외 관계에서도 여러 변화가 진행되고 있다. 대미 관계에서는 직접적 이득을 획득하기 어렵다고 보고 장기적 협상 구도로의 전환이, 대중 관계에서는 상호 불신 관계를 어느 정도 추슬러 중국을 북한에 대한 집중 제재의 트랙에서 이탈시켜 잠재적 동맹으로 복원하는 것(아직 과거 '혈맹관계'의 복원이 진행되지는 않았지만)이, 대러 관계에서는 무역과 군사기술 이전과 관련해 긴밀한 관계 형성이, 그리고 대남 관계에서는 전술핵 개발을 통해 재래식 무기의 절대적 비대칭성을 무너뜨리면서 실질적 타격력을 수립해 중요한 위협 대상으로 삼는 전환이 발생하고 있다.

다른 국제정세가 변함없는 상태에서 북한의 핵위기만 고조되는 것이라면, 예전 6자회담 같은 방식의 공동 제어와 남북 직접 대화를 결합해 위기를 제어하는 해법을 고려할 수도 있을 것이다. 그러나 우크라이나 전쟁과 연동해 중국의 대만에 대한 무력점령 위협이 변수로 부상한다면, 북한발 핵위기의 성격 또한 변하게 된다. 북한의 핵위기는 중국의 대만 무력점령 위협과 연결되어 작동할 가능성이 커지고, 우크라이나 전쟁이 길어지면 한반도에서 전례 없는 위기가 고조될 가능성도 배제할 수 없다.[65] 그런 우려가 '우파'뿐 아니라 노무현, 문재인 정부의 외교에서 중요한 역할을 담당했던 인사들 사이에서도 심각하게 제기된다는 점을 중요한 징후로 이해

할 필요가 있다.[66]

　2019년 이후 북한의 핵전략 방향이 분명하게 '비대칭적 확전'으로 전환했고, 전술핵 및 탄도미사일 개발과 대대적 시연이 SLBM의 실제 전력화와 맞물린다면 그에 대한 대응 또한 쉽지 않다. 북한이 비핵화를 거래 대상으로 설정한 협상이 아니라 이런 실전 무력화를 동반한 핵개발을 기정사실로 전제한 상태에서 핵동결의 '군축'을 진행하는 협상으로 바뀌기 때문이다. 문제는 그 협상력을 높이기 위한 확증보복 역량의 증대가 상대방을 협상장으로 불러오기보다는 그 반대의 대응을 초래할 가능성이 커진다는 점이다. 첫째로, 북한이 어떻게 하더라도 미국 측에서 보자면 미국에 대한 대등한 확증보복 역량을 갖는 것은 불가능하기 때문이며, 둘째는 그 확증보복 역량을 더 키워가기 전에 미국으로서는 확실한 억제와 제압을 하는 것이 더 낫다는 판단을 할 수 있기 때문이다. 우발적 확전inadvertent escalation으로 나아갈 확률이 커지는 '취약성의 골짜기 valley of vulnerability'라는 지적이 나오는 것은 이 때문이다.[67] 압도적 핵능력을 지닌 강대국은 핵무력을 급속도로 강화하는 북한에 대해 선제 공격이나 '참수작전' 등의 방식으로 개발 역량을 제거하는 유혹을 강하게 느끼며 반면, 북한은 이 위협을 탈피하기 위해 미국 본토를 공격할 수 있는 '확증억제' 역량을 신속하게 발전시켜야 한다는 강박에 빠지게 되는 상태가 그것이다. 이 '취약성의 골짜기'에 빠져 있을 때 우발적 핵사용의 위험이 최대로 커지기 때문에, 나랑처럼 북한 핵문제 해결을 위해 중국을 압박하여 북한 핵전략을 다시 중국이라는 제3국의 역할을 작동시키는 '촉매형'으로 되돌리는 것이 중요하다고 주장하는 경우에도 비대칭적 확산에 대해서는 일단 "핵 수준에서는 응징적 억제력을, 재래식 수준에서는 거부적 억제력을 행함으로써 북한의 의도치 않은 확전 위험을 최소화해야" 한다는 방침을 제시한다.[68] 미국으로부터도 "미국이나 동맹, 파트너에 대한 북한의 핵공격은 (…) 정권의 종말을 초래할 것"[69]이라는 강경한 발언이 나오는 것은 이런 맥락에서다.

사정이 더 복잡해지는 것은, 동아시아의 위기가 한반도에만 한정된 것이 아니라 중국의 대만 무력점령 위협과 맞물려 있기 때문이다. 기존의 북한 핵 관련 분석이 한계를 보이는 것은 이 때문인데, 두 위기가 맞물릴 때 어떤 결과가 전개될지 예측하기 어렵다. 북한이 중국을 활용해 위기를 고조시킬 수도 있고 중국이 북한을 통해 긴장 고조를 '외주'하는 길도 열려 있다. 또는 우크라이나 전쟁 이후 미국과 대립하는 국가들이 의도와 무관하게 북한의 핵도발에 끌려 들어갈 가능성도 있다.[70]

북한이 비대칭적 확전의 길로 나아가고 이를 제어하기 위한 미국의 대북한 응징적 핵억제력의 경고가 높아지면서 한반도의 핵위기가 고조되는 상황이 전개되고 있는데, 여기서 응징적 억제만으로 문제가 해결되기는 어렵다. 그렇지만 문제는 또한 2018년 이전처럼 북한의 촉매형 전략을 전제로 한 대응이나 남북 양자 회담을 통한 해결의 방식이 작동할 가능성도 매우 낮아졌다는 데 있다. 압박을 하더라도 그다음 출구를 모색해야 하는데 군사적 압박은 언제나 외교적 해결책과 연결되지 않을 수 없다는 것도 중요하다. 결국은 북한의 핵전략을 다시 '촉매형'으로 되돌리기 위해 중국을 압박하고 설득할 수 있는가가 쟁점 중 하나일 것이다. 북한에 대해 응징적 억제력과 거부적 억제력을 결합하는 확증억제를 강화하자는 주장을 펴는 경우에도 한국-일본-미국을 연계한 외교적 대응과 맞물린 당사자 대화의 중요성이 강조되며,[71] 현실주의적 판단에서 '군축'과는 구분되는(군축은 실현 가능성이 없기 때문에) '군비통제arms control' 패러다임의 필요성을 강조하는 입장도 제기되고 있다는 데 유의할 필요가 있다.[72] 그러나 과거 다른 나라의 군비통제 논의 상황과 달리 현 북미 관계처럼 비대칭적 군사력 상황에서 군비통제를 추진하면 핵전력이 감축되어 억제 안정성이 약화할 우려가 커지기 때문에 협상에 난관이 발생할 가능성도 적지 않다.[73] 하나의 선택지로 모든 문제의 해결이 가능하지 않기 때문에 여러 가지 선택지를 결합하는 고려를 해야 하는 상황이고, 각 선택은 후속 선택과 긴밀히 연결되어야 할 것이다.

　이런 위기 상황에서 중국이 왜 문제 해결자가 아니라 위기를 가중시킬 요인이 될 수 있는지 다음 장에서 살펴보도록 하자.

2장
중국의 새로운 100년과 시진핑 체제의 도전

1

시진핑의
신시대

우크라이나 전쟁은 동아시아로 와서 대만 위기와 연결된다. 중국이 대만을 무력으로 병합하려 할 가능성이 커지는 것이다. 우크라이나 영토 점령을 러시아가 '내정'이라 주장하는 것처럼 중국은 대만 역시 '내정' 문제라고 주장한다. 2014년 유로마이단과 더불어 진행된 우크라이나의 '서구화'가 러시아에 심각한 위협으로 여겨진 것처럼, 2014년 홍콩 우산혁명과 대만 해바라기운동은 '일국양제' 지역의 심각한 '서구화' 위협으로 받아들여졌다. 이에 대해 러시아가 2014년 크림반도 점령으로 곧장 대응했던 것과 같이 시진핑 체제의 중국도 2016년경부터 강력한 사회통제를 시작하였고, 이는 2019년 홍콩에 대한 일국양제 방침의 변화를 보여주는 폭력적 개입으로 이어졌다. 일국양제의 외양은 유지되겠지만 이제는 해당 지역의 통치 자율성은 허용되지 않고 중국의 영향력이 전면화

하기 시작한 것이다.[1]

2022년 러시아의 우크라이나 침공과 맞물려 중국의 대만 무력통일 위협은 동아시아의 지정학적 구도 변화를 촉발할 수 있는 요소로 부각되고 있다. 변화는 2022년 초 베이징 동계올림픽 시기 시진핑-푸틴의 긴밀한 모습에서 관찰되었고, 우크라이나 전쟁 발발 이후 중국의 일방적 러시아 지지에서도 드러났으며, 2023년 3월 모스크바에서 열린 시진핑-푸틴 회담에서도 확인되었다. 중국은 기존의 세계질서를 의도적으로 거슬러 이를 자신이 원하는 방향으로 바꾸고자 하는 것일까? 아니면 의도적으로 이를 대체하고자 하는 것은 아니지만 기존의 질서와 충돌을 피하기 어려워지고 있는 것일까?

지금까지 알던 중국과 다른 중국

2022년 8월 미국 하원의장 낸시 펠로시의 대만 방문 이후 중국이 실시한 대만 포위 군사작전은 단지 군사적 위협이 아니라 실제 전쟁 개시 시나리오의 첫 단계를 시연한 것이나 다름없다. 2023년 3월 차이잉원 대만 총통의 미국 방문 때에도 규모는 축소되었지만 유사하게 대응했다. 시진핑 국가주석 겸 당 총서기는 2022년 10월 20차 당대회와 2023년 3월 전국인민대표대회에서 대만의 무력통일 가능성을 배제할 수 없고 외부세력 개입에 군사적 대응을 포함해 단호히 대처할 것임을 천명하기도 했다.

이렇듯 강경한 분위기를 주도하는 시진핑은 2012/2013년 중국공산당 총서기 겸 국가주석에 취임하고 2017년 한 번 연임한 다음 그동안의 관례를 깨고 2022년 20차 당대회와 2023년 전국인민대표대회를 거치면서 3연임을 달성했다. 당의 집단지도체제라는 원칙이 완전히 무너진 것은 아닐지라도 권력은 시진핑으로 상당히 집중되었다. 이와 더불어 중국공산당의 전면적인 영도가 강화되었고 당 내외 지도사상으로서 '시진핑 사상'의 지위가 확립되었을 뿐 아니라, 20차 당대회에서는 일반적 예측을 깨고 당 중앙위원회 상무위원을 모두 시진핑의 측근들(이른바 시자쥔習家軍이라고 부르기도 한다)로만 채웠다. 그리고 이를 바탕으로 대만 통일에 대한 확고한 의지를 보여주었다.

2012년 중국공산당 18차 당대회 이후 '시진핑 체제'와 이를 뒷받침하는 '시진핑 사상'(시진핑 신시대 중국 특색 사회주의 사상)은 중국공산당 중심의 통치 구도를 이해하기 위한 핵심어가 되었다. 중국 엘리트 통치 구조와 중국 사회 통치·관리 방식國家治理의 변화에 따라 중국 사회는 개혁개방기와는 상이한 특성을 보이는 전환기에 들어서고 있다.[2] 그리고 이런 변화는 중국 국내 사회뿐 아니라 세계적 변동을 촉발하는 중요한 요인이 되어가고 있다. 국내 통치 방식의 변화가 중국의 대외관계나 지정학적 변동에도 중요한 영향을 끼치기 때문이다.[3]

세 번의 중국공산당 역사결의

시진핑 체제의 특징을 이해할 수 있는 중요한 단서는 20차 당대회 1년 전에 발표된 중국공산당 '제3차 역사결의'(「당의 100년 분투의 중대 성과와 역사 경험에 관한 중공중앙 결의」)라고 할 수 있다. 이 역사결의는 2021년 11월 11일 중국공산당 19기 6중전회(중국공산당 19차 전국대표대회 회기 중 중앙위원회 6차 전체회의)에서 통과되었는데, 이 6중전회의 목표가 바로 20차 당대회 준비였기 때문에 여기서 정리된 중요한 핵심 내용이 이듬해 20차 당대회의 기조를 이루었음을 알 수 있다.

중국공산당이 당 조직의 운영 방향을 전환하기 위해 당장黨章을 수정하는 경우가 있지만, 이 수준을 넘어서 당의 기본 목표나 운영상의 중대한 변화를 추진하고자 할 때 등장했던 비상례적 선언의 방식이 바로 당의 역사결의였다. 제1차 역사결의(「약간의 역사 문제에 관한 결의」)는 그 이전 시기의 세 차례 '좌경 기회주의'를 청산하고 마오쩌둥 중심의 당 영도체제를 수립하기 위해 중일전쟁이 끝나기 직전인 1945년 4월 20일 6기 7중전회에서 제출되었고, 여기서 사회주의 건립 시기까지의 마오쩌둥 중심의 당 지도 방향이 확립되었다. 그다음의 제2차 역사결의(「건국 이래 당의 약간의 역사 문제에 관한 결의」)는 1981년 6월 27일 11기 6중전회에서 통과되었는데, 이는 마오쩌둥 사후 문화대혁명의 오류를 평가하고 마오쩌둥의 책임을 지적하되 마오쩌둥 사상의 유효성을 재확인하여 당이 주도하는 개혁개방의 방향성을 수립하고자 한 결정이었다.[4] 2021년의 역사결의는 앞선 두 차례의 결의를 잇는 40년 만의 중대한 사건이다.

이처럼 중국공산당 100년 역사에서 역사결의는 이번까지 총 3회뿐이었을 만큼 결정적 국면 전환의 시기에 그 방향성을 정리해 보여준다는 특징이 있다. 1981년 개혁개방의 출발점에서 발표한 후 40여 년간 없었던 역사결의를 시진핑 3연임을 확정하는 20차 당대회에 앞서 발표한 것으로 보건대 이를 통해 새로운 시대적 규정을 내리고 시대적 과제를 부각시키려는 정치적 목적이 있음을 알 수 있다. 따라서 이 제3차 역사결의를 보면 중국공산당의 노선이 지금까지 우리가 익숙하게 알고 있던 개혁개방의 방향성에서 벗어나 어떻게 권위주의적 통치가 강화되는지의 흐름을 포착할 수 있고, 그 중심에 왜 대만 통일문제가 있는지도 이해할 수 있다.

제3차 역사결의는 2012년 18차 당대회 이후 차근차근 준비해온 변화를 2022년의 20차 당대회를 앞두고 총괄·종결하고자 하는 목적에서 준비된 것이다. 그런데 제3차 역사결의는 앞선 두 차례와는 상이한 특징을 보이는데, 딱히 청산해야 하는 과거의 문제가 없는데 등장했다는 점이다. 과거에 대한 비판적 평가가 주된 목적이 아니라 앞으로 개창할 미래의 성격과 주도자 그리고 방향성을 제시하고자 한 것임을 알 수 있다. 과거의 평가보다는 미래의 준비를 강조하면서 중국 현대사를 '두 개의 100년'으로 구획하고, 앞으로 새롭게 전진할 두 번째 100년을 '당의 전면적 영도'와 '시진핑 사상'을 중심으로 정리하려는 뚜렷한 목적을 담고 있다.

가장 중요한 내용은 '시진핑 주석과 시진핑 사상을 중심으로 하는 당의 전면적 영도'이다. 이를 기반으로 중국이 당면한 국내 현안과 세계질서의 변동에 대처하는 적절한 방안을 찾아내고자 하는 것이 목표이고, 이 목표가 실현될 수 있을지가 앞으로의 관건이다. 제3차 역사결의 전문이 대외적으로 공표된 2021년 11월 16일 시진핑 주석은 바이든 대통령과 화상 대담을 나누었는데, 이 대담에서 드러난 메시지의 함의가 제3차 역사결의를 해석하는 데 중요하다. 제3차 역사결의에서의 태도와 대조적으로 시진핑은 이 화상 회담에서 '수세적 예외주의'의 태도를 보였다고 받아들여진다. 중국은 서구적 보편주의로 해석될 수 없는 예외적 지역이기 때문에 새로운 보편적 가치와 질서를 제시하는 대신 중국의 길을 갈 테니, 서구는 간섭하지 말라는 메시지가 명확했다. 14년 전인 2008년 베이징올림픽 당시에는 중국식의 새로운 보편성을 내세워 서구를 대체하는 '대안적 보편주의'를 내세웠는데, 2021년 제3차 역사결의에서 2022년 베이징동계올림픽 시기까지의 대외적 메시지는 이처럼 달라졌다고 할 수 있다. '수세적'이라는 의미는 직접적으로 서구가 제시하는 보편에 도전하지 않고 중국이 추구하는 가치를 비서구 지역에 강제할 의도를 갖고 있지 않다는 것이지만, '예외주의'는 중국의 독자적 가치와 노선 그리고 중국이 '내정'이라고 여기는 것에 대한 어떤 간섭도 허용하지 않겠다는 단호한 태도의 천명이다.

2022년 봄부터 이어지고 있는 러시아의 우크라이나 침공과 유럽의 위기가 '대만 위기' 즉 중국의 대만 점령 위협과 연결되는 고리가 바로 이 수세적 예외주의이며, 이런 연쇄고리는 다시 북한의 핵확산이 촉발하는 한반도의 지정학적 위기로 연결되고 있다. 시진핑 체제와 함께 중국에서 수세적 예외주의의 입장이 나타나게 된 이유를 세 번의 역사결의를 비교하면서 좀 더 분석해보자.

세 차례 역사결의의 관계를 설명하는 공식적 입장은 세 번의 계기를 중화민족이 "일어서고起來", "부유해지고富起來", "강해지는 強起來" 단계에 상응해 해석한다.[5] 그런데 세 번의 역사결의를 살펴보면, 앞서 지적했듯이 과거 두 번의 역사결의와 비교해 제3차 역사결의의 성격이 아주 다르며 어떤 점에서는 앞선 역사결의 수준에 '미달'함을 알 수 있다.[6] 앞선 역사결의의 목적이 잘못된 당 노선과 역사적 오류를 청산하고 그에 책임 있는 최고지도자를 비판하며 이에 기반해 향후 정치의 방향을 당내에 공유하는 것이었다면, 이번 제3차 역사결의에는 청산할 과거의 오류가 명확히 있는 것도 비판의 대상이 되는 과거 최고지도자가 있는 것도 아니었고, 다만 '시진핑 사상'의 내용을 채우고 시진핑 주석의 핵심지위를 확립하는 데 훨씬 더 중요한 목적이 있었다.[7] 그리고 이 세 번의 역사결의를 비교해보면, 시진핑 체제를 단순히 마오쩌둥 시대와 비슷하다고 오해하는 것이 중국 현 시기 특징을 이해하는 데 왜 장애물이 되는지도 알 수 있다.

제1차 역사결의

1945년 6기 7중전회에서 통과된 첫 번째 역사결의의 맥락을 알기 위해서는 통상적 오해와 달리 중국공산당 내에서 마오쩌둥의 지도적 지위가 1940년대 초까지도 확고하지 않았다는 점을 이해해야 한다. 마오쩌둥의 당내 영도적 지위의 확립은 1942~1943년 연안정풍운동 그리고 이 무렵 코민테른 해체를 계기로 바뀐 소련의 입장을 배경으로 하고 있다. 첫 번째 역사결의는 1920년대 천두슈陳獨秀의 '우경 투항주의'와 1930년대 이후 왕밍王名(본명은 천샤오위陳紹禹) 등 모스크바 유학파(코민테른 미프의 지도 아래 구성된 청년 볼셰비키들)[8]의 '좌경 노선'을 중요한 비판의 대상으로 삼는다. 물론 여기에는 장궈타오張國燾 등 마오쩌둥과 대립한 세력들의 노선도 문제가 되며, 표면에 등장하지 않지만 당내에서 상당한 권한을 보유한 저우언라이周恩來-주더朱德 등의 '경험주의자'도 문제가 되었다.[9]

여기서 우리는 '당내'에서 국제정세로 눈을 돌려볼 필요가 있는데, 이 첫 번째 역사결의가 논의된 6기 7중전회는 얄타회담 (1945년 2월 4일~11일)이 진행되던 바로 그 시점에 열리고 있었다 (1944년 5월 21일부터 1945년 4월 20일까지 11개월간 7중전회의 여덟 번의 전체회의가 개최되었다).[10] 아직 이 첫 번째 역사결의에서 '마오쩌둥 사상'이라는 표현을 본격적으로 사용하지는 않지만, 코민테른이 해체된 1943년 이후 중국공산당은 세 가지 대치-협력 구도 속에서 '마오쩌둥 사상'을 중심으로 당을 재편해가고 있었음을 알 수 있다.[11] 첫 번째는 코민테른의 영향을 당내에 행사하던 그룹(천두슈에서 시작해 왕밍까지)을 비판하고 이들을 주변화하고자 했다. 두 번째는 소련과 협력하고 전후 '빅big 4'의 하나로 장제스를 끌어들이려던 루스벨트에 대해서도 우호적인 태도를 취하면서 장제스에 반대하였다. 그리고 세 번째로 국내의 반反장제스 세력과 연합하고자 하였다. 첫 번째 역사결의가 국제정세를 고려한 이런 복합적 정치 구도에서 발표되었다는 점에 주목할 필요가 있다.

이렇게 보자면 첫 번째 결의는 단지 당내의 통일된 입장을 확보하려는 좁은 맥락에서가 아니라 좀 더 넓은 맥락, 즉 국내에서 연립정부를 지향하는 포괄적인 '통일전선'을 구상하는 동시에 다른 한편에서는 옌안에 파견 나와 있으면서 중국공산당에 우호적인 '딕시 조사단Dixie Mission'이나 연이어 파견된 루스벨트의 핵심 측근 특사들(헨리 월리스, 로클린 커리 그리고 이후에는 트루먼이 파견한 조지 마셜로 이어진다)까지 염두에 둔 발화였다고 해석된다. 즉 얄타체제로 귀결되는 2차 세계대전 전후 질서에 대한 반대가 아니라 정확히 그 질서에 올라타고자 했던 것이다(자세한 맥락은 4장을 참고하라).[12]

제2차 역사결의

제2차 역사결의는 1981년 발표되었는데, 당시 상당히 곤란한 과제에 직면해 있던 덩샤오핑은 이를 통해 당내 문제를 해결하고자 했다. 한편에서는 문화대혁명 시기 마오쩌둥의 오류를 비판하고 '개혁'으로 나아가야 하는 과제가 있었지만, 다른 한편 자칫 그 길이 스탈린 사후 흐루쇼프의 '스탈린 비판' 방식을 따르게 되면 중국공산당 자체에 대한 신뢰나 당 핵심 지도자에 대한 신뢰가 손상되면서 당의 통치가 붕괴할 우려가 있었기 때문이다. 어떻게 하면 마오쩌둥을 비판하면서도 마오쩌둥 '사상'의 권위를 계속 활용할 것인가는 쉽지 않은 과제였다.[13] 당 역사에서 마오쩌둥 개인의 삶이나 '오류'만 따로 떼어내는 것은 불가능한 일이었고, 이 때문에 제2차 「결의」 본문 수정은 1년여에 걸쳐 4,000여 명 이상의 의견을 수렴하는 다난한 과정을 거쳤다. 이 과정에서 가장 논란이 많았던 것도 마오쩌둥의 '오류'와 마오쩌둥 사상의 위상을 어떻게 연관 지어 평가할 것인가였다.[14] 마오쩌둥의 공과를 평가하면서도 그 결론으로 당의 올바름과 당의 지도 강화를 도출해내는 것이 관건이었다. 이 어려운 과제는 한편에서 마오쩌둥 개인을 마오쩌둥 사상으로부터 떼어내는 방식으로, 그리고 마오쩌둥의 '유지'를 잘못 해석한 화궈펑華國鋒을 실각시키는 방식으로 해결될 수 있었다.[15]

제2차 역사결의의 시기와 방식 또한 당시의 국제정세와 떼어내 설명될 수 없다. 특히 이 역사결의가 핵심적으로 '개방'을 내세운다는 점, 즉 당시의 세계질서에 대한 도전이라기보다는 올라타기로 이해되어야 한다는 점을 강조해둘 필요가 있다. 그에 앞선 사회주의 건설 시기 중국의 발전 노선을 '궤도 이탈脫軌'이라고 본다면, 이 결의의 핵심 함의는 이후 본격 추진될 '궤도 진입接軌'에 있었다.[16] 이 결의는 당시 상황을 1956년 8차 당대회 시점으로 재연결하면서, 그 시기와 동일하게 생산력 발전을 주요 모순이자 핵심과제로 제시하였다. 이 과제를 실용적 유연성을 갖추어 추진하고 이후 중국 개혁개방 노선이 추구하는 바, 즉 대내적으로는 당 외부 비판적 개혁 세력과의 연합 고리를 끊고 '4항 기본원칙'을 중심으로 당의 통치를 강화해가지만 대외적으로는 자본주의 세계질서에 대한 점진적 편입을 시도하는 노선으로 이어졌다. 그리고 이런 발화 방식은 한편에서는 당내의 '개혁 연합의 확대'라고 할 수 있는 시도로 진행되며 다른 한편으로는 개방된 시장으로서 중국에 대한 관심을 촉구하는 발화로도 작용한다.

제3차 역사결의

2021년의 제3차 역사결의는 앞선 두 차례의 역사결의와는 상이하다. 우선 대내적으로는 앞선 시기 당의 지도노선을 비판하면서 새로운 노선을 수립할 필요성이 없었고, 제2차 역사결의와 굳이 시기를 구획하기 어려운 개혁개방의 연속선상에서 제기되었다.

뒤에서도 논의하겠지만 '신시대'라는 규정에 따라 제3차 역사결의는 중국공산당 100년사를 네 개의 시기로 구분하는데, 이는 학계의 통상적 구분법과 매우 다르다.[17] 제3차 역사결의에서는 두 개의 100년의 분투, 모욕받은 과거와 중흥의 미래 대비, '중화민족'의 부흥 등에서 볼 수 있듯 내부적 평가와 판단보다는 세계에서 중국 '민족'이 차지하는 위상과 대응에 훨씬 더 강조점이 놓인다고 할 수 있다. 제3차 역사결의 또한 국제정세를 고려하고 있지만 이제는 더 이상 '혁명'이나 개혁개방이 아니라 미중 대결시대의 '중화민족 부흥'이 목표가 되고 있는 것이다. 이러한 과제를 실현하기 위한 제3차 역사결의의 좀 더 분명하고 핵심적인 목표는 18차 당대회 때부터 줄곧 추진해온 "시진핑의 당 중앙 핵심 지위와 전당의 핵심 지위를 확립"하고 또 "시진핑 사상을 전당, 전국 인민의 지도사상으로 확립"한다는 "두 개의 확립"을 당 공식 문서로 명문화하는 데 있다고 할 수 있을 것이다.[18] 제3차 역사결의의 이런 과제와 핵심 목표가 결합한 결과가 앞서 말한 '수세적 예외주의'라는 특성을 낳는다고 할 수 있다. 제3차 역사결의를 "두 개의 확립"을 중심으로 해서 핵심적인 세부 내용을 정리하면 아래 표와 같다.

당의 목표	내용
두 개의 확립兩個確立	①시진핑의 당 중앙 핵심 지위와 전당의 핵심 지위 확립 ②'시진핑 사상'을 전당, 전국 인민의 지도사상으로 확립
두 개의 옹호兩個維護	①시진핑 당 중앙 핵심 지위와 전당의 핵심 지위 옹호 ②당 중앙 권위와 집중통일 영도 옹호
네 가지 의식四個意識 강화	①정치의식 ②대국大局의식 ③핵심의식 ④본받기看齊의식
네 가지 자신감四個自信 견지	①중국 특색 사회주의의 길에 대한 자신감 ②이론 자신감 ③제도 자신감 ④문화 자신감
5위 일체五位一體를 총체적으로 배치	①경제 ②정치 ③문화 ④사회 ⑤생태 문명
네 가지 전면四個全面 협조	①공산당 전면 영도(또는 사회주의 현대화 국가 전면 건설) ②전면 개혁 심화 ③전면 의법치국 ④전면 엄격한 당 관리從嚴治黨
열 가지 견지十個堅持	①당의 영도 ②인민을 최고로 둠 ③이론창신 ④독립자주 ⑤중국의 길 ⑥천하를 품음 ⑦개척 창신 ⑧대담하게 투쟁 ⑨통일전선 ⑩자아혁명

제3차 역사결의의 목표와 내용

2

'중화민족의 위대한 부흥'과
당의 전면 영도

앞서 살펴보았듯, 이전의 역사결의와 달리 제3차 역사결의는 두 개의 100년을 구획한 다음 두 번째 100년을 여는 지도자로서 '시진핑'과 새 시대의 지도사상으로서 '시진핑 사상'의 위상을 정립하고자 한다. 이런 목표는 지난 100년을 구분하는 특이한 방식에서 확인된다. 통상적으로는 중국혁명기(1911~1949), 마오쩌둥 주도의 사회주의 건설기(1949~1976), 개혁개방기(1976/78~현재) 세 개의 시기로 구분하고, 개혁개방기는 덩샤오핑에서 시작해 장쩌민, 후진타오, 시진핑까지를 하위 구분한다. 그런데 제3차 역사결의는 이를 따르지 않고 '네 시기 구분'을 채택하고 있다는 점에서 특이하다.[19]

신시대 구획을 통한 마오쩌둥 시대의 상대화

이처럼 네 시기로 지난 100년을 나눌 때, 제3차 역사결의의 시기 구획에 따라 시기별로 영도세력과 지도사상의 특징을 정리해 보면 다음과 같다.

1. 신민주주의 시기時期: '마오쩌둥 동지를 주요 대표로 하는 중국 공산당인', 마오쩌둥 사상을 **창립**

2. 사회주의 혁명과 건설 시기: '마오쩌둥 동지를 주요 대표로 하는 중국공산당인', 원칙과 경험의 **총결**로서의 마오쩌둥 사상

3. 개혁개방과 사회주의 현대화 건설 신시기

   ① 11기 3중전회 이후: '덩샤오핑을 주요 대표로 하는 중국공산당인', 덩샤오핑 이론을 **창립**

   ② 13기 4중전회 이후: '장쩌민 동지를 주요 대표로 하는 중국공산당인', 3개 대표의 주요 사상을 **형성**

   ③ 16차 당대회 이후: '후진타오 동지를 주요 대표로 하는 중국공산당인', 과학적 발전관 **형성**

4. 중국 특색 사회주의의 신시대新時代: '시진핑 동지를 주요 대표로 하는 중국공산당인', 시진핑 신시대 중국 특색 사회주의 사상을 **창립**

여기서 몇 가지 특징이 눈에 띄는데, 무엇보다도 시진핑 시기는 개혁개방 시기에 속하지 않는 별도의 독자적 시기로 구획된다. 둘째, 시진핑 이전의 모든 시기 구분은 '시기'로 규정되는 데 비해, 시진핑 이후만 '시대'로 규정된다. 즉 앞선 세 '시기'가 지난 100년의 한 '시대' 내에 포괄되는 데 반해, 지금부터의 시진핑 시기는 '앞

으로의 100년'이라는 새로운 '시대'로 구획되는 것이다. 셋째, 장쩌민과 후진타오 이론에는 '형성'이라는 단어를 붙인 반면, '시진핑 사상'에는 '마오쩌둥 사상'이나 '덩샤오핑 이론'과 견줄 수 있는 '창립'이라는 단어가 붙는다.

이를 통해 시진핑 시대와 시진핑 사상에 독자적인 역사적 전환점의 특징이 부여된다는 것을 알 수 있는데, 이것이 제3차 역사결의가 등장한 이유인 셈이다. 제3차 역사결의에 대한 해설을 보아도, 이렇게 새로운 시기 구분을 함으로써 시진핑 '신시대'는 "이전을 계승해 이후를 계발하고 과거를 잇고 미래를 여는" 새로운 시대이며 이는 18차 당대회와 19차 당대회를 거치면서 명확해진 당의 공통된 인식임을 확인하고 있다.[20]

이렇게 역사 시기를 구획하면 앞선 제2차 역사결의가 '절충적'으로 해결한 문제, 즉 마오쩌둥 사상을 처리하는 문제에 대해서도 이제는 명확한 해결책을 제시하고 있음을 알 수 있다. 바로 '마오쩌둥 사상의 역사화'라는 방식이다. 마오쩌둥이라는 인물과 마오쩌둥 사상이 역사적으로 큰 '공헌'을 했을지는 몰라도 모두 '과거'의 일이며, 덩샤오핑과 장쩌민, 후진타오 또한 마찬가지라는 것이다. 이 모든 '사상'과 '이론'은 '지난 100년'에 속해 있을 뿐이어서, '미래'의 과제를 해결하는 데 별로 도움을 줄 수 없기 때문이다. 이렇게 되면 미래는 오직 시진핑 '사상'에게만 열려 있는데, 「결의」는 이를 반영해 "마르크스레닌주의, 마오쩌둥 사상, 덩샤오핑 이론, 3개 대표론, 과학적 발전관"을 "견지"하며 "시진핑 (…) 사상"은 "전면 관철"한다고 분명히 차별화하고 있다(강조는 필자).[21]

그렇지만 '마오쩌둥 사상의 현재적 적용'으로부터 '역사화'로 나아가는 과정이 곧바로 연결되는 것은 아니다. 이와 관련된 난점을 해소하는 데 이미 장쩌민의 '3개 대표론'이 중요한 기여를 했으며, 시진핑 체제는 이 해결 방식을 그대로 차용하고 있다는 점에 주의할 필요가 있다. 보통 사영기업가 입당을 허용한 것으로 평가되는 장쩌민의 3개 대표론은 중국공산당이 ①중국 선진생산력의 발전 요구, ②중국 선진문화의 전진 방향, ③광대한 인민의 근본 이익 등 세 가지를 대표한다고 주장함으로써 '계급정당'에서 '통치정당'으로 이행할 수 있었다. 당은 이제 이렇게 변화한 시대와 변화한 당의 성격에 걸맞은 새로운 '사상'을 '창립'해 이에 기반해 통치해야 할 책임이 있는 것이다.

이렇게 시진핑 시대와 시진핑 사상은 이제 '역사화한 마오쩌둥 시대'에 견줄 수 있게 되는데, 따라서 마오쩌둥 사상의 창립이 '마르크스주의 중국화의 첫 번째 역사적 도약'이었다면 이제 시진핑 사상은 '마르크스주의 중국화의 새로운 도약'으로 정리된다. 그리고 "마르크스주의 기본 원리와 중국의 구체적 실제를 결합"하는 데서 더 나아가 여기에 "중화 우수 문화를 결합"하는 데까지 이르렀다는 평가를 받고 있다.[22] 시진핑 체제가 '신시대'라는 규정을 얻게 되는 데는 지금까지, 즉 1956년 8차 당대회로부터 50여 년간의 '주요 모순'과는 다른 새로운 '주요 모순'이 등장했다는 점 또한 중요하게 강조된다. 앞선 시기 주요 모순이 "경제 문화의 신속 발전에 대한 인민의 수요와 현재 경제 문화가 인민 수요를 만족할 수 없는 상황 사이의 모순"이었다면, 이제는 "인민의 날로 증가하는 아름다운美好 생활의 요구와 불균등하고 불충분한 발전 사이의 모순"으로 전환됐다는 것이다.[23]

이처럼 '신시대'는 "중화민족의 위대한 부흥"을 향해 나아가는 긴 도정의 마지막 단계에 이른 것으로 평가되며, 중국공산당은 향후 100년간 이 목표를 향해 나아가는 것으로 자리매김된다. 이는 특히 제3차 결의에서 앞서 설명한 지난 100년을 네 단계로 정리한 데서 가장 잘 드러나는데, 그 순서는 당이 "중화민족의 위대한 부흥을 위한" ①"근본적 사회조건을 실현"(신민주주의 시기) ②"근본 정치 전제와 제도 기초를 마련"(사회주의 건설기) ③"실현을 위한 거대한 목표를 따라 계속 전진"(개혁개방과 사회주의 현대화 건설 신시기) ④"실현하기 위해 더욱 완비된 제도 보증, 더욱 건실한 물질 기초 그리고 더욱 주동적인 정신 역량을 제공"(중국 특색 사회주의 신시대)이 된다. 그리고 이 마지막에 오면 새로운 100년이 열리는 것이다.[24] 시진핑 자신은 이 '신시대'의 임무를 다음과 같이 정리한다. "소강사회를 전면 건설하는 첫 번째 100년 분투의 목표를 실현하여(지금까지 10년의 과제), 사회주의 현대화 강국을 전면 건설하는 두 번째 100년 분투 목표의 신여정을 열어 중화민족 위대한 부흥의 거대한 목표를 향해 계속 전진"하는 것[25]이다.

노선 오류를 벗어나 당의 전면 영도로

이처럼 '시진핑 신시대'에 전례 없는 역사적 위상을 부여했을 때 그 정치적 함의는 무엇일까? 우리는 그것을 '당의 전면 영도'라는 구호 배후에 놓인 당-대중 관계의 중요한 변화에서 읽어낼 수 있다. 제3차 역사결의가 왜 필요했는지도 여기서 확인된다.

세 차례 역사결의의 특성을 비교해볼 때 가장 두드러진 차이는 각 결의의 핵심어에서 확인된다. 제1차 결의의 핵심어가 '노선路線'이라면 제2차 결의의 핵심어는 '오류錯誤'이다. 물론 '노선'은 '노선적 오류'라는 표현에서 보듯 오류를 포함하지만, 중국 당의 역사에서 '노선적 오류'는 다른 오류들에 비해 가장 심각한 것으로 자아비판이나 '인민 내부의 모순'으로 처리될 수 없는 수준의 문제라는 점에서 차별화된다. 제2차 역사결의는 '오류'를 핵심 문제로 논의하지만, 제1차 역사결의와 달리 이를 '노선'의 문제로 이해하지 않는다는 점에서 분명한 차별성을 보인다.

이에 비해 제3차 역사결의의 핵심어를 찾자면 '영도領導', 즉 '당 영도'라고 할 수 있다. 물론 앞의 두 결의에서도 영도가 중요했지만 제3차 결의에서는 노선이나 오류의 중요성이 사라지면서 그 자리를 '당의 전면영도'가 차지한다고 보는 것이 타당하다. 작은 듯 보이는 이 차이는 시진핑 체제가 앞선 시기와 어떻게 달라지는지를 잘 보여준다. 시진핑 통치를 마오쩌둥 시대의 회귀로 쉽게 오해하는 경우는 많지만, 당-대중 관계의 측면에서 어떤 핵심적 차이가 확인되는지 짚어두는 것이 중요하다.

1945년 제1차 역사결의 문건에서는 당내 노선 대립의 역사가 두드러지게 부각되고, 이 노선투쟁에 대한 판단이 마오쩌둥 노선의 올바름을 평가하는 기준이 된다. 이 문건은 과거 세 차례의 '좌경 노선 오류'를 지적하는데, 첫 번째는 1927년 '우경 천두슈주의'에 뒤이은 '좌경 맹동주의'(이는 1928년 6~7월의 6차 당대회에서 비판받았다), 두 번째는 1930년의 리리싼李立三의 '좌경 노선'(이는 1930년 6기 3중전회에서 비판받고 리리싼은 모스크바로 소환되었다), 세 번째는 1931년 6기 4중전회에서 확립된 왕밍 중심의 '좌경 노선'이다(이에 대한 비판은 대장정 중인 1935년 쭌이회의遵義会議에서 제기되며, 논쟁은 1943년까지 계속된다).

이처럼 '노선'을 비판하면, 이제 '결의'는 이 같은 노선 오류를 낳은 정치·군사·조직·사상상의 오류를 전반적으로 비판해야 하는 과제를 필수적으로 안게 된다. 혁명 임무와 계급관계 파악, 혁명 근거지 판단 문제, 군사 전술 문제, 대중노선 문제, 교조주의와 주관주의 문제 등이 이로부터 제기된다. 또 핵심적으로 이 '노선' 오류가 발생하게 된 구조적 이유를 밝히는 것도 중요한 과제가 되며, '쁘띠부르주아 계급 민주파 사상이 반영'되었다는 사회적 근원 분석이 대답으로 제시된다.

그런데 이처럼 '노선'의 대립을 중심으로 당의 역사적 경험을 정리하게 되면, 또다시 새로운 분란을 당내에 남겨둘 수 있고, 이는 당에 위협이 될 수 있다. 왜냐하면 노선투쟁을 강조하면 다음과 같은 연쇄적 논리가 수립되기 때문이다.

1. 상이한 노선이 당내에 존재해왔음을 기정사실로 인정하게 되고

2. 당내에는 늘 잘못된 노선이 있을 수 있으며

3. 이 노선투쟁을 통해 올바른 노선을 찾기 위한 투쟁을 벌여야 하는데

4. '당'이 미리 어떤 노선이 옳은지 판단할 권한이 부여된 진리의 중심으로 서서 중립적이고 객관적으로 노선의 올바름을 판단할 수 없기 때문에

5. 올바른 노선을 향한 투쟁에서 또 하나의 준거로서 당 외부, 즉 인민이라는 위험한 질문이 불가피하게 들어올 수 있도록 뒷문

을 열어두게 된다('계급투쟁이 당을 관통').

당은 항상 중대한 오류에 빠질 수 있으며, 이를 정정하려면 '인민'의 개입을 열어두어야 한다. 그런데 인민이 당에 반기를 드는 상황이 발생하면 어떻게 할 것인가?

앞서도 잠깐 설명했듯이 이 첫 번째 역사결의의 발화가 당내에 한정되지 않고 당 외부와 심지어 중국 외부에까지 열려 있는 이유 또한 이런 열린 해석의 가능성에 있다고 할 수 있다. 당 노선의 올바름이 당 자체에 의해서 담보된다는 보장이 없기 때문이다. 이 질문은 제2차와 제3차 역사결의에서는 은폐되고 억압되었지만 중국 현대사에서 지속되는 상당히 이단적 질문이고, 문화대혁명과 이어져 있는 '사회주의적 민주'에서 등장하는 '민-주民-主'라는 후속 질문을 낳는다.[26] 당의 올바름이 그 자체로 보장될 수 없기 때문이다.

1981년 제2차 역사결의 시기에는 당의 분열이라는 위험성을 인식하고서 결의를 준비한다. 당의 중대한 문제점을 찾아서 정정해야 하지만, '노선'을 거론하는 순간 당 자체가 심각한 갈등과 분열에 빠질 수 있다. 바로 이런 잠재적 위험이 현실로 폭발한 문화대혁명을 정리하는 것을 목적으로 하였기 때문에 제2차 역사결의는 '노선'을 언급하지 않는 대신, 문제점을 단지 '오류'로 정리한다. 왕밍을 언급한 경우에도 "왕밍 '좌'경 오류"로 표현했을 뿐이며, 문화대혁명 시기 마오쩌둥에 대해서도 "'좌'경 엄중오류"로 비판하고 있다. 이 결의를 주도한 덩샤오핑은 과거의 '오류'들을 '노선투쟁'으로 부르는 것에 부정적 태도를 보였다.

과거 통상 10차례 노선투쟁이라는 것을 지금 어떻게 보아야 하는 가? (⋯) 노선투쟁으로 부를지 말지 연구해볼 수 있다 (⋯) 가오강 高崗〔사건을 보면〕 (⋯) 확실히 노선이라 할 만한 것이 없다.[27]

덩샤오핑은 후차오무胡喬木의 평가를 빌려, 문화대혁명 시기 마 오쩌둥의 '오류'에 대해서 이를 "전 국면에 영향을 끼친 엄중한 오 류로 지금까지 엄중한 영향을 끼쳤다"라고 평가하지, '노선' 문제로 다루지 않았으며, 과거 '노선투쟁, 노선 오류'라는 용어가 정확하게 쓰이지 못했다는 입장을 표명한다.[28]

이 작아 보이는 표현의 차이는 작은 것만은 아닌데, 당내에 오 류가 발생할 수는 있어도 더는 '노선 대립'은 없다는 것을 말해주고 있으며, 특히 '계급투쟁이 당을 관통'하는 형태로 노선 대립이 진행 될 수 없음을 강조한다. 노선 오류를 정정하기 위해 '인민'이 당에 개입할 일은 없을 것이라는 말이다. 그 이유는 1956년 8차 당대회 에서 선언했듯이 그 이후 중국에서 착취계급은 소멸했고 더는 계 급투쟁이 주요 모순이 되지 않는다고 보았기 때문이다.

그럼에도 제2차 결의에서는 대약진에서 문화대혁명에 이르는 시기 당의 '오류'에 대해 평가하고 원인을 찾아야 했는데, 이는 "마 오쩌둥 개인 독단 작풍이 점점 더 당의 민주집중제를 손상시키고 개인숭 배 현상이 점점 더 발전했다"라는 표현에서 확인된다. 이제 문제는 최 고지도자 개인의 문제, 당 최고지도자와 인민 사이의 관계, 과도한 권력이 최고지도자에게 집중됨으로써 '민주집중제가 손상'되는 문 제로 집약된다. 문제의 원인은 당 주석에게 과도한 권력이 집중되 기 때문에 발생하며, 해결책은 "당내 민주와 국가정치생활의 민주를 제도화·법률화"하고 제정된 법률에 "상응하는 권위"를 부여하는 것이다. 덩샤오핑은 마오쩌둥과 관련된 오류의 "가장 중요한 것은 하나의 제도 문제"라고 명시적으로 말하면서 이 측면을 강조했다.[29] '노선'이 문제가 아니라 제도가 문제인 것이다. 당이 '오류'를 범할 수 있지만 언제나 당은 오류를 스스로 정정해 올바른 길로 나아갈 수 있다고 다시 강조한다는 점에 주목할 필요가 있다.

> (34절) 당의 영도에 오류가 없을 수 없다. 그러나 당과 인민의 긴밀한 단결은 반드시 이런 오류를 바로잡을 수 있으며, 어느 누구도 당이 범한 오류를 이유로 당의 영도를 약화하거나 벗어나거나 심지어 파괴할 수 없다. 〔그러면〕 더 큰 오류를 범하는 것이고, 엄중한 재난을 초래할 수 있다. 당의 영도를 견지하려면, 당의 영도를 반드시 개선해야 한다. 우리 당은 사상 작풍, 조직 상황, 영도 제도 및 군중과 관계 등 방면에 여전히 적지 않은 결점이 존재하며, 반드시 견결하게 극복해야 한다.

이렇게 해서 권력 집중을 견제할 집단지도체제가 중요해지며 이는 법률규범에 의해 뒷받침되어야 한다. 이 결의의 중요한 목표는 "마오쩌둥 사상의 지도적 지위를 과학적으로 확립하고 마오쩌둥 사상의 주요 내용, 특히 이후 계속해서 관철시키고 집행할 내용을 개괄적인 언어로 정리해 기록하는 것"이다.[30] 그리고 이렇게 정리되면 권력을 독점한 개인 지도자 마오쩌둥으로부터 당의 지도이념으로 마오쩌둥 사상을 분리해낼 수 있게 되어, 당은 마오쩌둥 사상의 계승자로서 재확립되고 이를 통해 이론과 실천을 재통합할 수 있게 된다. 이 쉽지 않은 과제는 중간 단계의 교량으로 화궈펑 주석의 '두 가지 범시론' 비판을 세움으로써 달성될 수 있었다.[31] 화궈펑을 반면교사로 삼아, 마오쩌둥 사상은 옳지만 그것을 실천적으로 적용하려는 지도자의 독단 때문에 문제가 드러날 수 있다고 비판하고, 이를 '집단지도체제' 방식으로 해결할 수 있음을 보여준 것이다.

그렇지만 이후 이런 '절충적' 해결책은 사실상 문제를 봉합했을 뿐임이 드러났고 중국공산당의 실용주의적 대처는 오랜 기간의 표류를 낳게 되었다. 마오찌둥 사상을 마오쩌둥 개인으로부터 분리시키고 쇄신된 마오쩌둥 사상을 당의 지도사상으로 유지하려는 시도는 사실 제2차 역사결의 이전에 이미 문화대혁명의 종결과정에서 조반파의 시도에서도 유래한 바 있다. 마오쩌둥의 정치비서로서 중앙 문혁소조장을 맡아 조반파의 이념을 대표한 천보다陳伯達는 '마오쩌둥 사상이 혁명적 인민과 유기적 결합'을 거쳐 통일될 수 있다는 주장에서 이 문제를 해결하고자 한 바 있었다.[32]

이 남겨진 모호함 때문에 이후로도 문화대혁명 시기처럼 인민의 조반造反(반역)이 당을 관통할 수 있다는 위험이 잠재되어 있다.

제3차 역사결의는 이 곤혹스러운 문제를 극복하고 '당의 무오류성' 신화를 회복하기 위해 두 가지 중요한 전환을 시도한 것으로 보인다. 하나는 마오쩌둥 사상을 역사적으로 상대화하는 것이고(이에 대해서는 앞에서 살펴보았다) 다른 하나는 '노선'이나 '오류'라는 문제를 당의 역사의 핵심에서 배제하고 이를 당원 개인의 '일탈'로 정리하는 것이다.

제3차 역사결의에서는 '영도'가 핵심어로 부상해 "전면적 당의 영도"가 모든 서술의 중심이 되고, 두 개의 '확립'에서 확인되듯이 그 귀결점은 시진핑의 핵심 지위와 시진핑 사상의 영도적 지위를 확립하는 것이다. 앞선 두 번의 역사결의가 '과거사에 대한 평가와 반성'에 중점을 두고 이로부터 당의 올바른 위상을 재확인하여 당 지도이념의 통일을 기하고자 한 것이라면, 제3차 역사결의는 전혀 다른 목표를 지닌다. 과거를 향해 발언하는 것이 아니라 "두 개의 100년의 분투"라고 이야기되는 '미래'를 향해 발언하는 것이며, 미래의 중심에는 "시진핑을 핵심으로 하는 당의 전면적 영도"가 있다.[33] 이 때문에 앞선 두 역사결의와 달리 제3차 역사결의에는 "신시대의 중국공산당"이라는 부분이 별도의 장으로 서술되고 있다는 점에도 주목할 필요가 있다.[34] 그래서 앞선 두 번의 역사결의의 서술 구조가 오류의 기원과 변화 과정에 초점을 두고 "오류 발생—오류 정정—정확함으로 회귀"라는 특징을 보이는 데 비해, 제3차 역사결의는 "도전과 문제—신시대의 거대한 성적—신시대 이후 돌파성 진전과 표지적 성과"라는 서술 구조를 갖는다.[35] 당의 전면 영도가 당에 대해서뿐 아니라 중국 사회 전체에 갖는 함의는 2018년 3월 「헌법」 수정에서 확인된다. 1조 2항의 "사회주의제도는 중화인민공화국의 근본제도이다"에 추가해 "중국공산당 영도는 중국 특색 사회주의의 가장 본질적인 특징이다"라는 내용이 명문화되어 중국공산당의 집권 정당으로서의 성격이 분명히 강조되었다.[36]

제3차 역사결의는 과거의 경험, 특히 마오쩌둥까지의 역사 경험에 대해 앞선 두 번의 역사결의 내용을 정리된 '과거사'로서 그대로 수용한다는 전제에서 출발한다.[37] 중요한 점은 마오쩌둥 이후 개혁개방의 시기를 거쳐 현재까지 당은 과연 오류를 범하지 않았는가라는 문제에 어떻게 대처하며, 왜 당의 영도는 절대적으로 옳은가에 대한 답을 제시해야 하는 것이다.

이에 대한 단서를 "당의 위대함은 오류를 범하지 않는 것이 아니라 자아비평을 통해 문제에 직면해 자아혁명하는 것 (…) 부단히 병독病毒을 제거하는 것"이라는 언급에서 찾을 수 있다(강조는 필자).[38] 이제 당의 오류는 '노선 오류'에서 나오는 것도 최고지도자의 과도한 권력집중에서 나오는 것도 아닌 당원들의 '일탈'에서 나오며, 이를 '부패'로 규정하여 일탈을 상시적으로 적발하고 쇄신하기 위한 제도적 틀을 세우는 일이 중요한 과제가 된다.

그렇다면 이런 일탈로부터 발생할 수 있는 '오류'의 가능성을 어떻게 차단할 것인가? 이로부터 이「결의」전체의 핵심적 용어로서 '당의 전면 영도 견지,' '전면 엄격한 당 관리從嚴治黨'와 '법에 의한 국가통치依法治國'라는 선언의 중요성이 부각된다.「결의」는 부패의 가능성을 7가지七有之로 자세히 언급하며 형식주의, 관료주의, 향락주의, 사치풍 등의 '작풍'을 문제 삼는다. 이것이 당의 신뢰성 저하와 통치력 하락을 낳았던 것으로 보며, 따라서 대안은 '엄격한 당 관리'가 된다. 그 방식은 '법에 의한 국가통치', 즉 자의적 통제가 아니라 법률 규정에 따른 관료적 통치의 체계화이며('법의 지배rule of law'가 아니라 '법에 의한 지배rule by law') 그 통제를 집결시킬 내용은 '시진핑 사상'이 된다.

이 방향 전환을 위해 당의 감찰 기능 강화는 매우 중요한 요건이 된다. 국가감찰위원회가 이 때문에 중요해지는데, 2018년 헌법 개정을 통해 공산당 중앙기율검사위원회와 연동되는 새로운 조직인 국가감찰위원회를 설치해 국가기관에 대한 감찰 기능을 당으로 일원화시켰다. 이로써 국가기관에 대한 당의 통제력은 현격히 높아졌다.[39] "두 개의 확립"을 유지하기 위해서라도 민심에 의거하는 것은 중요해지며 감찰기구를 강화해 반부패 사업을 지속하는 것이 핵심 과제가 된다. 18차 당대회 이후 10년 사이 전국적으로 기율검사 감찰기관에 입안 심사한 안건은 380만 5,000건, 조사 처리한 대상이 408만 9,000명, 당의 기율 정무 처분을 받은 인원은 374만 2,000명에 이른다.[40] 그리고 이런 감찰 중심의 통치는 '당내'에 한정되는 것이 아니라 사회 전체로 확장된다. '의법치국'의 '종엄'함이 전면적이기 때문이다.

당을 엄격하게 관리하기 때문에 당은 오류에 빠지지 않으며, 오류가 발생하더라도 그것은 일부 부패한 당원의 일탈행위가 될 뿐이다. 그런데 이렇게 정리되면, 최고지도자의 권력 집중을 제어할 제도의 문제나, 그 '노선'의 올바름을 판단하는 문제는 정치적 주제가 될 수 없게 된다. '시진핑 사상'에 기반한 당은 스스로 올바름을 판단하는 기준이 된다.

당과 인민

세 번의 역사결의에서 핵심어가 다르다는 것은 각 결의가 전제하는 사회관이나 역사관에 차이가 있음을 보여주는 것이기도 하다. 특히 당과 인민대중의 관계, 이른바 '대중노선'의 관점에서 적지 않은 차이가 있다는 것을 앞에서 확인했다. 앞서 핵심어를 통해서 살펴보았듯이 두 번째 「결의」가 다소 절충적 특징을 보인다는 것을 고려해서 첫 번째 결의와 세 번째 결의에서 당과 인민의 관계가 어떻게 달라지는지 좀 더 나아가 비교해보도록 하자.

①인민

제1차「결의」가 제출된 시기가 아직 혁명 과정이었고 건국 이전임을 고려하더라도 이「결의」에서 당과 인민의 관계는 매우 복잡함을 알 수 있다. 앞에서 살펴보았듯이 당 자체가 적어도 '두 가지 노선'에 의해 균열되어 왔고 이 균열은 이후 문화대혁명으로 가는 과정에서 '두 가지 노선의 대립'으로까지 격화될 수 있었는데,[41] 이는 당의 통일이 사전적으로 달성되는 것이 아니며 때로는 노선투쟁을 통해서만 달성될 수도 있음을 보여준다. 그런데 이는 인민대중 자체가 통일적이지 않다는 사실을 '반영'하는 것으로 해석될 수 있다. 중국혁명 시기 수행되었던 사회 '계급분석'은 중국의 '인민'이 통일적이지 않으며 그것은 부르주아 계급 내부의 이질성, 쁘띠부르주아지의 동요성, 프롤레타리아 계급의 자생성 등 여러 가지 이유로 나타나고, 이 계급들의 이질성과 복잡성이 늘 당의 '노선 대립'으로 관철될 수 있음을 보여주기도 했다.[42]

따라서 문제는 단순하지 않은데, '잘 통일된 철의 규율의 당'이 '내부적으로 무모순적인 인민'을 영도함으로써 모든 문제가 해결될 수 있는 것이 아니라, '올바른 노선에 입각한 당의 지도'가 대중 내의 올바른 세력과 연계되면서 그렇지 않은 세력을 비판적으로 견인해 올바른 방향으로 지도해 가야 한다는 과제를 현실에서 실현해야 한다. 따라서 첫 번째「결의」는 논쟁이 당 외부로 열려 있으며, 문제가 당 내부의 '민주집중제적 통일'이나 최고지도자에 대한 집단지도체제의 견제에 의해서도, '전면 엄격한 당 관리'에 의해서도 해결될 수 없음을 암시하고 있다. 이것이 혁명기의 예외적 상황이라고 하더라도, 사회주의 건설기에 마오쩌둥이 제기한 '인민 내부의 모순'은 변형된 형태로 '노선'의 질문을 계속 끌어들이고 있다. 인민 내부에 모순이 있다는 것은 다시 반복해서, 인민이 통일적이지 않으며 따라서 당내에도 이를 반영해 지속적으로 노선 대립의 가능성이 있다는 것을 보여줄 뿐이기 때문이다.

②중화민족

제3차 역사결의는 두 번째 역사결의의 '절충성' 정도로 이 문제를 극복할 수 없다고 보고 새로운 시도로 나아간다. 앞선 시기에 등장한 적이 없던 '중화민족'이라는 용어가 그동안 계속 쓰인 '인민'과 더불어 등장해 새로운 공간을 열고 점차 '인민'의 자리를 밀어낸다.

앞선 시기 '사회주의'와 맞물린 개념은 '인민'이었으며 '민족'이라는 단어는 제국주의 문제를 언급할 때나 소수민족 문제 해결과 관련해 부차적·제한적으로만 사용되었다. 그러나 제3차 「결의」에 오면 '중화민족'이 매우 중요한 단어로 부상한다. "중화민족의 위대한 부흥", "중화민족의 천추위업," "중화민족은 세계를 향해 기상을 드러내고 세계 동방에 우뚝 섰다," "중화 우수 전통문화" 등이 그 표현이다.

이는 매우 중요한 의도를 담고 있다. "중화민족의 부흥"은 1987년 당의 13차 당대회 보고에서 처음 등장했다. 하지만 본격적으로 중요한 정치 용어가 된 것은 2012년 18차 당대회 이후이며, 특히 2021년 시진핑 주석의 '7.1 강화'는 "중화민족의 위대한 부흥"

을 중국공산당 100년의 주제로 부각시켰다.[43] 앞선 두 역사결의의
핵심 주제가 '혁명', '건설', '개혁'이었다면 이와 분명히 차별화하면
서 특히 '당의 영도'를 부각시키는 제3차 역사결의의 중심 단어는
"중화민족의 위대한 부흥"이었다.[44] '7.1 강화'에서 21차례 등장하
는 "중화민족의 위대한 부흥"과 44차례 나오는 "중화민족"이라는
단어는 제3차 역사결의에 와서는 각각 28차례와 53차례로 늘어난
다.[45] 제3차 역사결의를 발표한 목적이 바로 이 "중화민족의 위대한
부흥"의 '신시대'를 선언하는 데 있다고까지 할 수 있다.

그럼 이제 '인민', '중국 인민'이라는 표현은 '중화민족'으로 완
전히 대체되는 것일까? 그렇다고 보기는 어렵다. 두 표현은 양립하
고 있다. 예를 들어, "중국 인민은 (…) 국가, 사회, 자신 운명의 주인
이 되었다"와 같은 표현이 있다. 그렇다면 인민과 '중화민족'이라는
용어 사이의 차이는 어디에 있는가? 분명한 점은 "당과 인민"이라
거나 "당이 인민을 영도", "당이 인민에 의거"라고는 쓰지만, 보통
'당과 중화민족'이라고는 잘 쓰지 않는다는 것이다.[46] 이로부터 우
리는 '인민'이 대중, 즉 다수의 사람들(개별적으로 분산되더라도)을 지
칭하는 것임에 비해 중화민족은 좀 더 집단적인 지칭임을 알 수 있
다. 이렇게 보면 중화민족이라는 용어가 추상 수준이 더 높은 것 같
지만, 중화민족이 더 실체화한다는 점에서 꼭 그런 것만도 아니다.
'중화민족'은 역사철학적으로 더 실체화해서 긴 역사 속에서 유지
되는 어떤 본질 같은 것으로 상정되는 반면, 중국 '인민'은 현재 살
아가는 다수의 민중을 지칭하고 구체적 사회관계 속에 있는 것으
로 이해된다. 다시 말해, '인민'은 명멸하지만 '중화민족'은 유구한
것이다. 인민은 '자신감, 자립, 자강'을 성취하는 개별 주체들이며,

이에 비해 중화민족은 '위대한 부흥'의 단일의 통일된 역사적 주체가 된다.

인민에 대한 이런 이해는 당의 '오류'에 대한 해결책이 '전면 엄격한 당 관리'로 귀결되는 것과 무관하지 않다. 마오쩌둥 시기의 역사결의가 당이 통치력을 상실하고 혼란에 빠지지 않기 위한 '첫 번째 답안'을 '인민이 정부를 감독하도록 해야만 정부는 해이해지지 않을 수 있다'는 데에서 찾은 반면, 시진핑 체제에서 찾은 답안이 '자아혁명'이라고 하는 점은 매우 상징적이다.[47] 인민이 정부나 당을 '직접' 감독하는 것이 아니며 그런 제도가 만들어지는 것도 아니라, 다만 당이 스스로 '자아혁명'을 지속하도록 '인민'에 의거한다고 선언하는 것이다. 이제 중국에서 '인민'은 '군중노선人民至上', '전면 엄격한 당 관리'와 '중화민족'을 결합한 '가국家國 정서의 국가 이념화'로 귀결되는 고리에 놓이게 된다.[48]

이것이 세 번째 역사결의를 '수세적 예외주의'로 묶어두게 되는 이유이다. 세 번째 결의가 '중화민족'이 '인민'을 밀어내고 "중화민족의 위대한 부흥"을 중심으로 서술되기 때문에 이는 중국 외에 적용되거나 수용되기 어려운 예외주의 담론이 되지 않을 수 없다. 왜냐하면 첫째로 이 서사는 '중화민족'의 좌절과 굴기의 역사 서술이고, 둘째로 이를 해결해 가는 주체로서 '중국공산당'도 중화민족과 뗄 수 없는 구체적인 역사적 조직체이기 때문에 중국 아닌 곳에서 이런 방식을 모방하는 것은 불가능하며, 셋째로 이제 인민보다 중화민족이 우위에 서기 때문이다. 당의 위상은 "중국 인민을 영도해 중국 특색 사회주의 길에서 돌이킬 수 없이 중화민족의 위대한 부흥으로 나아가고 있으며, 그리고 부끄러움 없이 위대하고 영광스

럽고 정확한 당"으로 규정되어 매우 한정된 '민족당'으로 자리매김된다.[49] 문제는 단지 '사회주의 민족당'으로 회귀한다는 점이 아니라 과거의 전 역사를 '비유물론'적 방식으로 실체화하고 역사적 주체이자 실체로서 '중화민족' 중심의 서술로 이를 대체한다는 점이다.[50]

이 담론이 왜 문제적인지는 지난 100년의 중국 역사를 검토할 때 늘 참조점으로 등장하는 쑨원의 '삼민주의'의 '민족' 담론과 비교해보더라도 그에 훨씬 미달하고 퇴행적이기 때문이다. 삼민주의에서 '민족'은 이미 존재하던 '실체'로서의 혈통적 민족이 아니라 부재하지만 구성되어야 하는 정치적 단위로서의 민족이며, 이 때문에 신해혁명의 '민족'은 만주족 통치 세력을 배제한 근대혁명의 성격을 분명히 제시한 바 있다.[51] 이처럼 쑨원에게서 정치적 목표로 제시되었던 근대적 '민족' 개념이 제3차 역사결의에 와서는 초월적 실체로서의 '중화민족'으로 대체된 것이다. 쑨원의 삼민주의에서 '민족' 개념은 이후 중국혁명사에서 계급분석에 기반한 '인민' 개념으로 계승되었고 지속적인 정치 논쟁의 대상이 되었다고 할 수 있는데('인민 내부의 모순'), 인민보다 '중화민족'을 상위에 설정함으로써 시진핑 시대의 「결의」는 민족과 인민의 개념 논쟁을 삼민주의 이전으로 후퇴시키는 결과를 낳고 있다고 할 수 있다.

이 기이한 형태를 띤 논의의 귀결이 홍콩, 마카오, 대만 문제를 보는 데에도 그대로 반영되어 "애국자가 홍콩을 통치"해야 하고 "애국자가 마카오를 통치"해야 하며, 따라서 '법에 따라 홍콩을 통치依法治港'한다는 입장으로 귀결된다. 이에 따라 '홍콩 보안법'이라 부르는 '중화인민공화국 홍콩 특별행정구 국가안전 보호법' 또한 정당화된다.[52] "애국자가 홍콩을 통치"해야 한다는 것은 지금까지의 '일국양제' 원칙인 "홍콩인이 홍콩을 통치한다"는 것과는 하늘과 땅 차이가 있다. 2014년 우산혁명에서 제기된 홍콩인의 요구인 "홍콩의 미래는 홍콩이 결정한다"가 '당의 전면영도'로 대체됨을 의미하는 것이다. "2016년 이후 대만 독립 분열 세력이 강화"된다는 판단과 외부 개입에 단호히 대처한다는 시선을 통해 보자면, 명문화하지만 않았을 뿐 '애국자가 대만을 통치'해야 한다는 논리가 이 역사결의의 저변에 흐른다고 할 수 있다. 만일 '애국자'가 이 지역을 통치하지 못한다면 '애국자'의 상징이자 집결체인 당의 '전면영도'가 실현되도록 개입해야 하는 것이 역사적 과제가 되는 것이다.

2022년 10월 20차 당대회는 전년도 제3차 역사결의에서 나타난 시진핑 체제의 주요 특징이 거의 그대로 굳어질 뿐 아니라, 한 걸음 더 나아가 시진핑 '일인 지배'를 더욱 확고히 하는 변화까지 추가했다. 20차 당대회 「정치보고」에서는 제3차 역사결의를 뛰어넘어 시진핑 '개인숭배'를 조장하는 내용까지 담았고, 공산당 정치국과 정치국 상무위원 선발에서 후진타오 시기까지 지켜졌던 세력 안배 원칙도 무너져 지도부가 완전히 시진핑 세력('시자쥔')으로 통일되었다. 이에 따라 시진핑 개인의 권위도 압도적으로 굳건해지고 다른 정치국 상무위원과의 관계도 수평적이 아니라 주종관계로 바뀌는 경향을 보인다. 관행이던 승계에 대한 고려도 사라졌기 때문에 당내에서 시진핑과 다른 목소리를 내기가 어려워졌다.[53] 2023년 3월 17일 공포된 「국무원 공작 규칙」은 제1장 제2항에 "국무원 공작은 시진핑 신시대 중국사회주의 사상을 지도로 삼아 견결히 당중앙의 권위와 집중 통일 지도를 견지한다"고 말하면서 '신시대' 이전의 모든 지도이념(마르크스레닌주의, 마오쩌둥 사상, 덩샤오핑 이론, 3개 대표론, 과학적 발전관)을 삭제하여 시진핑의 일인 지배를 강화하는 변화가 진행되고 있음을 보여준다.[54]

3

새로운 위협으로
부상하는 중국

중국이 동아시아 지정학의 문제로 부상하는 것은 바로 이런 '신시대'라는 배경 때문이다. 1장에서 우리는 신자유주의적 세계통합(원심력)에 대해 개별 국가권력의 통치 자율성(구심력)을 확보하려는 시도가 준제국적 국가들의 군사 강국화 방식으로 나타난다는 점을 강조했었다. 이런 맥락에서 우크라이나 전쟁이 제기하는 위험은 단지 러시아에 한정되는 문제가 아니다. 전쟁을 통해 처음부터 제기된 또 전쟁 개시의 숨은 고리라고 할 수도 있는 것이 중국 문제, 좀 더 정확히 말해 중국으로부터 발발하는 대만 위기의 가능성이다. 우크라이나 전쟁은 대만 위기와 연동되어 있다고 볼 수 있는데, 이를 이해하는 것이 현 국제정세의 심각성을 인식하는 데 있어 매우 중요하다. 우크라이나 전쟁, 러시아에 대한 전 지구적 제재, 그럼에도 해결의 전망이 보이지 않는 그 근저에는 또 다른 중요한 변수인 중국 문제가 있는 것이다. 바이든 미국 대통령 자신이 러시아의 우크라이나 침공 직후 이 전쟁을 '민주주의 대 독재'로 규정하면서 사실상 대립 구도를 러시아의 침공이 아니라 중국에 대한 대립으로 제시하기도 했다.

중국과 러시아의 관계 변화

러시아의 우크라이나 침공 배경에 러시아-중국 사이의 긴밀한 관계 개선의 역사가 있음에 주목할 필요가 있다. 푸틴의 러시아는 2003년까지의 친서방 입장을 접고 2004년부터 대립각을 세우기 시작했다. 그러면서 중국에 대해서는 유화적인 태도로 미국에 공동 대응하는 '반자유주의 동맹'을 강화하면서 중국에 에너지와 무기 수출을 늘려왔다. 중국 또한 '상하이협력기구'와 같은 틀을 적극적으로 활용해 이 동맹을 강화하면서 양국은 전략적 동반자 이상의 관계로 발전해왔다.[55] 2014년 크림반도 병합 이후 서방의 제재가 지속되고 미국이 중국을 점점 압박하자, 양국은 러시아가 주도해 만든 경제연합체인 유라시아경제연합EAEU과 중국이 2013년부터 추진한 육상·해상 실크로드인 '일대일로一帶一路' 정책 사이의 접점을 점차 강화하기 시작했다.[56] 또한 2010년 이후 러시아의 대중국 무기 수출은 첨단 무기로 확대되었고, 2016년 이후 양국은 한 단계 더 발전한 군사적 관계를 맺었다. 러시아의 대중 무기 수출에는 아무르급 디젤 잠수함, SU-35S 전투기, S-400 대공미사일 방어체계 등이 포함되기 시작했다.[57] 푸틴이 베이징 동계올림픽 시기에 방문하여 우크라이나 전쟁에 대한 중국의 암묵적 지지를 확보했다는 것은 잘 알려진 사실이다. 중국과 러시아 관계가 우호적으로 변화함으로써 군사 기술 이전 외에도 미사일 기지들을 중러 국경 지역에 구축하여 대서방 견제력을 향상시킬 수 있는 이점도 커졌다.

대만 위기 또한 우크라이나 전쟁처럼 유엔 안보리 상임이사국이 영토 팽창을 추구하는 것으로 얄타체제를 벗어나는 사례이다. 대만 문제는 사회주의 중국 등장 이후 지속된 쟁점이지만 시진핑 체제 이후 대만 위기가 전에 없이 고조되었고, 그 이유는 단순히 미국의 압박이나 위협으로 환원해 설명할 수 없다.[58]

러시아는 자신들이 직면한 지정학적 위기를 돌파하기 위해 기존 세계질서에 도전하며 우크라이나를 침공했다. 이런 배경을 공유하면서도 독특한 시진핑 체제의 특징을 몇 가지 점에서 정리해보자.

시진핑 체제의 특징

첫째, 중국은 러시아보다 훨씬 더 강력하게 세계경제에 통합되어 있고 세계경제 내의 위상을 강화한다는 목표가 시진핑 체제 등장의 배경이기도 하다. 그렇지만 앞선 개혁개방 시기에 바로 이런 세계경제로의 통합에 힘입어 고속성장(성장률이 전에 비해 낮아지고 있긴 하더라도)을 지속하는 대신 통합의 대가(원심력의 확대)를 제어하기 어려운 상황이 초래되었다. 이는 중앙-지방 관계의 갈등과 지역별 격차, 국내 중심과 해외 중심의 경제적 추동력 차이, 관료적 후원에 힘입은 세력과 일반인들 사이의 격차 확대로 나타났다. 그리고 무엇보다 이 시스템을 관장해온 중국공산당 자체가 이런 이

해관계의 다기성에 의해 내부적으로 균열 가능성이 더욱 커지고 있다.[59]

시진핑 체제 이전(1978~2012년)은 세계시장 편입을 통한 개혁개방의 시기였다. 경제적으로는 자본주의적 방식으로의 점진적 전환을 '사회주의적 시장경제'의 이름으로 추진하고(특히 1992년 14차 당대회 이후), 정치적으로는 '집단지도체제'로 당내 제도적 변화를 추진하며, 사회적으로는 사회적 유동성을 높이는 변화가 추진되었다.[60]

이 개혁개방 시기는 덩샤오핑에서 장쩌민을 거쳐 후진타오로 이어지며 고도성장을 가져왔지만 통치의 위기를 동반하기도 했다. 시진핑 체제와 더불어 중요한 전환이 발생하는데, 앞선 시기의 세계시장 통합과 세계화 질서 진입을 부정하는 것은 아니지만(중국은 재산권 보호나 금융적 제도 정비, 국제 금융시장 투자 등에서 오히려 세계화와 경제통합을 추진하는 핵심 행위자이다), 두 가지 문제가 지속적으로 사회 해체를 위협하는 원심력으로 거론되기 시작한다. 하나는 세계금융 질서나 미국 중심의 세계전략에 종속될 우려이고, 다른 하나는 사회적으로 이해관계가 다기해지며 당의 통치성이 약화하고 이익집단의 정치가 부상할 가능성이다. 시진핑 집권 이후로 앞선 개혁개방의 방침을 계승하지만 중앙집중성을 강화하고, '뉴노멀'(新常態)에 대응하는 권위주의적 체제를 수립하고 중국식 예외주의를 강화하는 변화가 이루어진다.[61] 경제성장률이 떨어지고 신성장 동력이 부재하고, 국내외적으로 불확실성이 커지는 뉴노멀에 대한 새로운 대처의 필요성이 당을 중심으로 제기된 것이 시진핑 체제 등장의 배경이었다. 지난 10여 년간의 준비를 거쳐 시진핑 체제는 '시진평을 핵심으로 하는 당의 전면적 영도'라는 특성을 강화하며 이를 바탕으로 중국의 미래를 지난 100년과 구분되는 새로운 100년의 '신시대'로 규정하고 그 목표를 '중화민족의 위대한 부흥'으로 삼게 되었다.

둘째, 이런 통치의 위기에 대응해 새롭게 등장한 중국공산당 지도부의 이례성에 주목할 필요가 있다. 시진핑을 핵심으로 하는 현 지도부가 등장하자 집단지도체제와 일인 권력 집중을 놓고 오랜 논쟁이 있었지만, 두 입장 사이의 차이는 생각보다 크지 않다.[62] 시진핑을 핵심적 권력을 장악한 단일 지도자로 '옹립'한 집단의 특성이 무엇인지가 더 중요하기 때문이다.

시진핑이 새로운 지도자로 부상하던 2010~2011년 무렵, 이미 고급간부 자제 중심의 '혈통론'을 둘러싼 비판이 제기된 적이 있다. 이는 시진핑뿐 아니라 권력의 중심으로 부상한 세력이 과거 문화대혁명 시기 혁명 2세대를 자처하면서 '혈통론'을 옹호했고 그 입장을 바꾼 적이 없다는 비판이었다. 시진핑 체제가 단순히 그에 앞선 후진타오 시기의 계승이 아님을 이해하는 데 이 혈통론의 역사적 배경은 중요하다.[63]

중국 문화대혁명은 사회주의 건설기의 통치집단과 지식인에게 특히 심한 트라우마를 안겨주었으며 마오쩌둥 사후 개혁개방은 '문화대혁명의 전면 부정'을 목표로 삼았을 만큼 문화대혁명의 그림자에서 벗어나는 것이 중요한 과제가 되었다. 그런데 문화대혁명을 공포의 홍위병 세력 대 순진한 당 관료·지식인 피해자의 단순 구도로 이해해서는 곤란하다. 문화대혁명이 무엇인지 그리고 왜 문화대혁명의 그림자가 아직도 중국에 드리워져 있는지 이해하는 중요한 출발점은 홍위병이 하나의 단일 세력이 아니라 둘 또는 셋으로 나뉘는 이질적 세력이라는 점이다. 이들은 노老홍위병(또는 초기 홍위병이나 보황파保皇派 홍위병)과 조반파造反派로 나뉘고, 조반파는 다시 군 개입에 대한 태도를 중심으로 급진 조반파와 온건 조반파로 나뉘어 대립했다.

노홍위병과 조반파가 초기 50일(1966년 6월 1일부터 7월 중후반까지 시기) 대립한 중요한 쟁점이 '혈통론'이었다. 간단히 말하자면 혈통론을 옹호한 노홍위병은 주로 고급간부 자제들로, 불손한 사상·관습에 빠져 있던 과거 반동세력과 그 자식들을 문화혁명의 타격 대상으로 삼아 이들을 솎아내야 한다고 주장했다. 반면 조반파는 혁명을 주도한 세력이 오히려 관료가 되어 사회특권층을 형성해 혈통론 같은 반동 사상을 전파한다고 보고 문화혁명은 이들을 대상으로 하는 반관료집단 운동, 당위원회를 비판하는 운동이 되어야 한다고 주장했다. 이 격동의 와중에 마오쩌둥이 혈통론자 반대를 넘어 혈통론이 반동 사상이라고 규정하는 데 이르면서 문화대혁명은 이후 1년 넘게 '대동란'의 시기에 들어섰고, 이 과정에서 '혈통론'을 주장한 집권세력과 그 후계자를 자처한 2세대들은 위기에 몰리며 일시적으로 권력에서 밀려났다.[64]

혈통론자들은 출신성분에 따라 사회신분을 혁명 후계자인 홍오류紅伍類와 탄압 대상인 흑오류黑伍類로 구획하였는데, 홍오류는 혁명에 참여할 수 있는 다섯 가지 신분, 흑오류는 탄압의 대상이 되어야 하는 다섯 가지 신분이었다.[65] 혈통론자들의 입장은 1966년 당시 이들이 플래카드로 내건 주장, "아버지가 영웅이면 아들은 멋진 놈, 부모가 반동이면 자식은 쓰레기"에서 잘 드러난다. 혈통론을 내세운 노홍위병과 그에 반대하는 조반파의 대립은 각 학교 내 대립을 넘어 전국 연합조직 사이의 대립으로 증폭되었는데, 조반파를 대표한 조직은 '삼사三司(제3사령부)'였고 노홍위병 연합조직은 '연동聯動'이었다. 연동이 출신성분이 나쁜 '흑오류' 타도를 외치며 내건 다음과 같은 주장에서 혈통론 사고의 한 극단을 잘 볼 수 있다.

> 개XX들을 죽여서 전멸시키자! 영원히 다시는 세상에 못 나올 줄 알아라! 너희들 시체가 산을 이루고 피가 강을 메우게 하리라. 다 죽여 씨를 말리자. 개XX들! 개XX들을 격리시키고 홍오류가 권력을 장악하자.[66]

혈통론자와 급진 조반파의 입장이 극단적으로 어떻게 대립되었는지 잘 보여주는 사례를 대표적 급진 조반파로 대대적 탄압을 받은 후난성 성우롄省無聯의 양시광楊曦光이 쓴 글 「중국은 어디로 가는가」(1968년)에서 확인할 수 있다.

> 프롤레타리아 문화대혁명을 불러일으킨 기본 사회모순은 새로운 관료 부르주아지의 통치와 인민대중 사이의 모순이고, 이러한 모순의 발전과 첨예화는 비교적 철저한 사회의 변동이 필요함을 결정했다. 이는 새로운 관료 부르주아지의 통치를 전복하는 것이자 낡은 국가장치를 철저히 파괴하는 것이며, 사회혁명을 실현하고 재산과 권력의 재분배를 실현하고 새로운 사회, 즉 '중화코뮌'을 건립하는 것이다.[67]

마오쩌둥이 당내 '두 개의 노선' 대립이 있다고 말하며 혈통론자를 비판하면서 혈통론자들은 1966년 후반에서 1967년 여름까지 수세에 몰리지만, 조직의 탄탄한 후원에 힘입어 세력이 몰락하지는 않았다. 오히려 1968년 여름 홍위병 해산령과 1969년 당조직 재건 이후에는 세력을 역전시키기 시작했다. 1970년대 갈등기를 지나 1980년이 되면 '삼종인' 숙청[68] 등의 과정을 거치며 조반파 세력은 대대적으로 검속되어 역사의 무대에서 사라졌다. 이후 역사는 문화대혁명 비극의 책임을 홍위병 두 세력 중 조반파에게 일방적으로 귀속시키는 방식으로 서술되었다.[69] 그리고 이를 통해 '혈통론'을 옹호한 세력은 복권되어 권력에 재진입할 수 있었다.

조반파는 역사의 무대에서 밀려났지만, 중국 사회주의의 역사적 경험을 성찰하는 질문으로서 여전히 유의미한 목소리로 남아 있다. 살아남은 조반파로 문화대혁명의 경험을 비판적으로 성찰한 결과를 '민주'라는 문제로 집중시킨 소설가 차오정루曹征路는 그의 소설 『민주 수업』에서 주인공의 말을 빌려 이렇게 중국 사회 집권 세력의 사고를 비판한다.

혁명이 단지 새로운 무리가 어르신이 되는 것에 불과하다면, 혁명의 의의는 또 어디에 있는 것인가요? 인민대중은 왜 당신들을 따라 피 흘리며 희생해야만 했나요? (…) 민주란 무엇인가요? 민주는 강산을 호령하며 용감히 분노하고 욕할 수 있는 자기 믿음이자, 평등하게 참여해 말하는 게 효과를 갖는 작은 일상적 분위기이자, 자기 집처럼 주인이 되는 책임감이죠. 보통 사람들이 이를 얻지 못하면, 가위바위보로 x 표시를 해 주인을 고를 수 있을 뿐

이죠.[70]

이 조반파의 목소리와 자기성찰은 이후 '개혁개방'의 역사 속에서 잊히고 억압되었으며 문화대혁명은 더는 논의될 필요 없는 과거의 일로 정리된 듯 보였다. 제2차 역사결의는 이들의 이단적 도전 또한 억압하는 목표를 지니고 있었다. 그렇지만 잊힌 듯 보이던 홍위병과 혈통론의 역사는 시진핑 체제 수립과 더불어 다시 전면에 등장한다. 시진핑이 공식적으로 당총서기를 맡기 전, 그러나 차기 지도부로 확정된 시기인 2011년에 중국의 대표적 '자유주의' 지식인으로 추앙받던 베이징대 교수 첸리췬錢理群이 쓴 「2010년을 회고하며」는 10년이 지나 다시 읽어도 서늘함을 느끼게 하는 냉철한 분석이다. 첸리췬 또한 조반파 출신이다.

소위 '시진핑 시대'에 국가 최고지도권을 장악한 사람들은 문화대혁명 시기 "홍위병과 지식청년"들, 그중에서도 "고급간부 자제" 출신이 중심이다. 이들 노홍위병들은 그 당시 무대에 올라서자 "부친이 잡은 권력은 자식이 이어야 하며, 권력을 대를 이어 계승해야 한다", "간부 자제가 권력을 잡아야 한다, 천하는 우리 것이다" (…) "국가 기구는 우리 손에 있다"고 주장했다. (…) 45년 이후 오늘도 이들의 신념은 바뀌지 않았다. (…) 이들은 지난 30년간 정치, 군사, 경제, 사회, 사상, 문화, 교육 모든 영역의 주요한 지위를 거치며 풍부한 실천 경험을 쌓았지만, 자신들에게 남은 기회는 "10년"뿐이라고 생각한다. 이들에게는 문화대혁명 시기 잔혹한 투쟁을 거치며 "목적을 위해서라면 수단을 가리지 않는다"는

관념이 강하게 남아 있다.⁷¹

체리췬은 이들이 1960년대 후반 문화대혁명 초기 조반파와 대립하는 '홍오류'의 혈통론 옹호자였고 이런 선민의식을 지닌 집단이 권력의 중심에 부상하는 것이 매우 우려스럽다고 지적한다. 시진핑의 중국이 새로운 세계질서의 진보적 대안이라고 주장하는 사람들은 결국 중국에서 '사회주의적 민주'를 향한 이 오랜 싸움을 지속해온 목소리를 억압하고 제거하여 국가주의에 복속시키는 것이 인류를 위한 진보라고 주장하는 것과 다름없다. 이런 점에서 시진핑을 둘러싼 '일인 권력인가' 아니면 '집단지도체제 유지인가' 하는 논란은 잘못 제기된 쟁점이라 할 수 있고, 시진핑이 일사불란하게 당을 장악한 데에서 나아가 군개혁과 강군몽을 성공적으로 추진할 수 있었던 것도 이런 배경을 살펴보지 않고서는 제대로 이해하기 어렵다.

시진핑에 앞선 후진타오 집권 시기의 몇 가지 중요한 통치 특징으로는, 첫째로 집단지도체제에 의한 '당내 민주화' 추진, 둘째로 중앙-지방 관계에서 지방 자율성 확립과 새로운 관리 모델 확대 및 균형 발전, 셋째로 사상 개방을 강화해 다양한 논의가 전개될 수 있는 토대를 만들고 비판적 이견 집단을 당이 수용해 당내 논쟁을 통한 정책화 추진, 넷째로 글로벌 표준에 맞는 방향으로 제도 개선 및 사상 개방 등을 들 수 있다. 시진핑 집권 이후 이 네 가지 방향 모두 크게 굴절되면서 중국적인 '수세적 예외주의'의 길로 나아가기 시작했다. 과거 '혈통론' 세대가 권력의 중심에 부상하면서 중국 국내적으로 두 가지 두드러진 변화가 발생한 것이다. 하나는 중앙-지방

관계에서 지방에 부여되었던 다양한 개혁 실험의 주도권을 중앙이 회수한 것이고, 다른 하나는 중앙의 노선과 이념에 일치하지 않는 상이한 목소리들에 대한 관용을 중단하고 통제의 강도를 높인 것이다. 이로부터 무오류성의 당의 전면적 영도와 시진핑의 중심성이라는 전환이 이루어진다. 앞서 세 차례 역사결의를 비교하며 살펴볼 때 논점이 왜 '노선'에서 '오류'로, 다시 당의 무오류성을 전제로 한 '당의 전면 영도'로 옮겨왔는지를 이런 역사적 맥락에서 이해할 수 있을 것이다.

시진핑 체제로 다시 돌아와 셋째로 주목할 특징은 시진핑 지도부의 역사관과 이에 기반한 전반적 대내외 정책 방향의 전환이다. 시진핑 집권 이전부터 시작된 역사 다시 쓰기 작업은 '중국 인민의 사회주의혁명사'를 '중화민족의 굴기의 역사'로 전환시켰고 시진핑 시대는 '중화민족의 위대한 부흥'을 내걸면서 그 정점을 찍었다.[72] 시진핑은 집권 이후 "시진핑 신시대 중국 특색 사회주의 사상"을 내세우면서 이를 당장과 헌법에 명문화했다. 이런 변화가 잘 드러난 것이 앞서 살펴본 제3차 역사결의였다. 제3차 역사결의는 두 개의 100년을 구분하고 향후 100년의 과제 해결을 위해 "시진핑의 당 중앙 핵심지위와 전당의 핵심지위 확립"과 "시진핑 사상을 전당 전국 인민의 지도 사상으로 확립"이라는 두 개의 확립을 제시하기 위한 것이었다. 당의 오류를 바로잡고 재정비하기 위한 것이 아니라 시진핑 지도의 중심성을 재확인하고 중국적 예외주의를 착근시키기 위한 시도를 보인다는 점에서 앞선 시기의 역사결의나 중국공산당의 태도와는 상당히 대비된다. 중국 현대사는 두 개의 100년으로 구분되고 지금까지의 100년은 '굴욕과 분투의

100년'으로, 앞으로의 100년은 당이 전면적으로 영도하는 '중화민족의 위대한 부흥'으로 자리매김하게 된다.[73]

이렇게 역사관이 전환될 때 우려스러운 측면은 굴욕의 식민주의 과거를 청산하기 위한 과제가 핵심으로 부각되고, 아편전쟁으로 빼앗긴 홍콩과 청일전쟁으로 빼앗긴 대만을 수복하는 과제가 중요해진다는 것이다. 역사 결의가 보여주는 시진핑 체제의 통치 방향은 홍콩 문제에 대해 '애국자가 홍콩을 통치'해야 한다는 것을 명문화하고 있는데, 이는 '일국양제' 시기 '홍콩인의 홍콩 통치港人治港'를 인정했던 것과 달리 '법에 따라 홍콩을 통치依法治港'한다면서 이른바 '홍콩보안법'의 추진을 당연시하고 있다. 대만에 대해서도 이 '애국자 통치'의 관점이 확장될 것임은 어렵지 않게 예측할 수 있다.

대외적으로 중화주의를 중심에 둔 예외주의적 가치를 내세움으로써 중국과 외부의 대립 선을 선명하게 긋고 있다고 한다면, 내부적으로는 시진핑 사상의 지도에 의한 통일적 가치관의 확립을 위한 다양한 통제 정책이 수행되고 있으며 이는 당의 공식 입장과 다른 견해를 용인하지 않는 억압적 통치의 강화로 나타난다. 당내 엘리트 정치의 시진핑 중심성 강화,[74] "가국家國 정서의 국가 이념화"의 강화,[75] 사회운동에 대한 통제 강화,[76] 2014년 이후 홍콩에 대한 폭력적 통제 강화,[77] 고등교육의 내용과 교재에 대한 내밀한 통제 강화,[78] 소수민족 지역에 대한 통제 강화 등이 그것이다.[79]

물론 시진핑 체제 아래에서도 중국의 정책이 억압 일변도만은 아니며, '사회관리'나 '사회치리'의 중요성을 강조해 이주와 고령화라는 사회구조 변화에 맞춘 새로운 사회정책을 전면적으로 추진하고 있다는 점도 중요하다.[80] 각 말단 행정기구들이 커뮤니티 사회 복지 서비스를 외주화해 이주자 관리나 고령 맞춤형 관리를 강화하는 정책도 있고, 다른 한편에서 광둥성처럼 2010년대 들어 파업의 물결이 고조된 지역에서 노동조합의 역량을 강화하고 기층노동조합 선거를 민주화하고 단체협상을 제도화하는 방향으로의 변화가 관찰되기도 한다.[81]

그렇지만 2010년대 초중반까지 사회조직의 자율성을 키우는 '협치' 모델을 강화할 것으로 보이던 사회관리의 방향은 2016년 이후에는 '안정성 유지'를 제일 목표로 삼는 통제의 방식으로 대부분 전환되었다. 이를 위해 사회조직의 말단기구까지 당건설 작업을 추진하여 세부적 통제를 강화하고 사회치리의 명분 아래 '격자망화網格化 관리'에 의한 개인정보 수집을 밀어붙이고 있다.[82] 빅데이터 수집에 기반한 예방적·선제적 대응이 협치를 대신한 모델로 등장하고 '스마트 시티'의 이상적 모델이 이와 결합하기 시작하였다. 코로나19의 집중관리는 이 사회적 통제를 감당하기 어려운 임계점까지 몰고 갔다.

강군몽

중국의 앞선 시기와 비교해 새로운 100년의 과제를 부각시키는 시대 규정, 혈통론을 배경으로 한 새로운 핵심 지도부 세대의 등장, 당의 전면 영도, 강대국을 향한 열망 등의 특징이 시진핑 체제 아래에서 대만 위기가 발생할 수 있는 역사적 배경이 된다면, 좀 더 직접적으로 대만 위기의 가능성을 높이는 것은 '중국몽'을 실현할 현실 구상으로서 등장한 '강군몽強軍夢'이다. 2014년 군사전략방침 조정 이후, 2017년 19차 당대회에서 강군몽의 기본 방향이 제출되었는데 2035년까지 인민해방군의 현대화를 완성하고 2050년까지 세계 일류의 강한 군대를 만든다는 목표를 내세우고 있다.[83] 이는 무기 현대화뿐만 아니라 군사전략, 군 조직, 작전 체계의 변화를 동반하는 것이다. '원해遠海방어', '우주방어', '정보대항'이 특히 강조되고,[84] 인민 해방군의 중심 또한 대륙군에서 해양군으로 전환하고 해군력의 현대화가 중요해지면서 신형 잠수함, 항공모함, 순양함, 대함순항미사일ASCMS(YJ-18 미사일과 YJ-12 미사일) 등을 갖추었다. 5세대 전투기, 수송기, 장거리 지대공 미사일을 중심으로 한 공군력의 증강 또한 대대적이다.[85] 2016년 이후 미사일 방어망 등 첨단무기 수출과 공동 군사훈련을 통해 러시아와 중국의 군사관계가 새로운 전기를 마련한 것도 중국의 강군몽 추진에 중요한 배경이된다.[86] 강군몽의 세부 내용은 2019년 1월 '신시대 군사전략방침'으로, 그 지도이념은 '시진핑 군사전략 사상'으로 발표되었다.[87]

군사편제도 지역 중심의 군구軍區 체제로부터 실제 전투를 강조하는 전구戰區 체제로 전환해 한반도와 대만 지역의 분쟁은 난징에 사령부를 둔 동부전구와 부차적으로 선양에 사령부를 둔 북부전구 담당으로 편제하였다. 수평적으로 업무를 분장해 관리하던 군사조직 또한 수직적 통합도를 높이고 시진핑 총서기가 중앙군사위원회 주석 외에 중앙군사위원회 '연합지휘 총사령관'이 되면서 군에 대한 전례 없는(즉, 마오쩌둥도 지녀본 적이 없는) 직접적이고 집중적인 통솔권을 갖게 되었다. 핵전략 또한 소수 핵심무기 보유에서 사실상 무제한 핵무기 보유로 전환했다. 중국이 보유한 핵탄두는 현재 400기 수준을 넘어서 2035년에는 1,500기에 이를 것으로 예상된다.[88] 중국의 '수세적 예외주의'는 이런 새로운 군사전략의 변화를 담기 때문에, 세계의 다중심성을 주장한다는 점에서 '수세적'이지만 지정학적 질서와 충돌이 없는 것은 아니다. 이처럼 시진핑의 결정권이 강화되면 대만 '통일'의 시점을 결정할 권한도 시진핑에 집중되지만, 장쩌민이나 후진타오 시기와 비교해보면 무력통일 실패의 책임 또한 훨씬 커지게 된다.[89]

수세적 예외주의

수세적 예외주의에 따른 지정학적 변동이 세계정세, 특히 동아시아에 던지는 함의는 작지 않다. 이는 명확한 팽창주의는 아니지만, 대만 문제와 관련해서 보자면 명시적인 지정학적 위협의 증대이기 때문이다. 중국의 부상은 기존 헤게모니에 도전하는 '도전자 국가contender state'[90]의 전형적 모습에 점점 더 가까워지고 있다는 점에서 이전 시대와는 다른 위상과 위협으로 이해할 필요가 있다. 중국은 '수세적'인 '내정 문제' 일 뿐 팽창할 의도가 전혀 없음을 강조하고 있지만 더는 '도광양회韜光養晦'가 아닌 '유소작위有所作爲'를 지나 '대국굴기大國崛起'로 전환이 불가피해짐에 따라 동아시아 지역 내에서 그리고 그것을 넘어서 기존 세계질서와의 갈등의 가능성이 커지고[91] 더 나아가서 군사적 마찰의 시나리오까지 현실적으로 제기되고 있다.[92]

우크라이나 전쟁 이후 러시아에 대한 서방의 집중적 제재를 보며, 중국으로서는 이 제재를 학습하는 시간을 얻고 있다. 러시아의 우크라이나 침공만큼이나 서방의 러시아 제재 방식도 이례적인 특징을 보인다. 중국 입장에서 대만 점령이 현실화할 경우 고려해야 하는 여러 가지 측면들을 논의해보자.

첫째, 이전에 두드러지지 않던 금융제재를 버틸 수 있는가가 관건이다. 둘째, 개방경제의 취약성인데, 위의 금융제재와 결합하면 경제 전반의 작동을 중단시킬 수도 있을 만큼 큰 충격을 가져올 수 있다. 셋째, 중국발 대만 위협이 현실화할 때 제재와 고립의 부담이 커지기 때문에 길게 끌고 갈 수 없다는 교훈이다. 넷째, 내부 동요를 최대한 억제하기 위한 사전-사후 정지 작업이 진행되고, 현재보다도 더 강력한 권위주의적 통제를 도입할 가능성도 높다. 다섯째, 논란이 국제무대로 옮겨갔을 때 지지세력 확보가 중요하므로 사전 정지작업을 진행할 것이다.

물론 우크라이나 전쟁이 장기화하고 러시아와 서방 모두 심각한 타격을 입고 있는 상황을 목도하면서 단시일 내에 중국이 대만 점령을 현실화할 것으로 보이지는 않는다. 그렇지만 중국으로서는 2027년 인민해방군 창군 100주년, 2035년 현대화 국가 건설이라는 목표, 2050년 현대화 강국의 완성이라는 구체적 목표가 설정되어 있으며, 2022년 20차 당대회에서 시진핑 주석의 3연임 승인이 대만 문제 해결과 떨어져 있지 않았음을 고려할 때 언제든 대만 위기는 군사적 대결로 발전할 가능성을 배제할 수 없다.

대만 문제를 낙관적으로만 보기 어려운 이유는 시진핑 체제의 특징에서 찾아볼 수 있다. 우선 이견이 공개적으로 허용되고 논의되기 어렵다는 점이다. 특히 핵심 의사결정층의 내부 토론 과정은 공개되지 않고 은폐된다. 중국공산당의 의사결정에는 여전히 당내의 토론 기제가 작동하고 있지만, 그 과정이 공개되지 않고 방향이 정해진 정책에 대해 이견을 제기하기는 매우 어려워지고 있다.

과거 중앙에 대해 지방이 지닌 이니셔티브가 약화하면서, 지방의 새로운 모델을 수립하는 이니셔티브를 둘러싼 견해가 제시되고 경합했던 과거의 경험도 다시 등장하기 어려워졌다. 시진핑 체제 이전 중국 개혁개방 과정에 많은 문제가 누적되었음에도 나름대로 해결 방향을 찾을 수 있었던 이유 중 하나는 새로운 모델을 만드는 이니셔티브가 지방에 있기 때문에 중앙은 각종 리스크로부터 다소 벗어나 심각한 문제가 발생할 경우 책임을 지방에 넘김으로써 체제 전반의 위기를 관리할 수 있었다. 이에 비해 시진핑 체제는 모든 리스크를 중앙에 강하게 집중해 통합 관리를 한다. 이는 신속한 의사결정과 수직적 통제의 효율성을 높이는 장점은 있지만, 중앙이 새로운 모델을 창출해내는 동시에 그 모델로부터 발생하는 책임까지 모두 감당해야 하는 부담이 있다. 코로나19 통제 상황에서 전면 락다운이 가져온 불만의 폭발이나 통제 해제 이후 경제적 곤경 등이 이를 잘 보여준다.

중화민족의 위대한 부흥을 목표로 삼는 중화민족주의도 성과주의가 바탕이기 때문에 경제적·사회적 성과를 내지 못할 경우 내적 불만의 통제가 쉽지 않을 수 있다. 향후 공동부유 정책이 중요한 과제가 되겠지만, 조세를 통한 2차 재분배 제도를 강화하는 대신 기여에 기반한 3차 재분배로 바로 넘어가고자 하는 정책 방향이 충분한 성과를 거둘지는 의문이다. 공동부유는 체계적 재분배정책이 아니라는 점에서 선부론의 폐기라기보다 선부론에 대한 당통치적 개입의 형태를 띠기 때문에 경기 사정에 따라 성과가 가변적이다. 20차 당대회 「정치 보고」에서도 기대와 달리 일반적 원칙을 넘어 공동부유의 구체적 방향을 채울 내용을 제시하지는 못했다.[93]

가장 큰 문제는 일단 지도부가 중대한 결단을 내리면 방향 전환이 매우 어렵다는 점이다. 이는 어쩌면 러시아보다 중국이 직면한 더 큰 위험일 수 있다. 선거제도를 통한 중간 점검이나 여론의 검토를 거치는 과정이 심각할 정도로 축소되었기 때문이다. 강력한 구심력 확보를 목표로 추진되는 "시진핑을 핵심으로 하는 당의 전면적 영도체제"는 리스크를 중앙에 과도하게 집중하면서 대안 논의 공간 자체를 점점 더 봉쇄하고 있다. 시진핑 체제의 수립과정에서 대내적으로는 언론에 대한 강력한 통제가 시행되고 상이한 대안에 대한 논의조차 봉쇄되는 권위주의적 통치가 강화되고 있으며, 이는 사회 전면에 당건설 사업이 전면화하는 방식과 병행되고 있다.

한편 중국은 '일대일로'를 비롯한 세계전략에 기반해 중국과 연계되고 중국을 지원하는 국가들을 늘려나갈 수 있을 것이다. 발전, 안보, 문명이라는 키워드가 중국 이니셔티브의 새로운 방향성을 표방하면서 부각될 수도 있을 것이다. 인도-태평양 전략에 대응하는 아시아지역 포용, '라틴아메리카의 꿈'과의 결합, '일대일로' 프로젝트의 지속이 중요한 과제로 떠오를 것이다.[94] 코로나 상황에서 중국은 경제적 어려움을 겪는 발전도상국에 대한 긴급대출을 제공하는 최종대부자 역할을 강화했는데, 2021년 중국의 해외 대출액은 405억 달러로 IMF의 686억 달러보다는 적지만 거의 따라잡아 가는 수준에 도달했다. 대출국은 튀르키에, 아르헨티나, 스리랑카 등 재정적 위기에 처한 국가들이었다. 긴급대출의 90퍼센트는 위안화(인민폐) 결제 틀을 활용하기 때문에 중국통화의 영향권도 점차 확대될 것이고, 중국의 경제적 영향력도 점차 증대해갈 것이다.[95] 일대일로는 세계로부터 고립 또는 격리되었거나 세계 제조업의 하청기지로 머무는 수준에서 벗어나, 중국을 국제적 순환의 중심에 서게 한다는 목표로 동반성장 모델을 지향할 것이다. 여기서 헤게모니적이지는 않더라도 이해관계에 따라 발전도상국가들을 포섭할 수 있는지의 역량이 문제가 될 것이고, 특히 발전도상국에 대한 잠재적인 최종대부자의 역량이 어느 정도 실현될지가 이후에 관건이 될 것이다.

그럼에도 시진핑 체제가 내세우는 '인류 운명 공동체'는 여전히 공허하고 그 내실을 새로운 보편성으로 채우기는 쉽지 않아 보인다. 피폐해진 세계의 적지 않은 나라들이 일시적으로 중국을 잠시 피난을 위해 올라탈 구명정으로 여길 수는 있겠지만 분명한 것은 중국의 '수세적 예외주의'가 새로운 전 지구적 대안이 되기는 어렵다는 것이다. 또 그 중국의 지척에서 북한이라는 복잡한 변수를 함께 고려해야 하는 한국과 다른 대륙에서 다른 지정학에 놓인 나라의 경우 판단이 다를 수밖에 없다.

이런 국내외적 조건을 전제로 시진핑 신시대는 대만 문제에 대한 적절한 개입과 도발을 반복하는 동시에, 이 문제의 확산을 막고 '국지화'시키기 위해 미국과 대립을 우회할 수 있는 여러 수단을 강구할 것으로 보인다. 그러나 원교근공遠交近攻의 특징을 보이는 이런 중국의 대응은 1980년대 일본이 그랬듯이 지역 내 주도자가 되기도 글로벌 주도자가 되기도 어려운 상황을 낳을 수 있다. 지역 내의 영향력 역시 책임을 다하지 않은 과거가 발목을 잡을 수 있다

(1951년 샌프란시스코 강화조약에 불참, 1953년 한국전쟁 정전협정의 주역이면서도 이후의 대응 회피, 1954년 제네바 회담에 소극적 참여, 1955년 반둥회의의 성과 취약). 냉전 시기 중국이 서방과 직접 대립을 회피하고 스스로 격리의 혜택을 누렸던 것이 국제적 강국으로 부상하는 데 제약이 될 것이다.

미국과의 대립이 계속되면 위에서 말한 대내외적 조건들의 선순환이 잘 작동하지 않으면서 위기가 도래할 수 있다. 앞선 개혁개방 시대와 달리, 문제가 생겼을 때 '전면 엄격한 당 관리'를 따라야 하고 정치노선 또한 '시진핑에 의한, 시진핑을 위한, 시진핑의 정치'만 남아 있다. 이런 상황이기에 더욱 대만 위기의 발발이 필연적이지는 않더라도 개연성이 매우 높아지게 되는 것이다. 특히 대만 문제가 '글로벌'하지 않고 '국지적'이라고 인식되는 상황에서 위기는 고조될 수 있는데, 러시아가 우크라이나 침공을 결정할 때 그런 전례가 있었다. 일단 대만 위기가 군사적 형태로 전개된다면 단지 대만해협에서 중국과 대만이 대치하는 것이 아니라 쌍방이 연합세력을 규합하고 기선을 제압하고자 하면서 군사적 대립이 지역 전체로 확산될 수 있다. 일차적으로 주한미군과 주일미군이 이 싸움에 관여하며, 북한이 어떤 식으로든 연계될 것이다. 좀 더 나아가면 괌-사이판 등 서태평양지역으로 분란이 확산될 수 있다. 대치가 장기화된다면 분쟁 지역은 더 확산될 수도 있다.

시진핑 체제는 당분간 지속되겠지만 언제까지 이어질지는 누구도 장담할 수 없다. 시진핑 주석의 '일인 지배'가 압도적인 듯 보이지만 완전히 제도적인 일인 지배 수립에 성공한 것은 아니어서, 다소 어정쩡한 과도적 상태가 이후 혼란의 원천이 될 수 있다. 앞서 제3차 역사결의에서 강조한 '두 개의 확립'이 중국공산당「당장」에 들어가지 못했고, 집단지도를 규정한 당규도 개정되지 않았으며, 당주석 제도나 '최종결정권' 같은 최고 권력의 제도적 기초가 확립된 것도 아니다.[96] 암묵적 동의에 기반한 권력 집중은 상황의 변화에 따라 '조건부 연임'이라는 한계가 표면화될 수도 있다. 중국 사회에 대한 통치는 전체주의적이기보다는 탈정치와 대중들의 암묵적 지지에 의존한 시진핑 사상의 통치의 성격을 띤다. 대중의 불만이 폭발적으로 터져 나온 역사적 전례가 많기 때문에 주로 여론이 모이는 결절점에 집중하여 언론을 통제한다. 이 때문에 사회적 갈등에 선제적으로 대응할 수 있는 사회관리가 중요해지고 여기서 사회 서비스와 디지털 기술의 결합이 중요한 관건이 되는데, 문제는 코로나 관리 정책이 이 '탈정치성'의 유지에 위험을 가져왔다는 문제가 있다.

2022년 가을 코로나 락다운에 대한 불만이 일시적으로 폭발한 '백지시위'는 이와 같은 중국의 통제 상황의 두 측면을 동시에 보여준다. 한편에서 중국의 통제에는 한계가 있으며 어떤 임계점을 넘으면 순간적인 폭발이 일어날 위험성이 있다는 것이다. 앞서 역사결의를 비교하면서 우리는 중국공산당이 이 위험한 대중의 견해를 봉합하고 당의 우위를 지키기 위해 어떤 시도를 해왔는가 보았지만 그렇다고 대중의 불만을 총체적으로 잠재울 수 있는 것은 아니다. 다른 한편 락다운을 신속하게 해제하고 다시 또 상당 부분의 책임을 중앙 대신 지방에 넘기고 이에 동반해 시위 주동자를 색출함으로써 백지시위는 다시 수면 아래로 신속하게 가라앉았다. 중국공산당의 통제 역량이 아직 유지되고 있는 것이다.[97]

락다운과 코로나 통제에 대한 불만의 양가성을 평가하는 중국 내 비판적 지식인 왕샤오밍王曉明의 분석은 핵심을 잘 드러내고 있다. 왕샤오밍은 현재 중국을 '당국黨國 자본주의'라고 보면서 중국식 정치 형성의 한 경로를 다음과 같이 분석한다.

새로운 경제 상황이 점점 더 많은 민중, 특히 청년이 미래에 갖는 물질적인 기대 및 이와 관련된 사회 상황에서 갖는 낙관적인 기대를 무너뜨리고 심지어 많은 사람들이 현실에서 물질적인 빈곤을 체험하기 시작하면서 (…) 이러한 의문과 불만은 모두 정치와 통하는데 이것이 차곡차곡 쌓여 정치의식이 부활하고 성장할 것이라는 점은 자명하다. (…) 1980년대 초부터 (…) 사회생활에 대한 당국의 통제는 점진적으로 이완되어왔다. 사람들이 마음 놓고 '정치적'으로 '무관심'할 수 있었던 것도 이 통제가 느슨해진 것이 적잖은 역할을 했다. 그러나 대체로 2010년대 중반부터 국내외의 다양한 요소에 영향을 받아 당국은 사회에 대한 통제를 강화하기 시작했다. (…) 이러한 상황에서 '나는 정치와 무관하고 싶은데 정치가 나를 찾아온다'는 감각이 점점 더 빈번하게 감지되기 시작했다. (…) 민중은 당국과 충돌하는 것을 늘 두려워한다. 그렇지만 예상하지 못한 일은 우리가 사적인 생활로—안심하면서 누리려고—물러섰을 때, 당국의 거대한 손이 특정 '비상 상태'를 집행한다는 명의로 사생활 속으로 밀고 들어와 정치가 편재하고 이를 회피할 수 없다는 것을 깨닫게 했던 것이었다.[98]

중국에서 민중의 정치의식이 자극받아 저항의 정치가 등장하는 사회경로는 이런 연쇄를 거칠 수 있다. 미국과 경합해 미국을 추월하겠다는 강한 미국 선망적 민족주의가 중국 국내의 대응을 보수화하고 대만에 대한 군사적 위협을 더 촉진시킬 수도 있겠지만, 다른 한편 탑다운 방식의 강한 통제가 지속되면 코로나 통제와도 맞물려 당-국의 일방적 정책 추진에 대한 반발을 서서히 누적해갈 수도 있다. 전자의 힘이 더 강하지만 미래는 정해져 있지 않다. 외부에서 대만의 무력통일 가능성에 대해 지속적으로 '아니다'라는 목소리를 전해야만 하는 이유이다. 그 목소리가 중국 내에 전달되어 그곳에서도 '아니다'라는 목소리에 다시 힘이 실릴 수 있을 때 재앙으로 가는 길도 막을 수 있다. 한반도의 재앙은 한반도에만 한정되는 것이 아니기 때문이다.

2부

다시 보는
얄타체제의 형성과
동아시아

3장

루스벨트의
새로운 자유주의 구상:
단일 세계주의라는 잊힌 출발점

1

진영론과는 다른
단일 세계주의라는 얄타구상

현 정세가 얄타체제의 동요를 드러내고 있다면, 과연 그 얄타체제란 무엇인가? 이를 이해하기 위해 우리는 얄타체제의 형성기로 되돌아갈 필요가 있다. 현재를 이해하기 위해서는 과거를 객관적으로 평가해야 하는데, 이를 위해 전후의 세계질서를 냉전이라는 단순 구도로만 보는 인식에서 우선 벗어나야 한다. 이 단순 구도를 벗어나려면 냉전에 의한 세계 분할의 기본 틀로 알려져 있는 '얄타체제'가 실제로 진영 대립을 기반으로 설계된 것인지 질문하지 않을 수 없다. 오히려 얄타체제를 구상하던 시기와 그 이후 냉전이 공고화되던 시기를 구분해야 하는 것은 아닌가? 그리고 '냉전'이라는 구도 아래에서도 미국과 소련은 외형적으로는 대립하면서도 사실 현실적으로는 공조하지 않았던가?[1] 그래야 지금 우리가 겪고 있는 얄타체제의 동요에 대해서도 '신냉전'식 설명과는 다른 접근을 해볼 수 있을 것이다.

이런 논점을 살펴보기 위해 3장에서는 강대국 주도의 유엔 안보리와 냉전의 세력권 형성을 중심으로 논의되는 통상적인 얄타체제와 구분해 '얄타구상'을 '단일 세계주의One Worldism'라는 관점에서 논의해보려 한다. 얄타체제는 당연히 얄타구상을 바탕으로 한 것이지만 2차 세계대전 종전 후 여러 복잡한 국제정세의 변화를 반영하고 굴절되면서, 최초의 구상대로 귀결되지는 않았다. 얄타협정으로부터 냉전의 공고화로 가는 길은 루스벨트의 '단일 세계주의'가 두 개의 진영을 분리하는 트루먼의 '자유세계주의'(두 세계주의)로 전환되고 이를 통해 냉전이 제도화되는 과정이었다. 영국 헤게모니를 대체한 20세기 미국 헤게모니는 이 과정을 거치며 실질적으로 전 지구적 통치 질서를 수립할 수 있었다.[2] 루스벨트 사후 냉전의 진영 구도가 형성되는 과정을 살펴보면, 최초의 '얄타구상'에서 '얄타체제'로 나아가면서 중요한 변화가 발생했음을 알 수 있다.

탈식민주의 세계에 대한 얄타구상

얄타체제의 출발점인 얄타협정은 1945년 2월 4일~2월 11일 크림반도의 얄타에서 미국 루스벨트 대통령, 소련 스탈린 서기장 겸 대원수, 영국 처칠 총리가 모여 합의한 전후 세계질서에 대한 협약이다.[3] 이들은 강대국 중심의 유엔 안보리와 독립국들의 유엔 총회를 기반으로 전후 탈식민지 체제를 수립하자는 목표로 얄타에서 만났다. 회담의 주요 합의가 당사국들의 정치적 사정과 이후 냉전의 공고화로 인한 방향 전환을 거치며 얄타체제라고 할 수 있는 질

148

서가 수립되었다.

좁은 의미의 얄타체제는 2차 세계대전 종전 후 유럽의 전쟁 종결 절차에 대한 실무적 합의로, 독일-폴란드 국경문제를 처리하고 유엔 창설에 기본적으로 합의하며 소련으로부터 대일전쟁 약속을 받는 정도로 끝난 단기적 회담으로 이해될 수도 있다. 또한 독일의 점령문제 해결을 위한 연합군 강대국 사이의 합의 역시 중요한 안건이었다. 4개국에 의한 독일의 분할점령이라는 아이디어에서 시작해 동서독 분단과 베를린의 동서 분할 그리고 냉전의 대립을 고착시킨 것이 이 새로운 질서의 핵심적 특징으로 알려져 있다.

이런 독일 분할점령을 중심으로 얄타체제를 좁게 정의한다면 이는 1980년대 소련에서 고르바초프 등장과 페레스트로이카, 동서독의 통일 그리고 그 직후 소련의 해체와 더불어 종식된 것으로 이해될 수도 있다. 베를린에서 얄타회담의 잔재로 남은 미국과 소련 군대가 철수했고, 소련과 독일 사이, 폴란드와 독일 사이에 종전 조약이 체결되면서 얄타 합의 방식의 질서가 더는 유럽에서 작동하지 않게 되었기 때문이다.

이와 비교하면 2차 세계대전의 또 다른 무대인 동아시아에서 일본의 전후 처리는 일찍이 1951년 샌프란시스코 강화조약에 의해 조기 종결된 바 있다. 얄타체제를 2차 세계대전 시기 연합군 사이에 합의한 전후 질서로 한정해 해석해보자면 동아시아에서 얄타체제는 조기에 사라진 것으로 이해될 수도 있다. 그 이후 베트남전쟁, 라틴아메리카의 미국 개입, 아프리카에서 냉전 대결의 지속, 소련의 아프가니스탄 침공 등 일련의 사태는 얄타체제의 해체 속에서 진행된 것으로 이해될 수 있을지도 모른다.

그렇지만 이 책에서는 얄타체제를 좀 더 넓은 의미로서, 요컨대 포괄적이고 광범위한 2차 세계대전 전후 국가간체계 질서의 틀로 이해하고자 한다. 또한 동아시아의 샌프란시스코 체제와 '제3세계의 저항' 그리고 그에 대한 강대국 대응의 과정까지도 얄타체제의 틀 속에서 이해하는 것이 더 적절하다고 본다. 이렇듯 광범하게 규정할 때만, 2차 세계대전 종전 질서로서의 얄타체제를 미국 헤게모니 하의 새로운 국가간체계의 틀로 이해할 수 있다. 이 새로운 다자주의적 질서 속에서 강대국들은 유엔 안보리를 장악해 상호적 제약 아래 강대국 상호 간의 전쟁과 영토주의적 확장을 억제하였으며, 또한 이 질서를 통해 신생 독립국들이 '발전'하였다.

　　냉전의 진영 대립은 얄타구상을 상당히 변형시켰지만 동시에 오히려 이 대립 때문에 신생 독립국들의 다양한 '도전'이 가능할 수 있기도 했다. 이후 냉전이 고착화하면서 국가들 사이의 관계 조정을 위해 이질적으로 보이는 요소들도 결합하여 이 얄타체제로 굳어졌다. 유엔, 나토, 바르샤바조약기구, IMF, 코메콘, 샌프란시스코 강화조약, 삼자위원회, 유럽안보협력회의, 유럽경제공동체EEC 등 많은 전후 '체제'들을 그 상위의 구도인 얄타체제 아래에서 등장한 것으로 이해하는 것이 중요하며, 모순적 조합으로 구성되었음에도 얄타체제는 동유럽 붕괴를 지나서 21세기가 된 이후까지도 덜컹거리며 지속되어왔다고 할 수 있다. 우크라이나 전쟁이 중요한 이유는 이 넓은 의미의 얄타체제가 본격적으로 해체되는 과정을 보여주기 때문이다.

　　세계체계 분석의 관점에서 보자면 근대 세계체계는 세계경제이면서 동시에 국가간체계로, 자본주의 세계 전체를 단일의 분업의 위계로 통합하는 세계경제와 다수의 국가들을 세계 헤게모니 아래 위계적 질서로 엮는 국가간체계라는 이중의 질서로 구성된다. 19세기는 자유무역 제국주의라는 영국의 헤게모니 질서 아래 편입된 중심-주변의 식민지적 분업구조 그리고 영국의 압도적 군사적·외교적 우위 아래 '유럽의 협조'라는 방식의 비공식적 외교 네크워크에 의해 작동하는 질서였다. 이에 비해 2차 세계대전 이후 미국 헤게모니의 세계체계는 초민족적 기업 네트워크에 의해 통합된 중심-주변의 위계적 분업구조라는 세계경제와 그리고 미국의 압도적 군사적·외교적 우위 아래 유엔 총회 및 유엔 안보리의 이중적 틀로 관리되는 다자주의적 국가간체계에 의해 유지됐다.[4]

19세기 영국 헤게모니의 세계체계는 '유럽의 협조'라는 비공식 외교 네트워크 위에서 작동했지만 영국의 힘이 약화되면서 이에 기반한 세계질서가 유지되기 어려워지고, 국가간체계 해체는 세계전쟁으로 이어지고 세계경제의 통합성이 와해되면서 전 지구가 위기에 봉착했다. 1차 세계대전의 해결을 위해 등장한 국제연맹 League of Nations은 이 한계를 넘어서려 하였고, 자유주의에 기반한 세계질서를 수립하겠다는 이념적 열망은 있었지만 이탈 세력을 제어할 힘이 처음부터 없었다.

새로운 국가간체계로서 얄타체제는 '민족국가 발전'의 길을 통한 탈식민주의를 전제로 삼고 이를 가능하게 하는 다자주의의 틀로 등장했는데, 첫째로 냉전 진영 대립에 기반한 세력권 유지, 둘째로 국제적 경제통합과 자유기업주의, 셋째로 주권국가 공동체 등을 원리로 작동되어왔다고 할 수 있다. 이를 위해서는 유엔 안보리 상임이사국 상호 합의와 상호 제약이 중요한데, 세력권은 제한적으로 인정하지만 영토주의적 팽창에 대한 상호적 견제가 얄타체제를 유지해온 토대였다. 이는 19세기적인 '제국주의' 질서에 대한 견제이자 '지양'이었다고 할 수 있다.[5]

얄타의 구상이 냉전의 진영 대립으로 변형된 것은 2차 세계대전 이후 유럽과 동아시아의 정세가 맞물리면서 예상과 다른 길들이 분기했기 때문이다. 그렇다고 해서 얄타구상의 기본 틀 자체, 즉 탈식민주의 및 유엔 총회와 안보리를 중심으로 세계경제를 통합하고 세계전쟁을 제어한다는 구도 자체가 폐기되었던 것은 아니다.

얄타구상의 바탕에 있는 루스벨트의 '단일 세계주의'는 소련을 전후 질서 수립을 위한 적극적 파트너로 수용하는 '네 경찰국'이라는 새로운 아이디어에서 출발했다.[6] 얄타구상은 전후 질서에 대한 루스벨트의 생각과 스탈린의 생각이 일정한 합의에 이를 수 있는 기반이 있었기 때문에 가능했는데, 이는 냉전 시기 극심했던 진영 대립을 생각하면 이해하기 어려울 수도 있다. 세계대전에 의해 강제된, 자유주의 헤게모니 아래에서 소련식 사회주의와 미국식 뉴딜의 길 사이 모종의 절충적 합의가 추동되었다고 할 수 있는데, 이는 단일한 세계 내에서 자본주의와 사회주의의 경쟁을 용인하는 것이었다고 볼 수 있다.

현 국제정세의 위기를 얄타체제의 근본적 동요라고 이해한다면, 우리는 얄타체제에서 냉전으로 가는 과정이 미리 정해진 길이었는지, 루스벨트의 단일 세계주의에서 트루먼의 자유세계주의로 변환되는 과정에서 다시 검토해볼 쟁점은 없는지 좀 더 질문할 필요가 있다. 얄타구상이 소련과 중국을 배제한 자본주의 '자유 진영'의 틀 짜기였는지, 아니면 소련과 중국을 핵심적으로 포함한 새로운 세계질서의 구상이었는지, 그 얄타구상의 특징과 취약점은 무엇이었는지 등은 얄타체제가 동요하는 현시점에서 검토가 필요한 질문이다.

얄타의 단일 세계주의 구상은 미국과 소련이 세계전쟁이라는 비상 상황에서 19세기 자유주의의에 대한 대안적 체제를 모색하는 과정에서 나온 산물이었고, 그만큼 모순적 특징이 결합되어 있었다. 우리는 냉전의 결과로부터 과거를 환원적으로 해석하기보다 이 '단일 세계주의'의 구상이 세계전쟁을 제어하고 전후 질서를 수립하기 위해 소련을 파트너로 삼는 어떤 질서의 '합의'를 출현시켰는지에 초점을 맞춰볼 것이다. 이 '가지 않은 길' 또는 '변환된 길'로서 '얄타구상'에 대한 검토는 새로운 시대에 필요한 새로운 세계질서 논의에 상상력을 제공할 수도 있을 것이다.

2

소련을 파트너로 삼는
자유주의적 세계질서 수립

루스벨트의 네 경찰국 구상

1930년대 미국의 국내 질서를 '뉴딜'로 재편한 이후 1941년부터 '단일 세계주의'에 기반한 루스벨트의 글로벌 뉴딜이 시작된다.[7] 이 단일 세계주의는 매우 야심찬 기획이었는데, 세계를 19세기의 식민지 질서로부터 해방해 완전히 개방된 세계시장을 창설하고 이를 통해 세계질서에 대한 위협을 제거한다는 구상이었다. 이는 미-소-영의 3강 또는 미-소-영-중의 4강 구도로 구체화되었는데, 식민화 세력의 대표였던 영국을 껴안되 탈식민적 방향을 추동하기 위해 명백한 '비식민화' 노선을 표명한 소련을 파트너로 인정하는 과제가 핵심으로 부각되었다.

얄타구상은 루스벨트 개인만이 아니라 여러 '뉴딜주의자들'이 결합했기 때문에 가능한 것이었다. 이 '공상가 동맹'에는 단일 세계주의 신봉자인 헨리 월리스Henry Wallis 부통령(루스벨트 2기), 케인즈주의적인 수정 자본주의의 설계자인 로클린 커리Lauchlin Currie(IMF를 설계) 그리고 브레튼우즈 체제 수립의 기둥인 해리 덱스터 화이트Harry Dexter White 등이 포함되었다.[8] 모겐소-화이트로 대표되는 루스벨트 정부 내 '국제주의자들'은 독일을 포함한 전 세계의 무장해제를 강력하게 주장하면서, 전후 소련은 재건을 위해 미국 자본을 유치하지 않을 수 없고 이렇게 제공된 차관과 원조는 소련의 책임감을 높이고 문호개방을 불가피하게 할 것이라고 보았으며, 차관 제공을 위해서는 소련이 현안에 미국과 '협력하려는 의지'를 분명하게 보여야 한다는 입장을 취했다.[9]

당연히 이 전후 구상을 실제화하기 위한 정책적 실무기구가 중요했다. 정부 내에서는 국무부·육군·해군으로 구성된 삼부조정위원회State-War-Navy Coordinating Committe, SWNCC가 구성되어 특히 극동의 점령 처리 문제를 다루었다.[10] 추축국 지역을 '미국화'하는 문제에 대해서는 민관 공동 프로젝트가 중요했는데, 독일 바이마르 공화국의 경험을 배경으로 한 독일 출신 칼 프리드리히Carl Joachim Friedrich가 하버드 정치학과를 중심으로 이 구상을 이끌었고 여기에 인류학자, 행동주의 심리학자, 사회학자(파슨즈)가 중요한 조력자 역할을 맡았다.[11]

루스벨트는 전후 질서의 핵심을 탈식민지체제로 상정하고 체제의 안정을 위해서는 강대국 합의에 의한 전쟁 억제 기제가 작동해야 한다고 보았다. 이런 생각을 바탕으로 유엔과 안보리라는 방안이 나왔고, 그 실현을 위해서 소련이 필수적인 파트너가 된다. 탈식민화 문제와 관련해 루스벨트는 처칠보다 스탈린이 자신의 계획을 더 잘 이해했으리라고 이야기하기도 했을 정도로 스탈린의 소련에 대한 기대가 컸다. 루스벨트는 식민시대의 '세력권'을 완전히 제거하겠다고 비유럽권 지도자들에게 언명하기도 했고, 영국을 굴복시키기 위해 자신과 친밀한 네덜란드 빌헬미나 여왕을 접촉하기도 했다. 그리고 이런 탈식민화의 구상으로부터 전후 식민지 체제의 연착륙을 위한 방안으로 '신탁통치'가 등장했다. 루스벨트는 인도차이나 외에 샴, 말레이 국가들을 국제 신탁통치에 둘 수 있다고 하면서 여기서 소련도 역할을 맡아야 한다는 의사를 소련 뱌체슬라프 몰로토프Vyacheslav Molotov 외상에게 1942년 전달하기도 했다. 몰로토프는 독일과 일본의 전쟁 위협이 제거된다면 대통령 제안이 효과적으로 작동할 수 있을 것이라는 의견을 표명한 바 있다.[12]

확신에 찬 루스벨트는 먼저 1943년 11월 카이로 회담에서 장제스를 4강Big Four('네 경찰국')에 포함시켜 이를 통해 인도차이나와 동아시아 탈식민화의 강력한 지지대를 세우고자 하였다. 루스벨트는 이어 테헤란회담으로부터 얄타회담까지 스탈린과 전후 구도에 대한 생각을 조율해갔다. 출발점으로 프랑스에 대한 입장에서 스탈린과 일치를 본 후(1943년 11월 28일) 인도차이나에서의 프랑스 식민정책 실패를 인정하고 프랑스를 이 지역에서 배제하고 신탁통치를 시행한다는 기본방향을 잡았다.[13]

1941~1945년 시기 루스벨트의 전후 세계질서 구상의 핵심은 향후 미국, 영국, 소련 세 나라가 '세계의 경찰'로 전후 세계질서를 관리해야 한다는 것이었고, 식민 열망을 버리지 않는 처칠을 견제하기 위해서 때로는 여기에 장제스 국민당의 중국을 추가해 4강 구도를 유지하고자 했다(장제스의 국민당이 꼭 중국을 대표해야 하는가는

종전 후 쟁점이 된다). 그리고 이 3강 또는 4강의 세계경찰을 통해 유지하려 한 전후 질서는 미국이 2차 세계대전에 본격 참전하기 거의 1년 전인 1941년 1월 6일 의회와 미국 국민에게 루스벨트가 한 연설에서 제시된 '네 가지 자유'라는 사상, 즉 "언론과 의사 표현의 자유, 신앙의 자유, 결핍으로부터의 자유, 공포로부터의 자유"를 제공한다는 새로운 자유주의 세계질서의 구상에 기반한 것이었다. 그리고 그 실현을 위해 루스벨트는 소련을 가장 중요한 파트너로 끌어들였던 것이다. 이런 방향은 1941년 8월 14일 처칠과 공동으로 발표한 「대서양 헌장」에서 좀 더 구체화하였고, 이후 얄타회담으로 가는 길은 이 네 가지 자유를 현실화하기 위한 3강 또는 4강 구도의 구체화 과정이었다고 할 수 있다.[14]

'네 경찰국'에 기반한 루스벨트의 단일 세계주의 구상은 독일의 소련 침공이 시작된 1941년 6월 이후 본격화된다. 이는 2차 세계대전이 본격적인 세계전쟁이 되는 맥락과도 관련 있는데, 2차 세계대전은 독소전쟁과 중일전쟁이라는 두 개의 대규모 전쟁이 미국의 참전을 통해 하나의 세계전쟁으로 묶어진 것이라고 할 수 있기 때문이다. 미국의 '무기대여법Lend and Lease Act'에 따라 영국과 소련에 거의 무제한의 군사 지원을 하고 부차적으로 중국에 무기 지원을 한 것이 이 전쟁을 지속시키고 연합군의 승리로 이끈 기본 틀이라고 할 수 있다.[15] 독소전쟁 대응 과정에서 루스벨트와 스탈린 사이에는 독특한 신뢰 관계가 형성되었다. 2차 세계대전은 이렇듯 소련에 대한 미국의 무제한에 가까운 군사 지원과 이를 지원받은 소련군의 무제한에 가까운 희생을 바탕으로 한 끝장 전쟁이라는 특징을 보인다.

얄타구상은 전후 질서 수립을 위해 소련을 중요한 파트너로 받아들이고자 했는데, 소련을 파트너로 삼는다고 할 때 두 가지가 중요했다. 먼저 전후 질서 수립을 위한 핵심 동반자로 소련을 선택한 것이다. 정치질서 수립을 위한 유엔 총회와 안보리 구성의 핵심 구성원으로 그리고 전후 경제질서 수립에 소련을 포함시키겠다는 것이었다. 소련은 브레튼우즈 체제와 국제노동기구 개편을 위한 중요한 파트너로도 상정되었다. 전후 소련의 재건 또한 독일의 전쟁 배상금 지급이나 미국의 차관을 전제로 기획되었는데, 전쟁 배상금 문제가 실현되지 못한 이후에도 1945년 스탈린은 미국에 연리 2.5퍼센트의 60억 달러 차관을 요청했고 1946년까지도 이 차관을 받아서 소련을 재건할 수 있다는 기대를 포기하지 않았다.[16] 루스벨트 사후 냉전이 고착되면서 이런 방안들은 실행되지 않았지만, 이후 심지어 마셜 플랜 시기까지도 이런 방안들이 완전히 사라진 것은 아니었다.[17]

'파트너' 소련의 다른 한 축은 전후 각국의 정치 구도에 공산당을 주요한 연립정부의 구성원으로 포함시키고자 한 것이었다. 실제로 얄타에서 '프랑스 모델'로 샤를 드골Charles Gaulle을 정통성 있는 지도자로 인정하는 대신, 프랑스 공산당을 합법적 핵심 연립정부 파트너로 인정해 공산당 지도자인 모리스 토레즈Maurice Thorez에게 총리나 국무장관급의 지위를 보장하자는 합의가 이루어졌다.

이 방식은 그대로 중국 문제에도 적용되었다. 소련이 1945년 8월 14일 공산당이 아닌 국민당과 '중소우호동맹조약'을 체결해 일본 점령지였던 만주지역을 이후 국민당에게 이양하기로 약속하고, 1946년 1월 트루먼의 특사로 조지 마셜George Marshall이 국민당과 중국공산당 양측을 방문해 '중화민국 임시정부 조직법' 초안을 제시해 공산당을 포함시킨 연립정부 구상을 수용하도록 압박했으며, 소런이 중국공산당의 단독정부 수립을 마지막 시점까지 반대했던 것 모두 이런 맥락에서 진행된 것이었다(이 책 4장도 참고할 것).[18]

얄타회담으로 가는 과정을 설명하기에 앞서 협정문의 주요 내용을 정리해보면 아래 표와 같다. 얄타협정문은 크게 두 부분으로 구성된다. 유엔 창설과 전후 유럽 문제 해결을 다룬 첫 부분은 미·

3국 외상이 서명한 「크림회담 의정서」

1. 세계기구 창설
   (1) 유엔 창설 총회
   (2) 유엔 참가국 확정
   (3) 유엔 총회 소집 결정과 관련해 미국 정부가 중국 정부(국민당 정부) 및 프랑스 임시정부(드골 정부)와 상의
   (4) 총회 초대 국가에 초청장 발송
   C. 유엔 안보리 투표 방식 (비토권, 이해 당사자 배제)
   * 신탁통치
2. 자유 유럽 선언
3. 독일 분할
4. 독일의 프랑스 점령지역 설정
5. 전쟁 배상(소련에 220억 달러와 현물 배상의 50퍼센트 배정)
6. 주요 전범 처리
7. 폴란드 문제
8. 유고슬라비아 문제
9. 이탈리아-유고슬라비아 국경과 이탈리아-오스트리아 국경 문제
10. 유고슬라비아-불가리아 관계
11. 동남부 유럽 문제
12. 이란 문제
13. 3국 외상 회담
14. 몬트뢰조약 문제

3국 수뇌가 서명한 「일본 문제에 대한 협정」

독일 항복 후 2~3개월 내 소련의 대일전 참전을 전제로 다음에 합의함.
   • 외몽골 유지
   • 러일전쟁으로 일본에 빼앗긴 소련 권익 회복
   • 쿠릴열도 소련에 할양

얄타협정의 주요 내용

주: 얄타협정은 「크림회담 의정서」와 「일본 문제에 대한 협정」으로 이루어져 있다.

소·영 3국 외상의 공동합의문으로 발표되었고, 소련의 대일전 참전과 그에 따른 보상은 미·소·영 3국 수뇌의 별도 비밀 합의문으로 작성되었다. 유럽에서는 독일, 폴란드, 유고슬라비아, 이란 등 이후 분쟁의 대상이 될 대표적 지역에 대한 기본원칙이 이미 수립되었음을 알 수 있다.

미국 내부의 반발

2차 세계대전 종전 직전인 1945년 4월 12일에 루스벨트가 갑자기 사망하면서 많은 일이 바뀌었다. 부통령 트루먼은 루스벨트와는 매우 다른 성격과 지향점을 지닌 인물이었고, 특히 1941~1945년까지 루스벨트가 주도한 전후 세계질서 구상과 이를 실현하기 위한 테헤란회담과 얄타회담에도 관여하지 않았다. 1941년 독일이 소련과의 불가침 조약을 파기하고 소련을 침공한 이틀 후 트루먼은 심지어 "독일이 이길 것 같으면 러시아를 돕고, 러시아가 이길 것 같으면 독일을 도와서 서로 더 많이 죽이게 해야 한다"고 신문에 기고했을 만큼 반소적 입장이 강했다.[19]

이처럼 루스벨트는 국내적으로 많은 당내외 강경파들의 반대에 직면해 있어서 트루먼만이 아니라 국무성의 핵심 인사들 그리고 군 내에서도 자신의 뜻과 어긋나는 인사들 다수를 배제했다. 얄타로 가는 루스벨트의 길에 동반한 사람은 그의 분신alter ego인 해리 홉킨스Harry Hopkins 그리고 생각이 달랐던 주소 대사를 밀어내고 중요한 시기에 스탈린에게 루스벨트의 속내를 전달한 주소 미국 대사 애버렐 해리먼Averell Harriman 등 소수였다.[20]

이런 이유 때문에도 루스벨트 사후 미국의 대소 관계와 세계전략은 매우 달라지지 않을 수 없었다. 그리고 트루먼은 루스벨트와 달리 폴란드나 중국 등 어려운 문제에서 복잡한 해결책을 찾아내는 데 익숙하지 않았다. 소련이 보인 이중적 태도 또한 루스벨트 생전에는 외교적 언술로 이해되었지만, 사후에는 적대적 팽창주의로 받아들여질 뿐이었다. 그렇게 트루먼의 자유세계주의는 미국의 정계에서 확실히 자리를 잡아갔고 그에 앞선 시기의 일들은 굳건해진 진영 대립의 시각에서 받아들여지기 시작했다. 트루먼 이후 냉전의 전후 질서는 소련에 대한 '봉쇄containment'를 기본 목표로 삼고 세력균형과 핵억지, 정치와 이데올로기 경쟁을 기본으로 하는 전후 체제 구축으로 나아갔다.[21]

그렇지만 루스벨트가 주도했던 전후 구상을 일단 종전 후 냉전체제 수립으로부터 떼어내 살펴보면, 냉전의 대결 구도와 다른 특징들을 쉽게 발견할 수 있다. 현실의 얄타체제는 루스벨트의 단일 세계주의에 트루먼의 자유세계주의가 덧붙여진 혼합물이라 할 수 있는데, 자유세계주의와 구분되는 단일 세계주의의 첫 얄타구상이 어떤 특징을 지녔는지 살펴볼 필요가 있다. 왜냐하면 이 첫 구상에서 소련은 대립자가 아니라 협조자였기 때문이다.[22]

이처럼 단일 세계주의의 구상을 좀 더 면밀히 살펴보려면 냉전 이후의 진영적 서술을 정당화한 자료가 아닌 다른 자료를 살펴볼 필요가 있다. 여기서는 최근 새롭게 주목받기 시작한 루스벨트와 스탈린이 주고받은 서신을 중심으로 살펴보려 한다. 루스벨트는 대통령직 이전에 뉴욕 주지사로 활동하던 시기부터 소련과의 수교 필요성을 주장하고 이를 주도한 바 있었지만, 대통령 당선 이후까지도 스탈린과 직접 서신 등을 통해 접촉한 적은 없었다. 그가 스탈린과의 교류에 적극적으로 나선 것은 히틀러 독일이 소련을 침공한 1941년 6월 22일 이후였다. 이때부터 루스벨트가 사망하던 1945년 4월 12일까지 루스벨트는 스탈린과 총 304통의 서신을 주고받았고, 여기에 처칠과의 서신까지 포함하면 세 지도자 사이에 오간 서신은 모두 682통이나 된다.[23] 이 서신에는 소련에 대한 군사지원과 북아프리카 전투, 프랑스 상륙작전 등 군사 전략부터 테헤란회담과 얄타회담의 시기와 장소, 폴란드 문제와 유엔 창설 및 운영에 대한 세부적 이견의 조율까지 광범한 내용이 담겼다.

소련을 파트너로 삼는 새로운 다자주의

루스벨트는 1941년에 대서양 헌장의 맥락에서 전후 세계질서를 '네 경찰국' 중심으로 고민했다. 루스벨트는 1936~1938년 주소 미국 대사를 지냈던 조셉 데이비스Joseph E. Davies의 독특한 소련관을 접하면서 미국, 소련, 영국, 중국의 '네 경찰국' 구상을 발전시켰던 것으로 알려져 있다. 이런 생각은 테헤란회담에서 공식적으로 논의하기에 앞서 1942년 6월 워싱턴을 방문한 소련 외무상 몰로토프에게도 전달된 바 있다.[24] 루스벨트의 이런 생각은 제1차 세계대전 이후 국제연맹의 실패 원인을 찾는 데서 출발했는데, 국제연맹은 100개가 넘는 서명국의 의견 조율을 거쳐야 해 복잡한 사안에 대한 결정을 끌어내기가 어려웠다. 일본이 1931년 만주국을 세웠을 때 국제연맹은 이 문제를 다루기 위해 리튼 조사단을 구성하였으나 일본이 1933년 국제연맹에서 탈퇴하면서 아무것도 못했던 예가 대표적이다.[25] 독일과 이탈리아도 각각 1933년과 1937년 국제 연맹을 탈퇴했다. 파리평화회의에 영국 대표단으로 참가했던 E.H. 카Edward Hallett Carr는 국제연맹 수립 시기 월슨의 자유주의적 국제 주의는 "망상을 토대로 한 이상향 건설"일 뿐이라고까지 비판하였 다.[26] 제안자인 월슨 자신도 미국의 국제연맹 가입에 대한 자국 의 회 승인조차 얻어내지 못했다.

　루스벨트가 보기에 국제연맹의 실패를 넘어서려면 책임 있는 강대국들의 합의를 통해 유지되는 새로운 국제조직을 세워야 했으 며 이는 또한 미국 국민의 지지를 받는 것이어야 했다. 이런 관점 에서 루스벨트는 새롭게 부상하는 강대국이면서 '탈식민주의' 세계 에 가담할 것으로 보이는 소련을 전후 질서 수립을 위한 가장 중요 한 동맹 세력으로 판단했다.[27] 루스벨트는 소련이 혁명 국면을 벗어 나 외부 세계와 협력 관계로 들어섰다고 보았고, 또한 세계적 문제 로부터 격리되기를 원하는 미국 국민을 고립주의에서 벗어나도록 하려면 다른 강대국과 연합한 미국의 위상이 중요해짐을 미국 내 에 보여줄 필요가 있다고 보았다. "1943~1945년 그의 중점은 그가 강대국의 '가족망'이라 부른 것에 소련을 불러들이는 일이었다."[28] 루스벨트는 "미소 양국이 협력해 세계의 국가 간 관계를 관리할 수 있는 전후 질서를 향한 길을 열 수도 있다고 믿고 있었다."[29]

　루스벨트는 우드로 월슨과 국제연맹의 실패를 되풀이하지 않 기 위해서는 유리한 조건을 확실히 확보해 이전과는 다른 실효적 인 제도적 질서를 수립해야 한다는 생각을 가지고 있었다. 그러기 위해서는 국제적으로는 연합국의 확실한 지지를 받아야 하고 국내 적으로는 의회의 반대를 누를 수 있어야 하며, 무엇보다 이를 위한 절차가 종전 이전부터 확실히 준비되어야 했다.[30] 당시 루스벨트가 직면했던 상황은 "새롭게 탄생한 거대한 '힘의 비대칭'과 완패한 적국, 구세계질서의 와해, 불확실한 장래"였고, 루스벨트가 지향하는 미국이 주도하는 미래 세계는 "자유무역, 국제적인 제도, 대서양 공동체, 지정학적인 개방성, 유럽의 통합" 등을 이뤄내야 했다.[31] 그리고 이 틀이 지속되려면 "지정학적 연대, 강대국 사이의 협력, 공유하는 사회적 목적 등과 같은 보다 깊은 토대"를 필요로 했다.[32]

소련을 특별히 중시한 루스벨트의 태도는 그가 스탈린에게 보낸 서신들에서 잘 드러난다. 두 개의 서신을 읽어보자. 첫 번째는 소련 적군 창설 25주년을 기념하면서 보낸 서신으로, '적성국'에 대해 지금으로서는 상상하기 어려운 찬사를 담고 있다.

> 미국 국민을 대신해 나는 창설 25주년을 맞은 소련 적군에 대해 전 세계 어느 누구도 넘볼 수 없는 위대한 성과를 심대히 찬미하고자 합니다.(1943년 2월 22일 자)[33]

두 번째는 테헤란회담 직후 우의를 담아 스탈린에게 신뢰를 표명한 서신이다.[34]

> 거의 매일 나에게는 당신과 이야기 나누고 싶은 많은 일들이 있습니다. 당신과 내가 수천 마일 떨어져 있지 않았다면 얼마나 좋았을까요. (…) 독일이 터키에 접근해 크롬을 얻지 못하게 하려면 어떻게 해야 할지 최선책은 당신께 달려 있습니다. 나는 당신의 창의적 천재성을 잘 알고 있고 당신께서 이 문제를 달성할 방법을

찾아내길 기대합니다. (…) 카이로[테헤란의 오기임]에서 우리 대
화 때문에 내가 얼마나 행복했고 이제 당신과 나는 서로 오랜 친
구처럼 이야기 나눌 수 있는 느낌이라는 말을 굳이 다시 할 필요
는 없겠지요.(1944년 3월 16일 자)

테헤란회담 이후 루스벨트에 대한 스탈린의 호의 또한 대단히
커졌으며 아래 편지에는 폴란드 문제 해결에 대한 도움에 감사하
면서 루스벨트의 건강을 염려하는 우의가 담겨 있다.

친애하는 친구에게. 스타니슬라우스 오를레만스키Stanislaus
Orlemanski 신부가 모스크바를 방문할 수 있도록 도와주어 감사합니
다. 건강과 성공이 깃들길. 당신의 스탈린.(1944년 5월 6일 자)

루스벨트는 스탈린과 단 두 번 직접 만났는데, 위에서 드러난
편지의 논조를 통해서 우리는 그가 스탈린과의 직접 회담을 얼마
나 중시했는지도 짐작할 수 있다. 1943년 테헤란회담과 1945년 얄
타회담은 모두 루스벨트가 일정과 장소와 진행 방식까지 전폭적으
로 스탈린을 배려하는 방식으로 이루어졌다. 미국의 지원과 소련
군의 희생으로 스탈린그라드 전투 상황이 역전되기 시작한 1942년
말부터 루스벨트는 스탈린, 처칠을 포함한 3자회담을 강하게 요구
하기 시작했다. 1942년 12월 2일 스탈린에게 보낸 편지에서 루스
벨트는 독일 붕괴 시 대책을 논의하기 위해 "군사 지휘부의 회담만
으로는 불충분한데 (…) 왜냐하면 내가 당신과 이야기 나누기를 너
무나 원하고 있기 때문"이라고 말하며 1943년 1월 15~20일 아프

리카의 안전한 장소에서 만나자고 제안했다. 스탈린은 회담에 부정적이어서 1942년 12월 6일 자 편지에서 "유감스럽게도 나는 소련을 비우기가 어렵습니다"라고 하고, 이어진 12월 14일 편지에서 "아직까지 나는 대통령과 처칠 씨가 우리 공동회담에서 논의하려는 문제가 정확히 어떤 것인지 모르겠습니다"라고 회답했다.

스탈린의 이런 미적지근한 태도 때문에 회담은 더 진척되지 못했지만, 이듬해 1943년 5월 5일 자 편지에서 루스벨트는 다시 독일이 그다음 해 겨울 붕괴한 이후 수순을 준비하기 위해서 처칠을 제외하고 둘만 참모 동반 없이 만나자고 했다. 자신이 "해리 홉킨스와 통역원 그리고 속기사만 데리고 가서 당신과 함께 비공식적으로 이야기를 나누면 마음을 터놓은 모임이 될 것"이며 전前 주소련 대사인 데이비스를 보내 이에 대해 자세히 설명하겠다는 의사를 전달했다. 회담이 바로 성사되지 않은 이유는 루스벨트와 처칠이 스탈린에게 약속한 '제2전선'(프랑스 상륙작전) 실행이 계속 지연되었기 때문이었다. 이후 1943년 8월 17일 캐나다 퀘벡에서 열린 루스벨트-처칠 회의에서 루스벨트가 처칠을 압박해 프랑스 상륙작전을 이듬해 5월 1일로 못 박고 이를 계기로 3자회담의 추진에 속도를 낼 수 있었다. 3자회담의 안건과 장소, 일시에 대한 논의는 1943년 5월부터 계속되는데, 장소를 쉽게 합의하지 못했다.

스탈린은 전쟁 중임을 이유로 소련 내 또는 소련 영토와 직접 맞닿은 곳 외에는 갈 수 없다고 고집해 루스벨트를 곤혹스럽게 했다. 루스벨트는 의회 회기 중이라 대통령 거부권을 행사해야 할 법안이 생기면 전달에서 회송까지 10일 이내에 할 수 있는 북아프리카, 스코틀랜드, 바스라, 앙카라 등만 가능하다고 번갈아가며 제안

했지만 거절당하고, 결국 스탈린이 제안한 이란의 테헤란으로 갈
수 있는 방법을 찾아냈다.

> 내가 결국 방법을 찾아냈습니다. 거부권을 행사해야 하는 문서가
> 의회로부터 내게 전달되면 비행기 편으로 튀니지로 이동해 서명
> 하고 나서 다시 회의 장소로 돌아올 수 있게 되었다는 것을 알면,
> 당신은 기쁠 것입니다. 테헤란으로 갈 수 있게 되어 너무나 기쁩
> 니다. 당신께 말했듯이, 나는 당신과 처칠 씨와 내가 만나는 일을
> 너무나 중요하게 여기고 있습니다.(1943년 11월 8일 자)

테헤란회담(1943년 11월 28일~12월 1일)에서 루스벨트는 전후
유엔 창설 계획에 대해 스탈린의 동의를 얻어냈고 또 소련이 독일
에 승리한 이후 대일 전쟁에 참전하겠다는 약속도 받아냈다. 그와
함께 이듬해 5월 1일 미영 주도로 프랑스 상륙작전을 수행하기로
약속했다.[35] 루스벨트가 스탈린과의 첫 만남에서 그를 설득하는 것
을 얼마나 중시했는가를 잘 보여주는 에피소드가 있다. 루스벨트가
회담 기간에 미국 관할 구역이 아니라 소련대사관 구역에 숙소를
정해 머물렀다는 사실이다. 영국대사관과 소련대사관이 맞붙어 있
는 데 비해 미국공사관은 다소 떨어져 있어 보안 위험이 있다는 보
고를 들은 루스벨트는 11월 22일 스탈린에게 편지를 보내 "우리가
서로 떨어져 묵으며 회담을 위해 오가면서 불필요한 위험을 떠안
을 이유가 없다고 참모들이 권고하는군요. 당신 생각에 우리가 어
디 묵으면 좋을까요? 나는 우리 대화를 절절하게 기다리고 있습니
다"라고 썼다. 스탈린이 그 의중을 이해하고 루스벨트를 위해 소련

대사관 구역 내에 숙소를 마련할 수 있도록 했다.

테헤란회담을 계기로 루스벨트-처칠-스탈린의 관계에서 루스벨트는 처칠보다 스탈린 쪽으로 좀 더 기울었고,[36] 테헤란회담에 대해서 스탈린에게 보낸 12월 3일 자 루스벨트의 편지와 루스벨트에게 보낸 12월 6일 자 편지에서 양자 모두 이 회담을 대단한 성공으로 평가하고 있다.

테헤란회담에 이어 두 번째로 열린, 앞선 회담보다 중요했던 얄타회담도 비슷한 경로를 밟아 진행되었다. 5월 1일로 예정되었다가 한 달 지연된 노르망디 상륙작전이 성공을 거둔 직후에 루스벨트는 4선 출마를 선언하는 무렵이던 1944년 7월 17일 스탈린에게 보낸 편지에서 그해 9월 10~15일 스코틀랜드에서 회담을 열자고 제안한다. 7월 22일 스탈린은 전선을 떠나기 어렵다는 답신을 한다. 어느 정도 시간이 지난 후 회담의 주요 안건에 대한 논의가 서신 왕래를 통해 상당 기간 지속된 이후, 10월경부터 회담 개최를 위한 일정과 장소 조율이 이뤄진다. 스탈린은 흑해변에서 회담을 열 것을 고집하고 루스벨트는 흑해 진입의 위험 부담이 크기 때문에 지중해 지역을 선호했다. 하지만 이번에도 루스벨트가 양보해 미국에서 지중해 몰타까지 선편으로 이동한 후 몰타에서 크림반도까지 비행기로 이동해 회담에 참석했다.

군사 협력국 소련: 반히틀러 전쟁의 핵심 고리에 대한 신뢰

소련과 우선적으로 협력할 사안은 당면한 히틀러의 군사적 팽창에 대한 공동 대응이었고, 이는 곧 미소 군사동맹 수준으로 격상

되었다. 2차 세계대전의 대독일 전쟁의 핵심 특징은 전적으로 미국이 공급한 무기를 가지고 전선에서 소련이 독일군의 진격을 막는 방식이었다. 미국 전국의 공장에서 생산된 수많은 신무기들은 영국을 거쳐 북해 항로로 그리고 북태평양을 거쳐 블라디보스토크 항구로 계속해서 소련에 유입되었고, 소련은 이 무기에 의존해 독일군의 진격을 막을 수 있었다.

독소 불가침 조약을 체결한 스탈린은 당초 히틀러의 소련 침공 가능성을 낮게 보았다. 그래서 6월 22일 실제 전선이 돌파되었을 때 전혀 준비태세를 갖추지 못하고 있었다. 독일군은 전쟁 역사에서 이례적인 '집단군' 체제로 군을 확장 개편해 북부(빌헬름 리터 폰 레프 원수 지휘), 중부(페도어 폰 보크 원수 지휘), 남부(게르트 폰 룬트슈테트 원수 지휘) 세 방면으로 소련을 향해 진격을 시작했다.[37] 사단-군단-군으로 이어지는 일반적 군사편제 상위에 3개 군을 하나의 집단군으로 묶어서 거대편성을 한 방식이 집단군 체제였다. 바르바로사 작전(독일의 소련 침공 작전명)에는 총 330만 병력이 겨울 전에 전쟁을 종료시킬 것을 목표로 발트해에서 흑해까지 거의 3,000킬로미터의 전선에서 일제히 전격전Blitzkrieg을 개시했다. 북부 집단군은 발트해 연안 지역으로 돌진해 발트삼국과 벨라루스를 관통해 레닌그라드 점령을 목표로 진격했고, 중부 집단군은 우크라이나 부근 프리퍄티 대습지를 우회해 모스크바를 향해 진격했으며, 남부 집단군은 키예프를 점령한 후 우크라이나 남부를 관통해 크림반도와 볼가강 연안의 스탈린그라드를 장악한 후 조지아 방면으로 남하해 코카서스(캅카스) 산맥을 넘어 지중해 지역을 장악하는 것을 목표로 진격했다. 독일의 침공을 예측하지 못한 소련은 한 달만에 모스크바 70마일 앞까지 퇴각하고 수도를 내륙 깊숙히 옮길 것을 고려해야 할 만큼 심각한 상황에 몰렸다.[38]

소련은 한 달 사이 200만 명이 사망하고 30만 명이 포로가 될 정도로 독일에 일방적으로 밀렸다. 루스벨트는 이 시점에 바로 개입했는데, 개전 한 달 만인 7월 21일 제임스 번즈James F. Byrnes 장군을 무기 대여 책임자로 지명했고 7월 23일 소련으로부터 2,300만 달러 상당의 지원 요청 목록을 전달받고서 이를 이틀 내 지급하라고 지시했다. 해리 홉킨스는 루스벨트의 친서를 가지고 곧바로 스탈린을 방문했다.[39] 1941년 7월 26일 자 친서가 스탈린에게 보낸 루스벨트의 첫 서신인데, 여기서 루스벨트는 다음과 같이 소련에 대한 전폭적 지원 의사를 밝혔다.

주미 대사인 우만스키 씨에게 이미 전달했듯이 미국 정부는 탄약, 무기, 기타 물품 공급 등 당신들이 가장 긴요하게 필요한 가능한 모든 것을 준비해 두 달 안에 귀국에서 사용할 수 있도록 전달할 것입니다. (…) 홉킨스 씨의 모스크바 방문은 매우 중요한데 당신들이 가장 필요한 것이 무엇인지 우리가 분명히 전달받아 신속하게 전달할 수 있도록 절차를 간결하게 해 결정 내리는 데 큰 도움이 될 것이기 때문입니다. (…) 당신께서 나와 직접 만날 때 느낄 동일한 신뢰를 홉킨스 씨에게 보내주시기 바랍니다. (…) 자유를 수호하고 러시아의 독립을 위해 싸우며 보여준 러시아 인민들의 경탄스러운 용맹성에 대해 미국의 우리 모두 찬양하고 있다는 말을 전하고자 합니다.

5일 후 친서를 전달받은 스탈린은 "미국 군대가 미군의 전적인 지휘하에 러시아 어디에 오든지 환영할 것"이라는 말을 루스벨트에게 전해달라고 부탁했다.[40] 미국의 군수물자 지원이 시작되었지만, 소련은 계속 전선에서 퇴각했고 10월 13일 주소 미대사관의 무관武官은 비관적 판단을 전송했다. 독일군이 모스크바 70마일 앞까지 진격하자 소련 정부는 수도를 볼가강 연안 노보시비르스크주의 쿠이비셰프Kuibyshev로 이전할 계획을 추진하기 시작했다.

미국 내에서도 소련의 패배 가능성을 높게 보는 인사들이 많았고, 소련에 무기를 지원하려는 루스벨트에 대한 반론도 많았다. 루스벨트는 주변의 반대를 뚫고 소련에 무기와 필요 물자를 집중적으로 지원하기 시작했다. 처음에는 유상지원으로 시작된 이 지원 방식은 곧이어 10월 24일 의회 승인을 거쳐 미국의 무기대여법에 따른 지원으로 변경되었다. 연례 의정서Protocol에 따라 지원 규모는 매년 갱신되면서 대대적 지원이 이루어졌다. 무기대여법을 근거로 4년여에 걸쳐 지속된 무기 지원은 루스벨트 사후 트루먼이 등장하면서 1945년 여름에 중단된다. 무기 지원이 시작된 첫해 지원 규모에 대해 루스벨트 도서관 소장 문서는 이렇게 기록하고 있다.

1941년 10월 선적이 시작되었다. 마비된 소련 공장은 미국 기계와 원료로 채워졌다. 여기에는 고무, 알미늄, 듀랄루민, 놋쇠, 코발트, "각종" 강철, 납, 주석, 탱크 장갑판 등이 포함되었고 소련 공장은 이 지원을 받아 자체 수요를 충당할 수 있었다. 소련 군대는 매달 400대의 비행기, 500대의 탱크, 이후 9개월간 5,000대의 자동차, 그리고 상당량의 대전차 화기, 대 헬기 공격 화기와 여

분의 유류 및 탄약, 디젤 발전기, 야전 전화, 야전 전화선, 무전기, 오토바이, 군용 천, 밀, 밀가루, 설탕, 5,000짝의 수술용 장갑, 1,500개의 신체 절단용 톱을 공급받았다. 10월 한 달에만 5,500대의 트럭이 선적되었다. 11월에 스탈린은 432대의 비행기를 받았다고 했다. (…) 루스벨트는 스탈린이 원하는 것은 무엇이든 주려 했다. 이후에도 세 차례의 추가 의정서가 이어져, 1년 단위로 요구량을 조정했다. 1942년 여름부터 시작한 2차 의정서 시기에 미국은 무엇보다 "미군에게 지급되는 것과 같은 비율로" 소련에 매월 500대의 지프, 1만 대의 트럭, 20만 정의 기관총과 탄약을 지급하기로 약정했다. (…) 트럭과 전투용 차량이 러시아 전선에서 가장 돋보인 미제 물품이었는데, 소련에 도착한 트럭은 40만 대가 넘었다.(강조는 필자)[41]

루스벨트는 대소련 무기 지원에 대한 반대를 헤쳐나가기 위해 자신의 분신이자 최측근인 해리 홉킨스를 아예 소련 의정서 위원회 Soviet Protocol Committee 위원장으로 임명했다. 그리고 이 무기 대여 업무를 원활하게 관리할 수 있는 군사 책임자를 모스크바에 상주시켰다.[42]

이후 미국의 군사 지원의 폭과 규모는 계속 확대되었다. 독일 해군이 미 동부 해안을 차단 공격하면서 미국을 떠나 소련을 향한 선박의 30퍼센트가 침몰하는 상황이 발생하자 미국은 1943년 5월경 공군력을 이용해 문제를 해결했다. 루스벨트는 소련에 신속하게 전투기를 지원하기 위해 1942년 6월경에는 미국에 산재한 항공기 제조사들의 완성 전투기를 알래스카 앵커리지로 모은 후 거기서 미국 조종사들이 시베리아 착륙장으로 바로 인도하는 계획을 추진 했고,[43] 코카서스 지역의 소련 지원을 위해 미국 공군 부대를 파견 해 미국 사령부 지휘하에 전쟁에 참여시킬 계획을 스탈린과 상의 하기도 했으며(1942년 12월 16일 자 편지), 1944년 초에는 미 공군이 독일 폭격을 위해 소련 협조를 얻어 우크라이나에 4발 엔진 폭격기 기착지 세 곳을 마련하기도 했다(1944년 2월 2일 자 편지). 스탈린이 1942년 10월 7일 루스벨트에게 보낸 편지를 통해서도 소련에 대한 미국 군사 지원 규모를 확인할 수 있다.

> 우리에게 현대형 전투기 공급을 늘려주는 것이 매우 시급합니다. (…) 미국이 다음 물품을 우리에게 공급하기로 확약해줄 수 있으 면 좋겠습니다. 매달 전투기 500대, 트럭 8,000~1만 대, 알루미 늄 5,000톤, 폭약 4,000~5,000톤. 그 외에 12개월간 200만 톤 의 곡물(밀)과 가능한 양의 지방성 식품, 음식물 통조림, 고기 통 조림. 미국이 소련에 적어도 20~30척의 배를 대여해준다면 이런 식료품은 소련 국적의 배에 실어 블라디보스토크로 입항할 수 있 습니다[태평양 전쟁 중이어서 미국 국적의 배는 운항이 어려웠으 나 소련이 일본과 불가침조약 상태이기 때문에 가능했다─필자].

미국과 소련 사이 군사 동맹의 성격을 보여준 사례 중 하나는 미영 연합군이 이탈리아 해군으로부터 노획한 전함을 소련에 인도 하는 문제였다. 스탈린은 테헤란회담의 원칙에 따라 노획한 이탈 리아 구축함과 잠수함을 소련 해군에 인도해줄 것을 요청했고 이 문제가 바로 해결되지 않아 3국 사이에 갈등이 불거졌다. 결국 루스벨트가 영국을 설득해 노획한 이탈리아 전함 대신에 영국이 보유한 영국제 전함 1척, 구축함 8척, 잠수함 4척을 소련에 제공하고 미국은 상선과 순양함을 제공하기로 결정하기도 했다(스탈린의 1944년 1월 29일 자와 3월 17일 자 편지, 루스벨트의 1944년 2월 7일, 2월 17일, 2월 23일, 2월 26일 자 편지). 미국과 소련은 심지어 양국 스파이 조직인 전략사무국OSS과 내무인민위원회NKVD가 상대국에 지부를 두고 운영하는 논의까지도 진행했지만, 루스벨트 측근들의 압력으로 성사되지는 못했다.[44]

미소 군사적 협력의 핵심 과제는 미영 연합군의 프랑스 상륙작전('제2전선')이었다. 스탈린이 독일과의 전쟁에 온 힘을 쏟도록 루스벨트가 설득할 수 있었던 두 요인 중 하나가 전폭적인 군수물자 지원이었다면, 다른 하나는 '제2전선'에 대한 약속이었다. 1942년 5월 29일 워싱턴을 방문한 소련 외무상 몰로토프는 그해 안에 '제2전선'에서 연합군의 공세가 시작될 것이라는 언질을 받았다.[45] 그렇지만 미영 연합군이 북아프리카로부터 지중해를 거쳐 이탈리아 방면에 작전을 집중하면서 프랑스 상륙작전은 계속 지연되었다. 공동 상륙작전 수행의 한 축인 영국의 처칠은 지중해 전선에 더 치중하였고, 영국해협으로부터 프랑스에 상륙하는 작전은 무모하다며 계속 회피해 사실상 1942년 연내 상륙한다는 계획은 무산되었다.[46] 작전이 지연되자 스탈린은 소련만 일방적으로 희생하고 있다는 불만을 표출하기 시작해 1943년 6월 중에 이 문제로 스탈린과 처칠 사이에 격앙된 서신의 왕래가 있었다. 처칠은 직설적으로 불만을 토로하고 동부전선보다는 지중해 전선이 더 중요하다는 본인의 의견을 표명했다.

당신의 실망은 충분히 이해되지만 (…) 재앙일 뿐인 상륙작전에 10만 명을 투입하는 것은 (…) 소련에 어떤 도움도 되지 않습니다. (…) 나로서는 영국군이 대대적으로 패배하고 살육당하는 것이 소련군에 어떤 도움이 된다는 것인지 알 수 없습니다. (…) 무의미한 학살로 끝날 뿐이라고 생각하는 상륙 공격을 내가 결코 승인하지 않을 것이라고 당신께 보낸 전보에서 언제나 분명히 말한 것을 기억할 것입니다. (…) 당신의 상황 판단과 러시아 전선의 현 전망을 알려주시고 당신께선 독일의 공세가 임박했다고 생각하는지 알려주시면 감사하겠습니다.(루스벨트가 1943년 6월 19일에 스탈린에게 전달한 처칠의 서신)

처칠의 서신이 무례한 데다가 약속을 근본적으로 어기고 있다고 생각한 스탈린은 매우 격앙된 답신을 보냈다.

당신께 다음과 같은 내용을 상기시켜드리고 싶네요. 첫째, 작년 6월 비망록에 따르면 작전을 개시하면 상륙 준비에 수십만 명이 아니라 백만 명 이상의 영미 연합군이 투입될 것이라고 한 것은 당신입니다. 둘째, 2월의 편지에서 당신께선 올해 8, 9월 중에 서유럽에서 대대적 공세 조치를 진행하도록 준비하고 있다고 했습니다. (…) 나로서는 소련 정부를 참석시키지 않고 당신과 [미국] 대통령이 서유럽 상륙에 관한 계획을 앞서 세웠다가 이젠 폐기하기로 결정했다는 사실을 더 길게 논의하고 싶지도 않습니다. (…) 핵심은 단지 소련 정부가 실망했다는 점이 아니라 동맹국 사이의 신뢰가 시련에 처해 있으며 신뢰를 유지할 수 있는지가 문제가 되고

있는 것이라고 말씀드리고 싶군요.(1943년 6월 24일 자)

반면 6월 26일 루스벨트에게 보낸 편지에서 스탈린은 톤을 낮추어 "우리의 공동의 적을 최종적으로 분쇄할 조건이 형성되었습니다. 우리가 더 서둘러 서쪽과 동쪽에서 적에게 함께 일격을 가하면 승리는 더 빨리 올 것입니다"라고만 말했다. 루스벨트와 처칠에 대한 스탈린의 태도는 상이했는데, 루스벨트를 향한 태도에 '존중'이 담겼다면 처칠을 향한 태도에는 좀 더 강경함이 있었다. 스탈린은 몰로토프가 초안을 자성한 편지를 수정할 때 이런 차이를 드러내려고 했다.[47]

이 갈등은 8월 17일 퀘벡에서 처칠을 만난 루스벨트가 그를 압박하면서 해결되었고, 두 사람은 이듬해인 1944년 5월 1일로 상륙작전 일자를 못 박았다. 이에 대한 스탈린의 응답 방식이 흥미로웠는데, 스탈린은 9월 4일 공식적으로 반종교 정책을 폐기하고 그리스 정교회를 부활시켰다.[48] 코민테른 해산에 이어 또 한 번 서방에 대한 우호적 태도를 보여준 것이었다.

전후 세계질서 재편 구도에 소련 포함

1943년 말 테헤란회담에서 루스벨트는 스탈린과의 대담을 통해 두 가지 목적을 달성했다. 첫째는 세계평화를 유지하기 위한 전후 조직으로서 유엔 총회에 소련이 참여하는 것과 여기서 '네 경찰국'이 맡을 역할에 대한 동의를 얻어낸 것이고,[49] 둘째는 소련의 대일 참전에 대한 동의를 얻어낸 것이었다. 스탈린은 이에 대한 대응으로 지연되고 있던 미영 연합군의 프랑스 상륙작전(작전명 '오버로드OVERLORD')의 확답을 받았고 그 일시를 1944년 5월 1일로 확정받을 수 있었다.[50]

테헤란회담을 계기로 유엔 창설과 그 핵심으로 안전보장이사회를 만든다는 구상이 속도를 내기 시작했다. 1944년 8월 21일 워싱턴 D.C.의 덤바턴 오크스Dumbarton Oaks에서 미국은 전후 평화유지 조직 구상안을 처음으로 미국, 소련, 영국, 중국 4국 대표들에게 공식적으로 제안했다. 이 회의에서 이후 유엔 구성의 기본 틀이 대부분 논의되었고, '네 경찰국'에 프랑스를 추가한 안보리 5개국 구상이 제시되었다.[51] 안보리 투표에서 관련 당사국을 배제하자는 미국과 영국의 제안에 소련의 이견이 맞섰다. 소련은 국제공군을 창설하자고 제안했지만 수용되지는 않았다.[52] 유엔 총회에서는 연방국가의 투표권을 몇 표로 인정할 것인가가 쟁점이 되었고 소련은 처음에는 소련 연방 구성국 16개국 모두에게 투표권을 달라고 요구했다.[53]

9월 7일 미 국무장관 에드워드 스테티니어스Edward R. Stettinius를 만난 미국 주재 소련 대사 안드레이 그로미코Andrei Andreevich Gromyko는 "투표 절차만 빼고 나머지 99퍼센트는 깨끗하게 해결되었는데 내게는 이 투표 절차가 심각한 문제"라고 말했다. 루스벨트는 9월 8일 자 스탈린에게 보낸 편지를 통해 안보리 투표에서 관련 당사자를 배제하는 조항은 수정이 어려운데, 그 이유는 ①미국 건국 역사가 당사자 배제이고, ②그래야 약소국이 국제조직에 참여할 수 있으며, ③그렇지 않으면 상원 통과가 어렵기 때문이라며 설득하려 노력했다. 안보리의 비토권에는 세 국가 모두 이견이 없었으나 관련 당사국을 투표에서 배제하는 문제는 이후 루스벨트 사망 시까지도 미국과 소련 사이에서 확실한 합의를 이루지 못했고, 이와 관련해 수많은 서신이 오갔다. 스탈린은 이런 투표 방식이 미국과 영국이 협력해 소련을 배제하는 방향으로 귀결될 것을 우려했다. 결국 안보리 투표 절차는 루스벨트의 원안대로 유지되어 안보리 관련 당사국은 해당 안건에 대한 기권을 관례로 삼았다.

여기서 더 나아가 루스벨트는 유엔과 더불어 전후 세계 금융 질서와 세계 노동질서 수립에도 소련을 적극적 협력자로 끌어들이고자 했다. 루스벨트는 1944년 2월 23일 자 편지에서 이를 자세히 설명한 바 있다. 1943년에 개최된 유엔 식량농업회의와 1944년에 개최된 유엔 구호재활회의를 소개한 다음에 루스벨트는 금융과 노동에 관한 현안을 자세히 소개한다.

거의 일 년 동안 유엔의 많은 전문가 수준에서 국제 화폐 안전성을 위한 기구에 관한 비공식적인 기술적 토론이 진행되고 있습니다. 이는 유엔 화폐회의 소집을 위한 준비 토론 성격입니다. 좀 더 제한된 규모이지만 유사한 토론이 국제 발전 투자를 촉진하는 것을 목표로 하는 기구 수립이 가능한지를 염두에 두고 진행되고 있습니다. 어느 정도는 유엔 내에서 상업 정책, 상품 정책, 카르텔 같은 문제에 대한 비공식 토론도 열렸습니다. (…) 4월에는 국제노동기구ILO 회의도 열려 그 기구의 향후 활동을 부분적으로 논의할 것입니다. 모스크바 외상회의에 참석한 국무장관이 제출한 "국제 경제 협력을 위한 우리 계획의 토대"라는 보고에 따르면, 각종 경제 현안을 다룰 비공식 토론과 공식 회의의 필요성이 큽니다. (…)

내가 여기서 제기하는 것은 전후 경제 협력을 위해 유엔 기구를 수립하기 위한 향후 행보의 문제입니다. (…) 모스크바 회의에서의 국무장관의 제안에 대한 당신의 의견을 알려주시면 감사하겠습니다.

소련 역시 1944년 여름 44개 동맹국의 730명 대표가 참여한 브레튼우즈 회의에 참가했고 이 결정의 서명국 중 하나였다. 스탈린은 앞선 루스벨트의 제안에 동의하는 편지를 1944년 3월 10일에 보냈다.

경제 분야에서 국제협력은 매우 중요하며 관심을 요구합니다. 나는 현재 이런 문제들을 다루고 모스크바회의 결정과 테헤란회의 결정에 따라 다양한 국제경제 협력 문제를 다룰 조건을 만들고 질서를 세울 유엔 기구를 수립하는 것이 절실하게 필요하다고 생각합니다.

소련은 1944년 4월 20일 필라델피아에서 열린 ILO 회의에 대표단을 파견하지 않았는데 루스벨트는 이를 매우 아쉽게 생각했다.

나는 ILO가 전 세계에서 노동과 사회 기준을 향상시키기 위해 지속적 역할을 해야 한다는 생각을 중요하게 여겨왔습니다. 이 문제에 대한 내 생각을 당신께서 잘 알아주면 좋겠습니다. 내 의견으로는, ILO가 노동복지에 직접 영향을 주는 사안에 대한 국제 정책 형성을 위한 그리고 이 영역에서 국제 협조를 위한 도구가 되어야 합니다. 나는 이 기구가 노동과 관련된 경제·사회문제를 토론하는 중요한 유엔 기관이자 생활 수준 향상을 **직접 목표로 삼는** 국제경제 정책을 다루는 중요한 기구가 되었으면 합니다. 우리 두 정부가 필라델피아 회의를 활용해 우리 **공동의** 목표를 발전시키도록 도움을 얻지 못한다면 불행한 일입니다. (…) 당신의 정부가 참석하기를 매우 **기대합니다.**(강조는 루스벨트)(1944년 3월 20일 자 루스벨트 편지)

전후 소련을 ILO 재편에 포함한다는 것이 이상해 보일지 모르겠지만, 19세기 자유주의의 한계를 넘어서서 시장개입적 자유주의로 전환하기 위해 소련을 포함하는 것은 당시로서는 충분히 가능한 발상이었다. 루스벨트는 19세기 고전적 자유주의를 넘어서는 자본주의의 새로운 자유주의 경제 질서를 염두에 두었는데, 소련이 이 구상을 꼭 배척했던 것은 아니었다고 보인다. 자본주의 경제 주체의 핵심에 법인격을 지닌 공적 실체로서 기업의 지위를 두고, 주주의 권한을 상대화하며 전문경영자와 조직노동자의 성장을 지향하는 연합으로 묶어내고 정부의 거시조정을 통해 안정적 경제성장의 틀을 세우겠다는 뉴딜적 구상 또한 소련에 일정한 호소력을 지녔을 것으로 보인다.[54]

이런 맥락에서 볼 때 소련이 전후 재건을 위해 미국에 지원을 요청한 것은 이상한 일은 아니었다. 루스벨트가 사망하기 전인 1945년 1월 5일 몰로토프 외무상은 해리먼 미 대사를 통해 소련의 전후 재건을 위해 미국이 60억 달러의 차관을 2.5퍼센트 이자로 제공해줄 것을 요청했다. 루스벨트는 소련 측을 직접 만나 대화 후 결정하고자 했지만, 이 안건은 얄타에서는 논의되지 못했다. 루스벨트 사후 8월에 소련은 다시 같은 요청을 전달했다. 9월 17일 스탈린은 미국 의회 방문단에도 같은 의사를 전달해 1945년 9월 18일자 「뉴욕 타임스」에 게재되기도 했다. 그러나 트루먼 정부는 무대응으로 일관했고 냉전이 공고화하면서 이 요청은 잊혔다.[55] 독일 침공으로 입은 피해를 소련은 500억 달러 정도로 추산하고 이에 대한 배상을 100억 달러 가치의 독일 공업시설과 독일 노동자의 노동력으로 받고자 하는 요청을 얄타회담에서 제출했다.[56] 소련은 독일의 전쟁 배상과 미국 차관으로 전쟁 피해액 절반 정도를 충당할 수 있다고 생각했던 것으로 보인다. 차관도 전쟁배상금도 거부당한 소련에게 이제 남은 길은 자력갱생과 세력권의 재확립뿐이었다.

3

얄타체제 수립의 지정학: 서로 연결된
독일, 폴란드, 우크라이나 문제의 역사적 연원

얄타체제 형성의 배경을 이해하려면 2차대전의 핵심인 독소전쟁에 대한 미-소의 공동대응, 전후 처리를 놓고 독일의 재침공 가능성에 '방어벽'을 만들자던 소련의 요구, 여기서 연쇄적으로 발생한 폴란드 국경 이동과 우크라이나 건국 등의 역사적 연원을 이해하는 것이 중요하다. 소련 입장에서 얄타회담에서 가장 중요하게 다루어져야 하는 주제는 폴란드 국경 재획정 문제였는데, 여기서는 이 문제의 역사적 배경을 좀 더 자세히 살펴보고자 한다. 폴란드 국경 재획정의 쟁점은 독일의 점령정책과 연결되어 있으며 더 나아가 우크라이나 지역이 얄타체제 형성에서 어떤 중요성을 지녔는지, 또한 얄타체제의 해체가 왜 우크라이나 지역을 중심으로 벌어지게 되는지도 관련해 함께 이해할 수 있기 때문이다.

유엔 수립과 전후 구상에 관한 3개국 협의에서 가장 중요한 걸림돌은 폴란드로, 어쩌면 독일 분할보다 폴란드 국경 재획정과 임시정부 설립 문제가 더 쟁점이었다. 두 차례 독일의 침략을 당한 소련은 폴란드를 안전지대로 만들고자 했고, 특히 동부전선에서 독일에 대한 소련군의 우세가 확고해지고 소련이 폴란드를 거쳐 독일로 반격을 개시하는 1944~1945년 상황에 접어들면서 이 문제의 중요성이 커졌다. 전후 폴란드 국경을 어떻게 획정할 것인가와 폴란드의 새로운 정부를 어떻게 구성할 것인가 쟁점이었다. 폴란드의 새로운 국경선에 대해서는 커즌선에 따라 폴란드 동부 영토를 벨라루스와 우크라이나에 이양하고 동프로이센의 영토 중 폴란드 북부와 서부 지역을 할양해 폴란드 영토로 삼는 방안이 3국 간 대체적인 합의로 수용되었다.

소련이 전후 질서 수립을 위한 미국의 파트너 지위를 받아들이고, 독소전쟁에서 대소련 무제한 무기 지원, 유엔 체제의 핵심 구성원으로서의 위상 정립, 전후 정치-경제 질서에서 사회주의 세력을 내부적 경쟁자로 수용하는 등의 루스벨트의 구상을 암묵적으로 수용하는 데까지 나아갔다고 한다면, 이런 구상에 동의하는 반대급부로서 소련이 얻은 중요한 '양보'는 폴란드-우크라이나 국경의 재획정이었다. 부록으로 실린 얄타협정문을 살펴보면 얄타회담에서 UN 창설 다음으로 가장 중요하게 다룬 주제가 폴란드임을 알 수 있다. 이처럼 협정문을 작성하여 분란의 여지를 최소화했음에도 이후 폴란드-독일-중국-한국전쟁으로 이어지는 연쇄 과정을 거치며 얄타구상이 냉전의 얄타체제로 공고화되는 출발점이 되기도 한다.

독일 문제의 역사적 연원

얄타회담에서 폴란드 문제의 핵심은 커즌선에 따른 폴란드 국경의 재획정과 임시정부 구성이었다. 폴란드 국경 재획정은 다시 독일 국경을 서쪽으로 이동시킨다는 점에서 독일 문제이기도 했다. 전후 독일 처리의 첫 출발은 독일의 분할이나 배상금 문제 이전에 독일-폴란드 국경의 재획정이라는 쟁점이었다. 그리고 현재의 우크라이나는 바로 이 국경 이동의 산물이기도 했다. 이 연쇄를 독일 문제에서부터 살펴보자.

현대사에서 독일의 팽창과정을 세 가지 지도를 비교해 살펴보자. 세 지도를 비교하면 지난 100여 년의 역사에서 '독일'로 지칭되는 영토가 어디인지가 유럽에서 논란거리였음을 알 수 있다. 유럽의 중앙에 위치한 독일이 '생존공간Lebensraum'을 외치며 영토적 팽창을 하게 되면 서쪽으로는 프랑스-벨기에-네덜란드 등과 충돌하고 남쪽으로는 체코-오스트리아 지역을 대독일로 병합하는 위협을 가하게 되며, 동쪽으로는 폴란드로부터 현재 벨라루스-우크라이나를 거쳐 러시아 지역에 대한 영토적 위협이 된다.

게르만 민족이 수립한 독일의 시작이 언제인지 찾아보자면 먼 과거로 소급해갈 수 있겠지만, 근현대에서의 첫 등장은 바로 네덜란드 헤게모니에 대한 도전으로 전개된 것으로 근대세계체계 첫 세계전쟁인 17세기 초의 30년 전쟁(1618~1648)과 이를 종결지은 베스트팔렌 조약의 결과물이었다. 가상적인 하나의 독일 세계는 이 전쟁과 조약의 결과 초토화하고 300여 개의 군소 공국들로 쪼개졌다. 이 독일이 다시 하나의 국가를 지향하며 근대국가로 나아가기 시작한 것은 19세기였고 그 중심에 프로이센이 있었다. 현대 독일

지도① 현재 독일(통일 이후 1990년)

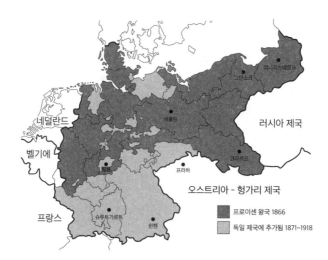

프로이센 왕국 1866

독일 제국에 추가됨 1871~1918

지도② 1차 세계대전 시기의 독일(1914년 또는 1918년)

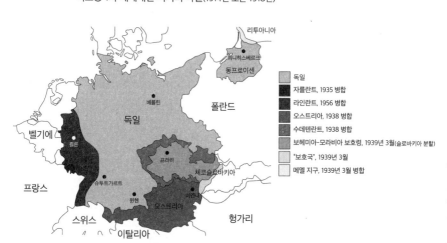

독일

자를란트, 1935 병합

라인란트, 1956 병합

오스트리아, 1938 병합

수데텐란트, 1938 병합

보헤미아-모라비아 보호령, 1939년 3월(슬로바키아 분할)

"보호국", 1939년 3월

메멜 지구, 1939년 3월 병합

지도③ 뮌헨협정 직후의 독일(1939년)

의 수립은 프로이센을 중심으로 한 연방주의적 통일과정이었고 그 핵심에 비스마르크, 빌헬름 1세와 빌헬름 2세가 있었다.

이 프로이센의 영토팽창이 바로 독일 문제의 핵심이 된다. 앞의 지도에서 동서 통일 이후 현재 독일 영토(지도①)와 프로이센을 중심으로 통일한 독일 제2제국의 가장 팽창했던 시기의 영토(지도②에서 프로이센을 포함해 음영 처리된 전체 지역)를 비교해보면, 프로이센 영토는 대부분 현재 독일 영토 외부의 동쪽 지역에 길게 걸쳐 있었음을 알 수 있다. 프로이센이 동프로이센과 서프로이센으로 나뉜 시기도 있었는데, 이 시기 동프로이센은 아예 현재 독일 영토 외부인 폴란드 영토에 있던 국가였다. 프로이센의 수도는 쾨니히스베르크로, 18세기에 칸트와 20세기 케테 콜비츠 같은 인물을 배출한 이 코스모폴리탄적 도시는 지금은 폴란드 영토 동쪽의 러시아령인 칼리닌그라드이다. 프로이센은 이후 수도를 베를린으로 옮기기도 했는데, 베를린 자체가 현 독일 영토의 동쪽 끝에 위치하기 때문에 그 기준으로 보더라도 프로이센은 베를린에서부터 동쪽으로 현 폴란드 북부에 길게 걸쳐 있던 국가라고 할 수 있다. 이 프로이센의 팽창은 독일 국가 '내부'를 연방적 형태로 통합하는 데 머물지 않고 남쪽 슐레지엔으로 확장하게 되는데, 1차 세계대전 시기 이미 확인되듯이 실제로 현재 폴란드 영토 전체를 점령하는 형태의 팽창이 진행되었다.

2차 세계대전으로 가는 첫 단계인 뮌헨협정 시기로 와서 확인해보면, 이와 같은 프로이센에 기반한 독일의 영토 팽창이 어떤 문제가 되는지 알 수 있다. 이제는 '대大독일'의 형성이 과제가 되며, 세 번째 지도에서 확인할 수 있듯이 남측으로 팽창해 같은 뿌리로 주장하는 오스트리아와 이어 체코-슬로바키아 지역을 사실상 병합하면서 미뤄둔 독일 통일 과제를 '완수'한 것이었다(음영 처리된 전체 영토를 흡수). 독일의 오스트리아와 체코-슬로바키아 지역 병합을 영국과 프랑스가 승인한 결과가 1938년 뮌헨협정이었고, 그것은 그 후 계속해서 2차 세계대전 발발의 책임을 따질 때 쟁점이 되었다. 영국과 프랑스 입장에서 이를 승인한 것은 두 가지 이유 때문이었다. 첫째는 이것이 독일 '내정', 즉 독일 내부 문제이기 때문에 침략전쟁은 아니라고 회피한 것이고, 둘째는 독일은 루르 지역 경제를 중심으로 유럽 산업-무역 경제권에 통합되어 있기 때문에 이런 경제적 '포용' 정책이 독일의 군사적 팽창을 막을 수 있다는 판단 때문이었다. 이 뮌헨협정 시기 '대독일' 지도를 현재 통일 독일 영토와 비교하면 동과 남으로 얼마나 영토가 팽창했는지 알 수 있다. 2차 세계대전이 본격화하면 여기서 다시 각기 서와 동으로 더 팽창한다.

독일 문제와 연동된 폴란드 문제

앞서 우리는 독일의 팽창이 서쪽, 남쪽, 동쪽 세 방향으로 전개될 수 있다고 말했는데, 남쪽은 병합으로 이뤄졌고 서쪽은 1938년 시점에 뮌헨협정으로 봉합되었다고 한다면 남는 문제는 동쪽 팽창이다. 폴란드라는 완충지대가 사라질 수 있는 상황에서 이는 소련에게 심각한 안보문제로 부상했다.

이에 대한 소련의 대응은 1차 세계대전 시기와 유사하게 독일과 불가침 조약을 체결하는 것이었다. 이 독소 불가침 조약(또는 회

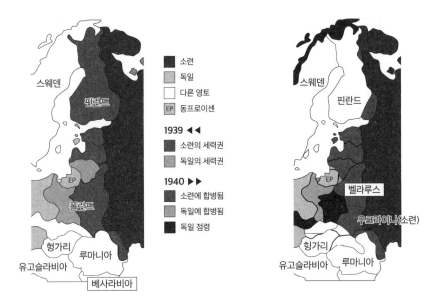

소련
독일
다른 영토
EP 동프로이센

1939 ◀◀
소련의 세력권
독일의 세력권

1940 ▶▶
소련에 합병됨
독일에 합병됨
독일 점령

스웨덴
핀란드
EP
폴란드
헝가리
루마니아
유고슬라비아
베사라비아

스웨덴
핀란드
EP
벨라루스
우크라이나(소련)
헝가리
루마니아
유고슬라비아

1939년 독소 불가침 조약에 따른 폴란드 영토 분할

담을 주도한 외상의 이름을 따서 리벤트로프-몰로토프 조약으로도 부른다)
은 1차 세계대전 시기 불가침 조약과는 상이하다. 1차 세계대전 시
기의 조약이 독일의 영토 팽창을 어쩔 수 없이 수용하면서 전쟁을
중단한 것이었다면, 이번 조약은 쌍방의 세력권을 인정하는 팽창주
의적 대응이었다.

이 조약은 비밀추가보충협약을 포함하고 있었는데 그 내용은
독일과 소련이 폴란드를 각자의 세력권으로 분할하고, 발트해 지
역(핀란드, 에스토니아, 라트비아)을 소련 세력권으로 인정하며, 루마
니아 영토의 작은 부분인 베사라비아에 대한 소련 영향을 인정하
는 것이었다.[57] 그 결과를 지도에서 확인할 수 있는데, 소련과 독일
은 이 조약의 합의에 따라 1939년 각자 양방향에서 폴란드로 진격
해 영토를 분할했고(벨라루스와 우크라이나 지역에 대한 소련 점령을 포

188

함해) 소련은 동시에 발트3국 지역 점령을 위한 전쟁을 개시했으며 핀란드와 사이의 분쟁지역에 대한 점령도 시도했다. 그 결과 폴란드는 완전히 분할되었고, 발트3국 지역은 소련이 점령하였으며, 핀란드는 저항이 거세 동부지역 일부만 소련이 점령했다.

소련은 이 불가침 조약 체결과 그에 따른 폴란드 분할로 독일의 대소련 전쟁 가능성이 낮아졌다고 판단하였다. 그래서 1941년 6월 22일 독일이 소련을 침공했을 때 대응 태세를 거의 갖추지 못한 상태로 독일군 진격에 후퇴를 거듭했다. 이렇게 두 차례의 세계대전에서 독일 동진의 심각한 피해를 입은 소련으로서는 2차 세계대전 종전과정에서 향후 유사한 침공을 막을 방어벽을 세우는 것에 큰 관심을 갖는 것이 당연했다.

테헤란회담에 이어 얄타회담으로 가는 과정에서 소련에게 가장 중요한 문제는 폴란드 국경 재획정과 소련에 우호적인 정부를 폴란드에 수립하는 일이었다. 이는 소련의 대반격과 폴란드 진군과 더불어 진행되었고 따라서 당시로서는 소련의 발언권이 커질 수밖에 없었다. 여기에서 소련은 두 가지 방안을 추진했다. 첫째는 폴란드에 런던 망명정부 인사들을 최대한 배제하고 루블린 임시정부 주도로 새로운 임시 통합정부를 구성하도록 압박한 것이었는데, 이 구상은 1947년에 총선으로 그대로 이어진다. 둘째는 폴란드의 국경선을 서쪽으로 이동시킨 것이었다. 본래 1차 세계대전 전후 처리과정에서 영국 조지 커즌George Curzon 외무부 장관이 제시한 '커즌선'을 재활용하여 폴란드 국경선은 다음 지도의 오른쪽 음영 부분만큼 서쪽으로 옮겨졌고, 대신 그만큼의 영토를 왼쪽과 위쪽의 옅은 음영 부분만큼 프로이센의 북부와 서부에서 잘라서 폴란드 영

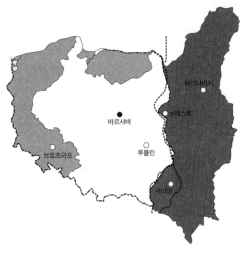

커즌선에 따른 폴란드 국경의 변경[58]

주: 옅은 음영 부분은 독일 영토에서 폴란드 영토로 바뀌고,
짙은 음영 부분은 커즌선에 따라 폴란드 영토에서 소련 영토로 바뀌었다.

토로 귀속시키고 독일 영토를 축소시켰다.

폴란드 임시정부 구성을 둘러싼 갈등

폴란드 정치세력 중 누구를 임시정부에 참여시킬지 문제는 1939년 소련이 폴란드를 점령했던 시기 체포된 장교와 사병을 은밀히 대량 처형했던 사건과 얽혀 복잡해졌다. 전시에 폴란드에서는 두 개의 정치세력이 임시정부 구성을 두고 경합했다. 하나는 1939년 폴란드인 탄압 사건의 책임을 물어 반소련적 입장을 지니고 런던에 망명한 정부로 스타니스와프 미코와이치크Stanisław Mikołajczyk 등이 주도하였고, 다른 하나는 루블린에 거점을 두고 소련과 좀 더 밀접한 관계에 있던 임시정부였다. 스탈린이 루블린 정부를 지지하고 처칠은 런던 망명정부에 우호적이었는데, 루스벨트는 두 세력을 모두 포괄하는 새로운 임시정부 구성을 강조하는 입장이었다.

1944년 2월 7일과 16일 루스벨트와 스탈린 사이에 주고받은 서신에서 쟁점이 분명히 드러났으며, 루스벨트의 강한 중재 의사에도 불구하고 상황은 군사적으로 폴란드 지역을 점령해 들어가고 있던 스탈린에게 유리하게 돌아갔다. 이 문제로 스탈린과 처칠 사이에서는 다시 갈등이 빚어졌고, 루스벨트와 스탈린 사이에서도 4년간 서신 왕래 중 거의 유일하게 이 문제에 대해서는 언성이 높아졌다. 처칠은 1944년 3월 21일 스탈린에게 보낸 편지에서 테헤란회담에서 합의된 커즌선을 부정하고 이를 종전 후 다시 논의해야 한다고 도발했다. 이 갈등은 루스벨트의 중재로 가라앉았지만, 소련군의 폴란드 진격이 계속되면서 결국 얄타회담에서 폴란드 정부 구성 문제는 소련 측의 견해를 반영하는 방향으로 모호하게 봉합되었다가 이후 이번에는 루스벨트와 스탈린 사이에 갈등이 폭발하게 된다. 루스벨트는 1945년 3월 31일 자 편지에서 얄타에서 심도 있는 이해가 이루어져 모든 장애물을 해결할 수 있다고 말하면서 스탈린과 주고받은 서신 중 가장 격한 어조로 다음과 같이 썼다.

이 편지에서 나는 아주 솔직하게 당신 앞에 놓인 문제라고 보는 것을 제기하고자 합니다. (⋯) 당신은 우리가 구성하기로 합의한 새로운 폴란드 통일 임시정부가 현 바르샤바 정부의 지속 정도여야 한다고 여기는 것 같습니다. 나는 이런 생각을 우리의 합의나

토론과 일치시킬 수 없습니다. (…) 나는 현 바르샤바 정권의 연장일 뿐인 그런 해결책은 받아들일 수 없고 결국 미국인들이 얄타협약은 실패했다고 여길 것이라는 점을 분명히 해두고자 합니다.

이에 대해 4월 7일 자 회신에서 스탈린은 반박했다.

폴란드 문제는 막다른 길에 봉착했습니다. (…) 지난 30년간 폴란드 영토는 적들에 의해 두 번이나 소련 공격을 위해 이용된 적이 있습니다. 이 모든 이유에서 소련 정부는 소련과 폴란드의 우호 관계 수립에 노력하지 않을 수 없습니다. 그러나 미국과 영국의 주 모스크바 대사들은 이런 사정을 고려하지 않고 폴란드 지도자들은 크림 회의 결정이나 소련에 대한 태도와 무관하게 협상에 초청되어야 한다고 말하고 있습니다.

루스벨트의 중재로도 해결되기 어려웠던 폴란드 문제는 결국 루스벨트 사후 1947년 소련이 주도한 일방적 총선을 계기로 냉전으로 가는 출발점이 된다.[59]

폴란드 문제 때문에 전후 질서의 수립이 교착 상태에 빠졌을 때 처칠은 루스벨트를 배제한 채 1944년 10월 모스크바를 방문했다. 그는 단독으로 스탈린과 회담하여 발칸을 분할해 '세력권(영향권)'을 재건하려는 시도를 하기도 했다. 루마니아는 소련이 90퍼센트 지배, 그리스는 영국이 90퍼센트 지배, 유고슬라비아는 50 대 50으로 하자는 제안을 하고, 추가로 헝가리는 50 대 50, 불가리아는 소련의 70퍼센트 지배를 인정한다는 제안이 그 핵심이었다.[60]

루스벨트는 얄타에서 합의한 유엔 수립 계획을 1945년 4~6월의 샌프란시스코 회의를 통해 안착시키고자 했다. 그런데 전쟁이 종점을 향해감에 따라 미국과 영국이 소련을 배신할 수 있다는 스탈린의 두려움이 커지던 상황에서 북이탈리아에서 독일군 항복을 받는 베른 회의에 미영 군지휘부가 소련 측의 참석을 거부하면서 문제가 생겼다.[61] 1945년 3월 29일부터 스탈린은 여러 차례 매우 격앙된 편지를 보냈고 소비에트 전인민대회 참석을 핑계로 몰로토프 외상이 샌프란시스코 회의에 참석할 수 없음을 통보했다. 사망 전 마지막 열흘간 루스벨트는 이 문제의 해명과 관계 복원에 전력했다.

> 이 전체 일화는 히틀러와 친밀하다고 악명 높은 독일 장교들의 주도로 일어났고, 물론 그의 유일한 목적은 동맹국 사이에서 의심과 불신을 조장하는 것입니다. 그가 이 목표에 성공하도록 우리가 허용해야 할 아무 이유도 없습니다. 현 상황과 나의 의지에 대한 이상의 단호한 설명이 3월 29일 서신에서 당신이 보여준 이해 방식을 완화해줄 것으로 믿습니다.(1945년 3월 31일 자)

루스벨트는 이 갈등을 해소하지 못하고 사망했지만, 사망 소식을 접한 스탈린은 곧바로 샌프란시스코 회의에 참석하라고 몰로토프 외상에게 지시했다.[62]

오데르-나이세강의 정의를 둘러싼 이견

커즌선에 따라 폴란드 국경을 전체적으로 3분의 1가량 동쪽으로 이동한 결과, 동편과 서편 양쪽에서 향후 분쟁의 가능성이 생겨났다. 우선 서쪽 국경을 보자면, 얄타회담에서 3국은 폴란드 국경 이동의 대원칙에는 합의했지만, 그 서쪽 경계로 획정하기로 한 오데르-나이세강의 나이세강을 어디로 볼 것인지를 두고 갈등이 지속되었다. 미국과 영국은 나이세강을 동쪽 지류로 해석한 반면 소련은 이를 서쪽 지류로 해석하였다. 결국 나중에 포츠담회담에서 소련의 견해를 수용해 국경선은 서쪽 지류인 나이세강 서안으로 확정되었다. 국경선이 동쪽 지류 대신 서쪽 지류로 바뀌면서 그 사이 지역에 거주하던 독일인 강제이주 대상자가 추가로 350만 명이 늘어났다. 최종적으로 폴란드 경계 내에서 600만 명의 현지 독일인들이 강제이주해야 하는 상황이 발생했고, 전후 '무국적' 위치에 놓인 이들은 집단적 '전범'으로 몰리면서 그 운명이 과거 속에 묻혔다.[63]

폴란드-독일 국경 재획정은 얄타에서 합의되었지만, 전후 '독일 정부'에 바로 승인된 것은 아니었다. 독일이 이를 승인할 수 있게 된 것은 훨씬 나중이고, 이것이 서유럽 냉전의 특징을 보여주는 핵심 사례이기도 하다. 독일을 점령한 연합국 4개국은 1945년 6월 5일 '베를린 선언'으로 알려진 문서를 공표해 독일 주권을 장악했지만, 이제 폴란드로 할양될 오데르-나이세강 동쪽의 기존 독일 영토에서 벌어진 일에 대해서는 명기하지 않았다. 연합국은 그 땅을 독일에서 떼어내는 것에 대한 공식 책임을 떠맡지 않으려 했던 것이다. 독일은 동서로 분단되었을 뿐 아니라 베를린을 4개국(미·소·영·불)이 공동점령하는 체제가 지속되었다. 베를린이 공동점령을

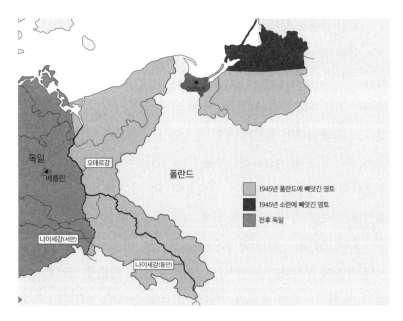

독일

베를린

오데르강

폴란드

나이세강(서안)

나이세강(동안)

1945년 폴란드에 빼앗긴 영토

1945년 소련에 빼앗긴 영토

전후 독일

오데르-나이세강과 독일의 전후 영토 손실

끝내고 독일 영토로 귀속된 것은 베를린 장벽이 무너지고 동서 독
일이 통일되는 과정에서였다. 이 과정에서 뒤늦게 통일 독일 정부
가 폴란드와 1991년 6월 17일 '선린우호조약'을 체결함으로써 비
로소 독일과 폴란드 국경이 오데르-나이세강으로 인정되었다.[64]

동아시아에서 냉전에 따른 영토 획정이 1951년 샌프란시스코
조약에서 마무리되면서 냉전 구도가 공고화하기 시작했다고 한다
면, 서유럽에서 냉전은 영토 획정이 마무리되지 않은 채 베를린 장
벽 붕괴 이후 네 연합국과 동서 두 독일이 독일 통일 조약에 서명한
1990년 9월 12일까지도 이어졌다는 점에 주의할 필요가 있다.

독일-폴란드 문제와 연동된 우크라이나 문제의 역사적 뿌리

알타회담에서 합의된 폴란드 국경 재획정이 서쪽 경계에서는 독일 영토 일부를 분할해 폴란드로 귀속시키는 문제였다면, 동쪽에서는 이로부터 우크라이나의 역사적 문제가 시작됨을 확인할 수 있다. 1차 세계대전 종전기 독일의 소련 침공은 바로 러시아혁명기 독소 불가침 조약(레닌의 '브레스트-리토프스크 조약')에 따라 독일에 우크라이나 지역을 할양하는 것으로 종결되었고, 2차 세계대전 독소전쟁은 바로 키예프전투를 중심으로 전개되어 우크라이나와 크림반도의 점령을 거치며 진행되었다. 두 차례 세계대전에서 우크라이나 지역이 러시아가 무너지는 고리가 되었기 때문에 알타회담에서 소련은 폴란드와 우크라이나 두 지역을 동시에 재편하려고 하였다.

프로이센 영토를 잘라내 폴란드에 할양함으로써 폴란드 국경을 서쪽으로 대폭 이동한 만큼 이번에는 폴란드의 동쪽 국경을 커즌선을 기준으로 잘라 대폭 서쪽으로 이동시켰다. 이 인위적 할양으로 이후 이 지역의 구 폴란드계 주민의 분리주의가 조장될 위험성이 생겨났다. 따라서 폴란드 국경이 재획정된 다음 소련은 이 지역 정비작업에 착수했다. 폴란드에 속했다가 이제는 우크라이나로 바뀐 지역 주민들의 정체성을 변경하기 위해 폴란드 출신들은 타 지역으로 이주시키고 타 지역에 거주하던 우크라이나인들을 이 지역으로 이주시켰다. 그런 다음 소련과 연대한 우크라이나적 정체성 강화를 위한 문화진흥 지원에 집중했다.

우크라이나계 미국 역사학자 세르히 플로히Serhii Plokhy는 2차 세계대전 후 우크라이나의 정체성이 폴란드와 분리를 위해 다분

히 스탈린의 기획에 따라 만들어진 산물임을 보여준다.[65] 여기서
한 걸음 더 나아가 스탈린은 유엔 구상에 동의하는 조건으로 영연
방 국가들이 총 6표의 투표권을 얻은 데 대응해, 소련 측도 소련연
방 1표 외에 우크라이나와 벨라루스가 각 1표씩 유엔에서 대표권
을 가질 것을 주장해서 총 3표의 투표권을 얻어낼 수 있었다.[66] 이
런 과정을 통해 건설된 새로운 우크라이나는 이질적 세력들을 담
고 있었다. 출발부터 서부는 폴란드 및 서구적 지향과 이해관계를
지니고 동부는 러시아적 지향과 이해관계를 지니는 문제가 있었다.
이는 이후 1991년 우크라이나가 소연방으로부터 분리된 이후 더
두드러졌다.[67]

폴란드와 더불어 우크라이나가 왜 러시아의 영토적 관심의 핵
심이 되었는지, 그리고 지속적으로 영토 전쟁의 무대가 되었는지
그 이유를 좀 더 살펴보려면 세 차례 전쟁 시기의 차이를 보여주는
세 지도를 비교하는 것이 도움이 될 것이다.

첫 번째 지도는 1850년대의 크림전쟁 시기의 것이고, 두 번째
는 1차 세계대전, 세 번째는 2차 세계대전의 독일 침공 상황을 보
여준다. 세 번 다 우크라이나가 핵심적인 전장이었고 러시아의 중
요한 영토적 이익과 연관되었음을 알 수 있다.

그런데 19세기 크림전쟁과 20세기 양차 대전의 대결 구도는
매우 달랐다. 크림전쟁은 크림반도를 중심으로 흑해 연안에 대한
러시아의 영향력 강화와 오스만 제국의 충돌로부터 시작되었다. 영
국은 러시아가 흑해로부터 지중해로 남하할 것을 막고자 개입하여
이 전쟁을 러시아와 이를 막으려는 영국 중심의 연합군 세력 사이
의 전쟁으로 확장시켰다. 이 전쟁에서 러시아와 맞붙은 세력은 영

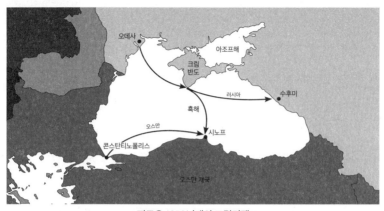

지도① 1850년대의 크림전쟁

지도② 1차 세계대전 중 독일이 러시아를 침공한 시기

주: 브레스트-리토프스크 조약으로 독일 권역으로 넘겨진 영토.

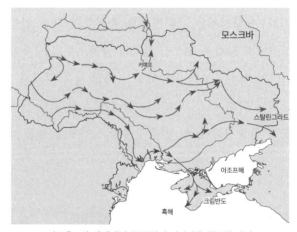

지도③ 2차 세계대전 중 독일이 러시아를 침공한 시기

주: 화살표는 독일 집단군들이 우크라이나 지역을 관통해 소련으로 진격한 방향을 표시한다.

국-프랑스 그리고 이와 연합한 오스만 제국이었다. 이것은 19세기 유럽의 대치 구도였는데, 어찌 보면 2022년 이후 우크라이나 전쟁은 이와 같은 구도를 되풀이하는 것처럼 보이기도 한다. 유럽 전체가 러시아와 대결하는 양상이기 때문이다.

20세기의 두 차례 세계대전에서 대결 구도는 크림전쟁 시기와 매우 달라진다. 이것이 2차 세계대전 이후 얄타체제가 형성되는 배경을 드러낸다. 1차 세계대전은 1914년에 시작해 1918년에 종결되는데, 종결 직전에 독일이 '러시아' 지역을 어떻게 점령했는지 이 지도에서 확인할 수 있다. 크림전쟁 시기와 달리 1차 세계대전에서 러시아는 영국, 프랑스와 같은 연합국에 속했고, 그 반대쪽에는 독일과 오스트리아-헝가리 제국 그리고 오스만 제국이 있었다. 러시아와 직접 국경을 맞대고 있는 국가 대부분이 러시아의 적국으로 연합했고 러시아는 이에 맞서 그 '적국' 건너에 있는 세력인 영국-프랑스와 연합국을 형성했다. 이처럼 크림전쟁 시기와 비교하면 오스만 제국과는 계속 대립하지만 앞서 적대국이었던 영국과는 반대로 연합국이 되었는데, 이 영-소 연합 구도는 2차 세계대전 시기에도 그대로 이어진다.

1차 세계대전 시기 우크라이나 지역은 러시아 영토에 속했는데, 1차 세계대전 종결 시점에 보면 독일의 러시아 침공은 대부분 우크라이나 지역으로 깊숙이 밀고 들어와 크림반도까지 점령한 결과를 낳았다는 것을 알 수 있다. 1917~1918년 프랑스 영토 내에서 대치하던 서부전선이 오랜 교착 상태였던 것과 비교해보면 독일은 동부전선에서 상당히 진격했음을 알 수 있다. 이렇게 1년 사이 독일이 침공해 점령한 넓은 지역을 앞 지도에서 확인할 수 있는데, 지금의 우크라이나 대부분 지역과 벨라루스 일부를 포함하고 있다.

독일이 우크라이나 지역을 깊숙이 점령한 시기는 바로 러시아에서 1917년 혁명이 발발한 바로 그 시점이었다. 레닌이 주도한 혁명정부는 반전 평화의 대중적 열망에 올라타서 혁명에 성공했기 때문에 더는 전쟁을 지속하기 어려웠다. 이런 현실적 고려 아래 레닌은 독일과 정전 협상을 논의하였고, 1918년 3월 3일 독일 등의 세력과 강화조약을 체결하게 되는데 이것이 첫 번째 독소 불가침 조약인 브레스트-리토프스크 조약이다. 이 조약으로 러시아 혁명정부는 우크라이나로부터 시작해 발트삼국 지역, 핀란드, 튀르키예 일부, 폴란드 일부 지역 등 광범한 점령지역에 독일이 일종의 자치정부를 수립해 자신의 영향권으로 확보하는 것을 인정하게 되었다. 이 조약 덕에 혁명정부는 숨을 돌릴 수 있게 되었지만, 이후 러시아에서는 오랜 논란의 대상이 된다. 특히 푸틴은 집권 이후 이 조약을 러시아 '굴욕의 역사'의 대표적 사례로 거론했다. 이때 우크라이나를 넘겨줌으로써 러시아는 그 굴욕으로부터 벗어나야 하는 과제가 남게 되었다고 주장하는 것이다.

얼마 후 독일이 패전하자 소련은 조약의 폐기를 선언했지만 바로 뒤이어 발발한 내전과 유럽의 내전 개입 때문에 이후 이 지역의 영토를 모두 되찾을 수는 없었다. 1920년이 되어서야 우크라이나와 벨라루스 정도를 영토적으로 다시 점령할 수 있었을 뿐이다.

지도③으로 건너와 살펴보면 2차 세계대전 시기 우크라이나가 다시 지정학적 문제가 됨을 알 수 있다. 독일 동진의 위협을 크게 느낀 소련은 앞서 설명했듯이 1938년 뮌헨협정에 대한 '자구책'으로 1939년 8월 23일 두 번째 독소 불가침 조약(리벤트로프-몰로토프 조약)을 맺고 조약에 비밀조항을 포함시켜 쌍방의 세력권을 인정하고 그 세력권에 대한 군사점령에 동의하였다. 이 합의에 따라 1939년 두 나라의 폴란드 분할이 진행되었고 러시아는 핀란드 영토 점령에 나섰다. 그러나 2년 후 1941년 6월 22일 슬라브 인종의 '절멸'을 내세운 히틀러의 독일은 이 불가침 조약을 폐기하고 소련을 전면 침공하는 '바르바로사 작전'을 개시했다. 독일군은 세 집단군으로 나뉘어 동진했는데 모두 우크라이나와 벨라루스 지역을 관통해 소련으로 진격했다. 지정학적으로 소련에게 1차적으로는 발트삼국-벨라루스-우크라이나로 이어지는 차단벽이, 2차적으로는 폴란드 차단벽이 중요해지는 역사적 배경이 이로부터 등장하게 된다.

얄타구상은 세계전쟁을 '승리'로 이끈 동맹을 중심으로 한 질서의 수립과 영토 재조정의 합의를 담고 있었다. 이후 이 합의는 각 세력권에 대한 직접적 영토 확장은 금지하고 분쟁을 유엔의 틀로 가져와 논의하도록 함으로써 강대국 사이 전쟁의 가능성을 최소화하고자 했다. 새로 획정된 국경선은 그 자체로 잠재적 갈등을 담고 있었지만, 얄타회담에서 합의한 유엔 안보리 국가의 상호 인정과 견제의 방식으로 상당 기간은 억제될 수 있을 것으로 기대되었다.

4

두 세계주의 아래에서
지속되는 얄타의 구도

얄타구상의 구도를 완성하는 퍼즐의 나머지 중요한 부분은 '네 경찰국'에 포함되는 중국을 어떻게 껴안을 것인가의 문제였다. 중국은 처음에는 루스벨트의 단일 세계주의 구상에 포함되어 있었지만, 루스벨트 사후 자유세계주의(두 세계주의)가 부상하는 중요한 요인이 된다. '중간지대의 혁명'이라는 위상을 지니고 전개된 중국 혁명의 세부 과정은 4장에서 자세히 살펴보기로 하고 단일 세계주의 형성과 연관해서 중요한 점들만 간단히 짚어보자.

또 하나의 전선과 중국이라는 파트너

대독일 전쟁에서 미국이 소련을 전면 지원해 주력으로 나서게 하고 영국과 미국은 후방에서 공세를 폈다면, 또 하나의 전선인 대일본 전쟁에서는 중국을 전면 지원해 주력으로 나서게 하면서 미국이 태평양전쟁을 수행하고 여기에 소련의 추가 참전을 독려하였다. 다만 소련과 달리 중국의 경우는 미국의 지원 대상이 하나가 아니라 국민당과 공산당 둘이었고, 이 둘 사이의 관계를 조정하는 역할까지 미국과 소련에게 함께 맡겨졌다는 점에서 차이가 있었다. 미국으로서는 대일본 전선에서 예상되는 막대한 인명피해를 최소화하기 위해 소련을 이 전쟁에 참전시키는 것이 중요했고, 소련으로서는 독소전쟁에서 엄청난 피해를 겪은 상황에서 대일본 전쟁에서 또다시 피해를 감당하기는 어려웠던 만큼 중국의 역량을 최대화해야만 자국의 피해를 줄일 수 있었다. 이렇게 대일본 전쟁에서 중국의 역량을 최대로 키우려면 국민당과 공산당 사이 분열을 줄이고 이들을 항일 전선으로 끌어낼 수 있어야 했다. 이 점에서 소련과 미국 사이에 이견은 없었다.

1930년대 중반까지 소련과 코민테른의 입장이 수시로 변하며 함께 기복을 겪던 중국혁명은 1937년 7차 코민테른 대회에서 통일전선전술이 확정되어 국민당 우위 아래 국공합작이라는 구도로 진행된다. 1940년대 들어서도 소련은 지속적으로 이 구도를 지지했다. 중국 국민당과 공산당 사이의 내전은 일단 중단되었다. 루스벨트 또한 중국에 대해 같은 입장이었다. '네 경찰국'에 중국을 포함시킨 루스벨트는 장제스의 '독재'를 견제하기 위해서도 옌안 공산당을 파트너로 함께 끌어안고자 했다.[68] 독소전쟁 이후 소련의 지원을 얻기 어려워진 중국공산당 또한 미국에 우호적이었고, 미국은 장제스를 초공전(공산당 토벌전)에서 벗어나 항일로 가도록 견인하면서 장제스에게 공산당과 연합정부를 만들라고 압박했다. 1943년

11월 루스벨트는 카이로회담에서 장제스에게 공산당을 껴안고 가야만 미국이 지원을 계속할 수 있다고 밝혔다. 마오쩌둥은 유고슬라비아가 영국의 지원을 받아 반파시스트 전쟁에 참여한 것과 유사한 경로를 중국공산당도 미국의 지원을 받으며 걸을 수 있다고 판단하고 미국에 대해서 우호적으로 기울기 시작했다.[69]

1943년 5월 코민테른 해산 이후 중국혁명은 독자적 길을 걷는 듯했지만,[70] 미국과 소련 양측의 압박이 커지고 중국공산당의 국제정세 인식도 변화하면서 중국공산당에 남은 선택지는 합법적 지위를 획득해 연립정부에 참여하는 '프랑스적 길'로 좁혀졌다. 1944년 12월 2일 모스크바를 방문한 드골과 스탈린은 소련·프랑스 협약을 체결하였다. 소련은 드골을 프랑스의 합법정부로 승인했는데 그 조건은 공산당을 연립정부에 포함시켜 지도자 모리스 토레즈에게 국무장관직을 부여하는 것이었다.[71] 이 방식이 중국에도 적용될 수 있을 것으로 보였다.

소련의 대일 참전과 만주 점령은 이렇듯 카이로-테헤란-얄타협약을 토대로 한 것이었으며 루스벨트 사후에도 스탈린은 중국 문제에 대해 루스벨트와의 약속을 지키려 했다. 1945년 8월 14일 스탈린은 얄타회담 합의에 따라 중국공산당이 아니라 중국국민당과 '중소우호동맹조약'을 맺었으며, 1946년 초까지도 마셜의 중재를 통해 중국에 프랑스식 연립정부를 세우고자 했다. 마셜은 장제스를 압박하기 위해 장제스 독재권을 제약하고 공산당을 각 조직에 30퍼센트 정도 포함시킨다는 내용의 「중화민국 임시정부 조직법」 초안을 직접 작성하기까지 했다. 이 초안은 장제스와 옌안의 저우언라이에게 수용되었지만 마오쩌둥의 거부로 실행되지 못했

다.[72]

　만주를 둘러싼 대립이 중국 내전으로 격화한 이후에도 소련은 중국 문제에 대한 얄타의 기본 구도를 훼손하지 않으려 했다. 소련은 1949년 초까지도 내전을 중단하도록 압력을 가해 중국공산당을 일정한 지역 세력으로 묶어두고 장제스 국민당을 활용하고자 했고 미국과의 대치를 피하려 했다. 소련이 중국공산당에게 제시한 대안은 장성 이북을 독립시켜 공산당이 산해관 바깥으로 나가 동북에만 집중해 소련의 방어선이 되는 방식, 또는 마셜이 제안한 것처럼 프랑스식 연합정부를 수립하여 통일을 이루고 단일 군대를 만든다는 두 가지였다. 하지만 이 모두 실질적으로 실패하면서, 소련은 최종적으로 내전이 장강(양자강)을 넘어 확대되는 것을 막으려고 시도하였다. 소련은 공산당 부대의 장강 도강이 미국 파병의 빌미가 된다고 보고 도강을 막고 '남북조' 분할 구도를 제안했으나 1949년 4월 23일 공산당은 이 중재 의견을 거부하고 장강을 도강하고 국민당의 수도인 난징을 점령했다.[73] 얄타구상이 냉전의 진영 대립으로 전환되는 데는 이처럼 예상치 못한 중국혁명의 경로 변경이 작용했다. 좀 더 자세한 설명은 4장에서 진행하도록 하겠다.

루스벨트 사망과 두 세계주의로의 전환

　루스벨트 사후에 단일 세계주의가 곧바로 두 세계주의로 전환된 것은 아니었다. 루스벨트를 대신해 등장한 트루먼과 스탈린 사이에서 갈등이 고조되었지만, 해리 홉킨스나 조지프 데이비스 같은 중재자가 남아 있었다. 얄타회담에서 합의한 기본 구도는 종전 처

리를 위한 포츠담회담까지는 지속되었다.[74]

7월의 포츠담회담에서 소련의 루르 공동관리, 지중해와 터키 해협에 대한 영향력 확장에는 제동이 걸렸지만 독일 점령체제, 폴란드 국경, 독일 위성 국가들과의 평화협정 등이 승인되었고, 몰로토프가 디미트로프에게 말했듯이 "발칸을 소련의 세력권으로 인정"받는 중요한 성과를 얻어냈다.[75] 그러나 독일, 발칸, 극동 문제에서 점차 미국의 이해관계와 충돌하며 미국의 압력이 커지자 스탈린은 양보보다는 1945년 런던 외상회담을 방해하는 "끈기와 확고부동함 정책"을 추진했다. 이렇게 지연된 외상회담은 1945년 말 모스크바에서 개최되었는데(모스크바 3국 외상회의) 여기서 소련은 얄타의 틀을 지속할 수 있는 성과를 거두었다.[76]

1946년 들어서 갈등이 확대되었다. 터키와 이란의 신탁통치에 대한 이견에 이어 독일의 전후 처리를 둘러싸고 이견이 불거졌다. 미소 간 갈등이 본격적으로 증폭된 결정적 계기는 1947년 1월 폴란드 총선이었다. 폴란드 망명정부를 포함한 연립정부 대신 친소정부 수립을 추진한 소련에 미국이 크게 반발한 것이다. 루스벨트 시기부터 대립하던 이슈가 결국 핵심 장애물이 되었다.

일련의 사건 중 단일 세계주의였던 얄타구상이 두 세계주의로 확고히 전환된 것은 독일 점령을 둘러싼 연합국들 사이의 이견이 독일 분단으로 진척되는 과정에서였다. 소련이나 미국이 이에 대해 처음부터 계획을 가지고 있던 것은 아니었다. 소련의 가장 중요한 목표는 독일로부터 전쟁배상금을 받는 것이었고, 얄타협정에 명기되었듯 2차 세계대전 종결에 기여한 소련의 독보적 역할을 고려했을 때 연합국 누구도 여기에 이의를 제기하지 않았다. 그렇지만 소련은 결국 전쟁배상금을 받아내지도 못했고, 그렇다고 처음부터 독일의 분단을 원했던 것도 아니었으며, 베를린 봉쇄를 거쳐 진영의 분열로 나가려고 계획을 세웠던 것도 아니었다. 1961년 독일 베를린 장벽 건설 위기와 키신저 중국 방문 등에 관여했던 미국 외교관 출신 윌리엄 스마이저William R. Smyser의 다음과 같은 언급이 당시 상황에 대한 냉정한 평가일 것이다.

> 독일에서 스탈린이 실시한 정책은 심지어 반세기가 지난 지금도 설명하기가 거의 불가능하다. 러시아 역사에서 가장 큰 군사적 승리를 거둔 지 2년 반이 지난 1947년 말까지 스탈린은 아무것도 얻지 못했다.[77]

1946년 이후부터 계속 누적된 여러 사건들은 연쇄적으로 냉전을 고조시켰다. 터키와 이란 전후 통치 방식의 합의 결렬, 폴란드 정부 수립, 동유럽과 발칸 문제, 일본 점령 지배 방식의 변경, 조선 반도 정세 변화, 마셜플랜을 둘러싼 갈등과 뒤이은 베를린 봉쇄,[78] 소련의 이탈과 코민포름 수립, 중화인민공화국 수립, 트루먼 정부의 국가안전보장회의 보고서 68호NSC-68 계획 수립 등 일련의 상승 작용이 있었고, 결정타가 된 한국전쟁이 발발했다.[79]

진영 대결 구도의 형성

루스벨트 사후 포츠담회담까지는 얄타구상이 이어지는 듯했지만, 그 이후 동유럽, 이란과 터키, 동아시아 등지에서 새로운 변수가 계속 생겨나면서 단일 세계주의 구상은 두 세계주의에 길을 내주었다. 얄타회담 참가국이 아니었던 프랑스가 독일 점령 4개국에 포함됨으로써 새로운 변수가 생겼고, 포츠담회담 기간 중 영국의 정권이 교체되면서 보수당 앤서니 이든Anthony Eden 외상을 대체한 노동당 어니스트 베빈Ernerst Bevin 외상의 강경한 반공주의도 이후 경로에 영향을 주었다. 베빈은 미국의 발목을 붙잡아, 소련을 배제하고 미국과 유럽을 결합한 독자적 안보구상을 추진하도록 하여 결국 나토 창설로 나아가는 길을 주도했다. 미국의 트루먼 대통령, 국무장관 조지 마셜, 보좌관 조지 케넌, 독일 군정 사령관 루셔스 클레이 등 주요 책임자들도 생각이 일치한 것은 아니었다. 폴란드 국경을 서쪽으로 이동시키고 구 프로이센 영토 대부분을 폴란드에 귀속시킨 결과 네 연합국 중 독일 영토에 대한 소련의 점령 비율은 급격히 줄어들어 협상에서 불리한 위치에 놓이게 되었다.[80] 동독 지역의 책임자로 소련이 내세운 발터 울브리히트Walter Ulbricht는 스탈린과 다른 입장을 취하며, 동독을 서독으로부터 분리된 독립국가로 세우려는 추동력에 힘을 실었다. 소련 외상 몰로토프는 마셜플랜이나 베를린 봉쇄에서 잘못된 판단을 반복했고 소련의 고립을 자초하는 경우도 많았다.

독일을 둘러싼 4개국 외교는 1948년경이 되면 거의 종료되었다.[81] 전후 독일 처리 문제에 대한 이견이 냉전 진영 대립으로 필연적으로 귀결되어야 했던 것은 아니지만, 단일 세계주의를 지향하던 얄타구상은 독일문제 해결을 놓고 대립이 커지며 이제 두 개의 진영으로 나뉜 냉전의 공고화로 이어졌다. 그럼에도 얄타체제는 변형된 형태로 지속되었다. 다시 미국 외교관 스마이저의 정리를 참고해보자.

냉전은 독일에 집중되었지만 독일을 둘러싸고 시작된 것은 아니었다. 냉전은 1944~1945년의 소련 점령 동안 그리고 1946년의 동서 협상 동안 동유럽을 둘러싸고 시작되었다. 독일의 분할은 모스크바, 런던, 파리 혹은 워싱턴이 마련한 어떤 종합 계획이 있어서 그 계획으로부터 완전한 모양새를 갖추고 나타난 것이 아니었다. 독일 분할은 한 가지 행동의 논리가 다른 행동의 논리를 뒤따르고, 상호 관성 효과가 대부분이 예상치 못한 결과를 낳는, 점증하는 정책 결정 과정으로부터 등장했다. 드골을 제외하고 2차 세계대전의 승리자 중 어느 누구도 처음에는 독일 분할을 원하지 않았는데, 최종적으로 그들은 다른 이유 때문에 독일 분할을 선택했다. (…) 그러나 그들은 독일을 어떻게 분할할지에 대해서도 합의할 수 없었다. 대신 그들은 자신들이 가진 것은 무엇이든 보유하는 개별적 결정들을 내렸다.[82]

알타회담에 참여한 세 나라 사이에서 나아갈 길의 분기는 종전에 대한 태도에서도 확인된다. 스탈린이 1945년 9월 2일 라디오 연설에서 "일본에 승리한 소련, 미국, 중국, 영국의 군대에 영광을"이라고 말한 반면, 트루먼은 같은 날 대일본 종전 라디오 방송에서 연합국을 거명하지 않고 "신의 가호로 이런 승리를 거두었습니다. 신께서 함께하시기 때문에 앞으로 우리 자신과 모든 세계에 평화와 번영이 함께할 것입니다"라고 말했다. 처칠은 해를 넘겨 1946년 3월 6일 "철의 장막"을 비난하는 연설을 하면서 냉전의 개시를 알렸다.[83] 소련은 대서구 협력의 창구를 닫고 고립의 길로 나아가기 시작했고 그에 맞추어 1948~1949년 들어서 국내적으로 반서구 혐오 캠페인과 간첩 색출론 등 강력한 이데올로기적 통제를 수행했다.[84] 다시 1930년대 후반 대숙청의 시대로 돌아간 것이다.

미국 헤게모니 시대의 국가간체계의 특징이 '미국화'로 귀착된 계기는 마셜플랜의 시행과 동서독 분단이었다고 할 수 있다.[85] 마셜플랜은 유럽 강대국들에 대해서조차 진정한 '초민족적 동형화'의 동학을 작동시켰고 그렇게 '서방the West'을 탄생시켰다.[86] 동아시아에서 유럽의 마셜플랜과 유사한 것이 독일의 군정과는 다른 방식으로 설치된 일본 점령을 위한 총사령부였다. 이 총사령부가 점령 후 실시한 '민주혁명'은 치안유지법 체제 해체, 헌법 자유주의화, 재벌해체. 농지개혁, 국가신도 철폐 등을 포함한 '급진적'인 것이었으며, 그렇지만 전제주의적인 민주주의 이식이라는 '신식민주의적 혁명'의 방식을 띠었다.[87] 전후 체제로서 독일을 중심으로 한 '미국화'의 방식이 일본에도 관철된 결과는 미 국무장관 딘 애치슨Dean Acheson이 말했듯이, "'미국의 기계뿐 아니라 그 사상까지도 포함해서 미국 것을 일본이 흉내 내기 시작하는 시대'의 여명을 알리는 것"이었다.[88] 세계는 이제 '미국화'하는 지역과 '미국화'와 괴리된 지역으로 나뉘기 시작했다. 심지어 미국 영향 아래의 '자유세계' 내에서도 '미국화'의 의미는 달랐고, 그 의미 차이는 신자유주의 시대에 이르러 확인된다.

얄타구상에서 얄타체제로

20세기 동아시아와 관련된 국가간체계의 핵심 특징은 '냉전체제의 형성과 변화'일 것이다. 법인자본주의에 기반한 글로벌 뉴딜이라는 미국의 구상이 '단일 세계주의에서 두 세계주의'로 전환해가는 과정이 미국 헤게모니 수립 과정이었고, 그것이 전 지구적 차원에서 착근되는 과정에서 냉전체제가 형성되었다.[89] 냉전 시기에 이 과정은 별 이의 없이 수용되었다고 할 수 있는데, 탈냉전 이후 이 냉전 형성의 역사를 진영론이 아닌 시각으로 분석할 수 있게 되면서 점점 더 많은 질문이 제기된다. 앞서 살펴봤듯이 냉전 형성 과정은 예정된 길을 따라 목적론적으로 흘러간 것은 아니며, 그 과정에서 다양하게 열려 있던 선택지 중 어떤 것은 배제되고 어떤 것은 선택되면서 우리가 알고 있는 20세기의 국가간체계가 공고화되었던 것이다.

2차 세계대전 종전 이후 수립된 국제질서를 살펴보면 카이로 회담에서 얄타구상에 이르는 최초의 '4강' 구상과의 두 가지 차이가 관찰된다. 하나는 최초 구상에 없던 프랑스가 '5강'에 들어갔다는 점이고, 다른 하나는 처음에는 '4강'에 포함되었던 장제스의 국민당이 밀려나고 마오쩌둥의 공산당이 점차 부상해 결국 그 자리를 대체하는 데 이르렀다는 점이다. 두 차이점은 루스벨트의 '단일 세계주의'가 현실의 난점과 부딪히면서 '두 세계주의'로 변용되는 과정에서 생겨난 것이었다. 프랑스의 부상은 독일제국을 수많은 소국으로 해체하는 대신, 거대한 독일을 신속하게 산업적으로 부흥시키고자 한 결과로 등장한 작지 않은 변화였다.[90] 마오쩌둥의 부상은 장제스를 포함시켜 4강 구도를 형성하려 했던 루스벨트의 계획이 현실이 될 수 없고 대신 아시아에서 미국의 냉전 전략 궤도수정

이 발생한 주요 원인이었다는 점에서 역시 작지 않은 변화였다.[91]

　1945년 시점으로 돌아가서 살펴보자면 카이로회담에서 얄타회담까지 루스벨트에게 진영 대립은 핵심이 아니었으며,[92] 한반도에서도 1946년 초까지 모스크바는 북한의 미래에 대해 뚜렷한 계획이 없었다.[93] 미국에 의한 일본의 단독 점령이 필연적이었는지,[94] 독일제국의 해체가 아니라 동서독 분단으로 가는 것이 필연적이었는지,[95] 마셜플랜의 등장과 여기에서 소련의 배제가 필연적이었는지,[96] 냉전의 동아시아 구상이 미리 준비된 것이었는지,[97] 국민당이 아닌 공산당에 의한 중국 대륙의 장악이 필연적이었는지,[98] 한반도 분단이 미리 준비된 것이었는지,[99] 한국전쟁이 미리 북·중·소 사이에서 계획된 것이었는지[100] 등에 대해 모두 의문이 제기되지 않을 수 없다. 우리의 관심인 동아시아에서 냉전 구도가 형성된 과정에 대해서도 '진영론적 필연성'보다는 '정세적 설명'을 통해 특이성을 규명하는 논의가 좀 더 필요할 것이다.

　강고해 보이던 전후 경제 재건의 틀인 브레튼우즈 체제가 30년도 지속되지 못하고 신자유주의로 나아갔던 것처럼, 얄타구상이 변형되어 착근된 얄타체제도 안정적 구도로 장기간 지속될 수 있던 것은 아니다. 얄타체제가 안고 있는 현실주의와 이상주의의 모순적 결합은 계속해서 문제가 되었다. 얄타 논의에서 확실하게 합의해 정리한 문제(독일 국경선 재획정)나 잠정적 세력권으로 인정된 지역(포츠담회담에서 확인됨)에서조차 분란이 발생했지만, 확실하게 처리하지 않고 어느 쪽의 세력권으로도 인정하지 않은 지역들에서 분란은 훨씬 더 심한 대립으로 발전하였다. 신탁통치 지역으로 분류된 곳이 그랬는데, 이란과 터키에 대해 영향력을 행사하려 한 소련과 이를 막으려는 서구와의 갈등은 대립이 확산되는 출발점이기도 했다. 한반도 또한 그런 위치에 있었다. 얄타구상의 출발점에 있던 중국을 끌어들여 인도차이나를 탈식민화한다는 계획은 주변적 위치에 있던 프랑스가 냉전의 형성과 더불어 중심적 지위로 부상하면서 수정되게 된다.

얄타체제가 본격적으로 자리 잡으려면 신생 독립국에 대한 확실한 전 지구적 지원과 건설 계획이 마련되어야 했고 새로 설립된 유엔이 바로 그 중심에 있으며 안전보장이사회의 '안전' 개념이 이 차원으로 확장되어야 했다. 그러나 브레튼우즈 체제는 전 지구적 발전 계획 대신 미국이 주도하는 국제경제 질서의 구상으로 변환되었고 얄타구상에 따라 처음에 이 브레튼우즈 체제에 초청받았던 소련은 현실적으로 배제되었다. 얄타구상이 탈식민 세계의 민족국가 공동체로서 세계의 통합을 기획했기 때문에 '제3세계' 또는 비동맹 세력의 등장은 필연적이었는데, 회고적으로 보자면 이에 대해 다음 세 가지 구상 중 어느 것이 적절한지 확실하지 않았다. 이 '제3세계'에 대한 유엔 차원의 지원계획을 수립하는 길이 타당한지, 이 '제3세계' 자체가 새로운 공동체를 구성해 목소리를 내며 스스로 발전의 길(비자본주의적 발전의 길을 포함해)을 모색하는 것이 적절한지, 그도 아니라면 브레튼우즈 체제를 변형한 미국의 구상에 따라 '미국화'의 길을 걷기로 결정한 대상에 대해서만 '내부적 개입'을 전제로 해서 지원하며 소련도 같은 구상을 자기 진영의 새로운 세력권에 대해 '소련화' 같은 방식으로 수행하는 것이 적절한지 말이다.

냉전으로 대립하는 세계는 후발 제3세계가 급속한 경제성장을 추진하기에 현실적으로 더 유리한 조건을 제공해주기는 했다.[101] 체제의 선택이 협상의 조건이 될 수 있었기 때문이었는데, 자기 노선을 따르는 국가를 지원하고자 하면 미국 의회나 소련공산당의 이견 세력들의 동의를 얻어낼 수 있었기 때문이었다. 신생 독립국가와 비동맹 같은 새로운 주자들이 등장하고 이들이 미소 대립의 중간에서 새로운 변수가 되자, 냉전의 대립은 미국과 소련 양대 축 중심으로 진행되지만 이들에 의해서만 또는 어느 일방의 의지대로만 주도되기는 어려웠다. 미국은 '서방'에 대해서도 일관된 영향력 행사를 위한 협조의 틀을 만들었어야 했는데 비공식적-준공식적인 이 도구들로 '대서양 공동지배'를 유지할 수 있었다. 1954년부터 지금까지 계속되지만 가장 비밀스러운 빌더버그 회의Bilderbeg Meetings,[102] 1972~1973년 수립된 '삼자 위원회Trilateral Commission', 1973~1975년 수립된 유럽안보협력회의(기구)와 헬싱키 선언 등이 대표적인 것이었다.[103] 유엔안보협력회의에는 소련도 포함되었고, 소련은 서방 수준은 아니었지만 코민포름, 코메콘, 바르샤바 조약기구 등 다양한 대응 기구를 만들어보려 했다.

후발 국가들을 포섭하기 위한 냉전의 발전주의라는 구도는 미국과 소련이 각기 자신의 세력권에 대한 비용지출을 지속할 수 있는 조건이 유지될 때만 가능한 것이었다. 미국의 경제적 위상이 하락하고 베트남전쟁에 따른 재정적 부담이 커지자 1969년 닉슨독트린이 나왔고, 미국은 직접 개입할 수 있는 범위를 축소하여 대리국가들의 육성에 나서게 되었다. 소련은 1970년대 유가 인상을 자국에 유리한 계기로 오해하고 미국의 힘이 약화한 공간을 밀고 들어갈 수 있다는 오판을 하였지만, 1980년대가 되면 이제는 소련경제 자체를 지탱하기 어려울 정도로 경제력에 문제가 있음을 알게 되었다. 또한 냉전적 구도에 따른 상호 경쟁적 지원은 속도전의 양상을 띠며 각자가 원하는 체제 수립을 위한 '내부적 개입'을 상시화하고 그 결과는 폭력적인 방식으로 나타났다. 라틴아메리카를 대상으로 한 '추악한 전쟁'이나 '저강도 전쟁', 수카르노-수하르토 전환 과정에서 폭력적 학살이 진행된 인도네시아에 대한 지원뿐 아니라 폴란드, 헝가리에 대한 폭력적 개입 그리고 아프리카의 '우호세력'에 대한 군사적·물질적 지원 경쟁, 이란-이라크에 대한 상호 개입 등 다양한 형태를 띠면서, 탈냉전 이후 시기 폭발적으로 나타날 적대와 갈등의 씨앗을 심어두었다.

유엔 차원의 전 지구적 발전계획 수립이 불가능했고 미국과 소련을 모델 삼아 그것을 내부화하는 시도도 실패했다면, 얄타체제가 열어둔 가정적인 세 가지 길 중 남는 것은 제3세계가 주도해 아래로부터 대안적 공동체를 구성하는 길이었고 한동안 가능성이 있어 보이기도 했다. 1950년대 비동맹 운동의 전사前史가 있고, 이후 안데스 공동체 구상에서 출발해 1970년대 신국제경제질서NIEO로 이어졌다. 유엔 주도 글로벌 발전의 지원이 힘을 발휘하지 못하고 최종 대부자의 역할이나 세계정부적 규모의 재정정책이 불가능한 상황에서 지역 연합이 1970년대를 주도하는 듯 보였다. 그렇지만 이 후자의 길은 팽창하던 국제 금융시장의 대출력에 의존했고, 미국과 소련의 경제력 약화가 냉전의 진영적 발전주의를 종식시켰던 것처럼 국제금융시장의 방향전환은 이 제3세계의 시대를 쉽게 종식시킬 수도 있는 것이었다. 1979년 '볼커 대전환'이라는 신자유주의적 전환 및 국제 금리 인상과 이에 수반된 1980년대 대대적인 전 지구적 외채 위기의 물결은 이 '제3세계적 대안'의 길도 역사에서 지워내게 되었다. 이제 국제 금융시장에 선별적으로 포섭된 신자유주의적 위험성의 시대가 '단극적 질서'의 예방적·선제적 공격을 통한 무력에 의한 관리의 시대와 맞물리기 시작한 것이다. 이렇게 등장한 신자유주의 세계질서 아래에서는 코스모폴리탄적 자유주의 기획도 사회주의적 국제주의의 기획도 모두 붕괴해가면서 세계를 다시 1차 세계대전의 시기로 되돌리는 강한 회귀성이 나타나기 시작한다. 국내적으로뿐 아니라 세계질서의 차원에서도 사회주의적 도전이 무너진 세계에 자유주의 또한 '비자유주의'적 방향의 내파를 겪기 시작하는 것이다.

냉전 형성이 남긴 결과

얄타구상의 특이성 그리고 이것이 얄타체제로 변형되어 정착되어 가는 냉전 수립의 과정은 이후 역사적 궤적과 관련해 규명할 중요한 질문거리를 제기한다.

첫째, 얄타구상의 단일 세계주의가 현실에서 두 진영으로 분할되면서 소련은 봉쇄된 '일국사회주의' 모델로 불가피하게 퇴각하게 된다. 여기에 더해 자국의 전후 회복 역량도 부족한 상황에서 신생 사회주의 국가를 지원하고 사회주의 진영 내 위계적 질서를 수립해야 하는 과제에도 직면하게 된다. 소련은 이후에도 자원 부족 상태를 벗어나지 못했고 1970년대 유가 인상의 예외적 상황을 제외하면 독자적 세계질서의 중심으로 서기에는 힘이 부쳤다. 최대 산유국 중 하나였던 소련은 잠시 1970년대 이 유가 인상에 힘입어 코민테른을 부활시킬 수 있다는 환상에 빠진 적도 있었다. 1943년 해체되었던 코민테른의 이상을 되살리는 듯, 소련공산당 국제부는 세계혁명의 이상을 현실에 옮기려 시도하면서 냉전은 특히 아프리카와 아랍 지역을 중심으로 본격적 체제 대립의 '열전'으로 전환되었다.[104] 그러나 1980년대 유가가 하락하고 아프가니스탄의 수렁에 빠지면서 소련은 더는 국제적 영향력을 확대할 기회를 얻을 수 없었다.

둘째, 얄타에서의 합의에도 불구하고 독일 점령 문제에 대해 4개국의 최종 결론은 미뤄졌고, 오랜 기간 이 어정쩡하고 모호한 상태는 베를린을 공동 점령한 4개국을 얄타합의의 틀에 강제로 묶어두는 독특한 방식으로 작용했다. 1940년대 말 베를린 봉쇄부터 1960년대 베를린 장벽건설 위기, 1970년대 퍼싱2 미사일 배치까지 군사적 대치는 거듭되었지만, 언제나 '냉전적 방식'이나마 다채널의 상호 협상과 타협, 위협, 양보의 절차로 해결이 모색되었다. 미해결 상태인 베를린 공동점령이 그 다자적 협의틀을 강제했다.[105] 1989년과 뒤이은 독일 통일에 이르러서야 얄타회담이 남긴 냉전방식의 상호 얽힘은 해소되었다. 그러나 그 해소가 곧 새롭고 대등한 다자주의적 관계 맺음으로 발전한 것은 아니었다.

셋째, 스탈린은 끝까지 얄타구상의 취지를 깨지 않으려 노력했던 것으로 보인다. 독일 분할을 둘러싼 대립과 베를린 위기, 중국 공산당의 대륙 장악, 한국전쟁, 샌프란시스코 조약까지 미국과 소련의 대립은 때로는 격렬했지만 그 방식은 얄타구상의 틀 안에서 조절되었다. 그에 비해 스탈린 사후 흐르쇼프로부터 시작해 브레진스키까지 소련의 대외정책은 훨씬 더 진영적 대립의 성격을 띠었다. 아프리카를 둘러싼 군사적 대리전쟁의 격화로부터 1970년대 유럽을 향한 핵미사일을 동독에 전진 배치하는 사안까지[106] 1950년대 이후 냉전의 미소 대립 방식은 1940년대 말과 비교하면 꼭 같은 방식은 아니었다.

넷째, 냉전은 유럽에서의 대립으로 시작하였지만 중국 사회주의 정권 수립과 한국전쟁이 발발하면서 오히려 동아시아가 새로운 냉전의 공간으로 부각되었다. 그리고 이곳에서의 냉전은 유럽과는 달리 열전을 거친 이후 냉전으로 공고화되는 과정을 거쳤다. 유럽에서의 냉전이 베를린 공동점령의 장기 지속, 연합국들의 사안별 대응, 그리고 독일 전후처리에 대한 조약 체결의 장기 지연으로 이어졌다면, 동아시아의 냉전은 1951년 샌프란시스코 조약을 통한 일본의 전쟁 처리 종결과 1953년 한국전쟁 정전협정으로 훨씬 더 체계적으로 제도화되었다. 그리고 이 과정에서 중국이 항미원조의 주체이자 미국에 대한 '승전국'으로서 동아시아 지정학의 중심으로 섰고 이후 비동맹 세력의 등장에도 중요한 영향력을 끼치기 시작했다. 중국을 중심으로 사회주의 이념과 반미주의가 결합되는 중요한 계기가 탄생한 것인데, 이것이 동아시아 냉전의 전반적 틀을 형성했다.

다섯째, 냉전의 해체는 사회주의의 몰락과 맞물렸고 전 지구적 신자유주의화를 동반했다. 전 지구적인 신자유주의적 전환이 냉전의 해체 과정을 과잉 결정하면서 얄타체제가 가지고 있었던 강대국 중심주의의 한계는 해소되기보다 오히려 강화되었다. 발전주의의 궤도에서 탈락하는 많은 대국들은 통합된 세계경제 속 발전주의의 길이라는 얄타체제의 구도 대신, 얄타체제 형성 이전의 군사강대국 도전 방식으로 회귀하고 그에 대한 대응 방식 또한 군사적 대립을 강화하는 과거 회귀적 경향을 보이기 시작했다. 이 세계적 재편에 부응해 가장 큰 혜택을 받은 듯 보이면서 신자유주의를 내장하기 시작한 중국은 이 세계의 최대 적응자로 부상하여 최종적으로는 이 세계질서에 대한 최대 도전자로 전환되기 시작했다.

5

얄타의 단일 세계주의가
남긴 질문

루스벨트 주도의 '단일 세계주의' 구상에 대해서는 보는 입장에 따라 매우 상이한 평가가 내려질 수 있다. 냉전이 정점에 이른 시기였다면, 한편에서는 거대한 세계자본주의의 포섭 전략에 사회주의가 속절없이 '개량화'되어 자본주의에 동화되었다고 비판했을지도 모르고 다른 한편에서는 '순진한 이상주의'에 빠진 루스벨트가 스탈린에게 철저히 이용당해 그가 요구하는 대로 양보했다고 비판했을지도 모른다. 실제 미국에서는 얄타회담을 '순진한' 루스벨트가 '사악한' 스탈린에게 이용당한 것으로 몰고 가려는 냉전적 해석이 한동안 지속되었다. 얄타회담 참석자 앨저 히스Alger Hiss가 얄타에서 미국의 이익을 팔아넘긴 간첩으로 지목되었고 이는 매카시즘 광풍의 중요한 출발점이었다.[107]

하나의 세계라는 첫 구상의 함의

그렇지만 한 가지 분명한 것은 얄타회담의 단일 세계주의 구상은 두 진영으로 나뉜 냉전의 세계와는 근본적으로 상이한 특징을 가지고 있었다는 점이다. 스탈린의 소련 사회주의는 얄타로 가는 과정에서 그 이후와 달리 자본주의 세계와 분리된 독자적 세계를 구성하겠다는 분명한 의도를 갖지 않았다. 코민테른 시기를 보더라도 각종 선전에서 표명된 입장과 소련의 현실 국제정치의 입장은 상이했으며 소련은 오히려 새로운 국가간체계의 일익을 담당해 강대국으로 인정받고자 하고 있었다. '일국사회주의' 구상은 이 시기에는 제기되고 있지 않았다.

1941~1945년 시기에 루스벨트와 스탈린뿐 아니라 처칠까지 포함해 이 '삼각동맹' 누구도 냉전을 예상하지 않았으며, 독일과 일본 패전 후 공동 협력을 염두에 두고 있었다.[108] 얄타회담에서 스탈린은 루스벨트와 처칠에게 "우리가 살아 있는 한 두려울 것은 없습니다. 위험한 불협화음이 발생하도록 두고 보지는 않을 테니까요"라고 말했다고 전해진다.[109]

루스벨트 사후의 결정적 변화는 한편에 현실 공산주의 체제들이 별도의 세계를 구성하고 다른 한편에서 자본주의 세계가 이와는 별개로 작동하는 세계를 만들어 가는 두 진영의 외적 대립이 형성된 것이다. '얄타구상'으로부터 '얄타체제'로의 전환의 핵심에 이 변화가 있었다. 그렇다 보니 국가적 실체로서 현실 공산주의가 따로 존재하고 다른 한편에서 현실 공산주의와 무관하게 자본주의 세계 내 개혁 세력으로 '사회민주주의'가 따로 자리 잡고 서로 적대적이 되었다. 유럽 지정학에 익숙한 '세력권'이라는 사고가 이런 분할을 정당화시켜주기도 했다.

단일 세계주의 구상과 여기에 힘을 보탠 소련의 시도는 19세기 자유주의 한계를 넘어서기 위한 동상이몽일 수 있었다. 얄타회담 시기의 최초 구상은 이 개편된 20세기 자유주의 질서의 한계를 다시 짚어내고 그에 대해 도전하는 과제를 찾아 나가면서 사회주의가 자본주의 내에서의 '대립물의 통일'로 존재할 수 있는지를 묻고 시도해본 것이었다. 반대로 냉전의 공고화 이후 체제로서의 자본주의와 사회주의는 별도의 이질적인 지향으로 공간적으로도 분리되어 사회주의는 자본주의 세계 또는 20세기적으로 전환한 자유주의 제도들과 교류—논쟁점을 상실하였다. 현실 공산주의 체제는 더는 자유주의 제도 개편과 무관하게 그 외부에 존재하게 되어 자유주의 제도를 외부로부터 비난하는 입장에 서게 되었으며, 그 영향이 역내에 들어오지 않도록 문호를 닫는 노력을 반복하게 된다. 반대로 자본주의 내에서 20세기적 자유주의의 한계를 넘어서고자 하는 시도는 사민주의라는 이름의 세력에게 맡겨지는데 이 세력들은 그 진영 외부의 현실 공산주의 세계와 '단절'하며 '반공'이라는 지향과 함께 그 개혁 작업을 한계 속에서 수행할 수 있을 뿐이었다.[110]

물론 냉전의 공고화 이후 세계 도처에서 다양한 사회주의적 도전이 '혁명'의 이름으로 전개되었다. 그렇지만 러시아혁명과 이후 소련의 건설과정이 루스벨트의 단일 세계주의에 걸맞은 국가간체계의 자유주의 질서에 대한 체계적 대안으로서 새로운 국제주의를 구상하고 수립을 진척시켰는지, 그에 걸맞은 사회주의 국가들의 네트워크를 형성했는지는 의문이다. 20세기 여러 사회주의 건설의 시도를 얄타구상과 떼어내 설명하기 어려운 것은 이 때문이다. 소련 바깥의 혁명들도 마찬가지인데 중국혁명은 단일 세계주의 시기 스탈린이 그랬던 만큼이나 루스벨트 주도의 단일 세계주의 구상에 올라탔기 때문에 성공할 수 있었고, 한국전쟁의 예외기를 제외하면 냉전 지정학의 사각지대에서 충돌을 피해 생존을 모색해갈 수 있었다. 쿠바혁명은 미국과 소련의 대립이라는 냉전의 지정학을 적절하게 활용함으로써 생존할 수 있었고 쿠바혁명의 국제주의는 1970년대 유가 인상에 힘입어 영향력을 확장하려는 소련의 의도와 맞물려 '혁명의 수출'이라는 이름으로 아프리카 각종 내전에 군사적 파견을 통해 개입하는 방식을 취할 수 있었을 따름이다.[111] 북한은 소련과 중국의 지원에 기대어 출발했지만, 중소분쟁 이후에는 소련과 중국 사이의 줄타기에 의존하여 체제를 유지했고 이후도 사회주의 내의 분열 사이에서 국제적 생존의 공간을 마련하고자 했다.[112]

러시아혁명 자체가 자본주의 세계 내에서의 균열점이고 그 세계 내에서의 혁명이었음을 고려한다면 과연 그 자본주의 세계로부터 '강제로' 분리되어 나온 사회주의 진영이 현존 자본주의 세계로부터 '배제'된 채 그에 대한 도전과 지양에 성공할 수 있을까는 의문이고, 따라서 이후 도전은 계속해서 '전쟁'과 점령의 이미지를 반복하지 않을 수 없었다. 이미 독소전쟁 발발 직전 소련 국내적으로보더라도 1930년대 후반 대숙청으로 70만 명 가까이 희생된 소련 사회 내의 사회주의적 동력이 급격하게 하락했던 경험도 있었다.[113] 1948~1949년 이후 일련의 협상에서 실패하면서 대외적 조건이 열악해진 소련은 강제로 10여 년 전의 대숙청 시기의 사회 분위기로 회귀하지만 출로를 찾기는 어려웠다.

자유세계주의의 한계 또한 마찬가지였는데, 현존 공산주의를 그 외부로 배척함으로써 훨씬 통치하기 수월해진 자유주의 진영 내에서 도전세력에 대한 헤게모니적 포섭과 강제적 진압의 전략은 훨씬 잘 추진되는 듯했다. 그러나 이 '자유세계주의'는 실제로 미국의 우위에 절대적으로 의존하는 세계질서를 만들어냈고, 세계를 순차적으로 '미국화'시켰다. 짧은 황금기 이후 미국의 우위가 사라지는 1960년대 말 이후 심각한 내적 한계에 봉착하면서 해결책으로 '글로벌 뉴딜' 방식의 체제의 내적 전환보다는 신자유주의적 방식의 체제 수호를 선택하는 것이 수월했다. 많은 도전이 순차적으로 진압되어갔고 마침내 신자유주의가 지배하게 되었다. 그러나 '두 세계' 모두에서 성공보다 '실패'의 위기가 커지고, 그 모순의 폭발점으로서 우크라이나 위기는 '우리가 당연히 여겨온 얄타체제의 세계질서가 지속 가능한지'에 대한 심각한 질문을 제기하고 있다. 현상황은 19세기 자유주의가 증폭시킨 위기를 극복한 20세기 자유주의 헤게모니 아래에 사회주의 세계의 협조를 동반해 수립된 질서가 과연 무엇이었는지에 대해 근본적 재검토를 요구하는 상황이라고 할 수 있다. 한국도 예외는 아니어서, 전 지구적인 질문뿐 아니라 한국 정치 상황과 현대사에 대해서도 마찬가지로 역사적 시각속에서 문제를 다루어야 할 필요성은 커지고 있다.[114]

이제 얄타체제가 해체되는 과정에서 중요한 도전자로 부상한 중국과 그 지향점이 무엇인지를 이해하려면, 이 긴 과정에서 중국이 어떤 위상으로 등장했는지를 살펴보는 것이 필요하다. 중국은 얄타 이후 오랜 시간 계속해서 중심적 변동의 요인이었는데, 그 위상은 일관된 것이 아니고 얄타체제의 취약함이 노정되는 순간마다 그 취약함을 작동시키거나 취약함의 혜택을 받는 참여자의 위상으로 나타나게 되었다. 처음에 중국은 얄타구상의 일부였고, 얄타체제의 틀 내에서 중국혁명을 수행할 수 있었지만, 얄타체제가 균열하는 데 중요한 계기가 된 한국전쟁이라는 무대의 중심 요인으로 등장했고, 뒤이어서는 비동맹 '제3세계'의 주력으로 나타났으며, 동시에 냉전 진영 대립의 주요 국가이기도 했다. 그렇지만 닉슨독트린 이후는 미소 양강 대립의 구도를 변형시키는 국가이기도 했고, 신자유주의 세계화의 주요한 수혜자인 듯 보이기도 했다. 그리고 지금은 얄타체제 해체를 주동하는 핵심 요인으로 부상하고 있기도 하다.

그렇기에 얄타구상이 변형된 얄타체제로 나아가는 데 있어 중국혁명의 등장과 중국이 수행한 역할의 중요성을 배제할 수 없다. 다음 4장에서는 얄타체제 수립과 긴밀하게 맞물린 중국혁명을 살펴보고, 이후 냉전의 진영 대립이 형성되는 과정에서 중국이 주변적 지위에서 세계질서의 중심으로 부상하고 기존 질서와 충돌하는 모습을 확인할 것이다.

4장
얄타체제와
중국의
'중간지대의 혁명'

1

동아시아 냉전 형성과
중국의 '중간지대의 혁명'

앞서 우리는 러시아의 우크라이나 침공이 얄타체제가 해체되는 과정의 일환이며, 이 지정학적 변화가 동아시아에서는 중국의 변화와 맞물려 고조되고 있는 위기와 연결될 수 있음을 보았다. 시진핑 체제의 형성 이후 진행되고 있는 대만에 대한 군사적 위협이 그것이다. 그런데 이렇게만 이야기하는 정도로는 중국의 부상을 '투키디데스 함정' 같은 반복되는 강대국의 갈등 구도로 이해하는 '현실주의' 입장에서 크게 벗어나기 어려울 수 있다. 그래서 4장에서는 얄타체제 형성과 관련 중국혁명의 독특한 위상을 좀 더 다루어보려 한다. 중국혁명은 얄타체제의 가장 큰 수혜자인 동시에 얄타체제 균열에 중요한 영향을 끼쳤기도 하다. 개혁개방 시기 세계질서의 일부로 성장해온 중국이 왜 이제는 세계질서와 충돌하게 되었는지 이해하기 위해서도 이 역사적 배경을 검토하는 작업이 중요하다. 혁명 시기부터 현재 시진핑 신시대까지 중국은 세계질서에 올라타려는 측면과 세계질서를 거스르는 측면을 동시에 드러냈다. 이 두 측면을 어떻게 함께 이해하는가가 중요한 쟁점이 된다.

얄타구상과 중국

　앞서도 지적했듯이 루스벨트의 전후 구상은 처음부터 중국을 포함하고 있었다. 네 경찰국이라는 발상이나 중국에게 결정 사항을 설명하기로 한 얄타협정문의 항목 등이 이를 잘 보여준다. 중국을 중시한 이런 태도는 1차 세계대전 시기 미국이나 서구의 입장과는 근본적으로 다르다고 할 수 있는데, 세계질서의 재편에 비서구 국가를 중요한 주체로 끌어안고자 했기 때문이다. 그런데 당시 중국이라고 하면 국민당의 중국이지 공산당의 중국이 아니었고, 다만 중국공산당을 합법화하고 연립정부의 주요 파트너로 인정한다는 정도까지만 합의가 있었다. 스탈린도 여기에 동의하는 입장이었다. 얄타회담 시점까지도 스탈린은 중국에서 공산당의 단독 집권이나 이를 통한 일국사회주의 수립이 가능하다고 보지 않았다.

　중국을 전후 주요 책임자로 포함하려는 루스벨트의 구상은 아시아 지역에서 중국의 힘을 강화해 일본을 견제하는 동시에 아시아의 식민세력을 견제하고자 하는 의도를 담고 있었다. 인도차이나 탈식민화 문제에서 프랑스를 압박하고 아시아에서 영국의 영향력을 제어하는 문제 등이 중요해질 것이었고 여기서 중국이 새로운 역할을 맡아야 했다.

　그러나 얄타구상은 유럽에서와 마찬가지로 동아시아에서도

균열이 진행되는데, 중국이 바로 그 출발점이었다. 첫 번째는 중국 내전과 국민당의 퇴각에 뒤이은 중화인민공화국 수립이었고, 두 번째는 한국전쟁과 항미원조 이데올로기의 등장이었다.

얄타'구상'이 '냉전체제'로 귀결된 결정적 계기는 한국전쟁이다. 한국전쟁은 중국혁명 때문에 얄타구상이 원래 궤도에서 이탈하며 전개된 결과라고 할 수 있다. 동아시아 냉전의 잠정적 해결은 2차 세계대전 승전국 49개 나라가 참가해 대일본 전쟁을 종결한 샌프란시스코 강화조약(1951년 9월 8일)과 한국전쟁을 종결한 정전협정(1953년 7월 27일)이었다. 샌프란시스코 강화조약에는 중국과 남북한 모두 참가하지 않았고, 소련은 참가는 했으나 서명하지 않고 이후 별도로 일본과 조약을 체결하였다. 한국전쟁 정전협정에는 소련이 참가하지 않고 중국과 북한이 참가한 반면, 정전협정 당사자가 아닌 남한은 빠지고 연합국이 협정에 조인했다. 이 두 개의 조약-협정에 바탕해 동아시아 냉전 구도인 '샌프란시스코 체제'가 작동하게 된다. 앞서 살펴보았듯이 정작 유럽에서의 냉전은 독일 문제를 둘러싼 이견과 대립 때문에 샌프란시스코 조약과 같은 종지부를 찍지 못했고, 그 최종 해결은 1991년 통일 독일 이후의 일로 미루어졌다.

그렇다면 몇 가지 중요한 질문이 제기된다. 중국혁명은 어떻게 얄타구도 속에서 진행되었는가, 중국혁명이 얄타구상에서 벗어나는 경로는 무엇인가, 한국전쟁 발발은 동아시아에서 얄타구상에 어떤 변화를 초래하고 냉전 수립에 어떤 영향을 남겼는가, 항미원조 이데올로기와 얄타체제의 관계는 무엇인가 등이다.

동아시아에서 전개된 일들을 검토해보면 언뜻 두 중요한 전환점에서 소련이 마치 얄타합의를 폐기하고 본격적으로 진영 대립으로 나아간 것처럼 보일 수도 있다. 그런데 조금 더 자세히 살펴보면 훨씬 복잡한 맥락이 숨어 있다. 소련은 의도적으로 미국과 직접적 대립을 회피했다. 중국과 북한의 사회주의 정권 수립과 이들에 대한 소련의 관계는 동유럽에서와 같은 방식으로 전개되지 않았다. 그리고 동아시아에는 독일 점령 같은 연합국 4개국 체제와 달리 중간 매개고리가 없었기 때문에 냉전 세력 사이에 쉽게 대립 구도가 형성될 수도 있었다.

소련은 얄타협정문에 나와 있듯이 전후 처리 파트너를 국민당으로 여기고 있었다. 중국공산당이 전 대륙의 권력을 차지하는 것을 지지하지도 않았고, 이 입장은 1949년 중국공산당이 양자강을 도강해 난징을 점령할 때까지도 지속되었다.[1] 그 후 소련은 중국공산당의 새로운 권력을 인정하고 양국 관계를 어떻게 수립할지 고민하기 시작했다. 1949년 말까지 소련과 중국 모두 북한의 전쟁 계획을 미리 알고 있었지만 이에 대해 일관되게 부정적 입장이었다는 점도 중요하다.[2] 미국은 한국전쟁에 소련군(소련 공군)이 참여했음을 알고 있었음에도 이를 비밀에 부쳤고, 소련과 미국 사이에서는 정전 논의를 위해 막후 접촉이 이루어졌고 직접 접촉이 어려운 경우는 제3국을 경유하기도 했다.[3] 이처럼 중국공산당의 건국 그리고 뒤이은 한국전쟁에 대한 소련의 태도는 얄타협정의 폐기가 아니었으며, 얄타협정의 큰 틀 아래에서 지역적 관여의 새로운 방식, 즉 동아시아 지역에서 '세력권' 논리의 확대였다고 할 수 있다. 그리고 중국은 이 독특하게 변형된 얄타체제 구도 속에서 건국과 '항미원조'를 거치며 지정학적 위상도 높이게 된다.

중국혁명이 얄타구상과 어떤 관련이 있는지, 그리고 얄타구상에서 얄타체제로 바뀌는 데에 중국 변수가 어떤 작용을 했는지, 그리고 이 변형이 반대로 중국 사회에 어떤 영향을 끼쳤는지를 잘 이해해야 한다. 그래야 지금의 중국이 '중화민족의 위대한 부흥'과 '당의 전면 영도'를 내걸면서 왜 대만 문제를 통해 동아시아 지정학적 위기를 만들어내고 있는지도 이해할 수 있을 것이다.

중국혁명사에 대한 재해석

중국혁명과 얄타체제의 관계에 대한 실마리를 우리는 중국 현대사 '다시 쓰기' 작업에서 찾아볼 수 있다. 중국에서 다양한 역사 다시 쓰기가 추진되고 있지만,[4] 현대사와 관련해서는 후진타오 시기에 현대사 연구를 주도한 대표적 두 인물인 양쿠이쑹楊奎松과 선즈화沈志華의 해석이 중요하다. 두 사람은 중국혁명사를 국제관계사의 시각에서 재접근한다. 양쿠이쑹의 작업이 주로 건국 전까지의 역사를 중소 관계사의 관점에서 접근한다면, 선즈화는 그 이후 사회주의 시기의 국제관계사에 집중하는 차이가 있다.

이런 새로운 접근법의 함의를 명확히 하기 위해 먼저 중국혁명사의 '표준적 해석'을 살펴보는 것이 좋겠다. 표준적 해석에 따르자면, 중국 근대는 한편에서 향신 지주의 봉건적 억압에 시달리고 다른 한편에서 제국주의에 의한 중국 '분할瓜分'의 고통을 겪었다. 1911년 신해혁명은 부르주아 계급이 봉건계급과 타협하고 제국주의의 매판세력으로 전환하는 계기가 되었다. 이는 1924년 1차 국공합작에 대한 국민당의 배신과 반동화로 귀결되었고, 중국공산당은 도시 중심 봉기전략을 포기하고 농촌에 근거지를 마련해 도시를 포위하는 전략으로 돌아섰다. 국공합작도 종식되었다. 중국공산당은 토지개혁을 내세워 광범한 농민의 신뢰를 획득했고 또한 일본 제국주의 침략에 타협적인 국민당을 비판하고 견인해 항일 투쟁을 선도하며 인민의 지지를 얻어냈다. 반동적인 국민당 정부는 항일전쟁 과정에서 공산당이 제시한 연합정부안을 거부하고 일본 패전 후에도 평화를 거부하며 공산당 세력을 토벌하고자 내전을 전개했지만, 인민 대중의 지지에 힘입은 공산당이 국민당을 제압해 1949년 신중국 정부를 수립하고 국민당은 대만으로 쫓겨갔다. 전쟁의 폐허를 수습하고자 나선 중국공산당은 3년간의 회복기 이후 인민의 힘을 모아 사회주의 건설에 나섰다.[5] 이런 서사에서 소련과 스탈린은 방해 세력, 장제스 국민당 정부는 매판 부패 세력, 미국은 새롭게 부상하여 중국을 억압하는 제국주의 세력으로 그려진다.

그런데 후진타오 시기 중국 근현대 통사 집필을 주도한 양쿼이쑹은 이런 표준적 서사에 대립하는 '수정주의적'이라고 할 만한 해석을 내놓았다. 중국혁명이 중국 내부 모순의 결과가 아니고 중국공산당의 역량이 국민당을 압도해 거둔 성과도 아닌 '중간지대의 혁명'이었다는 것이다.

> 중국혁명과 세계의 관계는 점점 더 긴밀해져서, 중국공산당이 생각하는 **중국혁명** 과정은 중국 사회 내부 모순 발전 정도에 따라 결정되는 것도 아니고 또 국민당과 공산당 양당 역량 대비의 강약에 따라 결정되는 것도 아니었다. 오히려 이는 국제정치 환경에 따라, 특히 소련과 미국의 태도에 따라 결정되는 것이었다.(강조는 필

자)[6]

양쿼이쏭은 중국혁명의 성공은 '소련과 미국의 태도에 따라 결정'되었다고 말하는데, 이것이 양쿼이쏭이 강조한 '중간지대의 혁명'으로서 중국혁명의 특징이다. 소련과 미국의 태도란 바로 얄타회담에서의 합의를 가리키고 이후의 갈등 속에서도 유지된 관계를 말한다. 중국은 바로 이 중간지대, 소련과 미국 사이의 공간을 파고들면서 불가능해 보이던 혁명의 출구를 찾아냈다는 것이다. 이 해석은 단순한 '외인론'은 아니고 국제정세의 흐름에 올라타기를 중시한 입장, 또는 혁명의 '정세적 해석'이라 할 수 있을 것이다.

내적 요인이 반드시 적절한 외적 요인과 결합해야 비로소 작동하였고, 적절한 외적 요인과 분리되면 훌륭하고 유리한 내적 요인도 이상적 결과를 만들어낼 수 없었다. (…) 외부 국제 대환경과 소련의 작용과 떨어져서 단순히 국민당 자신과 마오쩌둥의 영명한 결단력에서 원인을 찾는다면 많은 상황에서 해석이 불가능해진다. 예를 들어, 만일 중국 인근에 소련이 아니라 미국이 있었다면, 만일 1937년 일본이 중국 전면 침공을 선택하지 않았다면, 만일 코민테른이 마오쩌둥을 지도자로 선택하지 않았다면, 만일 항일전쟁 중 모스크바가 공산당을 신뢰하고 국민당과 반목하는 동시에 두 적에 대해 작전을 전개했다면, 만일 전후 소련이 동북에 출병하지 않았거나 소련과 미국 간에 적대적 냉전이 전개되지 않고 전처럼 긴밀한 합작이 이루어져 소련이 유럽에서처럼 프랑스 공산당이나 이탈리아 공산당과 그리스 공산당에 대해서와 마찬가지로 공산당이 정권을 장악하는 투쟁을 지지하지 않았거나 심지어 공산당이 동북에 진입하는 것을 허락하지 않았다면 (…) 마오쩌둥이 아무리 기민하게 지혜를 발휘했다 하더라도 절대 1949년 성공을 실현할 수는 없었을 것이다.(강조는 필자)[7]

국제정세에 올라타서 혁명이 성공했다고 주장하는 것은 만일 그런 국제정세가 없었으면 중국혁명과 유사한 혁명은 불가능했을 것이라는 말이다.[8] 그리고 '계획'에 없던 이 혁명이 성공했다면 이제 그것을 낳은 국제정세는 그대로 유지되는가? 이제 우리는 앞서 설명한 얄타체제의 맥락에서 중국혁명을 재검토해야 하는 이유를 알 수 있다. 중국혁명이 '얄타구상'에 반하는 혁명이 아니라 그 구상 때문에 가능해진 혁명이기 때문이다.

스탈린의 전쟁으로서 한국전쟁

이 '중간지대의 혁명'의 길이 마련되는 과정은 뒤에서 자세히 검토하고, 이번에는 중국공산당의 한국전쟁 참전 과정에 대한 션즈화의 새로운 해석을 살펴보자. 중국혁명의 성공은 한국전쟁이 발발하는 중요한 배경이 된다. 이에 대한 전통적 해석은 러시아-중국-북한으로 이어지는 '혁명의 도미노 영향' 같은 것이었다. 한국전쟁의 원인에 대해서는 사회주의 진영 세 나라(소·중·북)의 사전 모의에 의한 결과인지 아니면 국지적 분쟁이 확대된 내전으로 보아야 하는지를 두고 오래된 대립이 있었고, 이런 입장을 비판하는 분석 또한 많이 제기되었다. 션즈화는 소련-중국-미국에서 최근 비밀

해제된 핵심 문서를 바탕으로 기존의 분석을 비판하고 다소 주관적인 판단을 포함시켜 '국제적 요인'을 강조하는 다음과 같은 신해석을 제기한다.

이 전쟁은 김일성의 전쟁이라기보다는 스탈린의 전쟁이라고 부르는 것이 더 정확하다. (…) 첫째, 스탈린이 조선반도에 대한 정책을 바꾼 시기는 1950년 1월이다. 둘째, 스탈린이 김일성이 행동을 취하는 데 동의한 것은 소련 자신의 필요에 따른 것이다. (…) 중소동맹조약의 체결로 소련은 태평양으로 통하는 유일한 해로海路와 부동항을 상실〔조약의 결과 소련은 뤼순과 다롄을 반환해야 했다〕하였으며, 그 결과 소련은 아시아에서 전략 거점을 잃는 큰 손실을 보았다. 스탈린이 김일성에게 남한 공격에 대해 동의한 것은, 이 군사행동을 통하여 동북아시아에서 소련의 전통적인 전략 근거지(부동항)를 보장 혹은 건설코자 하였기 때문이었다. 〔소련은 블라디보스토크를 가지고 있었지만, 불완전한 부동항인 데다 거리도 멀고 태평양으로의 진출이 일본에 봉쇄되기도 쉬웠다.〕 (…) 하지만 스탈린이 동북아시아 지역에서 소련의 전략적 이익이 곧 소실될 것 같다고 느끼기 시작할 때, 조선반도의 전략목표에 대한 통제 문제〔조선반도의 전략적 중요성을 어떻게 평가하고 통제할 것인가의 문제〕가 스탈린의 의사 일정에 올랐다. (…) 대외 정책에서 세력 '범위'를 교환하는 방법은 러시아 역사에서 매우 고전적 수법이라는 것이다. (…) 스탈린이 중시한 것은 전쟁의 발발 그 자체이지 전쟁의 결과가 아니었다. 승패에 상관없이 소련은 〔뤼순과 북한의 항구를 확보해〕 태평양으로 통하는 출구와 부동항을 확보할 수 있었기 때문이다. 미국 학자 토머스 크리스텐슨Thomas Christensen은 (…) 비교적 설득력이 있다. "스탈린이 모택동을 티토주의자 혹은 아시아의 레닌이 될 수도 있다고 의심하였기 때문에, 동아시아 공산주의운동의 방향을 바꾸는 김일성의 노력이 가능하였다."[9]

션즈화는 여기서 중요한 몇 가지 쟁점을 제기하는데, 첫째 한국전쟁이 소련·중국·북한의 오랜 공모의 결과가 아니라 1950년 1월 이후 소련의 달라진 대응의 결과였다는 점, 둘째 한국전쟁을 보는 소련의 시각은 얄타회담에서 승인된 내용인 러일전쟁 때 잃은 이권 회복의 연장선에서 보아야 하며 이 전쟁의 발발에 소련의 이해관계가 매우 중요했다는 점, 셋째 소련의 유럽 정책과 맞물려 작동하는 동방에서의 새로운 세력권 형성이 문제가 되기 시작했고 중국과 북한을 놓고 더 강력한 영향을 끼칠 수 있는 세력 '범위'를 교환하는 방식을 고민하게 되었다는 점, 넷째 마오쩌둥에 대한 스탈린의 불신이 북·중·소 사이의 복잡한 역학관계와 균열로 이어지면서 한국전쟁이라는 결과를 낳았다는 점 등이다.

다시 정리해서 말하자면, 스탈린은 얄타 합의의 취지를 손상시키지 않으면서도 서와 동 양쪽에서 세력권을 확장하려 했다. 유럽에서 폴란드와 독일 문제 처리에 불리한 위치에 놓이면서 동쪽에서의 세력권 문제가 중요해지기 시작했다. 국민당과 우호적 관계를 유지하면서 만주를 미국-일본에 대한 완충지대로 만들려던 계획이 무산되고 의도와 다르게 중국공산당이 집권에 성공하자 중국공산당을 감안한 새로운 세력권과 냉전의 진영 구도를 구상하게 되었다. 그럼에도 1950년 1월까지는 얄타구상 유지에 더 무게를 두었고 한반도에서의 분란의 소지를 억제하고자 하였다. 그러나 그 직후 중국에 대한 우려와 불신, 북한을 새로운 세력권 구도에 포괄할 가능성, 미국의 대응에 대한 과소평가 등이 결합되어 북한을 집중 지원하는 방향으로 전환이 이루어졌다.

한국전쟁에 대한 션즈화의 해석은 앞서 살핀 중간지대의 혁명이라는 양쿠이쑹 해석의 시기적 후속편임을 확인할 수 있다. 미국과 소련 사이의 중간지대에서 혁명을 성공시킨 중국이 이후 다시 미국과 소련의 중간지대 사이에서 어떻게 한국전쟁이라는 돌파구를 찾게 되었는지가 논의의 요점이 된다. 후에 마오쩌둥은 스탈린이 자신을 아시아의 티토로 여겼다고 자주 언급했다는데, 이는 마오쩌둥이 스탈린의 의도를 잘 파악하고 있었음을 보여준다.[10]

왜 이런 '수정주의적' 해석이 가능한지 알기 위해 우리는 먼저 중화인민공화국 건립 시점인 1949년 10월 1일로 돌아가 상황을 객관적으로 볼 필요가 있다. 잘 알려지지 않은 사실은 10월 1일 천안문 광장에서 열린 건국 행사가 오전이 아니라 오후 3시에 개최되었다는 점이다. 상식적으로 오전에 개최되어야 할 행사가 오후 3시에 개최된 가장 중요한 이유는 당시 내전이 종식되지 않아 베이징이 국민당 공군의 폭격에서 안전하지 않았고, 실제 상하이는 수시로 국민당 공군의 폭격을 받았기 때문이다. 국민당 점령 지역에서 이륙한 폭격기가 베이징을 폭격하고 다시 귀환하기까지 왕복 네 시간 정도 필요하고 국민당 공군이 야간 공습 능력이 없어 폭격이 불가능하다고 잡은 시간이 오후 3시였다.

즉 건국 선언을 한 10월 1일 시점에 '해방전쟁'은 종료되지 않았다. 국민당 주력은 대만으로 철수했지만 양광兩廣(광둥성과 광시성)

지역에서는 격렬한 전투가 계속되고 있었으며 공산당의 신정권은 제공권을 전혀 장악하지 못한 채 수시로 국민당 공군의 폭격을 받는 상황이었다. 제공권 장악을 위해 소련의 지원을 얻고자 하는 목적이 마오쩌둥의 모스크바 방문(1949년 11월~1950년 1월)과 중소우호동맹상호원조조약 체결 그리고 이듬해 한국전쟁 참전의 중요한 배경이 된다. 중국공산당이 대륙에서의 국민당의 저항을 종식시키고 도서 지역에 대한 본격적 점령에 나선 것은 1956~1958년경이 되어서이다. 한국전쟁 시기에도 중국 내전은 지속되고 있었다.

이런 상황을 고려해본다면 마오쩌둥의 신중국에서 새로운 전환의 출발점을 1949년 10월 1일 건국으로 잡기보다 오히려 '항미원조抗美援朝(미국에 대항해 조선을 지원한다)'인 한국전쟁 참전과 정전협정 체결 시기로 보는 것이 더 타당할 수도 있다. 중국이 동유럽 국가들처럼 소련의 '위성국가'가 아니라 소련과 거의 대등한 위치로 올라서면서도 '티토'의 유고처럼 소련으로부터 배척당하는 위치로 밀려나지도 않았고, 그러면서도 루스벨트의 '네 경찰국' 첫 구상에 가까운 지위로 올라서는 계기로서 항미원조는 중국 현대사에서 매우 중요한 전환점이었던 것이다. 그래서 바로 이 항미원조가 지금 와서 '중화민족의 굴기'로 나아가는 새로운 역사 서사의 출발점으로 부각되는 것이다.

신해혁명 전후 중국의 반제국주의 대상은 영국이었고, 1차 세계대전과 일본의 '21개조 요구'(1915년 일본이 중국에 강압적으로 요구한 것으로 5·4운동의 도화선이 된다) 및 1919년 5.4 운동을 계기로 그 대상이 일본으로 전환되었다면, 항미원조를 계기로 싸워야 할 제국주의는 미국으로 바뀌었고 사회주의 담론의 핵심에 '반미주의'라는 독특한 정서가 부상한다. 항미원조 직전까지 미국에 우호적인 중국 대중이 많았던 상황을 고려하면 갑자기 반미 이데올로기가 정착하는 과정은 순탄치 않았다. 이 전환은 한편에서 "일제에 대한 기억을 미국에 투사"시키는 방식으로, 다른 한편에서는 항미원조를 사회주의 건설로 나아가는 여러 가지 정책을 대중동원과 결합함으로써 가능해졌다.[11]

동아시아에서 얄타체제 형성 과정을 냉전의 맥락에서 이해하고 거기서 핵심적으로 '중간지대 혁명'으로서 중국을 자리매김하려 할 때, 우선 중간지대 혁명에 이르는 중국 혁명사와 세계의 변동이 맞물리는 과정을 검토해보는 것이 중요하다. 이 시기 동아시아에서는 몇 개의 역사적 흐름이 하나로 결합되어 독특한 정세를 형성하고 그것이 이른바 '냉전의 동아시아적 형태'를 규정짓게 되었다. 여기에는 글로벌한 '단일 세계주의 구상', 그 유럽적 구도와 대비되는 동아시아의 지역적 구도 차이, 동아시아 특히 중국을 중심으로 중국-일본, 중국-소련, 중국-미국 관계의 상호 작용하에서 형성된 독특한 시간의 흐름이 작동하였음을 알 수 있다. 한반도의 정세 또한 이 구도에 의해 크게 제약되고 규정되었다. 이 역사적 과정을 따라가 보면서 중국혁명이 얄타체제의 형성, 변형, 그리고 해체 과정에 어떻게 관련되었는지를 살펴보자.

2

중국혁명의 '동류화' 과정: 일본에서 소련으로 모델의 전환

동아시아 '후발 국가'의 국가 형성 과정은 유럽의 후발국가와는 조금 다른 맥락에 놓인다. 한편에서는 유럽의 근대국가 형성을 모방하면서도 다른 한편에서 '제국주의' 유럽국가들의 모델로부터 일정한 거리 두기를 하지 않을 수 없다. 이 곤란한 선택 때문에 동아시아 국가들의 독특한 모델이 출현한다. 후발 국가들은 유럽 세계가 세운 보편의 기준에 일방적으로 편입되거나 이를 따라가는 '평준화'를 지향하기도 하지만 거기에 담겨 있는 유럽 중심주의와 식민주의의 위험성 때문에 그 반대로 거리를 두면서 자기 고유의 경로를 세우려는 '고유화'의 경향을 보이기도 한다. 동아시아 상황에서는 평준화와 고유화라는 상반되는 지향성 사이에 '동류화'라는 제3항의 범주가 등장해 이 양자를 동시에 진행시키면서도 분기시키는 작용을 한다는 점이 주목된다. 고유화가 평준화를 배척하는 것에 멈춘다면 '따라잡기'에 실패하기 때문에, 여기서 자기가 놓인 지역에서 일어난 변혁으로 고유화의 성격이 강한 따라잡기 모델을 선택해 모방하려는 '동류화'라는 제3의 선택지가 등장하는 것이다.[12]

19세기 말에서 20세기 초 동아시아에서 일본은 그런 '동류화'의 대상으로 부상한다. 19세기 말까지는 비식민주의 방식으로 유럽화를 지향한 일본의 특성 때문에 '서구 제국주의'의 압력하에 '평준화'를 강요받던 이 지역 후발 주자들이 평준화를 피하며 고유화를 모색하는 우회적 방식으로 일본을 동류화의 통로로 삼는 시도가 중요해질 수 있었던 것이다. 유럽에 대한 '평준화'를 추진하면서도 '반-제국주의적 제국주의'라는 기이한 형태를 보였던 궤적 때문에 일본은 아시아에서 초기에 반-식민지 지향의 모델이 되었다.[13]

쑨원의 혁명 구상

그러나 조선이 조기에 일본 식민지로 전락하고 일본의 팽창이 제국주의로 전환하면서 동아시아에서 동류화가 갖는 의미의 변화가 불가피해졌고 그 두드러진 변형이 바로 중국혁명 과정에서 나타난다. 청일전쟁에서 일본에 패배한 이후 중국은 일본을 근대화의 모범으로 삼았다. 광서제의 신정新政 시기 정부 주도로 일본에 군사교육과 지식 습득 목적으로 '유력遊歷'이라 일컫는 유학생을 집중적으로 보냈다.[14] 청조 말기인 1906년 무렵에 일본 유학생 수는 이미 8,000여 명에 달했다.[15] 중국 변법파(캉유웨이, 량치차오를 중심으로, 왕조 체제를 유지하면서 근대적 국가를 수립하려한 세력)들이 일본 메이

지 유신을 참조하며 '동류화'에 노력했던 것은 잘 알려져 있다.[16]

신해혁명 또한 이런 동류화를 잘 보여준다. 신해혁명으로 나아가는 과정에서 쑨원孫文[17]이 사상적 지도자이긴 했지만 정치적 조직으로는 일본 유학생과 망명객들을 중심으로 조직된 동맹회가 중요했고, 여기에서는 일본 유학생과 더불어 국학대사國學大師라 숭상받은 장타이옌章太炎 등이 중요한 역할을 했다.[18] 쑨원이 여기에 좀더 '서구적' 색채를 보탰을 수 있지만 '번벌주의'를 기반으로 하여 '입헌적 길'로 나간 일본의 근대국가 형성은 신해혁명 이후 줄곧 근대적인 전국 통일정부 수립을 목표로 삼은 쑨원의 '동류화'의 중요한 모델로 기능했다. 쑨원이 흑룡회 등 대륙낭인大陸浪人을 통해 일본의 정계와 연결선을 찾고자 한 것이나 21개조 요구 이후 반일 정서가 고양되던 시절에도 지속적으로 만주 이권을 대가로 일본의 차관을 요구한 것 등에서도 이런 지향은 확인된다.[19]

그런데 이렇게 신해혁명 시기 그리고 조선의 합방 이후에도 일본은 중국의 동류화 모델이었지만 1919년 5.4운동 이후에는 점차 일본을 모델로 삼기 어렵게 되었다. 조선의 식민화, 1915년 일본의 '21개조 요구', 일본의 1차 세계대전 참전(대독전과 칭다오 등 독일의 이권 탈취), 파리강화회의와 산둥반도에 대한 영향력 확장 등을 거치며 일본이 중국 내 이권을 가져가며 반일 정서가 고양되었기 때문이다. 이에 따라 소련이 새로이 동류화 모델로 제시되었다. 흥미로운 것은 일본에서 소련으로 동류화 대상을 전환하는 계기를 만든 것은 앞선 일본 동류화의 결과라 할 수 있는 '일본 유학생' 출신의 좌파 세력이었다는 점이다. 이들이 이후 이른바 '국민당 좌파'를 형성하였고, 이로부터 쑨원의 '국민당 개조' 시도가 공산당 세력과 결합하면서 '동류화'의 모델이 소련으로 자연스럽게 전환되어 갔다.

국민당 개조와 국공합작

1924년 초 쑨원의 국민당 개조는 이른바 '국공합작'의 바탕이 된 사건이다. 이는 쑨원-요페의 비밀 회담(1922년 8월~1923년 1월), 장제스를 대표로 한 쑨원 특별 사절단의 모스크바와 코민테른 방문(1923년 11월), 코민테른이 파견한 자문역인 보로딘이 주도한 국민당의 개조와 국민당 1차 전국대표대회 개최와 강령 채택의 과정을 거치며 제1차 국공합작(1924년)으로 전개된다.[20] 1919~1921년에 소련은 중국 내 친일세력이 일본과 연계해 반소 전선을 전개하는 것을 가장 우려하였다. 이를 막기 위해 한편에서 상하이에 코민테른 원동국을 설치해 보이틴스키 주도로 중국공산당 창당을 적극 이끌었고, 다른 한편 국민당이 당내 합작을 통해 반군벌 친소 노선에 설 수 있도록 견인하고자 했다. 이후 1차 국공합작에 대한 소련의 중국 지원은 상당한 규모였는데, 군사고문 파견과 황푸군관학교 설립을 위해 270만 위안을 제공하고 블라디보스토크를 거쳐 광저우로의 무기 수송을 지원하는 등의 방식으로 국민당 군대를 집중 육성시켰다.[21]

통상적 오해와 달리 이 국공합작 시도는 편의적 협력이 아니라 국민당의 재창당 사업이나 다름없었는데, 쑨원을 필두로 모든 당원이 당 가입원서를 다시 제출해 심사를 통해 당원을 선별했고 이를 통해 당을 '볼셰비키화'하려는 시도가 출현했다는 점이 중요하다.[22] 공산당원인 마오쩌둥 자신이 상하이시 국민당 조직부장으로 당원 재가입 심사 역할을 맡았던 것도 이 상황의 독특성을 잘 보여준다. 이전까지 국민당은 동맹회로부터 출발해 쑹자오런宋敎仁 등 구 국민당 세력이 주도한 산만한 조직 수준이었고, 아직 본격적 근대 정당에는 미달했다. 신해혁명 실패 이후 쑨원 자신이 주도한 것은 오히려 지도자를 중심으로 '철의 규율'을 확립한 중화혁명당이었다.[23] 소련과 합작에 나선 쑨원은 국민당이 "조직이 결핍되고 정신이 산만해 당의 군대라 할 수 없으며 이후 당으로 국가를 통치하고자 하는데以黨治國 마땅히 러시아인을 본받아야 한다"고 하면서 소련이 성공한 이유는 "당을 국가 위에 두었기 때문"이라고 강조했다.[24] 이런 맥락에서 쑨원은 소련 대리인 보로딘을 내세워 국민당을 '접수'한 것이나 마찬가지였다. 중국에서 독재적인 '당-국黨-國 체제'가 형성된 데 대한 보로딘의 책임론이 제기되는 것도 이런 배경 때문이다.[25] 중국의 '당-국 체제'는 소련을 모델로 출발하였지만 그 이후 100여 년의 시간을 거치면서 중국은 소련보다 훨씬 체계적인 당-국 체제로 나아갔다고 할 수 있다. 당이 먼저 등장해, 몰락한 제국 대신 새로운 근대국가를 건립하는 주역이 되기 때문이다.

쑨원의 국민당 개조는 세 세력을 유기적으로 결합시키는 것이었다. 지역유지나 군벌과 연계되었으며 신해혁명의 지지기반이기도 했던 '국민당 우파 세력', 당의 볼셰비키화를 지지하고 당의 이념을 수립한 일본 유학파 출신의 '국민당 좌파 세력' 그리고 농민운동과 노동운동에 영향력을 가진 공산당 이렇게 세 세력을 당의 개조를 통해 결합시킨 것이며, 새로운 국민정당 창당에 가까운 시도였다. 이 결합을 매개한 것이 국민당 좌파였는데, 당시 '국민당 좌파'는 랴오중카이廖仲愷를 중심으로 해서 주즈신朱執信, 허샹닝何香凝, 왕자오밍汪兆銘(왕징웨이汪精衛), 장제스, 다이지타오戴季陶, 더 넓게는 후한민胡漢民까지를 포괄하고 있었다.

세 세력 정치강령의 기묘한 결합인 쑨원의 '(신)삼민주의'는 이 독특한 정치적 연합의 산물이었다. 그리고 이질적인 세 세력 은 강령이나 조직에 의해 통합되기보다는 '삼민주의' 사상을 체현 한 쑨원이라는 카리스마적 인물에 의해 통합될 수 있었으며,[26] 정 치의 미래는 군정, 훈정, 헌정이라는 3단계 수순을 밟도록 되어 있 었다. 쑨원의 삼민주의는 '민족'(이는 이후 '인민' 개념으로 발전될 수 있 음), 민생에 의해 재정의되는 '민권' 그리고 공산주의를 핵심 내용 으로 담으면서 이 이후를 전망하는 '민생'의 세 축으로 구성되어 있 어, 마오쩌둥의 공산당은 자연스럽게 '신삼민주의'를 통해 쑨원을 계승할 수 있었다.[27] 신삼민주의가 중국공산당과 잘 결합할 수 있었 다는 점은 삼민주의 중 '민생'에 대한 쑨원의 다음과 같은 정의에서 잘 확인된다.

> 민생주의라고 하는 것은 곧 사회주의를 의미하는 것으로 또한 공 산주의라고도 불리어지며 이것은 곧 대동大同주의인 것입니다. (…) 나는 오늘 공산주의와 민생주의의 구별을 언급함에 있어 공 산주의란 민생주의의 이상이며, 민생주의란 공산주의의 실행이라 고 말해도 문제없으리라 생각합니다. 따라서 두 주의에는 큰 구별 이 없는 것입니다. 여기서 구별할 필요가 있는 것은 그 방법에 관 한 것입니다.[28]

삼민주의에 기반한 이런 쑨원의 정치구상이 단지 단기적 목표를 지닌 전술적이거나 실용적인 것만은 아니었다는 점은 1923년 말 쑨원이 소련에 파견한 중국 대표단 대표인 장제스의 발언을 통해서도 확인할 수 있다. 쑨원 사상의 계승자인 장제스는 소련 방문단을 이끌고 군사지원을 받기 위해 모스크바에 3개월 체류하면서 트로츠키·지노비에프·카메네프 등을 접견한 이후 코민테른 집행위원회에서 1923년 11월 25일 전형적 마르크스주의자처럼 이렇게 발언했다.

> 삼민주의는 (…) 중국혁명의 정치구호가 되어야 합니다. (…) 세 번째 주의, 즉 민생주의는 공산주의의 첫걸음이라 생각합니다. (…) 우리가 무산계급 혁명을 시작할 수 없는 원인으로는 두 가지가 있는데 (…) 두 번째 원인은 (…) 만일 오늘 우리가 공산주의 구호를 사용하면 소토지 소유자와 소자산 계급에게 이 구호에 대한 잘못된 이해를 조성할 것입니다. (…) 그러므로 우리의 (…) 강령은 (…) 통일전선에 의거해 혁명의 거대한 승리를 이룩하는 데 뜻을 두고 있습니다. (…) 다음으로 우리 당의 세계혁명 구상 문제에 관해 이야기해 보겠습니다. 우리는 세계혁명의 주요 기지는 소련에 있다고 생각합니다. (…) 우리는 반드시 자본주의 열강들의 간섭 행동에 반대해야 하며, 러시아 동지들로 하여금 독일혁명을 승리로 이끌도록 해야 합니다. (…) 중국혁명의 첫 번째 단계, 즉 중국 민족주의 혁명은 3~5년 내에 성공할 수 있고, 일단 성공하면 우리는 두 번째 단계 즉 공산주의 구호하에서 선전 사업을 전개할 수 있습니다.[29]

장제스는 쑨원의 혁명화를 추동한 국민당 좌파 세력의 일원이기도 했지만 다소 군사적 세력 확장론 쪽으로 기울어 있기도 했다. 쑨원 사후 국민당 좌파의 핵심 인물인 랴오중카이가 암살당하면서 국민당 우파-국민당 좌파-공산당이라는 세 세력 동맹에 기반한 국민당의 틀에 균열이 발생하지만, 그렇다고 이 구도가 곧바로 무너진 것은 아니었다. 흔히 이야기되는 것과 달리 쑨원 사후 중산함 사건(1926년 3월)이나 더욱 심각한 상하이 쿠데타(1927년 4월)도 당을 완전히 분열시켰던 것은 아니다. 동류화의 대상인 소련이 단지 외부의 모델로서만이 아니라 내부자로 들어와 있었다는 현실 때문이었다. 소련은 무기와 경제 자원 외에도 다양한 고문단 파견을 통해 중국을 지원했고, 1930년대와 1940년대 중국 지식 엘리트들은 정치적으로는 영미를 배우고자 했지만 '경제적'으로는 소련을 배우려는 절충파적 특징을 띠고 있었다.[30] 앞서 얄타회담으로 가는 과정에서 미국과 소련의 연계가 당시 이상한 일이 아니었던 것처럼 1920년대 후반 소련과 중국 국민당 사이의 친밀한 관계 역시 이상한 일은 아니었다. 회고적-진영적 해석이 이를 객관적으로 보기 어렵게 만들 뿐이다.

이처럼 중국혁명 과정에서 '동류화'의 대상이 일본에서 소련으로 전환했다는 것은 단지 모델이 바뀌었다는 함의만 지니지 않는다. 그보다 훨씬 중요한 것은 중국이 이 동류화 과정을 통해 동아시아로부터 그보다 넓은 지역으로 지정학적 관여 범위를 확장하기 시작했다는 점이다. 중국의 혁명이 '중간지대'에서 진행되었다는 것은 혁명 시기에 중국의 변동이 더 큰 공간(새롭게 재편되는 국가간 체계)의 규정을 받으며 진행되었다는 것을 말할 뿐 아니라, 반대로 중국혁명이 이전 세계적 변동을 고려한 대응에 나서면서 역으로 새로운 세계질서 형성에 영향을 끼치는 변수가 되기 시작한 것이기도 하다. 그만큼 여기서 소련에 대한 '동류화'의 과정은 미묘하게 국제정세 속에서 중국 자신이 놓인 조건을 지속적으로 변형시키며 진화해갔음을 알 수 있다. 이는 국민당과 공산당 두 개로 쪼개진 중국이(그런데도 바깥에서는 하나의 중국으로 고려됨) 고정되어 있지 않고 유동적인 형성기의 세계질서 속에서 세력을 확장하고 공고화하기 위해 그 자신이자 그 질서의 일부분이기도 한 새로운 질서체계를 자기 방식으로 독해하고 적용해가는 과정이기도 했다.

소련으로서도 진행 중인 중국혁명과 상호 작용이 있었다고 봐야 한다. 이는 어찌 보면 다른 두 개의 혁명처럼 보이는 러시아혁명과 중국혁명이 사실은 서로 얽혀 하나의 과정으로 진행되었음을 보여주는 것일 수도 있다. 두 개의 혁명이 아닌 하나의 유라시아대륙의 혁명이 수십 년에 걸쳐 진행되었고, 이것이 19세기 자본주의 위기 특히 그로 인해 발생한 구제국의 해체와 세계전쟁에 대한 하나의 대응으로 얽혀서 전개된 것이다. 두 혁명의 출발점에 레닌과 마오를 놓고 대비하는 대신 레닌과 쑨원을 놓고 그 계승과정의 분화를 살펴본다면, 러시아혁명과 중국혁명이 결코 독립적인 두 사건이 아니고 긴밀하게 맞물려 있음을 이해할 수 있을 것이다.

이처럼 중국이 복잡한 세계질서와 상호 작용하면서 혁명을 겪게 된 것은 무엇보다 혁명 이후 소련의 지정학적 고려가 계속 변화해갔기 때문이라고 할 수 있다. 소련은 '서부전선'에서는 독일에 대한 방어지대를 구축하고자 시도하고 이를 코민테른이 지원하는 독일 혁명을 통해 실현하는 꿈을 가졌다면, '동부전선'에서는 장제스

정권을 안정화하여 일본에 대한 방어지대를 구축하고자 하는 기대를 갖고 있었다. 여기서 중국공산당이 의미 있는 카드가 되었다고 할 수 있다.

코민테른과 중국혁명

중국이 소련을 동류화 대상으로 삼으면서 국민당과 공산당 모두 소련과 긴밀한 관계를 형성하게 되었다. 소련 또한 19세기적 질서에서 20세기적 질서로 넘어가는 과정에서 서쪽 경계와 동쪽 경계에서 영토주의적 고려가 커지면서 중국을 점점 더 중요하게 보게 된다. 중국혁명은 누구도 예견하기 어렵게 전개되고 또 국가간 체계의 변동에 영향을 미치는 중요한 요인으로 부상해간다. 이렇게 중국이 변동하는 유라시아 지정학에 점점 더 밀착해 들어가게 되는데, 여기에 더해진 또 하나의 중요한 변수는 미국이었다. 중국혁명을 '중간지대의 혁명'이라고 부른 양퀘이쑹의 분석을 따라 중요한 연결고리를 추적해보자.

① 쑨원 사후에도 소련은 지정학적 고려 때문에 국민당을 계속 지지했다. 소련은 국공합작이 유지되는 것을 전제로 장제스를 지지하였지만, 국민당과 공산당이 분열했다고 바로 장제스에 대한 기대를 접은 것은 아니었다. 국공 분열의 첫 조짐은 중산함 사건이었는데(1926년 3월), 국공합작의 상징적 조직체였던 황푸군관학교 내 공산당 세력을 이 학교 교장 장제스가 대대적으로 숙청한 사건이다. 황푸군관학교에서 교장 장제스는 후쭝난, 천청 등 자신의 직계 군사세력을 육성해냈으며, 공산당 또한 정치부 주임을 맡은 저

우언라이의 영향 아래 린뱌오, 쉬샹첸, 천경, 류즈단 등 이후 홍군의 핵심 지도부가 될 인물들을 키워냈다. 중산함 사건과 이듬해 상하이 쿠데타 이후 황푸군관학교에서 공산당의 영향력은 사라졌다. 그렇지만 소련과 장제스의 우호적 관계가 곧바로 파열되지는 않았다.

이듬해인 1927년에는 4.12 상하이 쿠데타가 발생해 장제스가 상하이 지역의 공산당원에 대한 대대적 테러-학살을 자행하고 조직을 궤멸시켰으며 이로 인해 우한 정부가 분열되었다. 장제스는 난징정부를 수립해 우한의 기존 국민당 정부와 대립하였다. 소련 측은 우한 정부를 지지하면서 장제스를 왕징웨이 등 좀 더 소련에 우호적인 다른 인물로 대체하려고 시도했으나 실패하자, 다시 장제스와의 관계를 유지하려 했다. 장제스 또한 소련의 지원이 중요하다는 점을 잊지 않았다. 중국에 대한 소련의 관심은 단순히 '사회주의 혁명' 지지는 아니었다.[31] 우한 정부로부터 떨어져나온 장제스는 난징정부 주도로 1928년 단치루이가 장악한 베이징을 점령해 북벌을 끝내고 중국통일이라는 국민혁명 과제를 달성했다. 그렇지만 이 통일은 불충분했는데, 장제스와 연합해 이 '북벌'에 참여한 다른 군벌세력을 장제스가 완전히 통제하지 못했기 때문이다.

② 중국혁명에 대한 소련의 목소리는 단일하지도 않았고 일관되지도 않았다. 이는 중국혁명이 소련 사회주의 건설과정과 상당 부분 겹치고 이 때문에 소련 내부적 분열이 중국혁명에 그대로 영향을 끼친 데 기인하였다. 1923년 레닌이 사망한 이후 오랫동안 소련 공산당 핵심 지도부 사이의 대립이 지속되었고, 이는 코민테른과 소련 대외관계에도 큰 영향을 끼쳤다. 소련공산당과 정

부의 영향 아래 있는 (요폐)-보로딘-카라한(주중 소련대사)-크렘린으로 이어진 보고 라인과 코민테른 영향 아래 있는 보이틴스키(이후 로이)-코민테른-모스크바 보고 라인 사이에는 상호 갈등이 있었고, 1920년대 중반 이후 갈등은 더욱 심해졌다.[32] 1930년대 초까지도 소련의 외교 노선과 코민테른 노선이 꼭 일치했던 것만은 아니고 그 중간에 있는 '빈 공간'은 여러 곳에서 갈등과 분열의 요인이 되었다.[33] 코민테른은 처음에는 지노비에프-카메네프가 장악한 조직으로 간주되어 스탈린과 갈등 관계에 있었는데, 1925년 이 지노비에프-카메네프가 숙청되고 대신 부하린이 코민테른 조직을 장악한 이후에는 코민테른 내에서 부하린의 네프NEP 노선이 부상하고 중국 내에도 친부하린 세력이 힘을 얻었다. 그러나 1920년대 말 이번에는 부하린이 스탈린에 의해 제거되면서 소련 내외에서 반부하린·반트로츠키 숙청 캠페인이 진행되자, 이 풍파는 중국에 그대로 전달되었다. 앞서 제1차 중국공산당 역사결의에서 문제가 되었던 당내 '좌경 노선'의 노선 오류는 사실 중국공산당 내부 문제라기보다 이처럼 소련 정치와 코민테른 노선이 몇 년 사이 급격한 변화를 겪으면서 벌어진 파급효과라고 할 수 있다.

③ 1925년부터 1930년대 초반까지 소련공산당 내의 분열은 반복적인 코민테른 내 숙청을 초래했고 이는 중국공산당 노선에 결정적 영향을 끼쳤다. 코민테른을 둘러싼 스탈린과 지노비에프의 대립은 1926~1927년경 중국에서 보로딘-로이의 대립과 그 당내 반영으로 나타났고, 스탈린과 트로츠키의 대립은 천두슈 총서기의 당적 박탈과 중국 내 좌익 반대파로, 스탈린과 부하린의 대립과 코민테른 6차 대회의 '극좌 노선'은 중국 내에서 코민테른 원동국을

통한 파벨 미프Pavel Mif의 영향력 확대로 나타났고, 부하린의 '우경노선'에 대한 자기보호를 내세우면서 경화된 리리싼 중심의 극좌적 편향의 형태로 직접적으로 영향을 끼쳤다.[34] 열악한 조직 역량을 가지고 반복적으로 도시 봉기를 시도하면서 중국공산당의 세력 기반은 약화되었다. 1928년 코민테른 6차 대회는 사회민주당 세력을 주적으로 삼는 '사회파시즘론'을 공식노선으로 택함으로써 유럽의 공산당뿐 아니라 중국공산당에도 치명적 타격을 입혔다. 쑨원과 소련의 협력을 기념하여 중국공산당원을 양성하기 위해 만들어진 모스크바중산대하 내에서도 '트로츠키주의자 색출'을 내건 숙청이 진행되어 유학 중인 중국공산당원들에 심대한 충격을 주었다.

④ 1927년 장제스가 우경화하면서 상하이의 공산당 조직 기반을 궤멸시켰다. 이에 반발한 중국공산당이 1927년 8월의 난창南昌 봉기 등 몇 차례 도시 폭동을 일으켰으나 성공하지 못하자, 도시 봉기 노선을 포기하고 농촌 근거지를 확보하는 새로운 전술로 전환하였다. 마오쩌둥이 주더와 함께 1928년 후난湖南-장시성江西省 경계의 산중에 건립한 징강산井岡山 근거지가 대표적인 사례였다. 이후 각지에서 근거지 수립 시도가 늘어났고, 1931년 장시성 루이진瑞金을 중심으로 공산당의 근거지들을 모아 중화소비에트공화국中華蘇維埃共和國을 수립하기에 이르렀다. 장시성 여기저기 흩어진 소비에트 근거지 총면적은 8만 4,000제곱킬로미터로 남한 크기에 육박했다. 장시 소비에트 건설은 중국공산당의 성과이긴 했지만, 난징 정부를 수립하고 북벌에 성공한 장제스 세력이 당과 지지세력 내분을 처리할 시간이 필요했고 공산당 세력과 일시적 휴전이 불가피했기 때문에 가능할 수 있었기도 했다. 북방을 장악한 안후이

계 군벌 돤치루이段祺瑞가 북벌군에 패하여 몰락하자 이번에는 장제스와 함께 북벌에 참여했던 군벌 세력(양광 지역을 기반으로 한 계파 군벌 리쭝런李宗仁, 산시성에 기반한 옌시산閻錫山, 서북파 펑위샹馮玉祥)이 연합해 장제스에 맞서는 전쟁을 시작했다. 장제스는 이 전쟁에서 승기를 잡기까지 오랜 시간을 소비해야 했는데 이 전쟁이 1930년의 '중원대전'이다. 중원대전은 중국공산당이 장악한 지역에 재정비를 위한 시간을 벌어주었을 뿐 아니라 만주에 대한 군벌의 장악력도 약화시켜 만주사변의 빌미가 되었다. 중국공산당은 이 군벌 갈등의 틈새를 장악해 루이진에 소비에트를 설립할 수 있었다.

장시江西 근거지가 중화소비에트공화국으로 전환된 것은 소련이 요구한 '소비에트 건설' 요구에 중국공산당이 응한 결과였다. 이 시기는 코민테른 6차 대회 이후 좌경화의 시기로, 소비에트 건설과 중심 도시 봉기 점령 지침은 중국에만이 아니라 유럽 공산당에도 전달되었다. 장시 소비에트 건설은 특히 원동국 책임자 미프가 관할하는 코민테른이 중국공산당에 대한 직할 체제를 수립하고 소련 유학파를 당 중심에 배치해둔 것과 밀접하게 연결된다. 이 시기 소련의 위기감과 이를 반영해 등장한 세계자본주의의 '전반적 위기'론은 그대로 중국혁명 노선에 영향을 끼쳤다. 농촌 중심 조직 활동은 관심을 받지 못했고(심지어 부농 타격론도 등장했다) 중심도시의 소비에트 건설과 무장봉기가 중요하게 여겨졌다.[35] 마오쩌둥은 징강산 근거지를 나와 장시 소비에트 건립에 합류하였지만 미프의 영향 아래 당중앙위원회를 장악한 소련 유학파인 '28.5인의 볼셰비키'에게 밀려나 회의 참석권도 없는 명목상의 소비에트공화국 주석의 지위만 유지할 수 있었다.

⑤ 대장정과 그 이후에도 마오쩌둥을 중심으로 한 독자적 지도 노선은 확립되기 어려웠다. 여러 가지 문제가 발목을 잡았고 또 반대로 여러 우연적 사건들이 마오쩌둥에게 유리한 방향으로 전개되기도 했다. 중원대전에서 군벌들의 반란을 진압한 장제스는 1930년 12월부터 공산당 토벌전인 '초공전剿共戰'을 개시했다. 이후 총 5차에 걸친 초공전이 진행되었다. 1~4차까지 초공전에 맞서 홍군을 지휘한 마오쩌둥은 1934년 1월 4차 초공전이 진행되던 시기 당내 집중 비판을 받으며 우익기회주의로 몰려 당내 지도적 지위를 잃었다. 마오쩌둥의 유격전 전술 또한 비판받았다. 1934년 10월 대장정 출발 시점에서 보면 마오쩌둥은 중화소비에트공화국에서 지도권을 상실한 상태였다. 상징적으로 주석의 지위를 유지했지만 중앙위원회에서도 배제되었고 군사지휘권도 지니지 못했다.

이 상황은 대장정 기간 중의 쭌이회의에서 역전되는데, 1935년 1월 구이저우貴州 쭌이에서 잠시 군대 정비 휴식 시간을 빌려 개최된 중국공산당 중앙위원회 확대회의에서는 루이진 쏘비에트 시기 초공전에 대한 대응부터 장정 기간까지의 군사적 대응상에 발생한 문제를 인정하고, 군사 지도 3인단(오토 브라운, 보구博古, 저우언라이)을 해체하고 마오쩌둥의 군사지도 노선을 수용하여 새로운 3인 지도노선을 수립하기로 결의하였다.

앞선 시기 왕밍의 지시를 받던 보구-오토 브라운 지도 체제를 밀어내고 장원톈張聞天-저우언라이가 마오쩌둥을 지지하면서 수립된 이 새로운 지도부와 이들이 이끄는 군사노선은 코민테른의 승인을 받는 데 오랜 시간이 걸렸다. 장정을 출발하기 직전 상하이에 있던 코민테른 원동국이 수색을 받고 와해되면서 코민테른 원동국과 중국 공산당 사이의 무선 연락이 단절되었고 이후 대장정 기간 내내 복원되지 못했기 때문이다. 옌안에 도착한 중국공산당은 1935년 7월에 2개의 인편으로 코민테른에 특사를 파견해 준이회의 결의를 승인받고자 했는데, 1935년 11월 장하오張浩가 먼저 구두 승인을 가지고 도착하였고 그보다 늦게 1936년 8월 판한녠潘漢年이 새로운 암호해독 방식을 가지고 뒤늦게 도착하였다.[36]

그사이 옌안에는 장시 소비에트에서 출발해 도착한 홍1방면군과는 다른 경로로 군대를 이끌고 장궈타오의 홍4방면군이 도착해 기존 군대와의 통합문제가 발생했다(3사합일). 마오-주더의 홍1방면군은 '신화'에도 불구하고 실제 옌안에 도착한 규모는 1만여 명에 불과했던 방면, 홍4방면군은 그보다 규모가 6~7배 컸고 또 1921년 당 창건 이후 베이징에서 장궈타오가 활약한 공로 등 여러 측면에서 마오쩌둥을 압도할 수 있었다. 장궈타오 부대가 옌안에서 쓰촨 방향으로 남하한 시기에 코민테른을 방문하고 돌아온 특사 장하오는 마오쩌둥의 사실상 지도 지위를 인정해주었다. 그렇지만 이 이후에도 모스크바에 있던 왕밍이 1938년 복귀하면서 마오쩌둥과 주도권을 둘러싼 갈등은 반복되었다. 오랫동안 옌안 중심의 8로군과 상하이에 근거를 둔 화동국華東局이 지도하는 신4군의 주도권이 완전히 통합되었던 것은 아니었다.[37] 옌안 정착 시기에도 마오쩌둥의 지도력은 확고한 것이 아니었고, 코민테른의 지지가 없었다면 마오의 주도권이 확립되기는 어려웠다.[38]

대장정을 시작해서부터 옌안에 도착해 정비하던 시기 사이에 모스크바에서는 혁명 핵심 세력을 스파이로 몰아 숙청한 모스크바 재판과 트로츠키파 숙청이 벌어졌으며, 또 동시에 코민테른 7차 대회가 개최되어 새로운 통일전선 방침이 만들어졌다. 코민테른 영향 아래 있던 유럽의 공산당들과 그 외 지역의 사회주의 조직이 모두 모스크바 재판에 연루되어 숙청되며 거의 조직 궤멸 상태로 빠져든 반면, 중국공산당이 처한 특이한 조건, 즉 전투를 수반한 대장정을 하며 코민테른과의 연락이 두절되었다는 점 때문에 중국공산당은 모스크바의 직접적 통제에서 벗어나 조직을 건사할 수 있었다. 중국혁명 시기 스탈린과 코민테른의 지원은 결정적이었다. 한 예로 소련이 제공한 최신 무전기와 국민당 무선 통신망을 해독할 수 있는 능력은 대장정이 성공하는 데에 결정적일 정도로 도움이 되었다. 이 신기술 덕에 중국공산당은 피해를 최소화하면서 좁은 도주로를 찾아내는 등 '신출귀몰'할 수 있었다. 뒤늦게 드러난 사실에 따르면 국민당 내 '잠복'한 공산당원들의 역할도 무시할 수 없었다.

⑥ 만주사변 이후 이시하라 간지石原莞爾 등을 중심으로 한 일본 육군 청년장교들 사이에서는 소련 주적론과 전쟁불가피론이 급속도로 확산되었고 이는 중일전쟁을 거쳐 태평양전쟁 시기까지도 지속되었다. 이들 '급진적 우파'들은 자신들의 이상에 따른 국가로 만주국을 만들고자 했고, 소련 주적론은 '만몽 문제'를 중요한 군사적 과제로 만들었다. 소련의 위협으로부터 일본 본토와 조선 식민지를 지키기 위해 만주와 몽골을 실질적으로 장악하는 것이 중요해지고, 이 만몽지역의 영향력 유지를 위해서는 다시 중국의 화북지역으로 팽창하고 산둥에서 화북을 잇는 연해지역을 장악할 필요가 생긴 것이다. 이것이 결국 중일전쟁으로 이어졌다.[39]

만주사변으로 소련의 국경이 위협받자 소련은 북방 지역에서 공산당 세력을 키워 일본의 확장을 견제하려 하였다. 그러나 소련은 공산당이 무력하다고 판단하게 되어 차선책으로 동북 지역의 여러 항일 세력을 공산당 통제 아래 통일전선으로 모아 일본을 견제하려 하였으나 이 역시 성과를 거두지 못했다. 결국 다시 장제스 세력을 지지하며 상하이 사변을 이유로 단교한 지 5년 만인 1932년 12월 난징정부와 재수교하였다.[40]

⑦ 1935년 코민테른 7차 대회의 방향 전환 이후 소련은 마오쩌둥의 중국공산당 지도권을 인정하면서 2차 국공합작 참여와 공산당을 장제스의 국민당군에 종속시키는 군사편제 개편을 요구하였다. 일본의 위협이 커지면서 소련은 우선적으로 일본을 막기 위해 홍군의 주력을 필요한 곳에 투입하고자 했다. 일본을 중국과 전쟁 속에 잡아두어 소련으로 진공하지 못하도록 하는 것이 중요했다. 반면 마오쩌둥은 일본과의 전면 전쟁을 거부하고 세력 보전과 선전에 중점을 두었다.[41] 2차 국공합작은 완전히 통합된 조직으로 운영되었던 1차 국공합작 때와 달리 공산당이 국민당 군사편제로 들어가긴 했지만 사실상 별도의 군사조직으로 운영되는 단순 협력 관계였다. 중일전쟁의 주요 전장은 국민당 부대가 맡았으며 공산당군은 북부지역 외곽에서 게릴라전을 수행하였고 양측 사이에는 작지 않은 군사 충돌도 있었다. 이후 중국공산당은 열강이 정전을 추진해 중일전쟁 이전으로 되돌아가려 하고 장제스도 이에 협조한다며, 이를 '동방의 뮌헨협정'이라고 비난하였다.[42]

미국이나 소련 모두 중일전쟁에서 '중국'을 지원해 일본군을 중국 영토 내에 붙잡아둠으로써 큰 수확을 거두었다고 평가하였다. 일본의 소련 침공과 태평양 지역의 전선 확대 모두 억제되었던 것이다. 태평양전쟁 시기에도 관동군은 소련 침공을 대비해야 한다는 이유로 해군이 주도하던 태평양전쟁에 잘 훈련된 주력군인 관동군 투입을 끝까지 반대했다.[43] 중국의 항전과 일본군 내의 대립으로 일본군의 전선 확대와 조기 승전이 어려워졌던 것이다.

⑧ 소련은 처음에는 '제국주의 전쟁'에서 발 빼고 이로부터 '이이제이以夷制夷'의 이득을 얻고자 독일, 일본과 각각 불가침조약을 체결하였으며, 유럽에 대한 집단안보 제안을 철회하고 전쟁에서 벗어나 시간을 벌고자 하였다.[44] 초반에는 오히려 이런 국제정세를 활용해 3장에서 설명했듯이, 독소 불가침 조약을 체결한 후 핀란드, 우크라이나, 벨라루스, 발트3국으로 제국 시대의 영토를 확장하기도 하였다(3장 185~186쪽의 관련 설명을 참고할 것).[45]

⑨ 1941년이 중요한 전환점이 되었다. 3장에서 살펴본 것처럼, 1941년은 미국의 새로운 세계질서 구상에 소련이 주역으로 등장한 시점인 동시에 중국공산당 또한 이 세계질서의 사소한 일부가 아니라 중요한 독립적 변수로 전환되기 시작한 해였다. 중국 내적으로 보면 1941년 독소전쟁과 뒤이은 태평양전쟁 발발 덕에 마오쩌둥이 당내 정풍을 주도했고 1944년까지 이 옌안정풍운동을 통해 당내 최고 핵심지위를 확보할 수 있었다.[46] 스탈린은 서방과 연합을 강화할 목적으로 코민테른 해체를 지시하게 되는데,[47] 1943년 5월의 코민테른 해체는 역설적으로 중국혁명의 길을 더 넓게 열어준 셈이 되었다.[48] 코민테른이 해체되자 중국공산당은 처음에는 공황 상태에 빠졌다. 하지만 이것이 오히려 중국혁명에 대한 소련의 관여를 약화시키고 또 옌안정풍을 거쳐 당내에서 마오쩌둥의 지도적 지위를 확보하는 데 도움이 됨을 간파하고, 이를 계기로 소련의 통제에서 점점 더 벗어나기 시작했다. 앞서 살펴본 중국공산당의

제1차 역사결의(1945년)는 이런 배경 아래 등장한 것이다.

⑩ 독소전쟁 이후 소련이 중국공산당을 지원하기 어려워지자 미국에 대한 중국공산당의 태도가 바뀌었다. 미국을 우호적으로 보기 시작한 것이다. 미국의 태도 또한 바뀌어 장제스를 초공전(공산당 토벌전)에서 항일로 견인하고자 하며 공산당과의 연합정부 구상을 제시하였다. 1943년 12월 루스벨트는 카이로회담에서 장제스에게 공식적으로 이런 내용을 담은 제안을 전달했다. 마오쩌둥은 유고슬라비아가 영국의 지원을 받아 반파시스트 전쟁에 참여한 것과 유사한 경로를 중국공산당도 걸을 수 있다고 판단하기 시작했다.[49] 중일전쟁은 연합군이 독소전쟁을 유리하게 끌어갈 수 있도록 보조하는 전장이었다. 루스벨트는 옌안 공산당에 대해 더 많은 관심을 쏟기 시작했고, 뉴딜파 군인들을 중심으로 '딕시 조사단'을 옌안에 상주시켜 중국공산당이 협력할 만한 상대인지 실태를 파악하고자 했다. 미국은 중국공산당과 직접적 연계를 맺는 시도를 늘렸고 이를 통해 중국혁명에 대한 국민당과 공산당 두 가지 선택지를 동시에 작동시키기 시작했다.

3

20세기 자유주의적 세계질서 구상과
소련, 중국의 맞물림

루스벨트의 단일 세계주의의 등장: 반식민주의와 소련

1943년 말의 카이로회담과 테헤란회담 이후 중국 문제에 대한 루스벨트와 스탈린 간의 합의는 소련과 미국이 중국의 두 세력을 대하는 태도에 반영되었다. 루스벨트 정부는 1944년 이후 독재를 강화한 장제스가 점차 '재앙'이 되고 있다고 보았음에도 그에 대한 지원을 철회하지는 않았다. 국민당에 대한 루스벨트 정부의 지원 방침은 진주만 폭격 이전부터 마련되었다. 루스벨트는 핵심 측근인 로클린 커리를 1941년 2~3월 충칭에 파견하였는데, 커리는 장제스뿐 아니라 저우언라이 등도 만난 후 효과적 지원과 감독을 위해 미국 원조가 제대로 쓰이는지 감사할 미국 자문단 파견을 요청하고 더 나아가 국민당 항공부대를 창설하는 방안도 논의하였다.[50] 실제로 진주만 공습 전에 (마셜 장군 반대에도) 국민당 항공부대 창설부터 일본 본토 폭격 계획까지 마련된 바 있다. 장제스에 대한 소련의 태도 또한 큰 변화가 없었으며 소련은 장제스를 대미, 대일, 심지어 대중국공산당의 카드로 쓸 수 있다는 입장이었다.

루스벨트가 소련을 파트너로 삼고 장제스와 연합해 탈식민주의에 기반한 전후 세계를 구상한 것은 쑨원으로부터 시작한 신해혁명과 국민당 개조의 역사를 보면 근거가 없지 않았다. 쑨원 자신이 1923년 이후 소련의 '적화' 대상이 영국일 수 있고 아시아에서는 인도와 홍콩이 목표일 수 있지만 중국은 아니라고 판단하며[51] 소련을 '동류화'의 모델로 여겼기 때문이다. 루스벨트도 소련에 대해 쑨원과 유사한 관점을 공유했던 것이다.

그렇지만 제2차 국공합작에도 불구하고 항일보다는 '초공'을 우선시 한 장제스의 정책과 심각한 '독재' 때문에 중국 이슈는 갈등의 진원지가 되었다. 중국 문제를 둘러싸고 미국의 루스벨트 참모들과 중국 현지 파견자 사이에는 심각한 의견대립이 있었으며 참모나 조언자 집단 내에서도 의견이 갈라졌다. 버마 군구 사령관인 조지프 스틸웰Joseph Stilwell이 대표적으로 장제스와 대립한 인물이었는데, 스틸웰은 장제스 정권의 개혁이 필요하다고 주장한 대표적 '정치군인'이었다. 그는 장제스와의 갈등 때문에 버마 회랑을 확보하고자 하는 전투에서 국민당의 지원을 받지 못해 고전을 거듭하였다. 장제스 또한 스틸웰을 무시하고 자신에 우호적인 클레어 셔놀트Claire Chennault 장군에 기대 공군을 육성하려고 했다. 갈등 해소를 위해 1942년 7월 다시 중국을 방문한 커리는 장제스에 대한 지지가 아시아의 전후 탈식민지화라는 자신들의 입장과 잘 조화될

수 있다고 판단하였다.[52]

중국 문제가 복잡해지면서 이후 마셜 등은 루스벨트에게 장제스와 거리를 두라고 권고하였지만, 루스벨트는 "장제스는 우리가 얻으려면 수 세기나 걸렸을 것을 성취한 4억 인민의 지도자"라는 판단을 수정하지 않았다.[53] 오히려 장제스의 요구를 수용해 스틸웰을 철직시키고 공화당 출신의 헐리를 대통령 특사로 중국에 파견하고 이어 주중 대사직을 맡겼다.[54] 중국 상황이 개선되지 않자 루스벨트 사후 트루먼은 헐리 대사의 책임을 물어 사임시키고 마셜을 특사로 중국에 파견하였다.[55] 그렇지만 1944년 이후에 중국 내 정세가 더 복잡해진 와중에 장제스가 아무런 변화 조치 없이 원조를 늘려줄 것만을 요구하자 중국을 포함한 4강 구상은 중국을 제외한 3강 구상에 밀려나게 되었다. 미국에게는 소련과 함께 얄타로 가는 길이 더 중요해진 것이다.

중국 변수의 부상과 동아시아 냉전 구도의 형성

얄타회담 이후 중국 문제는 점점 더 표류하기 시작했다. 중국 공산당은 국제정세의 변화를 간파하고 자신들에게 유리한 상황으로 반전을 도모하려 했다. 소련의 대중국 방침은 미국과의 관계에 따라 달라졌고, 이는 다시 중국의 내부 갈등 구조를 증폭시키는 방향으로 작용했다. 크게 세 시기로 나누어 살펴볼 수 있을 것이다.

① 중국 내전과 '프랑스적' 길(1945~1946)

루스벨트 사망 후 트루먼이 대통령직을 승계하자 미국과 소련 사이의 긴장이 커지기 시작했다. 전후 일본 처리 과정에서 미국의 독주는 소련의 경계를 불러왔고 소련으로서는 만주를 완충지대로 만드는 것이 점점 더 중요한 과제가 되었다. 그렇지만 소련은 미국과 대립하기보다는 얄타회담의 기본 틀을 유지하기를 원했다. 스탈린은 얄타회담의 합의에 따라 그리고 미국의 요구를 수용해 공산당이 아닌 국민당을 대화 상대로 유지했다. 소련은 국민당 정부 외교부장인 쑹즈원朱子文을 대표로 하고 장제스의 아들 장징궈蔣經國 등을 포함한 14명 대표단을 6월 30일 모스크바로 초청해 한 달 반 동안 협상을 거쳐 일본 패전 선언 전날인 1945년 8월 14일 국민당의 중국과 '중소우호동맹조약'을 체결하였다.[56] 소련은 이를 통해 얄타협약에서 약속받았던 대로 일본에 뺏긴 만주·뤼순·쿠릴열도 등의 이권을 되찾고자 했고, 대신 만주를 점령한 후 뤼순을 제외한 만주지역을 추후 국민당에게 넘기기로 합의하였다. 동맹조약에서는 소련이 외몽고, 동북지역 철로와 항구 통제, 동북에서 우세한 지위를 차지하는 대신 소련이 국민당의 군령과 정령 통일(공산당 군대에 대한 국민당의 통제)을 보증하고 원조를 약속하였다. 또한 국민당이 동북지역 접수 권한을 지니고 동북 수복 지구에 행정기구와 중국 군대를 주둔할 권한을 가진다고 명시하였다.[57]

종전 시점에 소련은 중국에 평화를 유지함으로써 미국을 중국에 끌어들이지 않고 완충지대를 만들고자 하였다. 중국에 대해 소련이 일방적 영향력을 발휘할 수 없다면, 장제스와 우호적 관계를 유지해 미국을 이 지역에서 배제하는 것이 유리한 선택이었다. 그래서 장제스가 주도하는 평화 방안을 승인하고 마오쩌둥과 중국공산당을 압박해 충칭 평화회담에 응하도록 하고 중국공산당의 동북

진격을 중단시켰다.[58]

이 때문에 소련과 미국 사이에 중국 문제 해결을 놓고 '프랑스적 길'의 중요성이 부각되었다. 소련은 중국의 두 세력 처리에서 자신들이 손해를 보지 않으면서 미국도 받아들일 수 있는 선택지로 전후 프랑스 문제를 처리했던 방식, 즉 소련이 프랑스 공산당의 무력 집권을 제약하고 드골을 인정하는 대신 미국은 프랑스 공산당을 합법화하고 전후 연합정부에 참여하도록 용인하는 것과 같은 교차 인정의 방식을 선호했다. 이는 탈식민 지역에 완충지대로서 신탁통치를 구성했던 것과 맞물린 구상이었다고 할 수 있다. 이 시점에 국민당에 비해 압도적으로 열세에 있던 중국공산당과 마오쩌둥은 소련의 입장을 무시할 수 없었다. 실제로 소련이 요구하는 프랑스적 길을 수용하고 이를 통해 국민당에게 양보를 받을 수 있다는 입장을 보였다.[59] 앞선 시기 '유고적 길'이 마오의 옵션이었다면 이 시기 '프랑스적 길'은 소련의 옵션이었다. 미국과 소련 모두 이 방안만이 국민당과 공산당 양자를 설득할 수 있는 유일하게 현실적인 방안이라고 보고 있었다. 그래서 전후에 공산당을 참여시키는 연립정부 수립을 장제스에게 강요하는 한편 공산당도 이를 수용하도록 요구하였다.[60] 비슷한 사례로 일찍이 코민테른 7차 대회 이후 소련의 외교정책과 코민테른 노선 사이의 미묘한 긴장의 절충 방식으로, 공산당 세력을 지원하되 집권까지 가지 않도록 개입했던 프랑스 인민전선과 스페인 인민전선의 전례도 있었다.[61]

그렇지만 트루먼 등장 이후 긴장이 고조되며 만주 문제 해결을 어렵게 만드는 충돌이 늘어났다. 미국이 소련의 일본 점령(홋카이도의 무장해제) 제안을 거부하고 일본의 독자 점령을 결정하는 동시에 동북(만주)에 문호개방을 요청하면서 대립이 시작되었다. 미국은 여기서 더 나아가 장제스의 동북 무력점령까지 지원하려 하였다. 스탈린은 진퇴양난에 처했는데, 국민당과의 중소동맹 조약을 폐기하면 쿠릴열도와 지시마 열도 점령을 승락받은 얄타합의가 폐기될 위험이 있었고 그대로 두면 장제스와 미국이 연합해 동북 시베리아와 외몽고를 위협할 수 있었기 때문이었다.[62]

소련은 국민당과 미국이 밀착하지 않도록 장제스에게 만주에서의 경제협력을 제안하기도 했다. 처음에 소련은 일본이 남긴 개인 소유물은 국민당 배상으로 쓰되 회사 소유물인 만주지역 공업설비는 '전리품'인 전쟁배상금으로 간주한다는 입장이었다. 하지만 이에 대해 장제스가 항의하자 대신 미국과 영국을 배제하는 공동경영 방안을 대안으로 제시하였다. 그러나 장제스는 이 제안을 거부했고 이로써 소련이 합법적으로 동북을 통제할 기회는 사라졌다.[63]

소련은 얄타협정을 준수하면서도 공산당 홍군을 활용해 동북에 제3세력을 형성하는 방침을 펴기 시작했다.[64] 중국공산당은 종전 이전에는 일본군을 억제할 대응세력으로 간주되던 것과 비교해 더욱 중요한 위상을 갖게 되었다. 국민당이 주체인 중소동맹조약에도 불구하고 중국공산당은 만주에서 전략적 우위를 선점하기 위해 화북 지역의 우세를 활용해 종전 이전부터 부대를 대대적으로 만주지역으로 진출시키고 있었고, 1945년 9월 14일 당 내에 동북국東北局을 수립하고 펑전彭眞을 서기에 임명하였다.[65] 소련은 동북에 공개적으로 진출한 팔로군 부대에 대해서는 철수를 요청했지만, 소련 철수 후 누가 동북을 점령하든지 관여하지 않고 농촌에서의 활동과 선전 활동에 대해서는 모른 척할 것이라는 비공식적 입장을 전달했다. 또 산하이관에서 진저우선에 팔로군을 배치하는 것에도 동의했다.[66]

　미국 또한 얄타협정 체제를 위한 '3강' 또는 '4강'의 구도를 만주 문제에도 적용하려는 노력을 계속하였는데, 헐리 대사가 해결책을 찾지 못하자 그의 사직을 받아들이고 대신 마셜 장군을 특사로 중국에 파견해 국민당과 공산당 사이의 협상을 중재하게 하였다. 그 결과 나온 것이 1946년 1월 10일 국민당과 공산당 양자 사이에 체결된 징진협정이있다. 여기에는 소련의 압력노 상하게 작용하였다. 마셜의 구상은 '프랑스식 연합정부'였는데, 마셜은 장제스를 압박하기 위해 장제스의 권력을 제한하고 공산당을 각 조직에 30퍼센트 정도 포함시킨다는 내용의「중화민국 임시정부 조직법」초안을 직접 작성하기까지 했다.[67] 마셜은 장제스가 이 안을 수용하도록 했고 중국공산당을 대표한 저우언라이의 동의도 받아냈다. 그러나 최종적으로 마오쩌둥이 거부함으로써 이 제안은 폐기되고 내전이 시작되었다.

② 동과 서가 맞물리면서 분기가 발생하기 시작(1946~1949)

　트루먼이 루스벨트를 대체한 이후 여러 가지 새로운 변수가 등장했다. 특히 원폭개발의 성공 그리고 그와 맞물려 미국과 소련의 관계가 협력에서 경합으로 전환되고, 동과 서에서 전후 처리가 얄타구상과 어긋나기 시작했다는 점을 들 수 있다. 그렇지만 1945년 말까지 미국과 소련 어느 쪽도 얄타합의를 어김으로써 생기는 부담을 지려 하지 않았고 이 범위 내에서 힘겨루기가 진행되었다.

긴장은 루스벨트 사후 유엔 창설 샌프란시스코 회의에서 트루먼이 소련을 냉대한 데에서 시작해 소련에 대한 무기대여법 중단으로 이어졌다. 그러나 트루먼이 홉킨스를 특사로 모스크바에 파견해 관계를 회복한 이후 과정은 소련에 불리하지 않게 진행되었다. 6월에 미 국무부 장관 에드워드 스테티니어스는 소련이 구이탈리아 식민지 신탁통치에 참여하겠다는 요청을 원칙적으로 수용했다. 7월의 포츠담회담에서는 다시 얄타의 구도로 돌아갔고 소련은 상당한 성과를 얻을 수 있었다.

중요한 전환점은 1946년이었는데, 출발점은 흑해에서 지중해로 이어지는 지정학적 거점 확보를 둘러싸고 벌어진 이란과 터키 문제였다. 일찍이 테헤란회담에서 루스벨트는 스탈린에게 전후 이란에 대한 신탁통치를 제안한 적이 있었는데,[68] 1946년 소련이 이를 이유로 이란에서 철수를 거부한 반면 트루먼은 소련의 철수를 요구하면서 긴장이 커졌다. 같은 긴장이 흑해에서 지중해로 나아가는 터키해협에 대한 소련의 거점 확보 요구에서도 되풀이되었다. 결국 소련의 미숙한 대응으로 미-영과 충돌을 회피하고 얄타의 이권을 확보하려던 의도가 그 반대의 결과를 가져오면서 이란과 터키를 서방의 편으로 돌려세웠다.[69]

독일의 전후 점령 또한 이와 맞물려 긴장을 고조시키는 요인으로 작용했다. 전후 독일 처리를 둘러싸고 프랑스는 처음에 소련과 같이 독일제국을 다수의 중소규모 국가로 해체하고, 전쟁배상금을 요구하며, 핵심 공업지역인 루르에 국제적 공동관리 체제를 수립할 것을 원했다.[70] 그러나 루르의 장악을 중시한 영국은 루르 공동관리 요구를 거부했고, 다른 연합국들은 전쟁배상금 요구를 거부했으며(미-영-불 장악 지역의 산업설비를 전쟁배상금 형태로 소련 점령 지역으로 이전시키는 것도 중단), 독일제국을 해체하는 구상은 소련 자신이 폐기하였다.[71] 독일 처리 논의에서 고립을 우려한 처칠이 미소에 맞서 독일 점령의 한 주체로 포함시킨 프랑스는 점차 영-미를 지지하는 입장으로 돌아섰다. 소련과 공감대가 있던 첫 요구가 관철되지 않자 루르 지역의 저렴한 석탄 공급 및 루르의 국제 감독 체제 참여와 서독을 감시할 수 있는 고등위원회의 권한을 보장받고 북대서양 조약에 의한 안보도 보장받았기 때문이었다.[72] 분단 독일이라는 구상도 프랑스의 애초 요구에 어느 정도는 합치하는 것이었다.[73]

소련의 독일 점령 정책은 모순적이었는데, 한편에서는 독일에 전쟁배상을 요구하면서 다른 편에서는 연합국 통제위원회ACC에 협조해 공동관리하에 통일 독일을 유지한다는 어려운 목표를 함께 가지고 있었기 때문이다.[74] 연합국과 갈등이 빚어지면서 스탈린의 독일 구상은 셋 사이에서 동요했다. 첫째로 통일된 친소련 독일을 세우는 것(이를 위해 독일공산당이 사민당과 통합해 사회주의통일당을 수립하도록 하였다), 둘째로 탈무장하고 중립적인 독일을 세워 서방과 소련 세력 사이의 완충지로 삼는 것, 셋째로 최소 강령으로서 소련 점령지에 피후견 국가를 수립해 소련이 유럽 중심부까지 영향력을 끼칠 수 있도록 하는 것이었다. 배상금 요구를 거부당한 데 이어 재건을 위한 차관이나 브레튼우즈 체제 가입 등이 모두 어려워졌고 그만큼 '3강' 구도 속에 남는 이점도 줄어들었다.[75]

유럽 정세가 소련에 불리하게 돌아가면서 만주 문제에서는 반대로 평화적 해결에 대한 소련의 압박이 커졌다. 만주와 중국의 평화가 유지되어야 유럽을 둘러싼 협상에서 소련의 발언권을 유지할 수 있기 때문이었다. 마셜의 중재 이후 중국공산당 내에서는 평화의 신단계가 가능하다는 의식이 당내에 고무되었으나, 잠시 관망하던 마오쩌둥은 군대를 국민당 편제에 종속시켜 국가군으로 만들기로 한 합의를 파기하고 강경한 노선을 걷기 시작했다.[76] 이는 소련의 대중국 정책이 당초의 의도로부터 이탈하는 중요한 분기점이었다.

소련이 만주에서 공식적으로 철수(소련 조차지로 돌려받은 뤼순반도에는 남아 있었다)한 1946년 4월 말 이후 국공내전의 분위기가 고조되었다. 그 후에도 미국의 개입은 계속되었으나 마셜 중재 같은 방식이 되풀이되기는 어려워졌고 결국 국민당과 공산당 사이의 내전이 본격화한다.[77] 국민당의 비협조와 공산당의 현실 노선 사이에서 중재가 실패하자 마셜은 1946년 12월 18일 중국을 떠났다. 충칭에 파견되어 국민당과 협상을 주도하던 저우언라이는 다시 불리한 상황을 인정하고 중국공산당이 동북을 독자적으로 독점하는 안에서 크게 후퇴해 동북에서 3분의 1의 지분만을 유지하는 방식의 국민당-공산당 공동 점유안으로 물러섰지만, 국민당이 이 후퇴안도 수용하지 않으면서 공산당은 북만주 지역까지 밀려나게 된다.[78]

처음에 소련의 구상 중 하나는 동북3성을 '완전독립'시켜 공산당의 독자적 통치지역을 확보하고 이를 대일 완충 지역으로 만드는 것이었다. 화북 화중에 근거를 둔 중국공산당이 동북을 완전 점령해 여기에 독립국가를 수립하면 소련 입장에서는 완충 공간이 될 수 있을 것인데, 이 경우 산하이관 이남의 중원 지역에 공산당의 군대가 남아 있는 것이 문제가 될 수 있었다. 마오쩌둥이 내전으로 끌고 갈 우려가 있다고 보았기 때문이다. 소련은 중국공산당에게 산하이관 밖으로 철수할 것을 요청하였다. 그러나 이 시기 들어 중국공산당은 소련의 의도대로 움직이지 않았다.

미소 간의 갈등이 본격적으로 고조된 계기는 1947년 1월 폴란드 총선이었다. 3장에서 살펴보았듯, 얄타회담에서 가장 합의가 어려운 쟁점이 폴란드 임시정부 문제였다. 런던의 망명정부를 포함한 연립정부 대신 소련이 친소 정부를 밀어붙이자 미국이 크게 반발했다. 이는 반대편인 극동의 한반도에서 미국이 독자적 영향력을 확대하려 하자 분단의 조짐이 시작된 것과도 맞물린다. 서와 동의 변화는 강하게 연동되기 시작했다.

유럽과 아시아에서 '두 개의 적'과 싸운 스탈린은 사반세기 후에 독일이나 일본의 제국주의 또는 군국주의가 부활하여 폴란드나 한반도를 대소련 공격의 회랑이나 도약대로 이용할 가능성을 가장 두려워했다. 이번에는 미국이 뒤에서 밀어줄지도 모를 일이었다. 민족자결권을 강조한 윌슨적 정치이념과 스탈린의 지정학적 불안감이 충돌한 것이기에, 안전보장의 중요도는 차이가 있어도 폴란드 문제와 한반도 문제는 본질적으로 같았다.[79] 폴란드 문제가 냉전적 방식으로 교착되면 한반도도 같은 운명에 처할 가능성이 커지지 않을 수 없었다.

이런 정세에서 1947년 3월 12일 트루먼의 냉전 선언이 발표되었다. 유럽에서의 변화는 극동에도 영향을 끼쳤고 소련의 만주 점령 정책을 수시로 요동치게 만들었다. 그런데 이 냉전 선언의 맥

272

락에서 이해되듯이 역설적이게도 냉전의 주 무대가 '유럽'으로 설정됨으로써 한반도와 중국에서는 미국이 개입하지 않을 것이라는 전망이 우세해졌다.[80] 종전 전부터 종전 후 몇 년간 중국의 지정학적 중요성이 요동치고 극동 지역정세의 변동성이 커졌다. 한반도에 대한 전후 구상만 보더라도 중국을 중시한 초기에는 4개국이 점령하는 것이었다. 그러나 중국 본토를 활용한 일본 공격안이 맥아더 사령부의 입장에 따라 태평양 섬들을 근거지로 삼은 일본 본토 직접 공격 구상으로 바뀌면서 중국의 중요성이 줄어들었고, 한반도에 대한 4개국 점령 구상 또한 약화되었으며,[81] 한반도에서 중재자 없는 대립을 격화시켰다.

1947년 말에서 1948년으로 넘어가면 전후 독일을 4개국이 공동으로 관리하는 방식이 아니라, 영미 점령 지역에 프랑스 점령 지역을 통합하고 이 지역만 묶어 별도의 산업 강국으로 재건해 유럽과 통합할 수 있다는 동서독 분단 방안이 본격적으로 거론되기 시작했다.[82] 마셜플랜이 이런 맥락에서 등장했는데, 그렇지만 마셜플랜 구상 시점까지도 미국은 아직 두 개의 독일 구상을 확정 지은 것은 아니었다. 미국의 서독 분리 건설 방안은 아직은 각 점령지에서 국가를 세우고 '연방'으로 만드는 방안에 비해 부차적인 것으로 남아 있었다.[83] 마셜플랜을 논의하기 위해 만난 1948년 6월 파리 외상회담에서 스스로 고립을 자초한 것은 소련의 몰로토프 외상이었고, 소련이 자초한 고립은 미국과 프랑스가 16개국을 끌어들여 마셜플랜 실현을 위한 유럽경제협력위원회CEEC, 경제협조처ECA, 유럽경제협력기구OEEC의 건립으로 나아가는 빌미를 주었다.[84]

이어진 베를린 봉쇄는 소련의 결정적 오판으로 평가된다. 서독 지역의 화폐개혁을 논의하려던 베를린 회의를 봉쇄함으로써 서방의 결정을 되돌리고 군사적 대치를 회피하고자 의도하였지만, 결과적으로는 오히려 서독 건국을 기정사실화해 독일을 중심으로 서방 경제를 단합시키는 계기가 되었다.[85] 더 나아가 영국 외상 베빈이 의회 승인이 어렵다는 이유로 거부하던 미국 측을 압박해 나토 수립을 현실화하는 빌미가 되었다.[86] 한반도에서는 1947년 5월 이후 북쪽에서 시작된 단독 건국의 흐름이 고착화하기 시작했고 파리 외상회담 결렬 후 1948년에 들어서면 돌아올 수 없는 다리를 건너게 되었다.[87]

만주에서 시작된 국민당과 공산당 간의 내전에서 공산당은 한때 북만주로 밀려났을 만큼 불리했지만, 소련을 통해 구 관동군의 군수산업 시설을 활용하고, 뤼순에 남아 있던 소련군의 후원을 받고, 중국보다 앞서 1948년 건국으로 나아간 북한의 후방 지원을 받으면서 1947년 하반기부터 공세로 전환하기 시작했다. 한반도 분단과는 별도로 소련은 1949년 초까지도 전면 내전을 억제하고 중국공산당을 일정한 지역 세력으로 묶어두면서 장제스 국민당을 활용하고자 했는데, 그 중요한 목적은 미국과의 대치를 피하고자 한데 있었다. 그렇지만 장성 이북을 독립시키고 공산당이 산하이관 내에서 물러 나와서 동북에만 집중해 소련의 방어선이 되는 방식과 마셜이 제안한 프랑스식 연합정부를 수립하고 단일 군대를 조직한다는 두 가지 방안이 사실상 실패하면서, 소련은 최종적으로 내전이 장강(양자강)을 넘어 확대되는 것을 막고자 하였다. 소련은 공산당 군대의 장강 도강이 미국 파병의 빌미가 된다고 보고 도강을 막는 대신 장강을 경계로 국민당과 공산당의 통치 영토를 나누는 '남북조' 분할 방안을 제안하였으나, 1949년 4월 23일 공산당은 이 중재안을 거부하고 장강을 도강하여 국민당의 수도인 난징을 점령하였다.[88] 중국 문제에 대한 스탈린의 입장이 근본적으로 전환된 것은 바로 이 장강 도강 시점이었다.[89] 소련으로서는 현실을 인정하고 새로운 대응을 모색해야 했다. 이후 국민당을 따라 철수하지 않고 난징에 남아 있던 스트레이든 주중 미국 대사와 중국공산당 사이의 막후 협상은 유의미한 성과를 남기지는 못했다.

③ 중간지대의 전쟁으로서 한국전쟁과 동아시아 냉전의 공고화 (1950~1953)

4장 첫 부분에서 설명했듯이 한국전쟁은 중국공산당의 대륙 장악과 신정부 수립으로부터 귀결된 산물이지만, 반드시 필연적 결과라고 말할 수는 없다. 북한이 군사적 수단에 의한 한반도 통일 의사를 소련과 중국에 타진한 것은 1949년이지만, 1949년 말까지 이에 대해 스탈린과 마오쩌둥 모두 단호한 반대 의견을 표명하였다. 중소 모두 평화국면이 유지되기 바라고 있었는데, 1950년으로 넘어가면서 급격한 변화가 발생했고, 스탈린이 한반도 정책에 대한 태도를 바꾼 것도 1950년 1월이었다.[90]

1949년 말까지 소련과 중국이 왜 한국전쟁 개전에 반대했는지 그 이유를 이 두 나라가 얄타구상을 어떻게 보고 있는지에서 확인할 수 있다. 소련은 얄타합의에 따른 독일의 전쟁배상이나 소련 전후 복구를 위한 서방의 지원에 대한 기대를 완전히 포기한 것이 아니었고 얄타합의를 폐기하고 새로운 방안을 만들 생각이 있던 것도 아니었다. 마오쩌둥 또한 장제스보다 옌안(공산당)에 우호적인 미국의 태도를 거스르면서 진영 대립을 고집할 이유가 없었다.

중국공산당의 난징 점령 이후에도 미국 대사관은 난징에 남아 협의를 계속하였고, 건국 후 마오쩌둥이 소련을 방문해 '중소우호동맹상호원조조약' 체결을 위해 노력하던 시기(1949년 12월 6일 ~1950년 2월 17일)에도 미국은 소련과 중국을 갈라놓기 위한 제스처를 계속 보이고 있었다. 국무성 내의 의견이 일치했던 것은 아니지만 온건파들은 중국공산당과 우호적 관계를 형성해 중소를 분리하는 것이 가능하다고 보고 있었다. 조지 케넌과 딘 애치슨 모두 중국을 소련과 분리시키려는 노력을 지속했고[91] 케넌은 중국의 유엔 가입도 찬성했다.[92] 한반도와 대만을 제외하고 알류산열도에서 일본을 거쳐 필리핀으로 연결되는 유명한 애치슨 라인(1950년 1월 12일)은 대만을 미국의 방어선에서 배제함으로써 중국공산당의 점령을 묵인하겠다는 의사로 해석되었다.[93]

앞서도 설명했듯이, 중국공산당은 1949년 건국 시점에 사실 해결한 것이 거의 없었다. 내전은 끝나지 않고 상하이는 수시로 폭격당했고 군의 현대화 과제는 요원하였으며, 경제는 와해 상태였고, 넘겨받은 만주 지역도 제대로 관리하지 못했다. 소련의 의사를 거스르며 독자 집권의 길로 나아갔기 때문에 건국 직후 모스크바를 방문한 마오쩌둥은 매우 저자세일 수밖에 없었다. 소련은 얄타협정을 여전히 유효하게 여겼기 때문에 국민당과 체결한 중소우호동맹조약을 폐기할 의사가 없음을 밝히고, 그 조약 구절 일부만 수정하겠다는 입장을 고집했다.[94] 2개월 이상 체류하며 마오쩌둥이 새로운 동맹조약 체결이라는 소기의 목표를 달성하고 특히 소련군이 중국의 항공 방위에 적극적으로 도움을 주겠다는 약속을 받아

낼 수 있었던 것은 유럽의 냉전 구도가 급속하게 형성되던 상황과 밀접한 관련이 있다. 냉전으로 가는 상황에서 스탈린에게도 확실한 카드가 필요해진 것이다.

기존의 소련과 국민당의 동맹조약을 폐기하고 새로운 '중소우호동맹상호원조조약' 체결이라는 성과를 얻어낸 마오쩌둥의 그다음 목표는 대만 점령을 위해 소련에게서 군사물자를 지원받는 일이었다. 북한의 전쟁 계획을 인지한 이후 마오쩌둥은 지속적으로 김일성이 남쪽을 먼저 공격하지 않을까 걱정하였다. 이는 동북아시아 전체의 정세뿐 아니라 대만 해방을 위한 작전에도 악영향을 미칠 수 있었으며, 북한이 곤란한 상황에 부닥칠 경우 중국공산당은 원조를 제공할 능력도 없었다고 보았기 때문이다. 따라서 마오쩌둥은 모스크바에 북한이 남한을 먼저 공격하는 것에 반대한다는 의사를 전달하였다.[95]

다른 변화가 없었다면 마오쩌둥의 모스크바 방문과 조약 체결 후 소련의 군사지원 아래 중국공산당의 대만 점령 작전이 개시되었을 가능성이 높았다. 그러나 1950년 1월 이후 소련은 여러 가지 이유를 들어 약속한 군사물자 지원을 계속 미루었고, 4월 김일성의 모스크바 방문을 계기로 대만 점령을 위한 중국공산당 지원에서 한국전쟁을 위한 북한 지원으로 입장을 바꾸었다. 이 입장 전환에 대해 마오쩌둥은 자세한 설명을 전달받지 못했다.[96] 소련이 입장을 바꾼 이유는 앞서도 설명했듯이, 동방의 '티토'가 될 수 있다는 우려 때문에 중국과 마오쩌둥을 견제해야 한다는 목소리가 힘을 얻었기 때문이었다.[97] 북한은 북한대로 전쟁 전부터 38선의 긴장 국면을 이용해 소련으로부터 대량의 현대식 무기를 지원받을 수 있

었고 중국으로부터 훈련된 부대를 확보할 수 있었다.[98]

중국에게는 대만 점령이 일차적으로 중요했고, 한국전쟁에 대
해 군사적으로나 심리적으로 준비가 부족해 전쟁 초기에는 큰 관
심을 보이지 않았다.[99] 하지만 이 전쟁을 신생 중국의 생존과 지정
학적 위상 제고와 연관시키기 시작하면서 마오쩌둥은 전격적으로
입장을 바꾸고 참전 의사를 소련에 전달했다. 소련은 중국이 급작
스레 참전 의사를 밝히자 그 근저에 '동방의 티토'가 되려는 저의
가 있지는 않은지 의심한 탓에 연합군이 반격해 38선을 돌파한 이
후에도 중국의 참전을 오랫동안 승인하지 않았다. 그러나 연합군
이 파죽지세로 북상하자 북한의 지원요청을 받은 중국공산당 중
앙위원회 정치국은 10월 초 참전 여부에 대한 논란 끝에 10월 5일
정치국 회의에서 출병을 정식 결정하고, 중국 '인민지원군'은 10월
19일 압록강 국경을 넘었다. 마오쩌둥의 적극 개입 입장과 달리 당
내에 부정적 입장도 적지 않았다. 중국은 이 전쟁에 참여하는 대신
소련의 군사원조와 특히 공중 엄호를 중요한 조건으로 내걸었고,
스탈린은 중국의 의도를 지속적으로 의심했다.[100] 소련은 얄타체제
를 고수하면서 미국과 직접 대결 구도를 형성하는 것을 원하지 않
았으나, 동방에서 세력권을 확보하는 동시에 미국 세력을 견제할
수 있는 카드로 북한이나 중국을 활용하는 것 역시 포기하기 어려
웠다.[101]

한국 전쟁 참여로 마오쩌둥의 중국은 스탈린이 우려한 동방
의 '티토' 이상으로 위상이 올라가는 지정학적 성과를 얻을 수 있었
다. 동유럽 '위성국가'들과 달리 중국은 소련에 대해 이견을 제기하
고 독자적 노선을 수립해갈 수 있게 되었을 뿐 아니라, 소련을 통하

지 않고 독자적으로 서방 국가들이나 제3세계 국가들과 외교적 교섭을 할 수 있는 지위를 갖게 되었다. '항미원조'는 이 전쟁 참여 목적과 성과를 모두 표현하는 것이었다. 션즈화는 당내 반대에도 불구하고 마오쩌둥이 참전을 밀어붙인 중요한 네 가지 명분이 있었다고 본다. 사회주의 진영에 대한 국제주의 책임의 이행, 미 제국주의를 직접적인 적수로 간주하는 혁명 정서, 신중국의 안전과 주권 보호를 위한 최고 지도자로서의 의식, 그리고 중소동맹 유지를 위한 심층적 고려가 그것이다.[102] 신욱희는 중국의 참전에 관념적 연대, 외부적 안보위협, 내부적 안보위협(동북지방의 불안정성), 전략적 고려 네 가지가 복합적으로 작용하였다고 본다.[103] 내전이 종료되지 않은 상황임에도 외부 전쟁에 참여함으로써 중국은 국제정세상 여러 이득을 결과적으로 얻어냈던 것이다. 중국군의 전면적인 무장 현대화를 실현하고 경제 회복과 건설을 위한 소련의 집중적 원조를 받았는데, 중국 현대공업기본건설 프로젝트로 소련이 지원한 156개 중점 사업 중 50개가 이 전쟁 기간에 시작된 것이었다.[104]

전쟁은 중국의 개입 이후 교착 상태가 되었지만 소련과 중국 각자의 생각이 달라 쉽게 정전협정이 체결되지 못했고, 정전협정의 최적 시기로 간주된 1950년 겨울을 지나쳤다. 소련으로서는 '공식적으로' 전쟁에 참전한 것이 아니었기 때문에 전쟁을 적절하게 끌고 가는 것이 유리할 수 있었다. 션즈화는 다음과 같이 평가한다.

스탈린에게 있어서 가장 유리한 국면은 전쟁을 하지 않으면서도 정전도 하지 않는 국면이었다. 즉 소련이 전쟁에 끌려 들어가는 것을 방지하기 위하여 전쟁이 확대되지 않으면서도, 미국을 조선

전장에 장기간 묶어두기 위하여 정전이 실현되지 않는 상황이었다. 화전 양면 준비 중에, 모택동의 책략은 조건만 유리하다면 상대방이 양보할 때까지 전쟁을 계속한다는 것이었다. (…) 1953년 초, 조선에서 중국의 군사력은 병력과 장비, 훈련, 갱도 공사와 교통, 그리고 탄약과 군량미 비축에 이르기까지 조선전쟁에 개입한 이후 가장 최적의 상황이었다.[105]

중국 측은 자신감에 넘쳤기 때문에 조기 정전을 거부했는데, 정전협정으로 추가 인명 손실 38만 명 발생을 막고 유엔 대표권 문제를 포함해 국제무대에 더 유리한 조건으로 등장할 기회도 결국 상실하였다. 당초 중국은 1951년 5월 무렵 휴전협상을 제안하고 이후 조속한 타결을 위해 북한 측의 양보를 주장하였으나 이번에는 앞서 중국보다 협상에 적극적이던 북한이 원래 조건을 고수하여 협상이 교착 상태에 빠졌다. 1952년 들어서는 다시 중국이 소련의 1차 5개년 계획 지원 요청을 이유로 휴전협정을 고의로 지연시키기도 했다.[106] 정전협정의 시기를 놓친 대가는 컸다.

중국이 적시에 정전을 하지 않음으로써 발생한 또 다른 결과는, 국제정치 무대에서 중국 자신이 고립되었다는 점이다. 조선전쟁이 발발하기 전, 유엔의 대표권 문제는 중국에 유리하게 전개되고 있었다. (…) 그러나 중국이 유엔 제안을 거부한 후에 모든 것이 변하였다.[107]

중국이 자기 역량에 대한 과대평가와 더 유리한 협상조건에 집착한 탓에 적절한 협상 시기를 놓치자 결국 상황은 그대로 1953년까지 지속되었다. 한국전쟁 전에 유엔에서 신중국을 가입시킬 것인지 논의가 있었고 심지어 한국전쟁과 중국의 참전 이후에도 인도 등을 중심으로 중국을 유엔에 가입시켜야 한국전쟁 조기 종전이 가능하다는 견해가 제시되었지만, 정전협상이 지연되면서 중국의 유엔 가입 논의도 해결이 불가능해졌다.[108] 션즈화의 지적대로 이 때문에 중국은 정전을 중재하던 국가들(인도를 중심으로 1950년 말 정전안을 제출한 13개국)의 신뢰를 상실했고, 대만을 밀어내고 안보리 상임이사국의 자리를 차지할 기회도 놓쳤으며, 자본주의 국가들과 무역을 통한 통합도 먼 이후의 일로 미루게 되었다.

반면 중국이 얻은 '자기 역량에 대한 과대평가' 또한 가볍게 볼 것은 아니었는데, 항미원조의 이념은 대내적으로 반미 민족주의를 자극하여 사회주의 건설을 향한 강력한 내적 통합력을 끌어낼 수 있었다. 대외적으로 이는 이후 중국이 제3세계주의의 핵심 지도자로 부상하고 그 이데올로기로서 반미주의와 그 조직화 방식으로서 마오주의적 게릴라주의를 전파할 수 있는 배경이 되었다. 중국은 자국민들에게 역사적으로 유일하게 반미 전쟁에서 승리한 국가로 자신의 이미지를 부각시킬 수 있었다. 시진핑의 '신시대'에 이르기까지 이 이미지는 중요한 역할을 하였다.[109]

1954년 4월 26일부터 6월 15일까지 제네바에서는 19개국이 모여 동아시아의 두 분쟁지역 문제를 해결하게 위한 회담을 열었다. 첫째는 한국전쟁을 공식적으로 종료하기 위해 평화협정을 체결하는 것이었고, 둘째는 프랑스령 인도차이나의 평화 유지와 남북 분단을 논의하는 것이었다. 한반도 평화 논의는 미국과 중국이 대립하면서 진척되지 못했고, 사실상 베트남 분단에 대한 합의만 도출하는 것으로 끝났다. 제네바회담은 1951년 샌프란시스코 강화조약과 1953년 한국전쟁 정전협정에서 다루지 못한 부분을 위해 비동맹 세력을 포함해 좀 더 확장된 '얄타적 구도'를 만들고자 한 시도로 해석될 수도 있었다. 그렇지만 '항미원조'의 연장선상에 있던 이 시기 중국은 독소전쟁의 수세적 상황에서 절대적 후원자인 미국의 손을 잡아야 했던 얄타회담 시기의 스탈린과는 입장이 달랐다.[110] 제네바회담이 성공했다면 동아시아의 냉전도 다자적 협의 구도 위에서 진행되었을지 몰랐지만, 회담은 실패했고 동아시아 냉전은 분산된 동맹 구도 위에 수립될 수 있을 뿐이었다. 제네바회담의 향방에 따라 '아시아' 또한 동북아시아에서 남아시아까지 연결된 새로운 관계망으로 결합되었을 수도 있었으나 결국은 동북아시아, 동남아시아, 남아시아가 분리된 채, 한편에서 냉전의 대립 구도가 다른 한편에서 탈식민적 지배 구도가 관철되게 된다.

중국의 입장에서는 항미원조가 국제적 위상을 상승시키는 계기였는지 모르지만 중국 국내에서 치러야 하는 대가는 적지 않았다. 그 귀결은 '1957년 체제'의 수립으로 이어졌는데, 군사적 대응을 중심으로 사회를 동원하는 것이 중요해지면서 사회를 군사적으로 조직화하는 결과를 낳았고 민주의 문제를 해결 불가능한 아포리아로 잠복시켰다.

중국의 국제적 지위가 상승했지만 그렇다고 대만 통일 문제가 그 대가로 소멸했던 것은 아니다. 다만 오랫동안 수면 아래로 잠복하게 되었다. 이 점에서 대만 문제가 마오쩌둥 시기로부터 시진핑 시기까지 지속되어온 역사적 맥락이 존재한다.

중국인이 크게 놀랐던 것은, 미국의 조선전쟁에 대한 첫 반응이 대만의 지위는 미정이라고 발표하면서 제7함대를 대만해협에 파견한 것이다. 조선전쟁이 발발한 후 트루먼은 우선 북조선이 아닌 중국을 미국의 대결 상대로 인식하였다. 이에 대하여, 마오쩌둥은 격렬하게 반응하였다. (…) 대만해협에 대한 미국의 행동은 중국 통일의 대업 완성이라는 마오쩌둥의 염원을 산산조각으로 만들었으며, 완성 직전의 대만 해방의 계획을 수포로 만들었다. 마오쩌둥에게 있어서, 대만 해방은 그의 인생 전반기 중 중화민족을 위한 마지막 대사였다. (…) 이때부터 마오쩌둥의 마음속에는 미국인과의 전쟁은 이미 시작되었다. 7월 초까지 마오쩌둥은 자신의 공격 역량을 대만과 조선 두 곳 중 어디에 둘 것인지에 대하여 최종적인 결정을 내리지 못하였지만, 다음 세 가지 사실만은 매우 분명하였다. 첫째 이 두 곳으로부터의 도전 또는 위협 모두 미국으로부터 온 것이라는 점, 둘째 마오쩌둥은 이미 미국의 도전에 응전하기로 결심했다는 점, 셋째 우세한 병력을 집중시켜 섬멸전을 진행한다는 마오쩌둥의 일관된 전략 사상에 따라 그는 반드시 대만과 조선 두 곳 중 선택을 해야 한다는 점이다. 따라서 후에 마오쩌둥이 조선 전장에서 미국과 승부를 겨루기로 결정한 최초 기원은 대만 문제와 관련해서 미국에 의해 촉발된 혁명 정서에 있다는 결론을 내릴 수 있다.[111]

70여 년이 지난 후 시진핑은 대만 문제 해결에 '중화민족의 위대한 부흥'이라는 색채를 덧씌웠지만 이미 1950년 시점부터 대만 문제는 세계강국으로서 중국의 지위, 특히 미국과의 관계 속에서 중국의 위상과 뗄 수 없는 관계에 놓이는 국제적 문제로 자리 잡았고, 중국의 100년 과제가 되었다. 2장의 역사결의에서 보았듯, 시진핑은 국내정치의 '민주' 문제와 관련해 마오쩌둥과 반대 지점에 서 있다고 할 수 있지만 대만 문제와 관련해서는 동일하게 이 1950년 정서의 연장선상에 서 있다.[112]

동아시아와 냉전

동아시아 냉전의 궤적을 살펴보면 이 역시를 한편에서는 우연한 사건들의 연쇄로 설명하고 싶은 유혹과 다른 한편에서 구조적 제약에 의해 규정된 역사로 설명하고 싶은 유혹을 번갈아가며 느낀다. 후자의 경우, 구조적 제약은 점점 더 강력해지지만 이에 이르는 과정은 복잡하고 예측이 어려운 경우가 많아 이 방법 역시 말끔하게 설명하기는 어려운 측면이 있다.

여기에는 많은 사건뿐 아니라 많은 국가와 '지역 전체' 그리고 글로벌한 국가간체계의 동학까지 중첩되어 작용하였다. 특히 예측 불가능성이 커진 이유는 특히 중국이라는 변수 때문이었다. 처음에 작아 보이던 차이는 이후 점점 더 커졌고 이후의 궤적을 규정하는 데 강한 영향력을 미쳤다.

여러 요인이 결합해 예상치 못한 분기를 만들어내는 일들은 2차 세계대전 종전 시기까지만 작동했던 것이 아니라 그 이후도 상당 기간 지속되었다. 1946년 이후 누적된 사건들이 궤적을 바꾸어 냈는데, 일본 통치방식의 변경-조선반도 정세 변화-마셜플랜-베를린 봉쇄-소련의 이탈과 코민포름 수립-중화인민공화국 수립-트루먼 정부의 NSC-68 계획 수립의 연쇄 속에서, 그리고 결정타로서 한국전쟁에서 그 귀결을 확인할 수 있다.[113]

한국전쟁 전과 후 미국의 대중 정책의 모호함을 확인하고 나면 두 진영 대립으로 가는 과정이 필연적이었는지에 의문이 생긴다. 중국의 한국전쟁 참전은 동아시아의 '열전'을 통해 동서 냉전을 고착시킨 가장 중요한 계기였던 것은 틀림없다. 하지만 이 사건이 진행되는 과정의 복잡성과 상호 간의 오해와 과대포장, 전후 질서의 상이한 구상들의 충돌을 살펴보면,[114] 초기의 얄타구상과 이를 실현하는 과정에서 생겨난 복잡한 요인들과 그것의 변화 등에 대해 다른 판단을 내릴 수 있고, 얄타체제 해체로 가는 과정의 복잡성에 대해서도 새롭게 분석해볼 수 있을 것이다.

냉전은 전 세계적으로 균질적인 변화를 초래한 것은 아니었다. 세 개 또는 그 이상의 '냉전들'이 얄타체제 이후의 세계질서에서 등장했다. 유럽의 냉전은 독일의 분할을 중심으로 전개되었다. 얄타회담의 구상이 조금씩 어긋나면서 독일을 동·서독으로 분단하고 이를 바탕으로 유럽 전체를 진영적 세력권으로 분할하는 방향으로 귀결되었는데, 그럼에도 이 모순이 집중된 지역으로서 베를린은 얄타의 공동점령체제가 지속되는 독특한 공동지대로 남았고, 유럽의 '냉전'은 이를 '열전'으로 가지 않도록 억제하는 장치로 유지시켰다.[115]

동아시아의 냉전은 그와는 달리 '열전'을 거쳐 '냉전'의 구도가 지속되는 방식으로 진행되었다.[116] 1945~1950년까지 동아시아의 상황은 유럽만큼이나 냉전의 진영적 대립이 반드시 현실화되리라 보기는 어려웠으며, 미국과 소련, 미국과 중국공산당의 관계는 여전히 얄타합의의 틀 내에서 지속되고 있는 상황이었다. 그럼에도 동아시아는 오히려 냉전의 핵심 지역으로 전환되었다. 동아시아에서 냉전은 이 연합국 4국 또는 여기에 루스벨트의 최초 '네 경찰국' 구도를 추가하자면 중국까지 포함한 이후 안보리 5개국 중 3개국 이상이 직접 협상 무대에 결합되지는 않는다는 점에서 유럽의 냉전 관리 방식과는 상이하게 진행되었다. 유럽의 냉전이 베를린 공동점령의 형태로 4자회담의 틀을 지속시켰다면, 동아시아에서 냉전은 1951년 샌프란시스코 강화조약 체결과 1953년 한국전쟁 정전협정 체결을 계기로 모두 대립하는 다양한 양자 간 관계(미소, 미중, 북미 등의 방식으로)의 복합체로 작동해갔다. 동아시아의 냉전에는 베를린 공동점령 같은 방식은 존재하지 않았으며, 동아시아는 줄곧 유럽의 냉전 문제를 해결하는 데 우위를 점하기 위한 관련국들의 전략의 영향을 받았다.[117]

이 '냉전 수립' 핵심 5개국의 공동 대상이 아니었던 그 밖의 지역에서 '냉전'은 훨씬 더 직접적 폭력과 단속적 '열전' 등 노골적인 세력권 논리의 전개로 나타났다. 미국의 '배후지'로 간주된 라틴아메리카에서 '저강도 전쟁'으로 진행된 냉전으로부터 1970년대 본격적인 체제 대립의 '열전'의 장소로 바뀐 아프리카 대륙과 중동을 거쳐 아프가니스탄까지 2차 세계대전의 종전 처리와 직접 관련되지 않은 지역의 '냉전'은 훨씬 더 '열전'의 형태를 띠었고 얄타체제의 균열을 증폭시킨 출발점이 되었다.[118]

동아시아 내에서조차 한국전쟁 이후 사회주의 중국에 대한 대소련 방식의 '봉쇄'는 단순한 봉쇄로 작동하지 않고 '샌프란시스코 체제에서 미중 협력체제로'의 보완적 연속으로 해석할 여지가 큰 만큼,[119] 얄타체제 구도로부터의 이탈이 그렇게 크지 않았다고 할수 있다. 이렇게 보았을 때 동아시아는 그 자체로 고정된 물화적 실체가 아니라, 다양한 변화와 동학이 어우러진 시공간이었고, 그에 대한 역사 서술은 한 가지로 단순화할 수 없는 진정한 '문제사'의 대상으로 남는다. 얄타구상을 현실의 얄타체제로 만든 결정적 고리가 중국의 한국전쟁 참전이었지만, 그로 인해 발생한 동아시아 지정학의 역사적 뒤틀림의 효과는 매우 복잡한 것이었고, 그 후과도 단순한 하나의 줄기로 해석될 수 있는 것은 아니었다.

그러나 소련이 구상한 얄타협의의 틀을 벗어난 중국공산당의 집권, 그리고 뒤이은 '항미원조'와 동아시아 강대국으로의 부상은 단순한 '성공'이 아니었다. 이후 중국 사회의 궤적에 불가피하게 중대한 방향 전환이 발생하지 않을 수 없었기 때문이다.

4

중간지대 혁명 때문에 전개된
사회주의 건설기의 모순들: '1957년학'이라는 질문

중간지대의 혁명의 길을 거쳐 신중국을 수립한 중국공산당은 이후 과도기의 총노선과 사회주의 건설의 총노선을 거치며 모순에 가득 찬 길을 걸어간다. 이 복잡한 역사를 여기서 다 다룰 수는 없지만,[120] 중간지대의 혁명이라는 제약조건으로부터 확인되는 몇 가지 중요한 내용을 지적해둘 필요가 있다. 중간지대의 혁명이라는 관점으로부터 중국혁명사를 해석할 때 가장 큰 이점은 '일국사회주의'라는 일국사적 혁명 서술로부터 거리를 둘 수 있고, 중국혁명 자체를 세계체계의 변동 속에서 해석할 수 있으며, 이 혁명의 한계가 이후 어떻게 노출되는지에 대해 중요한 시사점을 얻을 수 있다는 점이다. 그 혁명의 '성공'을 세계체계의 정세적 맥락, 즉 국가간체계의 재편 과정을 통해 해석할 수 있으며, 또 여기서 더 나아가 혁명 이후 '사회주의 건설기'에 이런 중간지대의 혁명이라는 제약조건이 어떻게 지속적인 영향을 끼치는지 포착할 수 있다. 이 중간지대의 혁명이라는 관점에서 '혁명' 성공 이후의 제약에 대해서도 검토해 볼 수 있다.

진영론의 덫에 사로잡힌 중국 사회주의 길

얄타구상이 냉전의 대립을 거치며 비틀린 영향을 준 직접적 결과가 1948~1949년 시기 소련이 국내적으로 공안통치로 전환한 것이라는 점은 앞서도 지적했다. 그런데 얄타구상이 대립하는 두 세계로 분열하면서 생긴 부정적 영향은 소련에만이 아니라 뉴딜의 나라인 미국에서도 나타났다. 1940년대 말 1950년대에 들어서면서 뉴딜의 낙관주의가 급격히 소진되면서 반동의 시대가 도래했다. 후버식 자유주의와 선을 긋고 출발한 루스벨트식 자유주의는 전진을 멈추었고 그 과정에서 다시 자유지상주의가 세를 불리기 시작했다.

단적인 변화는 미국 사법부에서 드러났다. 루스벨트 시기 연방대법원을 중심으로 한 사법부는 행정권력의 재량권을 폭넓게 지지하는 입장으로 바뀌었는데, 매카시즘을 만나면서 역설에 빠졌다. 반루스벨트 지향의 반공주의가 강화되면서 앨저 히스 검거에서 시작해 트루먼 집권 2기를 뒤흔든 매카시즘 광풍은 뉴딜이 열어놓은 행정재량권을 남용하기 시작한 것이다. 사법부는 법률의 자구를 원칙대로 고수하는 '보수적' 전환 아니고서는 이 광풍을 제어하기 어렵다는 것을 알게 되었다.[121] 전후 기독교 민주주의 중심으로 재편된 서독에서는 공산당을 불법화하였고, 전범에 대한 책임 추궁이

하위 직위로 갈수록 유야무야되었다. 일본 전후 처리 방향도 최초 계획과 달리 전전 체제가 복구되었다. 전전 총력전 체제에서 군부 세력만 제거하고 내각 중심 정치를 복원하려는 방향이었다.[122]

신중국 또한 비슷한 곤경에 빠져든다. 한국전쟁에서 바로 발을 빼지 못하고 항미원조 분위기가 거세지면서 새로운 내적 모순이 점점 커졌다. 중국은 얄타체제를 벗어난 것은 아니지만 항미원조라는 독특한 경로를 걸으면서 고립된 강대국의 위상을 키워갔고 점점 더 비자유주의적 발전의 길을 사회주의적 경로로 채택하게 되었다. 중국의 과제는 이중의 궤도 이탈이었지만, 그 이탈이 진정한 궤도 이탈이었는지가 줄곧 문제로 남았다. 자본주의로부터의 이탈은 19세기적 자유경쟁 자본주의로부터의 이탈이기는 했지만 그것이 진화하고 있던 미국 중심의 새로운 자본주의 재편의 방향으로부터도 이탈한 것인지는 모호했고, 얄타체제에 도전해 얄타로부터 이탈이라고 여긴 것도 사실은 얄타체제의 대체는 아니었고 자력갱생적 방식으로 그 안티테제에 머물 수 있을 뿐이었다.

중간지대 혁명이 항미원조로 끝나면서 신중국은 불가피한 몇 가지 역설에 직면했다. 첫째, 앞서 한국전쟁 발발 과정에서 확인했듯이 건국 후 중국은 소련의 긴밀한 지원이 있어야만 혁명을 유지할 수 있었지만 그 관계가 계속되기 어려운 난점이 이미 내장되어 있었다. 둘째, 미국과의 관계도 마찬가지였다. 중국공산당은 역설적으로 미국의 후원, 즉 루스벨트가 추진한 우호적 관계에 힘입어 집권할 수 있었지만, 더이상 미국과 동반해가기 어려웠다. 전후 '자유진영' 재건을 위한 미국 원조 물결에 올라탈 수도 없었다. 셋째, 역설적이게도 옌안의 중국공산당이 미국으로부터 지지를 받았던 것은 장제스의 '독재'에 반대해 연합정부를 추진하는 '민주세력'이었기 때문이었음에도, 항미원조는 이를 반전시켜 강한 권위주의적 통치의 수립으로 나아가는 계기가 되었다. 혁명이 성공할 수 있던 배경인 '인민의 통치'는 점점 더 '인민에 대한 통치'로 퇴행하였다.

사회주의 중국이 직면한 난제들

'혁명'은 성공했지만 성공의 불가피한 이면 때문에 중국 사회주의 건설 과정은 처음부터 모순과 난점이 교착되어 있었고, 그 후로도 지속되는 해결하기 어려운 문제를 낳았다.

첫째, 항미원조에 따른 정치 구도는 내부적 억압을 강화해 1957년 모호한 '백화제방, 백가쟁명'의 짧은 낙관주의 시기를 거쳐 결국 급속하게 '반우파 투쟁'으로 귀결되었다. 그에 앞서 도시와 부르주아지 세력에 대한 정풍으로 삼반오반 운동이 전개되었다. 이런 반복된 과정을 거치며 건설적인 다른 목소리들은 억눌러졌다. 앞서 제1차 역사결의에서 확인했듯이 당이 항상 잘못된 '노선 오류'에 빠질 수 있고 이를 넘어서기 위해 대중에 의존해야 한다는 입장은 유지될 수 없었고 다시 당의 무오류성의 신화로 되돌아가는 길이 마련되었다. 첸리췬은 이 전환이 중국 사회주의 역사 전체에 끼친 지대한 부정적 함의를 강조하기 위해 여기에 '1957년학'이라는 독자적 명칭을 부여했다.[123] 반우파 투쟁으로 급격하게 전환한 이 1957년의 의미를 심도 있게 파악하고 해결책을 모색해야만 현재 중국이 안고 있는 많은 문제의 돌파점을 찾을 수 있다는 것이다. '백화제방·백가쟁명'에 힘입어 아래로부터 솟아오르던 다양한 생명력을 지닌 사회주의적 동력이 우파로 몰려 지탄과 공격의 대상이 되고 오직 위로부터의 공인된 사회주의 노선만 받아들일 수 있는 상황으로 뒤바뀐 것이다. 반우파 투쟁에서 나타난 이 '우파' 규정은 다시 혁명 시기의 '출신성분'의 잣대를 휘두르던 방식으로 퇴행했다. 베이징을 중심으로 급속하게 고조되던 민주적 토론의 열기는 순식간에 사라졌고, 사회주의에 대한 다른 상상력 그리고 사회주의와 민주를 결합할 가능성에 대한 토론 자체가 봉쇄되었다.

둘째, 1957년 반우파 투쟁에서 억압된 불만은 돌파구를 찾지 못하고 1966년 문화대혁명 과정에서 다시 불거져 나오는데, 바로 '민주'라는 쟁점이다. 글자 그대로 '民-主'가 제도적으로 실천 가능한지가 문화대혁명 시기에 조반파의 질문, 실천, 반성 전체를 관통한다.[124] 문화대혁명에 대한 조반파의 자기성찰의 결론은 '사회주의적 민주'였는데, 이 난점은 일찍이 쑨원의 '삼민주의'라는 정치사상에 내장되어 있던 것이다. 민권과 민생이 민주를 억압하면서 민주의 자리를 밀어낼 수 있고, 민권은 '당-국黨-國'의 올바른 노선 주도로 달성할 수 있다는 입장 그리고 여기서 오랫동안 민주 없이 지속될 '훈정'의 시기가 필요하다는 노선이 제출된다. 장제스의 길과 마오쩌둥의 길 양쪽 모두에서 민주를 대체하는 민권의 훈정정치는 지배력을 갖기 쉬웠다. '훈정' 시기를 인정하더라도 이로부터 '헌정'으로 어떻게 이행할 수 있는지, 정치적 주체의 질문으로서 '민-주' 없이 이 이행은 가능한지가 근본적 질문이 되었다. 그러나 삼민주의의 모순에서 시작된 이 질문은 중국이나 대만 양쪽에서 모두 억압되었다. 문화대혁명은 이 질문을 통제 불가능한 방식으로 폭발시켰지만 해결점을 찾지 못하고 결국 인민해방군의 무력진압 방식으

로 그리고 지식인에 대한 폭력적 탄압 캠페인을 전개하는 방식으로 그 질문을 봉쇄했다.[125]

셋째, 사회주의적 민주의 요구가 제도적으로 해결되기 어려워지면서 언제나 집단적 권리가 우위에 있고 개인적 권리는 약한 형태를 띠었다. 개인적 권리의 빈자리는 소비주의로 점차 대체되었고 또 소비주의의 열망을 집단적 권리로 포장하기도 쉬웠다. 중국식 '단위체제'는 느슨한 노동규율을 허용하고 단위복지체제를 작동시켰다.[126] 인민공사가 해체되었지만 농촌 토지의 촌민소유제는 유지되었다. 호구제를 유지시켜 도-농 이주를 억제하면서도 도시에서 편법으로 농민공에게 광대한 취업기회를 열어주었다. 실용주의와 결합한 선부론이 대대적으로 홍보되었다. 이렇게 착종된 모순적 현상들이 '중국 특색 사회주의'와 '중국 특색 자본주의'의 이름을 달고 등장했다.[127]

앞서 제2차 역사결의를 설명하면서 살펴보았듯이 문화대혁명을 전면 부정하면서 등장한 덩샤오핑의 노선도 이 난점을 해결할 수 없었다. 덩샤오핑은 '선부론'을 통해 이 난점을 미래로 지연시켰을 뿐이다(결국 시진핑의 '공동부유'의 구호는 이 문제를 해결하기 위해 제기된 것이지만 문제 해결이 매우 어려움을 드러냈을 뿐이다). 개혁 드라이브 시기에 덩샤오핑은 1978년 과거 청산을 위해 사회주의적 민주를 내건 '베이징의 봄' 세력과 일시적으로 개혁연대를 형성했다. 여기에는 앞서 설명한 조반파 중 자기성찰 과정을 통해 사회주의적 민주를 내건 세력이 포함되었다. 덩샤오핑의 개혁연대는 당내에서 '보수파'를 밀어내고 집권하기 위해 외부의 도움을 받고자 하는 목적의 일시적 연대였다. 덩샤오핑은 당내 입지가 확실해지자 이 개혁연대를 폐기하고 '4항 기본원칙'의 강화로 나갔고,[128] 4인방 재판과 과거 조반파의 대대적 검속으로 반대의 목소리를 억압하였다. 대신 1980년대에는 (문화대혁명 중 10년간 대학 입학이 중단된 후) 새로운 개혁연대 세력인 대학출신 지식인들에게 '사상해방'이 허용되었으며, 이 모순이 다시 1989년 천안문 시위로 터져 나왔고 덩샤오핑 주도의 강경한 군사 진압이 이견을 다시 억눌렀다.[129] 중국은 다시금 1957년학이 제기한 문제와 문화대혁명이 열어놓은 '민-주'의 문제로 회귀했다. 1990년대 이후 20여 년간 이 모순에 찬 중국이 걸은 길은 한편에서 '서부론'을 통해 수비주의의 미래를 이상화하는 동원의 방식이었고, 다른 한편에서는 '당내 민주주의'라는 이름 아래 당내와 국가기구 운영 영역에 한정된 정치 개혁을 추진한 것이었다.[130]

넷째, 사회주의 건설 과정은 사회주의 건설의 주체/주인공이 누구인가의 질문을 제기했다. 이는 한편에서 체제의 성격, 즉 '사회주의적 특징이 무엇을 통해 확인되는가'라는 질문을 낳았고 다른 한편에서는 '인민 대중은 이 사회주의적 정치에서 어떻게 주인이 되는가'라는 질문을 낳았다. 이에 대해 문화대혁명은 '교육혁명'과 새로운 '산업혁명'이라는 답을 제시했지만 받아들여지지 않았다.[131] 아래로부터 대중의 참여가 결합된 방식의 문화대혁명은 3년 만에 종식되고 그 이후 인민해방군이 강제적으로 개입하면서 제도화한 숙청의 절차로 성격이 변질되었다. 이후 주체-주인공의 질문은 체제의 이완과 온정주의의 결합인 단위체제라는 형태로 귀결되었고, 단위체제의 지속불가능성 때문에 개혁개방의 전환이 불가피했다. 비어 있는 주체의 자리는 결국 '당-국'의 '전면 영도'가 차지했다.

다섯째, 항미원조와 한국전쟁 개입은 처음부터 난점을 동반했다. 이는 얄타체제에 대한 도전으로 중국의 고립을 강화했지만, 역설적으로 얄타체제의 질서 아래에서 소련과 대등한 사회주의국이 될 수 있게 해주었으며 중국은 암묵적으로 핵심 국가의 지위를 인정받게 되었다. 이는 줄곧 중국의 사회주의 경로에 영향을 주었다. 중국은 소련의 위성국이 될 수도 없고, 소련과 대등한 위치에 설 수도 없었다. 그렇다고 중국이 상승한 국제적 위상에 맞는 자신의 '세력권'을 형성할 수 있던 것도 아니었다. 중국이 찾아낸 길은 비동맹과 세계혁명이었지만, 중국이 발딛고자 한 이 '제3세계' 세력은 발전주의와 신자유주의 세계화의 종속변수가 되어 얼마 못가 흐지부지되었다. 고립을 벗어나 개방적 세계질서를 수립할 이념은 취약하고 그것은 고립주의, 상대방의 부정을 통한 자기 긍정화, 예외주의 사이를 반복할 뿐이었다.

　　여섯째, 소련과 대비해 중국의 사회주의 건설은 매우 탈집중적인 방식으로 진행되었고, 문화대혁명 시기 중앙정부 기구가 대대적으로 파괴되어 행정의 탈집중성은 더욱 강화되었다. 개혁개방은 이런 특징을 계승했지만, 세계경제에 다시 궤도진입하면서 탈집중성의 강점은 약점으로 전환되고 '뉴노멀'이라는 시대 규정하에 다시 집중이 강화되고 있으며, 이로 인해 과거의 많은 문제가 다시 부각될 수 있다. 새롭게 등장한 강력한 권위주의 체제는 누적된 문제를 일조하는 '환상적' 해결책을 제시할 수 있을 것처럼 보였다. 이단적 목소리를 제거하고, 훈정에서 헌정으로 나가는 과정을 제도화 절차로 해소하고, 선부론을 공동부유로 해결하며, 일대일로로 상정되는 '신 세력권' 확보에 나설 수 있고, 소비주의로 호명된 새로운 주체를 만드는 것, 그리고 원심력을 제어할 강한 중앙정부를 만들어내는 것이 그 이상적 대안으로 등장한다. 그러나 중첩된 난제가 많은 만큼이나 해결은 쉽지 않고 누가 어떻게 책임질 것인가가 중대한 정치적 쟁점이 된다.

일곱째, 이렇게 과거의 시대적 한계를 넘어서고 새로운 시대의 획을 긋고자 하는 시도가 등장하면서 지난 역사 서술을 수정하고 과거 여러 모순을 정합적으로 해결하고자 할 때, 쉽게 중화민족의 위대한 굴기의 역사 서술로 귀결될 가능성이 커진다. 문제는 이 거대 역사 서술이 실제로는 '보편'의 서사에서 물러서 중국의 특수성과 예외성을 주장할 수밖에 없다는 것이다. 서구의 역사를 전제로 새로운 보편 담론을 찾겠다는 야심적 기획이 2010년대 이후 물러나고 '수세적 예외주의'가 그 자리를 차지하게 된다. 제도는 따라잡기로, 이념은 수세적 예외주의로, 현실은 고립이 되면 남는 것은 포위된 현실의 환상이기 쉽다.

2022년 3연임에 성공한 시진핑 주석은 중간지대혁명의 '성공'으로부터 지금까지 누적된 80여 년간의 모순에 찬 역사를 한순간 종결하려는 조급성을 드러내고 있다. 그러나 강력한 국가주의나 자민족 중심주의를 동원한다고 해서 남겨진 과제가 일순간 쉽게 해결될 수 있는 것은 아니다. 오히려 환상적 또는 허구적 해결이 문제를 더욱 해결하기 어렵게 만들고 대내외적으로 불안정과 위협의 요인을 증폭시킬 수 있다. 개혁개방을 통해 얻어낸 경제성장의 신화가 약화되기 전에 그에 걸맞은 국제적 위상을 수립하려는 중국의 시도는 앞서 살펴본 중간지대 혁명의 특성과 항미원조를 통해 형성된 모순적 성과를 배경으로 하고 있다. 성과의 거대함에 비추어볼 때 중국이 동원할 수 있는 역량과 자원의 제한성은 '수세적 예외주의'를 낳는다. 중국 측에서 보자면 누적된 역사적 문제를 단계적으로 그리고 '내정' 방식으로 해결한다고 주장하겠지만, 이는 외부에서 보자면 기존 세계질서에 대한 심각한 도전이 되지 않을 수 없다. 대만 문제가 바로 그렇다.

5

체계의 카오스라는
우려

누누이 강조했듯이, 얄타체제의 해체는 국가간체계가 강대국들이 견제하고 충돌하던 2차 세계대전이나 1차 세계대전 시대로 회귀할 수 있음을 의미한다. 이를 신냉전이라고 부르는 것은 적절하지 않은데 냉전시대에는 대립을 통해 지속되던 특정한 세계질서가 있었다고 한다면 이제 이런 냉전의 시기와는 상이한 무질서의 시대에 돌입할 수도 있기 때문이다. 이런 무질서의 세계에서는 특히 제국적 규모를 배경으로 한 핵 강대국이 아니고서 생존이 어려워진다.

새로운 도전자 국가의 출현인가?

얄타체제의 한계가 분명함에도 그 한계를 넘어서는 체제를 만들어내는 것은 쉽지 않았다. 얄타체제하에서 우리가 알던 사회주의는 대안적 세계질서를 제시하지 못했고, 얄타체제 수립에 협조하는 것으로 자기 기반을 다졌다는 한계가 있었다. 사회주의 운동 자체가 쇠락하면서 사회주의적 국제주의라는 질문도 더불어 사라지고, 우크라이나 전쟁과 더불어 러시아와 중국에서 세계질서에서의 사회주의적 가치의 마지막 흔적까지 소멸해버린 지금 얄타체제를 넘어서는 미래를 구상하는 것은 어느 때보다 더 어려워졌다. 얄타체제의 해체는 사회주의 반미동맹의 승리 같은 것이 아니라 글자 그대로 체계의 카오스에 들어서는 것을 의미한다. 핵 비보유국들은 핵보유국의 타깃이 되거나, 귀속할 핵우산을 선택하거나 그도 아니면 스스로 핵보유를 하는 강제적 선택에 놓일 가능성이 높다. 중국의 변화가 세계의 격동으로 연결될 위험성이 높은 것도 이 때문이다. 중국은 개혁개방의 연장선 속에 있긴 하지만 시진핑 체제 수립과 더불어 과거와는 다른 위협적 모습을 불가피하게 노출한다.

이와 관련해 제기되는 질문은 중국이 세계체계 질서의 도전자 국가의 지위에 올라서고 그런 맥락에서 세계질서에 대한 위협이 되고 있는가 하는 것이다. 나는 중국의 도전을 '수세적 예외주의'라고 불렀는데, 과연 이 수세적 예외주의를 내세우는 중국이 '도전자 국가'가 되며 1933년의 독일과 비슷해지고 있는 것인지가 질문으로 제기될 수 있을 것이다. 그리고 이런 도전자 국가의 출현이 인근 다른 국가들의 '생존 위협'을 강화해 군사적 자구책의 끝 모를 경쟁으로 이끈다면 세계의 미래는 암울할 수밖에 없다.

대만 위기가 심각하다고 해서 바로 가까운 몇 년 사이 중국이 반드시 대만을 점령하려 할 것이라고 말할 수는 없다. 중국이 대내적으로 통치 기반을 강화하고 대외적으로도 위상을 높일 수 있다면(일대일로 사업의 성공, 재정 위기 국가에 대한 최종 대부자 역할 등), 대만 문제는 현재 위기의 성격과 달리 국지적인 문제로 축소될 수도 있다. 반대로 미국이 중국을 더욱 강하게 압박하고 대만에 대한 군사적 지원을 강화하면 위기가 새롭게 증폭될 수도 있다.

대만에 대한 미국의 전략적 입장은 냉전 시기에도 2010년대 이후에도 일관되지는 않았다. 오바마 집권 시기인 2011년에는 미국 내 전략 논쟁이 대만 언론에 "대만 포기론 논쟁"으로 소개된 적도 있었다.[132] 트럼프를 지나 바이든 정부 시기에 들어서 대만에 대한 미국의 지원과 대중 강경 입장은 매우 분명해지고 있다. 급성장하는 중국의 군사력 때문에 미국의 강경한 입장은 지속될 것으로 보이지만, 군사적 대결의 시나리오에서 미국이 점점 더 불리해지지 않을 수 없다는 점, 경제적 '디커플링'이 이야기되지만 2022년에 미중 총무역액이 7,600억 달러에 이를 정도이고 미국 내 이해관계가 얽혀 있어서 디커플링이 현실화하기 어렵다는 점, 미국 내에서도 대만의 중요성에 대한 공감대가 대단한 수준은 아니라는 점, 대중 대결구도에 동맹국들조차 참여하기 어렵다는 점 등의 이유로 인해 실제 대결이 어떤 방향으로 전개될지는 미지수라고 할 수 있다.[133] 바이든 정부는 중국-대만 문제에 대해 '전략적 명료성'을 취하는 것처럼 보이지만 그렇다고 공개적으로 '전략적 모호성'을 폐기한 것도 아니다.[134] 미국이 군사적 대결을 중심으로 밀고갈지 복합적 대응을 모색할지, 어떤 방향을 선택하느냐도 이후 대만 위기가 어떤 방향으로 전개될 것인지의 중요한 변수이다.[135]

다만 이 책에서 강조하려는 것은 동아시아의 한국이 체감하는 중국 문제와 다른 대륙의 다른 조건에 있는 나라들이 체감하는 중국 문제는 매우 다르다는 점이다. 누군가에게는 당분간 대만 위기나 우크라이나 전쟁 더 나아가 한반도 위기 모두 자국의 이해관계에서 별로 중요하지 않은 관심사일 수도 있을 것이고, 중국은 미국이 해주지 못하는 일을 대신 해주는 '구원자'가 될 수도 있을 것이다. 그런 경우 미국을 견제하기 위해 중국과 연계를 강화하면서 홍콩 시위에 대한 폭력적 진압에 침묵했듯이 대만 무력 위협에 대해서도 침묵할 수도 있을 것인데, 대만 위기는 팽창주의가 아니라 '내정'의 일부라고 여기면 되기 때문이다. 그 연장선에서 한반도의 핵위기 역시 중국 문제처럼 국지적인 이슈인 것으로 간주할 가능성도 크다. 동아시아에서 중국의 '원교근공遠交近攻'의 상황이 벌어지게 되는 것인데, 그럴 경우 위기 당사국의 문제 해결의 돌파구는 훨씬 좁아진다. 대만 위기가 전개되면 한반도 핵위기로 연계될 가능성이 큰 한국의 판단 기준은 중국과 '원교遠交'의 대상이 되는 나라의 기준과 같을 수는 없다.

러시아의 우크라이나 침공에 대한 국내외의 태도에서 가장 우려스러운 점은 기존 질서에 대한 도전과 기존 질서 와해를 손쉽게 새로운 질서의 대안으로 등치시키고 지지하려는 태도이다. 앞서 설명했듯이 신자유주의적인 금융 통합은 세계경제 위기의 근본적 해결이 되지 못하고 각 사회의 원심력을 점점 키우며 포퓰리즘적 세력들이 더욱 힘을 얻게 만드는 것이 사실이다. 탈냉전 시기 미국 단극적 세계전략의 확대는 세계 주변부로부터 중심부까지 불안정성을 더욱 늘리고 위선적 방식의 주권 개입을 늘리고 있는 것도 사실이다. 세계는 20 대 80 사회로, 더 나아가 1 대 99의 사회로 와해되고 있지만, 무너지는 세계질서에 대한 대안이 등장하지 않고 거창한 이념 뒤에 숨은 자국 이기주의는 더욱 두드러질 것이다.

그렇지만 이로부터 곧바로 2차 세계대전 이후 수립된 전후 세계질서를 해체하는 것이 대안이고 이 해체를 추동하는 세력을 기존 지배적 질서를 극복하는 '진보적'인 세력으로 간주하는 것은 매우 위험한 발상이다. 중국에서 문화대혁명 시기 사용된 언어를 빌리자면 '대란대치大亂大治'의 무정부주의적 유토피아가 현실의 대안이 된 적은 없었다는 점을 다시 확인해두어야 할 것이다.

얄타구상이 얄타체제로 갔던 역사적 궤적이 우리에게 보여준 것은 새로운 시대를 열어갈 미래 지향의 구상, 다자주의를 가능하게 할 보편주의의 형성, 당초의 구상을 좌절시킬 수 있는 돌발 변수에 대한 세심한 대응 그리고 현실주의의 냉정한 판단 필요성 등이었다. 기존 질서가 무너지고 새로운 질서가 아직 수평선 위로 떠오르지 않는 '공위기'의 시대에는 과거의 유산에 의존하고 숨 쉬는 공간을 마련해 잘 버텨내는 것도 중요하다. 짧게 주어진 시간의 조그마한 숨 쉴 공간에서 버티면서 지혜를 모아 극단적 위기를 헤쳐 나갈 해결책을 신속하게 찾아야 하는 것이다. 마음이 조급해진다고 대안이 신속하게 출현하는 것도 아니다. 더욱이 이런 시대에 지식인의 책무는 주변 사람들의 조급한 마음을 더 가쁘게 만드는 데 있지 않다. 섣부른 장밋빛 낙관주의를 설파하는 대신, 사방에 깔린 장애물 어느 하나도 놓치지 않고 위기 속에 몰락하지 않도록 냉정하고 신중한 판단의 끈을 마지막까지 잡고 있어야 한다.

얄타체제 해체로 나아가는 세계와
핵위기에 직면한 한국

앞서 우리는 얄타체제를 2차 세계대전을 종결하는 새로운 세계질서로 해석하였다. 여기서 '냉전'이라는 단순한 구도로는 얄타체제의 특성을 이해하기 어렵고, 오히려 19세기 자유주의의 한계를 넘어서는 여러 시도의 결과이자 20세기 자유주의의 재편으로 이해하는 것이 중요하다. 그래야만 얄타체제의 해체는 세계체계의 카오스로의 퇴행이자 2차 세계대전 이전 강대국 대립의 시기로 회귀하는 것임을 이해할 수 있을 것이다. 20세기의 사회주의 건설이나 복지국가 시도 또한 이런 얄타체제 '외부'가 아니라 바로 그 자체와 맞물려 진행되었던 것임을 안다면, 현재 어떤 사상적 모색이 필요한지에 대해서도 근본적 재성찰이 절실할 것이다.

이 에필로그에서는 앞서의 분석을 바탕으로 한국이 어떤 지정학적 위기에 처해 있는지 시론적으로 냉정하게 분석해보려 한다.

중요한 것은 2022년 우크라이나 전쟁 이후 관찰되는 얄타체제 해체라는 대대적 동요가 한반도에 어떻게 연결된 위기라는 충격으로 이어지는지 성찰해보는 것이다.

과거 역사를 되풀이해 다시 읽고, 거듭 해석하고, 다른 출구를 찾아보려는 시도는 지금 우리가 처한 난관을 돌파하고 현명한 선택지를 찾아보려는 노력과 떨어질 수 없다. 한반도에 앞으로 어떤 일들이 닥칠지 누구도 확실하게 알 수는 없지만, 동아시아를 둘러싼 국제정세를 역사적 시각에서 비판적으로 독해하려는 노력을 되풀이하는 것이 중요하다. 과거 어떤 선택도 100퍼센트 옳거나 100퍼센트 틀릴 수는 없는데, 가정을 검증해볼 방법이 없기 때문이다. 복잡함의 어떤 측면을 강조하는가에 따라서 대립하는 서로 다른 분석이 모두 맞을지도 모른다. 결국 그 분석이 과거 역사에서 놓친 부분을 재해석해내는지 그리고 현재와 미래로 이어져 어떤 전망을 계발하고 더 나은 선택으로 가는 길을 열어줄 것인지 살펴보면서 판단과 선택을 해야 한다.

이 글에서 한반도 위기에 대해 시론적으로 제시해보는 의견 또한 이것이 꼭 맞다고 주장하려는 것은 아니다. 하나의 시론은 토론을 위한 제안이며, 여기 담겨 있을 수 있는 허점과 한계를 짚어낼 다른 분석을 환영하는 출발점이자 시도로 보면 된다. 또한 앞에서 수행한 역사적 분석의 현실적 함의를 정리해보려는 것이기도 하다. 내가 앞서 책을 내면서 '이론적 비관주의'를 강조했듯이,[1] 혹시라도 발생할 수 있는 최악의 상황을 예비하기 위한 공동의 노력을 촉구하는 의미를 담은 시론으로 읽히면 좋겠다.

1. 신냉전이라는 오독

우크라이나 전쟁 이후의 국제정세에 대해 '신냉전'이라는 관점이 대세를 이루는 듯 보인다. 신냉전이라는 구도는 미국 대 중국-러시아의 대결 구도를 명료하게 보여주며 이 대립이 이후도 지속될 '가치 대립'임을 분명히 한다는 점에서 설명의 이점이 있다. 하지만 현 시기 전 지구적 질서의 변동을 역사적 기원까지 파고들어 분석하지 못하게 막는 장애물이 될 수도 있다.

신냉전이라는 관점은 냉전의 구도를 당연시하는 위험이 있다. 이는 처음부터 사회주의와 자본주의의 대립을 화해할 수 없는 서로 다른 세계 간의 대립으로 보는 사고이고, 냉전 아래 강대국은 어차피 군사적 대립으로 치닫게 된다는 류의 해석일 것이다. 이렇듯 단순한 구도가 설정되면 그다음부터는 각자 이 대립에 동원하는 다양한 자원들의 무기고를 나열하고 비교하며 누가 더 자기편을 끌어모아 이 싸움에서 이기고 질지 중계하는 태도로 나아가기 쉽다.

신냉전 아닌 얄타체제의 해체

그렇지만 이런 관점에 빠지면 '냉전'의 구도가 형성되고 거기서 '현실주의'적 국가 이익의 대립이 전개된 특정한 역사가 왜 존재했고 그 특징이 무엇이었는지 더는 탐구하지 않게 된다. 그리고 우리에게 익숙한 냉전이라는 틀이 언제 형성된 것인지, 1차 세계대전과 2차 세계대전의 종결방식은 유사했는지, 차이가 났다면 어째서

인지 그리고 2차대전을 종결한 세계질서는 과연 지속되는지에 대한 질문으로 나아가는 것도 차단된다.

2차 세계대전 이후 형성된 냉전의 구도를 인정한다 하더라도 냉전 구도 아래에서 왜 강대국 사이의 전쟁이나 인근 영토로 팽창해나가는 전쟁이 억제되었는지, 그 억제를 가능하게 했던 역사적 제도의 특징은 무엇이었는지 그리고 그런 구도에 균열은 언제 어떻게 발생하기 시작했는지를 묻지 않고 '신냉전'이라는 단어만 반복한다면, 현 국제정세를 이해하는 데 도움을 얻기 어렵다. 오히려 현 시기 국제정세의 동요를 얄타체제의 해체로 보고, 그 얄타체제를 2차 세계대전의 종결 과정에서 등장한 새로운 방식의 국가간체계로 이해한 다음 이를 전후 미국 헤게모니 아래 수립된 새로운 자본주의 질서라는 맥락에서 살펴야 비판적으로 독해하고 함의를 읽어낼 수 있다.

우리는 1970년대 들어 미국 헤게모니의 쇠퇴 과정에서 브레튼우즈 체제가 해체되고 자본주의 세계경제 질서를 지탱하던 전 지구적 뉴딜이 쇠락하며 그 자리를 1980~1990년대 이후 신자유주의가 대체했음을 알고 있다. 그런데도 전 지구적 뉴딜의 세계질서를 지탱한 얄타체제는 어떻게 지속될 수 있던 것일까? 앞으로도 문제없이 지속될 수 있을까? 얄타체제가 근본적 위기에 빠지면 그 이후 미래는 어떤 모습일까?

앞서 1장에서 우리는 현 상황을 신냉전으로 보는 견해가 왜 부적합한지 설명했다. 무엇보다 2차 세계대전을 종결짓고 수립된 새로운 세계질서가 갖는 제도적 틀을 이해하는 데 난점이 있기 때문이고, 얄타체제라고 부르는 이 새로운 질서가 전쟁을 부분적으로 허용하면서도 전체적으로 억제해왔던 기제가 무엇이었는지 이해하기 어렵기 때문이다.

독소전쟁에서 미국의 전면적이고 무제한적인 무기 지원을 통해 소련으로 하여금 일종의 '대리전쟁'을 수행하도록 했던 현실을 배경으로 얄타구상이 추진되었고, 이로부터 전후 질서를 강대국의 상호 합의에 의해 재건하는 길이 이어졌다는 앞선 주장을 상기해보자. 출발점이 된 독소전쟁의 특징과 이 전쟁을 수행한 미소 연합의 성격을 이해하는 것이 중요한데, 이를 두 차례 세계대전에서 유럽 국가들의 사상자 수를 비교한 아래 표를 통해 다시 한번 확인해보자. 1차 세계대전과 비교할 때 2차 세계대전의 사망자가 압도적

국가명	1차 세계대전	2차 세계대전
미국	12	42
영국	100(200으로 추계하기도 함)	46
프랑스	170	60
독일	280	570(오스트리아 포함)
러시아/소련	330	2,700
오스트리아 헝가리	208	80(헝가리)
폴란드	-	600
유고슬라비아	-	166
체코슬로바키아	-	35
이태리	120	50
루마니아	66	50
그리스	17	80

양차 대전 사망자 수(만 명)[2]

으로 늘어난 지역은 독일에서 소련으로 이어지는 회랑 지역의 국가들과 여기에 개입한 미국이었다. 사상자를 기준으로 보자면 영국과 프랑스의 경우는 2차 세계대전보다 1차 세계대전이 더 참혹했고 이는 영국의 현충일Memorial Day이 지금도 1차 세계대전의 추모일이라는 사실에서도 잘 확인된다. 2차 세계대전의 최대 피해자이자 승리자는 압도적으로 소련이었다.

얄타구상에 소련이 왜 중요했는지는 소련이 치른 이런 희생을 통해서도 잘 확인된다. 얄타구상은 소련을 파트너로 삼아 탈식민지 시대에 강대국 간 전쟁 억제를 작동시키는 국가간체계를 수립하고자 한 결과였다. 냉전이 그 작동방식을 변형시켰다 하더라도 얄타구상 자체가 무너진 것은 아니었다. 얄타구상은 유엔 안보리 상임이사국의 강대국 특권을 유지하면서도 상호적 제약을 통해 세계질서를 유지하는 것이었고, 그러기 위해서는 안보리 강대국이 자국 영토의 온전성을 지키기 위해 인근 영토에 대한 점령에 나서는 것을 최대한 억제해야 했다. 이 상호제약 조건 아래에서만 전후 탈식민주의적 발전주의 시대가 열릴 수 있었다. 우크라이나 전쟁은 이랬던 안보리 상임이사국들의 상호제약의 합의가 무너졌음을 보여준다.

얄타체제가 해체된다는 것은 세계가 2차 세계대전 이전, 나아가 1차 세계대전 시기의 강대국 논리로 회귀할 수 있음을 의미한다. 제국적 규모의 영토를 거느리고 핵을 보유한 거대 강국들의 이익 수호가 중요해지며 이 강대국들이 영토 유지를 위해 내세우는 확장된 '내정'의 논리가 점점 더 상호 충돌의 쟁점이 될 수 있다. 더는 전쟁 억제 기제가 작동하지 않는 세계, 나머지 국가들이 생존에 매달려야 하는 세계가 도래할 수 있고, 평화를 위한 새로운 다자주의적 세계질서 수립이 긴요해진다. 동아시아의 지정학적 구도 속에 놓인 한국은 더더욱 그런 위험에 노출되어 있어 대안적 출구 모색 또한 절실해진다.

신자유주의와 얄타체제 해체

우리가 겪고 있는 얄타질서의 해체는 신자유주의의 도래와 무관하지 않다. 신자유주의가 지배한다는 것은 얄타질서를 세운 뉴딜 자유주의가 약화하고 사회주의적 대안도 쇠락한 이후 예전과 다른 시대가 전개되고, 이런 변화 때문에 국가들의 질서로서 얄타체제도 지속되기 어려워진다는 함의를 준다. 얄타체제는 분명 모순과 한계가 많지만, 우크라이나 전쟁을 통해 드러난 현실은 그런 한계를 극복하고 넘어서려는 긍정적인 시도와는 거리가 멀고, 오히려 이 질서를 퇴행시켜 세계를 2차 세계대전 이전의 시대로 되돌리는 것으로 보아야 한다. 핵보유 강대국의 영토 온전성의 논리가 서로 맞물리는 세계에서는 사회주의 이념은커녕 자유주의조차 논의되기 어려워진다. 신자유주의의의 전 지구적 지배 이후 전개되는 얄타체제의 해체에 대면해 새로운 대안 모색은 더욱 중요해진다. 혼돈의 현 자본주의 질서에 대한 대안을 궁리하는 동시에 취약한 얄타체제를 대체할 더 나은 세계질서를 모색하는 일은 시급하고 필수적이다. 그러나 그 목표를 달성하기 위해서라도 인류의 공존을 위해 전쟁의 억제는 중요하다. 핵보유 강대국들이 영토적 온전성의 논리를 전면화하지 않도록 하기 위한 국제적 개입은 꼭 필요하다. 러시아의 우크라이나 침공과 중국의 대응을 보면 이 두 나라에서 사회주의의 유제로 미약하게나마 남아 있던 사회주의적 국제주의 이념의 마지막 잔재까지 소멸했음을 확인할 수 있다.

2. 우크라이나 전쟁 이후 유럽과 동아시아의 지정학적 구도의 변화

러시아, 중국, 북한의 군사적 대응을 '포위된 위협' 때문에 불가피한 수세적 방어로 이해해서는 안 된다. 이런 이해 방식이 냉전 시대를 이해할 때는 다소 도움을 주었을지 몰라도 현재 그런 대응이 단순히 계속된다고 보기는 어렵다. 2022년 2월 시작된 러시아의 우크라이나 침공, 8월 중국의 대만 포위 위협 그리고 특히 2021년 노동당 8차 당대회 이후 전술핵 개발을 중심으로 지속되는 북한의 핵-미사일 도발은 이들 나라에 대한 '외적 포위'가 갑자기 가중되면서 나타난 상황은 아니다.

2022년이 아니라 2014년으로 거슬러 올라가면 상황을 좀 더 잘 이해할 수 있다. 우크라이나에 대한 러시아의 태도가 공세적으로 바뀐 것은 2014년 유로마이단이 출발점이었다. 복잡한 이 사안의 한 측면은 우크라이나 민중이 러시아의 길 대신 서구적 자유주의로의 지향을 보였다는 점이다. 유사한 상황이 2014년 홍콩의 우산혁명과 대만의 해바라기운동에서도 관찰된다. 우산혁명도 일국양제의 방식에 대해 홍콩 민중의 판단이 시진핑의 길(즉 중국공산당의 전면 영도) 대신 서구적 자유주의 권리 지향(홍콩인들이 홍콩 행정장관을 직접 선출하겠다는 방식)으로 기울었음을 보여준다.

2014년 유로마이단에 대한 즉각적 대응은 러시아의 크림반도 점령과 돈바스 전쟁으로 나타났다. 2014년 우산혁명 이후 시진핑 체제는 2016년경부터 권위주의적 개입을 강화했고 2019년에는 홍콩 시위를 폭력 진압했으며, 2022년에는 시진핑 3연임을 관철시켰다. 북한 또한 2012년 김정은 체제가 등장한 수년 후부터 러시아와 중국의 변화와 맞물려 2017년 '국가 핵무력 완성'을 선언하고 2021년 이후에는 전술핵 개발에 초점을 맞추면서 위협을 고조시키고 있다. 2022년에 세계적으로 벌어진 일련의 사태는 이렇듯 앞선 징후들로부터 시작했다. 2014년 유로마이단이 나치 세력의 폭력시위 선동 때문에 벌어졌고, 2019년 홍콩 시위 폭력 진압도 시위대를 방어하기 위한 불가피한 자위권 발동이었으며, 2022년 북한의 '핵무력 정책법' 수립도 포위된 국가의 정당한 대응이라고 주장하려는 사람이 있다면 할 말은 없다. 그런 사람이라면 한국 현대사에서 독재정권이 자행한 국가폭력에 대해서도 넓은 아량을 보여야 할 것이다.

2014년 이후 러시아나 중국의 행위는 자국의 직접 영토는 아닌 전략적 '영향 지역'에서 벌어지는 '친서구적 정치 전환'에 대한 대대적 무력 개입이라고 할 수 있다. 우크라이나 전쟁에서 러시아가 반복적으로 이야기하는 '나토 동진'의 위협이라는 것도 이런 '친서구적 정치 전환'의 집약체라고 할 수 있다. 나토 동진의 위협이란 나토가 2차 세계대전 시기 독일처럼 러시아 영토를 침공해 들어올 현실적 위협을 의미하는 것이 아니다. 여기서 위협은 '정권 교체 regime change'의 가능성이다. 2014년 홍콩의 우산혁명에 대한 단계적 강경 대응과 중국 민중들의 심각한 우경화/국수주의화나 유로마이단과 크림반도 점령 이후 러시아 민중들의 심각한 우경화/국수주의화는 나란히 진행되는 변화이다. 때로 거기서는 파시즘의 전조를 읽을 수도 있다. 이렇게 러시아의 우크라이나 침공과 중국의 일국양제에 대한 공세적 전환은 자국의 영향 아래 있던 지역이 2010년대 들어서 이탈할 가능성에 직면하자 무력으로 대응한 것에 다름아니다. 이런 측면에서 우크라이나 전쟁의 후과가 동아시아와 한반도로 이어져 어떤 충격을 미칠 수 있을지 판단하는 것이 중요해진다.

연결된 위기

이렇듯 우크라이나에서 시작된 위기가 동아시아에서 서로 연결되고 중첩될 가능성이 문제이다. 러시아의 우크라이나 침공과 중국의 대만 무력통일 위협 그리고 북한의 핵도발이라는 위기들이 연동될 가능성이 커진 것이다.

얄타체제도 대국 논리에 기반한 것이긴 하지만, 이것이 해체되면 세계적으로 지금까지와는 다른 성격의 강대국 논리가 재부상하지 않을 수 없다. 즉 과거 '제국'을 경험한 거대한 영토 국가가 재부상하면서 핵보유력을 바탕으로 영토적 온전성을 강화하려는 시도가 도처에서 늘어날 것이다. 이렇게 되면 스스로 무력 개입을 정당화할 인접 영토에 대한 '내정' 범위가 확대된다. 물론 이는 당장은 2차 세계대전처럼 외연적 영토팽창은 아닌 내포적 영토단속으로 제약될 것이지만, 분쟁이 전개될 지역에 끼칠 타격은 심대하다. 우크라이나 사례가 단적인 예이다. 러시아는 이를 침공이 아니라 '내정'의 연장이라고 하면서 '특별군사작전'이라고 불렀다. 핵을 보유한 제국적 영토주의 시대가 등장-재등장하면, 미국, 중국, 러시아 외에도 이란, 인도 등도 중요한 후보들로 이름을 올릴 수 있다.

동아시아에서 대만 위기가 군사적 점령이라는 길을 향해 나아가면, 한국전쟁 종전 이후 특히 한중 수교 이후 오랫동안 유지되어 온 중국의 한반도 비핵화 원칙이 사실상 포기되면서 한반도 핵위기가 중국 문제 해결에 있어 하나의 우호적 외적 조건이라는 변수로 바뀔 수 있다. 중국이 대만의 군사적 점령을 실제로 시도한다면 한반도에서 북한의 핵도발이 동시적으로 진행될 가능성이 커진다. 이렇게 우크라이나 전쟁에서 시작된 세계질서의 동요가 대만 위기를 거쳐 한반도 핵위기로 직접 이어질 수 있는 '위기의 연쇄고리'가 형성되는 것이다. 발발 순서는 반대일 수도 있을 것이다. 한반도 핵위기가 대만에 대한 군사적 위협으로 이어질 수도 있다. 중국의 대만 무력통일 시도가 실제 상륙작전까지 진행되지 않고 장기 포위 고사작전으로 진행되더라도 큰 차이는 없을 것이다.[3]

중국과 북한이 두 위기가 동시에 발생하는 것이 자신들에게 유리하다고 판단하는 상황까지 이른다면, 한반도에서는 북한 전술핵이 실제 투하될 가능성을 배제할 수 없다. 2021년 북한 노동당 8차 당대회 선언 이후 북한이 대미 협상용이 아니고 한반도 실전용으로 핵전략을 전환하고 있다는 것이 점점 더 중요해질 수 있다. 북한은 실제로 2023년 3월 19일 전술핵탄두 탑재가 가능한 단거리 탄도 미사일 KN-23 한 발을 800킬로미터 사거리로 발사해 동해 상공 800미터에서 모의 핵탄두를 폭파하는 실험에 성공했다. 전술핵의 살상 반경을 축소 조절함으로써 실제 투하 효과를 증대시킬 수 있음을 보여주는 징후일 수 있다.

동아시아에서 대만 위기와 한반도 핵위기가 동시에 발생할 경우 미국의 대응 또한 곤란해진다. 둘 모두에 개입하거나 어느 한쪽에 개입할지 선택하기가 매우 어려워질 수 있기 때문이다.

3. 중국은 왜 국제정세의 위협이 되는가

중국의 대만 점령 위협은 냉전 시대에도 말로는 늘 있던 것이지만 지금은 성격이 달라졌고, 현실적·군사적 위협으로 바뀌고 있다고 이해해야 할 것이다. 2012년 이후 수립된 시진핑 체제는 그에 앞선 사회주의 시기 마오쩌둥 지도체제나 개혁개방의 집단지도체제와는 달라졌다. 우크라이나 전쟁이 동아시아 지정학의 동요로 연결될 때 중국이 중요한 변수가 되는 이유를 간단히 살펴보자.

시진핑 체제와 중화민족의 위대한 부흥

후진타오 시기 신자유주의 세계질서에 긴밀하게 통합되면서 중국공산당의 통치력이 약화될 수 있다는 우려가 생겨났고 사회 양극화는 위험한 수준에 도달했다. 다당제 사회에서 신자유주의 위기에 대한 대응이 정당정치 취약화와 포퓰리즘의 득세로 나타났다면, 구사회주의권의 비다당제 지역에서는 강력한 권위주의 체제를 수립해 통치력(구심력)을 강화하려는 시도가 나타난다. 이는 세계경제에 대한 통합을 거부하는 것은 아니지만, 더는 금융 우위의 통합에 쉽게 종속되기를 거부하는 새로운 국가주의의 등장을 의미한다.

　2012년 이후 10여 년의 시간을 거치며 확립된 시진핑 체제는 '두 개의 100년'과 '신시대'라는 중국의 새로운 시대 구상에 기반하고 있고, 이를 뒷받침하는 새로운 지도사상으로서 시진핑 사상의 핵심적 지위가 강조된다. 시진핑 체제의 중심에는 과거 문화대혁명기 '혈통론'을 표방한 혁명 2세대들의 선민주의가 자리 잡고 있다는 점을 이해하면 이 권력 집중이 일인 권력인지 집단적 권력인지의 대립도 그렇게 중요한 문제는 아닐 수 있다. 그리고 이 권력 작동 방식은 앞선 집단지도체제와는 다를 것이라는 점도 이해될 수 있다. 시진핑에 강력한 권한을 집중시키는 것은 국내외에 누적된 문제를 해결할 절호의 기회로 인식되고 수용될 수 있던 것이다.

　시진핑 체제의 목표는 '중화민족의 위대한 부흥'의 새로운 100년의 건설이다. 여기서 넘어서야 하는 과거 두 개의 굴욕이 중요해진다. 서구 제국주의에 패배한 아편전쟁의 굴욕으로 영국에 내준 홍콩과 동아시아 제국주의 일본에 패배한 청일전쟁의 굴욕으로 내준 대만이다. 이 두 곳은 더 이상 식민지는 아니지만 중국의 '실질적 지배'가 미치지 않는 땅이고, 미해결의 '식민과제'로 남아 있다고 할 수 있다. 홍콩에서 일국양제의 과거 틀('홍콩인이 홍콩을 통치한다')을 무너뜨리고 2019년 이후 '애국자가 홍콩을 통치한다'는 입장으로 전환한 이후 대만 문제 또한 유사한 과정을 거쳤다. 2022~2023년 공인된 시진핑 주석의 3연임은 이 굴욕 해소를 핵심 과제로 삼고 여기서 더 나아가 미중 대립에서 우세를 달성해야 한다는 단서를 붙인 '조건부 연임'의 성격을 띤다.

강군몽

신시대를 달성할 수 있는 물적 기반 중 하나는 시진핑이 주도하는 중국 군개혁으로서 '강군몽'으로 표방되는 변화이다. 강군몽에 따른 중요한 변화를 열거해보자.

1. 전체 군을 군구軍區에서 전구戰區 체제로 개편해 실제 전투 대응력을 높였다(동부전구 역할에 주목해야 한다).

2. 시진핑 총서기에 중앙군사위원회 주석직과 더불어 사실상 총사령관 지위를 부여했다.

3. 2016년 이후 러시아와 군사협력을 강화해 기술 이전과 공동 훈련을 진행하고 있다.

4. 러시아와 국경 갈등이 사라지면서 대유럽과 대미국 미사일 기지를 러시아 국경으로 전진 이동 배치하고 핵전략은 소수 정예 대응 타격무기 확보로부터 무제한 핵무기 확장으로 전환해 핵무기 보유량을 급격하게 증가시키고 있다.

5. 신무기 개발과 정보전을 중시하고, 육군 중심에서 해공군 중심으로 군사전략의 전환이 중요해진다.

6. 실제 전시에 준해 군사작전을 수행할 역량이 커졌다.

7. 작전 반경을 확대해 제1도련선을 넘어 제2도련선까지 작전 고려의 범위에 포함시킨다.

2024년 대만 총통 선거, 2027년 인민해방군 창군 100주년, 2035년 현대화 국가 수립, 2050년 현대화 세계강국 완성 등의 일정표는 대만에 대한 군사적 위협을 현실화할 계기가 될 수 있다.

2022년 8월 낸시 펠로시 미국 하원의장의 대만 방문 시 중국이 실행한 대만 포위 군사 위협은 단순한 군사훈련이 아니라 사실상 전쟁 1단계를 개시한 것으로 보아야 한다. 그동안 논의된 대만 점령 시나리오의 1단계는 이 포위 작전과 사실상 동일한 것이며 그 지속 기간과 강도에서 차이가 있을 뿐이다. 향후 대만에 대한 군사적 위협도 이와 같은 방식의 포위 작전이 규모와 기간이 확대되어 진행될 가능성이 크다.[4]

　　대만에 대한 무력통일 공세를 고려할 때 개전 이후 1년 이상 교착상태에 빠진 우크라이나 전쟁 그리고 여기서 확인되는 서방의 대러시아 제재가 중국에 중요한 교훈이 된다는 점도 살펴볼 필요가 있다. 중국이 우크라이나 전쟁에서 학습한 중요한 교훈은 다음과 같다. ①금융 제재를 버틸 수 있는가 ②개방 경제의 취약성이 제재에 노출될 때 제재하는 측과 제재받는 대상 중 어느 쪽의 손실이 더 큰가 그리고 중국은 '국내 대순환'을 바탕으로 얼마나 버틸 수 있는가 ③전쟁 상태를 길게 끌면 안 되고 속전속결로 해결해야 하거나, 또는 개입을 어렵게 하는 포위 작전을 장기간 지속하는 등의 방식 중 선택해야 한다 ④내부 동요가 있으면 안 되며 사전 이데올로기 단속이 중요하다 ⑤세계 정치에서 고립되면 안 되며, 유엔 결의 등이 진행될 때 다수의 우호표를 획득해야 한다.

대만 위기와 한반도 위기의 연결

　　대만 위기가 고조되면서 북한 변수가 중요해지는데, 동아시아에서 복수의 위기가 진행된다면 중국으로서는 불리하지 않고 북한 역시 이를 활용할 것이기 때문이다. 북한은 최근 2년 사이 핵전력 방침을 전환했는데, 더 이상 생존을 위해 미국과 거래하기 위한 핵전략이라고 보기 어렵다. 이제는 남한을 압박해 새로운 거래를 목표로 하는 전술핵 개발의 중요성이 커졌다고 할 수 있다.

　여기서 중요한 쟁점은 대만 문제가 커지고 한반도 위기가 증폭될 때, 중국의 한반도 비핵화 원칙이 계속해서 고수될 있는가이다. 중국 인민대학의 스인훙時殷弘 교수는 이에 대해 말하면서 우크라이나 전쟁 이후 중국의 한반도 비핵화 원칙이 상수는 아님을 강조한 적이 있고, 대만-중국 문제 전문가인 한양대 문흥호 교수도 "북한 비핵화에 대한 중국의 의지와 능력은 크게 약화했다"고 비슷한 의견을 표시하였다.[5] 한반도 비핵화 선언은 1991년 남북합의서가 작성되던 시기의 것으로, 남한에 배치한 미국의 전술핵을 철수하고 북한은 핵개발을 하지 않는다는 의미였다. 1992년 한국과 수교한 중국은 이 원칙을 일관되게 지지하는 것을 기본 입장으로 천명했다. 그런데 중국 입장에서 대만 통일이 중국 정치의 핵심적 과제로 부상하면 한반도 비핵화는 대만 문제와 연동해 변경될 수 있는 변수로 보아야 한다. 물론 중국이 한반도의 궁극적 비핵화 원칙을 포기하는 것은 아니겠지만, 북한의 현실적 핵무력화를 용인하고 이를 중국에게 유리한 카드로 쓸 가능성이 커진 것이다.

　이처럼 중국의 한반도 비핵화 원칙 지속 여부가 대만 통일에 연동된 변수가 된다는 것은 생각보다 중대한 결과를 초래할 수 있다. 한국전쟁 종전 이후 그리고 샌프란시스코 체제 아래에서 중국은 역설적으로 미국과 더불어 한반도 전쟁 억지 세력으로 작동해 왔다고 보아야 할 텐데, 그 한 축이 무너지는 것이다. 한국전쟁 이후 중국 역내 외교의 주목표는 자국 경제의 안정적 발전을 위한 전쟁 방지 및 한반도 정세의 안정이었고 이 때문에 북한과 계속 갈등이 있었다.[6] 이 구도에 중요한 변화가 발생하고 있는 것이다.

우크라이나 전쟁은 이런 상황 변화를 가속화하였다. 물론 변화 자체는 시진핑이 취임하던 때부터 시작되었다고 할 수 있지만, 우크라이나 전쟁이 발발하고 그와 연동된 대만 위기가 증폭되자 한반도는 중국의 대외정책에서 우선적 관심에서 밀려났다.

우크라이나 전쟁을 계기로 중국과 러시아의 관계도 훨씬 긴밀해지고 있다. 이미 2016년 이후 양국 관계는 준군사동맹 체제로 전환되며 핵심 군사기술이 러시아로부터 중국으로 이전되었고, 중국은 러시아의 양해를 얻어 대유럽 및 대미국 미사일 기지를 러시아 국경 근처로 전진 배치할 수 있었다. 우크라이나 전쟁 직전 베이징 동계올림픽에서 보여준 시진핑-푸틴의 친밀한 관계는 러시아의 우크라이나 침공에 대한 암묵적 지지로 읽혔다. 우크라이나 전쟁 개시 이후 공식적 군사지원은 삼가면서도 대내외적으로 러시아의 정당성을 옹호해온 중국은 3연임이 확정된 이후 2023년 3월 20일 시진핑이 직접 모스크바를 방문해 푸틴과 회담을 하고 러시아의 우크라이나 침공을 정당화하였다. 푸틴은 대만에 대한 중국의 입장을 지지하였고, 두 지도자는 이 시기 벌어지고 있는 북한의 핵도발에 대해서도 북한의 정당한 자위적 대응으로 인정하는 공공연한 북·중·러 연대의 모습을 보였다.

이런 국제정세 가변성이 어떻게 위기로 이어지는지를 조명해 보려면, 70여 년 전 한국전쟁 당시로 돌아가 어떤 변화가 한국전쟁을 초래했는지 이해할 필요가 있다. 현 정세가 어떤 점에서 한국전쟁 발발 시기의 지정학적 위기 상황으로 회귀하고 있기 때문이기도 하다. 한국전쟁 발발 전야에 냉전의 대결구도가 본격화한 것도 아니었고, 소련이나 중국 모두 갓 수립되고 있는 얄타체제를 파괴하는 것을 목표로 삼은 것도 아니었다. 그럼에도 한국전쟁은 발발했지만 북한-소련-중국의 정세 인식과 전쟁 추진 의지는 상이했다. 이 3국의 상이한 인식과 이해관계가 어떻게 한국전쟁이라는 위기로 연결되었는지를 이해하는 것이 중요하다. 이 전쟁에 개입한 중국이 내세운 이데올로기인 '항미원조'가 그 후 중국의 국제적 지위 상승을 어떻게 지탱해왔고 또 지금의 '중화민족의 위대한 부흥'까지 어떻게 연결되는지 이해하는 것도 중요하다.

4. 북한의 핵도발 위협

한반도에서 북한 문제가 새로운 변수로 부상하는 이유를 살펴보려면 앞서 말한 것처럼 한반도에서 중국의 위상이 달라지고 있다는 점을 이해해야 한다. 한국전쟁 종식 이후 한반도의 전쟁 억지에서 미국이 상수였다면 중국은 상수에 가까운 중요한 변수였다. 중국의 한국전쟁 참전 논리인 항미원조는 동아시아에서 사실상 냉전 공고화의 핵심 역할을 했다. 그리고 이 틀은 미국을 신식민주의로 설정하고 '미국 제국주의'를 사회주의적 대응의 중요한 키워드로 만드는 핵심 도구였다. 그러나 이는 미국과의 대립이 아니라 중국이 미국의 '맞상대'가 되는 지위로 부상했음을 보여주는 틀이었다. 개혁개방 시기 중국이 미국과 우호적 관계를 맺을 수 있던 것은 그 양면성 중 한 측면이 두드러진 결과였다. 이제 '중화민족의 위대한 부흥'의 서사와 함께 양면성의 다른 측면이 부각되며, 중국은 미국과 충돌을 원하는 것은 아니지만 대만 문제를 포기할 수 없는 길로 들어서고 있다.

전술핵 개발로 전환과 남한에 대한 위협

이렇듯 중국의 위상 변화와 시진핑 체제 수립, 강군몽을 중심으로 하는 전략적 노선 변화는 한반도에서 북한의 전략 변화의 배경이 된다. 예상되는 시나리오는 한반도 핵위기를 가속화하는 도발일 것이다. 두 가지 관건적 실험이 남아 있다.

첫째, 그동안 고각발사 실험에 그쳤던 ICBM의 정상각도 발사 실험이 진행되어 대기권 재진입시 탄두가 정상 작동할 수 있는지 그리고 ICBM/SLBM을 결합한 운용방식이 실제로 미국 대륙 타격 능력이 있는지 확인하려 할 수 있다. 이것이 달성되면 ICBM/SLBM의 위협력이 최대로 커진다.

둘째, 전술핵 실험을 통해 KN-23 이스칸데르에 탑재하거나 KN-25 초대형 방사포(다연발탄)에 탑재하도록 전술핵을 실제 조절 가능한 범위로 작동시킬 수 있는지 그리고 이것이 미사일 방어망을 무력화할 수 있을지 점검할 수 있다.

두 가지 핵무기는 서로 다른 목적을 지닌다. 대미용 ICBM/SLBM 전략핵이 실제 발사를 목적으로 하지 않는 거래와 확증 보복 위협용이라면, 전술핵은 대남한용으로 재래식 전력의 비대칭을 압도해 실제 투하 가능성을 목표로 삼는 '확전-선사용' 목적을 지닌다. 그렇기에 전술핵 실험으로 가는 길에서 중요한 관건 중 하나는 전술핵 폭발의 피해 범위를 얼마나 정교하게 통제할 수 있는가일 것이다.

재래식 무기의 비대칭성이 극단적으로 크고 확장 억제력이 작동하기 때문에 상호 공멸일 수 있는 전술핵 투하는 불가능하다는 논리는 상호 공멸이 전제하는 억제력의 대칭성이 전제될 때만 성립한다. 재래식 무기 우위가 핵 앞에 무력해지고, 타깃 대상으로 서울과 평양이 대칭적이지 않다는 것이 드러나고(평양을 포기할 수도 있다면), 지상전이 아닌 형태로 초단기간에 공습 형태로 종료되는 전쟁이 가능하다면, 북한에 유리한 극단적 비대칭성이 확인될 수 있다. 실제 전술핵이 투하되는 상황이 도래한다면 목표는 한국의 공납국화에 있을 것이다. 북한과 남한 사이에도 '일국양제'의 관계가 수립될 수 있는 것이다.

한반도 핵위기의 극단적 시나리오

이런 논의를 배경으로, 하나의 극단적이고 비극적인 시나리오를 예시해 검토해보자. 미국 강경파가 예상하는 시나리오에서도 거론되는 내용을 묶어 '사고 실험'을 위한 예시 하나를 들어볼 것이다. 극단적 예시를 드는 이유는 한반도 핵위기가 어디까지 전개될 수 있는지, 그럴 경우 재앙을 피하기 위한 어떤 선택지가 있는지 살펴보기 위해서이다. 가능성이 있는 위험이라면 쉽게 경시해서는 안 될 것이다.[7]

1. 대만에 대한 중국의 군사위협이 고조되어 점령을 위한 군

사작전이나 그 정도는 아니더라도 포위 고사작전이 본격적으로 전개된다.

2. 남북한 사이 공중전 중심의 국지적 위기가 고조되고 남북한 중간지대가 분쟁지역의 특징을 띠게 되며, 이 과정에서 북한의 전투기가 연이어 격추된다.

3. 지속된 분쟁을 이유로 들어 북한이 남한의 전투기 발진기지인 남한 중부와 남부 공군기지 등을 대상으로 제한적 전술핵을 발사한다(대만에 대한 중국 위협과 북한의 공격 순서가 바뀌거나 혹은 대만에 대한 중국의 공격 없이도 단독으로 이 공격이 일어날 수 있다).

4. 이와 동시에 북한은 평양이 공격받으면 미 서부에 ICBM/SLBM을 그리고 서울에 전략핵을 쏘겠다고 위협한다. 이런 일련의 군사도발에 '특별군사작전'이라는 명칭을 부여할지도 모른다.

5. 24시간 내 무조건 항복 또는 상당한 배상을 요구할 수 있다. 불응 시(또는 평양 공격 시) 서울 핵공격을 위협할 수 있다(수도권 지역 어딘가에 발사 가능).

6. 협상에 응할 시 일국양제의 연방제를 추진할 가능성도 열려 있다(경제 자율성은 제한적으로 보장, 외교 자주권과 국방 자주권은 회수해 연방정부로 귀속). 남한은 북한의 공납국으로 전환될 수도 있다.

7. 남한에서 대대적 난민 발생 가능성이 높아진다. 경제가 부분적으로 접수될 수 있다.

8. 중국으로부터 기술을 지원받을 가능성도 열려 있다.

9. 미국은 이 상황에 대한 개입을 포기하거나(대만 위기에 대한 개입에 집중하기 위해서일 수 있다), 또는 쌍방 보복 응징으로 한반도 전체가 초토화할 수도 있다.

어디까지나 극단적 가정이지만 중요한 쟁점은 북한의 전술핵 개발의 의미를 어떻게 평가할까 하는 것이다. 북한의 핵개발은 미국을 상대로 몸값 올리기의 생존전략으로 여겨져왔고 여섯 번의 핵실험과 ICBM 개발도 모두 그런 맥락 속에서 이해되었다. 그런데 최근 2년 사이 전술핵 개발로 전환한 것과 임박한 7차 핵실험의 의미를 어떻게 볼 것인가에 대해서는 세심한 접근이 필요하다. 대미 협상으로부터 대남 공납국화로 목표를 전환하는 것인가? 또한 연이어 일어나는 탄도미사일 집중 시연의 의미는 무엇인지도 쟁점이 된다. 긴박한 군사도발을 의미하는가 아니면 무기 수출의 새로운 돌파구를 보여주는 것인가. 이는 북한경제의 지속성에 대한 평가와 관련해 살펴볼 필요가 있다.

대만에 대한 중국의 점령 위협과 남한에 대한 북한의 핵위협은 동시적으로 진행될 가능성이 높다. 현재 북중관계의 성격상 이것이 북중 협의와 공모에 의해 진행될 가능성은 높지 않아 보이지만, 그럼에도 동시 발생 가능성은 배제되지 않는다. 문제는 두 위기가 동시 발생할 때 북중 사이의 상황 판단에 차이가 있을 것이라는 점이다. 미국이 대만 문제를 더 중시할 것인지 북한 핵도발을 더 중시할 것인지에 대해 북중 양국은 상이한 판단을 할 것이고 자국에 유리한 방식의 해석을 이끌어낼 가능성이 있다.

이렇게 상황이 급격하게 요동칠 때 한반도와 동아시아에 대한 미국의 태도에도 변수가 생길 수 있다. ①지금까지 미국은 언제나 이런 상황을 통제할 수 있다는 자신감을 보였다. 그렇지만 실제 상황이 전개될 때 그것도 두 개의 위기가 동시에 진행될 때 어떤 대응을 보일지는 알 수 없다. ②두 곳의 위기가 동시에 진행되면 대만 문제와 한반도 문제에 대한 경중 판단이 중요해지고 둘 중 한 곳의 개입 또는 두 곳 동시 개입 그도 아니면 두 곳의 동시적 포기를 선택해야 한다. ③여기서 이 지정학적 변동에 일본과 다른 나라들과의 관계도 중요한 변수가 된다.

미국으로서는 위기의 잠재적 심각성을 고려한 선제적 대응의 가능성도 배제되지 않는다. 그러나 여기에는 상당한 위험이 수반되며 이 선제공격이 '성공'을 거두더라도 핵공격을 막을 수 있을지에 대한 판단이 복잡해진다. 공격 범위는 전면적으로 확장될 수도 있고 공격 자체를 포기할 수도 있고, 장기적으로 발을 뺄 수도 있다.

상황 전개를 좀 더 세심하게 분석하려면 여러 복잡한 연결고리를 분석할 필요가 있다. 북중관계는 끈끈한 동맹으로 복원된 것은 아니고, 상호 신뢰의 기반에 균열이 있는 것은 사실이다. 공동 기획은 어려우나 정세 판단과 대응을 공유할 수는 있고, 외교-당-군이라는 다채널 관계는 늘 유지되고 있다. 국제정세가 요동치면서 중국 입장에서 북한의 지정학적 중요성과 동북아 정세 변수로서 가치가 상승하고 있다. 북중관계보다 더 긴밀해지고 있는 것은 북한과 러시아 관계인데 무역, 군사기술 공여 등 어떤 점에서는 북중관계보다 더 긴밀한 관계로 전환되고 있다고 볼 수도 있다. 북한과 러시아 사이에 화물열차 운송이 재개되면서 무기와 원유의 거래 가능성도 커지고 있고,[8] 북한이 SLBM의 부족한 기술을 러시아로부터 넘겨받아 개발 기간을 단축시킬 가능성이나 북한이 결여하고 있는 미사일 방어체계(러시아가 보유한 S-400)를 제공할 수 있는 가능성도 거론된다.[9] 중러관계 또한 2016년 이후 첨단무기 수출과 공동 군사훈련을 통해 새로운 전기를 마련하였고, 중국은 러시아를 더는 잠재적 적국으로 간주하지 않고 동맹의 길로 전환 중이다. 그럼 남은 것은 한국과 관련국들, 6자회담 참여국들과의 관계이다. 미·일·러·중으로 확장되는 외교적 접촉과 남북 대화를 통해 문제 해결의 돌파구를 열 가능성은 남아 있는 것일까?

5. 대안은 있는가?

이상적 대응

가능한 이상적 대안부터 생각해보자. 첫째는 한국 '시민사회'가 아래로부터 "반대한다"는 목소리를 제대로 내는 것이다. 특히 중국의 대만 위협에 대해, 북한의 핵위협에 대해, 러시아의 우크라이나 침공에 대해 "아니다No"라고 일관되게 말할 수 있어야 한다. 이렇듯 바깥에서 일관된 목소리가 있을 때 해당 국가 내부에서도 다른 목소리가 나올 수 있고, 이런 목소리가 모일 때 국제적인 공동 대응도 가능할 수 있다. 코로나 통제에 대한 불만이 백지시위로 이어진 중국의 예에 주목할 필요가 있다. 아래로부터 국제정세를 판단할 '가치'를 수립해갈 필요도 있다.

둘째는 이를 바탕으로 한국 주도로 동아시아 다자외교의 틀을 새롭게 세우는 것이다. 중국과 일본을 모두 포함하는 틀로, 6자회담의 수동적 틀이 아니라 한국이 주도할 수 있는 틀이어야 할 것이다. 과거 경험으로 보면 이렇게 가기에는 역량과 준비가 취약하고 예전보다 더 어려운 상황이지만, 포기해서는 안 될 중요한 방향이다. 동아시아에 한정되지 않고 태평양 연안에서 인도양 연안까지 서로 지향도 다르고 이해관계도 다른 국가들을 대만 위기와 한반도 위기를 억제하고 관리할 수 있는 공동의 구상에 어떻게 끌어들일 수 있는지가 관건이 될 것이다. 그렇지만 현재 상황에서 출발점을 남북 양자 대화로 삼아 문제 해결을 추진하기는 어려울 것으로 보인다. 그리고 이렇게 나아가기 위해서는 중국에 대해 다차원적 접촉과 대화를 전제로 한 강한 압박이 수행되어야 할 것이다. 단기적으로 중국의 대만 점령 위협을 포기하게 하고 북한 핵도발을 억제하는 것이 목표가 되어야 한다. 대만에 대한 군사적 통일 움직임이 일단 개시되면 상황을 되돌리기도 개입하기도 거의 불가능해보인다.

현실로 전개될 대응

만일 이상적 대응이 성공하지 못하고 중국의 대만 무력통일과 북한의 핵도발이 현실화될 가능성이 커지고, 국제정치에 한국이 개입할 수 있는 역량이 매우 취약하다는 상황을 냉정하게 고려하면 선택지는 협소하다. 세 개의 우산만 남는다.

첫째로, 중국 그늘이나 우산 아래 들어가는 길이 있다. 시진핑 체제의 두 개의 확립, 중화민족의 위대한 부흥을 용인하고 대만의 점령을 인정하는 길이고, 중국의 '인류운명공동체' 구상을 수용하면서 '일대일로'의 강한 자장 속에서 생존을 모색하는 길이다.[10] 앞으로 중국이 '신시대'의 발전, 안보, 문명의 담론을 주도하면서 '원교근공' 외교를 지속할 때 국내에서도 이에 대한 동조가 늘어날 가능성을 배제할 수는 없다. 그렇더라도 최근 중국에 대한 국내의 반감을 고려하면 당분간은 가능성이 높지 않아 보인다.

둘째는 북한 핵우산 아래 들어가는 길이다. 북한은 제국적 영토대국은 아니지만 핵강국으로서 새로운 열강의 세계를 비집고 들어가려 하고 있다. 남한이 거기에 의탁하자는 주장이 나올는지도 모르겠다. 현실적으로 이는 북한이 압박하는 '일국양제'의 틀이 형성되어 남한이 '공납국'의 지위로 전락하는 것이다. 여러 가지 가능성이 있겠지만, 길게 보면 한국의 외교 자주권과 국방 자주권이 회수되는 대신 경제적 안정성은 부분적으로 허용되는 길이다. 그것이 실제 핵투하 이후에 진행될 수도 있고 핵위협을 전제로 이루어질 수도 있는데, 어쨌건 인명 손실을 최소화하는 길이라는 설득 논리가 제시될는지도 모른다. 그렇지만 한국인 정서상 첫 번째 길만큼이나 수용되기 불가능해 보인다.

이상적 대안을 달성하지 못하고, 현실적인 두 개의 선택지를 벗어나려면 남은 세 번째 길은 현재 안보체제를 유지해 한미 동맹의 우산 아래 남는 것이다. 그렇지만 이 경우 문제는 현재 상태의 유지를 기대하는 것이 쉽지 않다는 데 있는데, 중국과 북한이 빠른 속도로 변하고 있어서 변수가 많아지고 있고 미국의 전략 구상 또한 빠르게 바뀌고 있기 때문이다. 중국의 대만 점령 위협에 대해 충분히 억제의 목소리를 내는 일이 가능한가, 중국이 한반도 비핵화 원칙을 고수하도록 할 수 있는가, 북한의 전술핵 위협을 어느 정도 현실적으로 인식하는가, 미국의 전략구상 변화에 개입할 수 있는가 등에 따라 향후 경로가 가변적이다.

이 때문에 세 번째 길을 가려면 일본과의 관계가 불가피하게 중요해진다는 현실을 인정하지 않을 수 없다. 그리고 이는 한미동맹체제 아래 미국과 군사공조를 통해 대북 압박을 강화하고 여기에 일본과의 공조를 강화하는 방향이 될 가능성이 높다. 한국과 일본의 안보협력이 실패하면 일본이 독자적 안보 대응으로 나아갈 가능성도 크다. 일본의 독자적 군사대응의 한 극점에는 미국의 묵인 아래 긍정도 부정도 하지 않는 이른바 NCND Neither Confirm Nor Deny 방식의 독자적 핵무장도 포함될 수 있다. 일본과의 협력 논의는 ①안보협력 ②군사동맹 ③잠재적 핵동맹까지 단계적으로 상승할 수도 있다. 국내외적으로 민감한 쟁점이 많이 포함되기 때문에 일본과의 안보협력은 중요하긴 하지만 섬세한 접근이 필요하다. 여기서 출발해 중국을 압박하고 미국을 압박하는 외교까지 큰 소동 없이 연결되려면 고비고비 문제 해결의 능력과 길게 내다볼 안목도 필수적이다. 국내 여론을 무시하고 돌파해갈 수 있는 사안도 아니다. 이 길이 현실적으로 덜 갈등적으로 진행되려면 야당인 민주당이 대대적으로 바뀌어 대일 안보협력을 주도하는 역할을 수행해야 하겠지만, 지금까지 관성적으로 유지해온 대외관계에 대한 관점을 바꾸지 않는다면 새로운 대응 방식을 찾기까지 넘어야 할 장애물이 참으로 많을 것이다. 이렇게 가는 길은 단지 '의지'나 '가치'의 실현으로 달성될 수 없고 냉정하고 복잡한 분석을 통해 그리고 돌다리를 두드리는 세심한 과정을 통해 그리고 수많은 반복적 협상과 대립을 통해서만 진척될 수 있을 것이다.

중국을 압박해 북한의 핵개발과 핵도발을 억제하고자 한다면, 가능한 얼마 안 되는 카드 중 하나가 이렇듯 일본과의 안보관계 모색(그리고 그에 동반되는 미국과의 군사협력 강화)이라는 선택지일 수 있다. 중국과의 관계는 양면적일 수밖에 없는데 한편에서 일정 정도의 긴밀성을 유지하는 것은 중요하며 그럼에도 동시에 일본 카드를 가지고 대북문제에 대한 강한 압박을 성사시킬 수 있는가가 관건으로 남는다. 일본 카드는 또한 미국을 압박하는 카드로도 쓰인다. 동아시아 지정학을 볼 때 대만에 대한 중국의 군사적 통일 위협을 두고 입장이 아직 확실하게 정리되지 않은 곳은 한국이며, 이 위상을 어떻게 활용하는가가 중요해지지 않을 수 없다. 한국과 중국의 관계는 안보 차원만은 아닌 더 다차원의 복합적 관계를 포함하는 것은 물론이다. 한국의 외교적 시도는 이 모든 노력이 대만 위협과 한반도 핵위기 억제에 맞춰져야 한다는 전제에서 배치되어야 하며, 이에 대해서도 감정적이 아닌 냉정한 객관적 대응이 필요할 것이다.

결국 향후 대일 관계에서 다음과 같은 질문이 제기된다. "지금까지 한국 외교의 초점이 남북한 협력을 통해 일본의 재무장을 막고자 하는 데 맞추어졌다면, 향후 초점은 일본과의 협력을 통해 북한 핵위협을 억제하는 쪽으로 이동할 수도 있는가?" "만일 그렇다면 어떤 조건 아래에서 일본 군사 대국화의 위협을 억제할 수 있는가?" 그리고 "이 관계 개선이 한중관계와 한미관계에서 압박카드로 사용될 수 있는가?"

고려해야 할 복잡성

위의 몇 가지 길들을 다시 돌아보면서 말하자면, 일본과의 안보협력을 강화하는 길로 나아가건 아니면 반대로 중국의 우산 아래 들어가는 길을 선택하건 그것으로 한반도의 위기가 곧바로 해결되는 것도 아니다. 일본과 협력을 강화하는 경우에도 그 자체가 해결일 수는 없고 여전히 대북 억제는 쉽지 않다. 그럼 압박만으로 충분한지, 핵군축이나 군비 통제로 갈 것인지, 새로운 안보체제 수립을 주도할 것인지, 새롭게 형성 중인 안보협력체에 편승할 것인지, 누구와 더불어 두 번째 단계로 나아갈 것인지가 문제로 남게 된다. 미국과의 핵정보 공유와 핵자산 확장 운용이 문제 해결일지도 불명확할 수밖에 없다. 재래식 무기의 압도적 우위를 핵자산 공유와 결합한다고 쉽게 문제가 해결되지는 않는다.

또 이렇게 일본과 안보협력을 강화하고 미국의 확장억지를 동원하는 길에는 새로운 위험이 놓여 있다는 점도 문제이다. 우크라이나 전쟁에 대한 미국의 지원에서 보듯, 미국이 '신냉전' 방식으로 현 국제정세에 개입할 때 직접적인 군사적 개입이 아니라 '책임 있는' 국가들의 개입에 대한 후방의 군사적 지원 형태를 취하는데, 동아시아에서 대만 위기 발생 시 한국이 의도와 무관하게 중국과 미국의 군사적 대립의 대리전쟁에 한국군이 동원될 가능성을 배제할 수 없다는 문제가 있다. 대만 위기는 좁게 대만해협을 둘러싼 중국과 대만 사이 대결만이 아니라, 대만을 거쳐 동중국해, 남중국해, 태평양으로 이어지는 지정학적 질서가 대변동하는 대립이다. 이 때문에 불가피하게 주일미군, 주한미군, 괌-사이판뿐 아니라 이 지역의 미국 동맹국을 이 전쟁에 끌어넣게 될 가능성이 크기 때문이다. 미국-일본과의 안보협력 강화는 이미 대중 봉쇄의 연합에 올라탄 것임을 분명히 알아야 하고, 그 후과에 대한 계산이 서 있어야 한다. 여기에 올라탐으로써 확실하게 중국의 대만 무력점령을 억제할 수 있는가 질문해야 하고, 이를 통해 대만 위기와 한반도 핵위기를 통제하는 데 성공할 경우 역시, 그로 인한 후과도 감당할 준비가 되어 있어야 한다. 한편으로는 이 길에 들어섰는데 대만 위기도 통제하지 못하고 한반도 핵위기도 통제하지 못하는 최악의 상황에 처하게 되었을 때, 어떻게 할 것인가를 대비하는 것도 중요하다. 의도와 무관하게 한반도 위기도 해결하지 못하면서 대만 위기를 둘러싼 미중 군사적 대립에만 끌려 들어갈 수 있기 때문이다. 이럴 경우에도 한반도의 전쟁 위기는 핵위기로 이어질 수 있다.

이런 복잡한 위험성이 있음을 고려해, 이 길을 갈 경우 능력이 있다면 세 가지 행보를 동시에 추진하는 일이 중요할 것이다. 첫째, 일본, 미국과 안보협력을 강화할 수 있을 것이다. 둘째, 중국에 대해 명확한 설명을 동반한 접촉을 지속해야 할 것인데, 중국의 한반도 비핵화 원칙이 지켜지지 않을 우려가 이런 새로운 변화의 배경이며 한국은 대만에 대한 중국의 무력 개입에 동의하지 않으며 북한의 핵도발에 대한 중국의 분명한 태도를 요구한다는 점을 확실히 전달하고, 중국의 태도 변화에 따라 대중협력과 한미일 안보협력의 방식 모두 가변적일 수 있음을 알려야 할 것이다. 셋째, 이와 더불어 한국과 일본 주도로 베트남 등 남중국해 안보에 우려가 큰 국가들을 주요 파트너로 삼아 동아시아 자체 다자적 안보 논의 기구를 설립하는 노력을 기울이고, 여기에 중국을 포함시키려 노력해야 할 것이다. 그래야 한미일 협력이 '인·태 나토'가 될 수 있다는 우려나 낡은 냉전의 '반공연대' 같은 것이 될 수 있다는 우려도 불식시키고 또 중국이 자신의 표준을 일방적으로 인근 국가에 강요할 우려도 제어하는 길을 열 수 있을 것이다.

그렇다면 이와 달리 중국의 우산 아래 들어가는 선택이 문제의 해결일 수 있을까? 그렇지도 않다. 대만 통일이 중국의 미래를 위한 중요한 과제로 설정되면서, 앞서 이야기했듯이 한반도는 이를 위한 부차적 변수로 바뀌게 되고 중국에게 한반도 비핵화의 원칙은 중요하지 않게 된다. 단지 중국과 우호적 관계를 수립한다고 한반도 비핵화의 원칙이 복원될 수 없고, 대만 위기 발생과 북한의 핵도발이 진행될 수도 있다. 다만 대만 위기 상황에서 중국의 대만 문제 해결 방식을 묵인하라는 매우 강한 압박이 진행될 것이고, 요구되는 태도를 보이지 않을 때 한국에 대한 복합적 제재나 보복이 작동할 것이다. 이 관계에서도 대만 문제에 대한 선제적 '중립 선언'은 도움이 되기보다 그 후 여러 가지 통로의 압박을 강화하는 출발점이 될 수도 있다. 단기적으로는 대만 위기와 한반도 핵위기가 연결될 가능성을 낮출 수 있다고 생각할지 모르지만, 한국이 중립을 지킬 것이 확실해지면 대만 위기의 제어력이 그만큼 줄어들고 대만 위기는 곧바로 한반도 핵위기와 연결될 수 있다. 위기의 회피가 또 다른 위기로 이어질 수도 있는 것이다.

경제제재도 동맹과 연계한 확증보복 태세도 실효를 거두지 못하고 자체 핵무장이라는 선택지도 해결책이 될 수 없다고 한다면, 냉정하게 현 단계에서 북한의 핵보유 현실을 인정하면서 '동결-감축-제거' 수순의 '군비통제' 협상을 진행해야 한다는 주장에도 귀 기울일 필요가 있다.[11] 이 경우에도 '신냉전'의 단순한 이념적 사고는 난제를 해결하는 데 도움을 줄 수 없을 것이고, 군비통제 협상이 진행되더라도 전체적인 역사적 구도의 변화를 잘 분석해야 할 것이다. 누구와 더불어 어떤 과정을 거쳐서 진행되는가가 중요해질 것이고, 검토할 선례가 없는 무대가 될 것이라는 점도 무거운 부담이 될 것이다. 어느 때보다 발상의 전환과 개방적 사고가 필요한 시기이다.

여기까지만 이야기한다면, 돌파구는 없는 것 같고 마주 달리는 두 열차의 충돌을 기다리며 지켜볼 수밖에 없다고 느낄지도 모른다. 그렇지만 이 비관적 시나리오를 이야기하면서 이상적 대응의 맨 처음에 제시했던 논점을 기억하며 되돌아갈 필요가 있다. 국제정치에 대해 논의하는 많은 학자와 정치가들은 세계가 각자의 이익 극대화를 추구하는 국가들의 게임으로만 이루어져 있다고 생각하는 경향이 있다. 때로는 그렇게 작동하기도 할 것이다. 그렇지만 아직 동아시아의 이 위기 지형에서는 "아니다"라고 이야기하는 세력의 영향력을 무시하기 어렵다. 한국뿐 아니라 일본도 중국도 마찬가지이다. 극단적 폭력이 예견되는 전쟁의 길로 달려가는 것을 막고자 "아니다"라고 말하는 사회 세력이 아직은 건재하며 중요한 발언을 할 수 있고, 안팎의 지지를 받으면 각국의 정치와 동아시아 지정학에 예견되는 불길한 조짐을 상쇄하는 힘을 발휘할 수도 있다. 이 책의 주장은 우크라이나에서 시작해 대만 위기를 거쳐 한반도 핵위기로 이어지는 연결된 위기가 돌이킬 수 없는 현실임을 주장하는 것이 아니고, 그 위기가 시작되는 문 앞에 우리가 서 있음을 보여주고자 한 것이다. 일단 위기가 연결되고 군사적 대립이 개시되면, 상황을 되돌리기 어려워지고 재앙이 초래될 수도 있기에 우리에게는 어떤 노력을 해서라도 연결된 위기가 현실이 되지 않도록 제어해야 할 책임이 있다.

지난 한 세기 이상의 역사를 통해 확인할 수 있듯이 '국가'는 늘 한목소리였던 것은 아니며 그렇기에 다른 길도 열릴 수 있었다. 모든 위기로부터 벗어날 수 있는 확실한 길은 없을 것이고, 모든 선택은 그 나름의 심각한 위험 요소를 안고 있다. 또한 각 경로는 진행되면서 재차 분기를 낳고 그때마다 신중하고 현명한 판단을 요구한다.

군사적 수단을 손쉬운 해결책으로 선택하는 순간 그동안 힘겹게 쌓아온 수많은 '권리'의 주장들이 일거에 잊히고 무너질 수 있다는 점도 늘 경계를 해야 할 것이다. 매번 선택하는 길은 그 선택에 따른 어려움과 책임을 동반하는 것이라고 말할 수 있을 것이다.

상황을 이렇게 판단한다고 해서 미국이 아직도 얄타체제의 견결한 옹호자이고 자유세계의 보루라고 주장하는 것은 아니다. 미국 자신 또한 이 얄타체제 해체를 밀고 가고 있는 세력이 되고 있으며, 자국 이기주의의 방향에 서서 세계질서를 점차 더 위태롭게 하고 있는 것도 사실이다. 문제는 대혼란이 예상되는 세계질서의 '공위기'에 각자 처해 있는 상황에 따라 자신에게 유리한 배에 올라타려는 경쟁이 극심해질 수밖에 없으며, 이런 상황에서 일단 한국은 어떤 배에 올라타 있는지, 혹은 가깝게 올라탈 배가 어디 있는지에 대한 평가부터 시작해 냉정하게 미래를 모색할 최소한의 시간을 확보해야 하는 상황에 처해 있다는 것이다. 국제정세의 혼란기를 바라보는 라틴아메리카, 아프리카, 남아시아, 유럽, 동아시아 각각의 민중의 시각이 꼭 일치하기는 어렵고, 놓인 상항에 따라 중시하는 것과 경시하는 것이 다를 수 있다. 자신이 처해 있는 상황에서 출발해 다른 국가들을 설득하려는 경합이 본격화할 것이다.

몇 가지 지켜야 할 원칙을 확인해두는 것이 중요하다. 첫째로 세계정세의 대변화를 객관적으로 살펴보고 한국의 지정학적 위험이 고조되는 이유를 분명히 이해해야 할 것이다. 둘째로 주관적 의지주의에 빠지지 않고 자기 역량을 객관적으로 파악한 다음, 자신이 어느 위치에 서 있으며 이를 어떻게 활용할지 현실적으로 판단해야 할 것이다. 셋째로 지금 상태로 그대로 유지되지는 않는 상황이고 어떤 선택도 모든 문제를 해결할 수는 없기에, 선택마다 동반되는 새로운 위험에 어떻게 대처할지도 미리 생각해두어야 한다. 넷째로 지금까지와 다른 방식으로 주변국들과 관계를 맺고자 할 때, 그 변화와 대응은 신중한 선택을 이어가는 연쇄적 방식이어야만 할 것이다. 한쪽에 힘을 싣는다고 모든 문제가 해결되지 못하기 때문이다.

세계 전체가 근본적인 전환과 분기의 상황에 놓여 있을 때 당연히 집단적 노력을 바탕으로 주어진 선택지의 한계를 넘어서는 시도를 중단해서는 안 되는데, 그러려면 먼저 우리가 처한 제약이 무엇인지를 명확히 인식해야 한다. 분석 없는 의지의 과잉이 해답이 될 수 없는 이유는 우리가 생각만으로 세상을 바꿀 수 있다고 믿는 순진한 관념론자는 아니기 때문이다.

사회주의인가, 야만인가

1차 세계대전 시기로 돌아가 보면 전쟁의 위기에 대처한 유의미한 구호는 "사회주의인가, 야만인가"였다. 20세기 초 중요했던 이 구호가 지금은 왜 되풀이되기 어려워졌는가? 이 질문에 대답하려면 '얄타체제' 아래에서 소련과 중국의 사회주의에 국제주의적 대안이 있었는가를 질문해야 하고, 더 나아가면 20세기의 사회주의가 무엇이었는지를 물어야 한다. 20세기 사회주의가 넘어서려한 자본주의 현실은 19세기 자유주의에 기반한 것이었나, 아니면 20세기 변환된 새로운 자유주의 또한 넘어서고자 한 것이었나? 사회주의에 관한 질문이 부재한 자리는 '대란대치大亂大治'라는 무정부주의가 들어서기도 하는데, 과연 대란대치가 사회주의적 대안일 수 있을까? '보이지 않는 손'이라는 자유주의의 유토피아에 대한 수많은 비판만큼이나 '대란대치'에 대한 비판도 필요하다. 넘어서야 한다는 과제가 중요하지만, 이는 백지에서 시작하는 것을 의미하지 않는다. 환상 속에 세워진 대안이 현실이 될 수 있는 것도 아니다.

한국에서 위기 상황을 타개하기란 더욱 녹록지 않다. 국제정세에 대해서는 '분석의 부재와 의지의 과잉'이 더더욱 문제가 되기 때문이다. 습관적 한미동맹주의를 내걸지만, 현실 변화에 대한 적극적 대처는 부재하고 미국을 압박하는 데 쓸 다른 카드를 준비하지 못하면 문제가 발생할 수도 있다. 자유지상주의의 교리와 국가권위주의를 오가는 입장도 이와 무관하지 않을 것이다. 앞선 세대의 '게으른 습관적 반미주의'에 머물거나 '실익 추구'의 실용주의로도 해결책을 찾기는 어려울 것이다. 실익을 챙기는 '우리'란 누구이고, 그 추구할 '국익'은 대체 무엇일까? 사상적 좌표가 없는 채 당연한 이야기처럼 등장하는 '국익'의 실체란 없을 것이고, 결국은 경박한 민족주의 이상으로 나아갈 수 없을 것이다. 다른 나라를 설득할 역량도 없고 스스로의 정치적 이념도 포기한 외교가 대체 성공은 할 수 있는 것일까? 그리고 그런 외교를 가지고 자국민을 설득할 수 있기는 한 것일까?

프롤로그에서도 말했듯이 한국 사회는 심각한 삼중 위기에 처해 있다. 제도의 위기, 정치의 위기, 사상의 위기이며, 이 삼중 위기의 결합은 격동하는 국제정세와 맞물려 심각한 상황으로 전개되고 있다. 관건은 이 위기를 벗어날 출발점을 어디서 찾을 것인가이다. 한국 사회는 과연 향후 100년, 거기까지는 아니더라도 향후 30년 정도의 미래사회를 방향 짓는 사상적 토론을 진행시킬 수 있을까?

부록 1

"우크라이나와 대만 위기는 연결된다…
'노'라고 할 수 있는 한국이 중요"[1]

박민희 논설위원의 직격 인터뷰(「한겨레」 2022년 3월 9일 자 23면)

지난해 11월 현대중국학회에서 백승욱 중앙대 교수는 "러시아가 우크라이나를 침공하고, 동시에 중국이 대만의 일부 섬을 점령하고자 나선다면 한국은 어떻게 할 것인가"라는 도발적 질문을 던졌다. 청중은 술렁였다. 국내에서 러시아의 우크라이나 침공 가능성을 상상하는 이가 거의 없던 시기였다. 백 교수는 그때 우크라이나와 대만 문제가 긴밀하게 연결되어 있고, 여기에는 러시아와 중국의 통치 변화, 세계질서에 대한 도전이 반영되어 있다고 경고했다.

결국 지난 2월 24일 러시아가 우크라이나를 전면 침공했다. 많은 이들이 이를 세계질서의 대변동으로 여기며 불안해한다. 그 질서는 무엇이며, 어떤 변동이 일어나고 있는지를 정확히 이해해야, 한국도 제대로 대응할 수 있다. 오판하거나 제 역할을 못 하면, 혼란과 전쟁이 전 세계로 확산될 수 있다.

지난 4일 중앙대학교 연구실에서 진행한 세 시간 넘는 인터뷰에서 백 교수는 지금의 상황은 "신냉전이 아니라, 20세기 질서의 수립자들 사이에서 갈등이 본격적으로 벌어지기 시작하는 근본적인 위기"라고 진단했다. "동아시아 평화와 세계질서를 지키기 위해, 대만에 대한 중국의 무력통일 움직임에 한국은 분명하게 '노No'라고 해야 한다"고 강조했다. 신자유주의로 전 세계적 각국의 국내 불평등과 불안정은 심해지지만, 긴밀하게 연결된 경제 네트워크에서 빠져나갈 수도 없는 상황이 러시아와 중국의 권위주의를 강화시키고 있다고 분석했다.

백 교수는 자본주의 '세계체계'의 변동, 중국 사회주의의 변화, 마르크스주의 등을 깊이 연구해온 사회학자이다. 「미국의 세기는 끝났는가」 「세계화의 경계에 선 중국」 「생각하는 마르크스」 등을 썼고, 비판사회학회 회장을 역임했다.

─러시아의 우크라이나 침공 의도를 어떻게 봐야 할까?

"러시아의 침공을 볼 때 두 가지를 조심해야 한다. 하나는 고정된 냉전의 틀로 '신냉전'이라고 판단하는 것이고, 또 하나는 어떤 국가 성격을 고정불변의 실체처럼 이해하는 것이다. 러시아는 1·2차 세계대전에서 연합국 편에 섰는데, 지금은 왜 그 질서의 반대쪽에 놓였는지 질문해야 한다. 지난 10년의 변화가 영향을 미쳤다. 브렉시트로 상징되는 유럽의 분열, 트럼프의 등장으로 나타난 미국 정치의 분열, 코로나19 팬데믹 그리고 미국의 아프가니스탄 철군이라는 조건 속에서 러시아가 새로운 움직임을 시작했고, 이것은 중국의 변동과 연결되어 있다."

―현재 상황을 역사적으로 어떻게 이해해야 적절한가?

"100년 전 1차 세계대전 전후의 시기를 참조점으로 삼아야 한다. 1차 세계대전 시기와 지금을 비교해보면 다섯 가지의 유사점과 한 가지 차이점이 보인다. 첫 번째, 강대국의 지정학적 충돌이 러시아와의 국경 지대에서 벌어졌다. 두 번째, 1차 세계대전이 종결되는 과정에서 스페인 독감이란 팬데믹이 큰 영향을 끼쳤는데, 지금도 코로나19 팬데믹은 대변동과 맞물려서 진행 중이다. 세 번째, 자유주의의 위기이다. 100년 전에는 자유방임적 자유주의의 한계로 실업자가 넘쳐나고 식민지 경합이 전쟁으로 치닫게 되었다. 지금 많은 문제는 신자유주의의 부작용과 관련되어 있다. 네 번째, 파시즘의 등장이다. 1차 세계대전 당시 자유주의 위기에 대한 대응 중 하나가 파시즘이었다. 적과 우리의 이분법으로 혼란에 대처하려는 강력한 구심점을 매우 반동적인 방식으로 만들어냈다. 지금도 자유주의 위기는 포퓰리즘 또는 극우정치의 분출로 비슷하게 반복된다. 다섯 번째는 전시 자본주의다. 1차 세계대전에서는 금융과 무역이 단절되고 자유로운 시장질서가 작동하지 않는 상황에서 전시 자본주의를 경험했다. 지금은 코로나19가 일종의 전시 자본주의가 작동하도록 영향을 미쳤다. 그렇지만 1차 세계대전과 지금의 대단히 중요한 차이점은 사회주의의 위상이다. 19세기 위기의 돌파 속에서 뉴딜과 함께 사회주의가 등장했다. 사회주의는 고전적 자유주의와 제국주의 세계질서에 대한 대안이었고, 러시아혁명을 거쳐 중국으로 퍼져 나갔다. 그런데 지금 대단히 역설적이게도 사회주의 혁명의 양대 국가였던 러시아와 중국이 바로 위협의 핵심 국가로 부상하고 있다. 사회주의라는 대안이 사라지고, 사회주의의 역사적 경험을 지닌 국가가 오히려 위협이 되고 있는 상황이 중요하다."

―러시아의 우크라이나 침공으로 세계질서가 흔들린다고 많은 이들이 이야기한다. 이 변동의 성격은 무엇인가?

"러시아의 침공에 왜 이렇게 전 지구적인 대응이 나타나는지 주목해야 한다. 주권 국가가 침공당해서인가? 2차 세계대전 이후 전후 질서는 방어적 전쟁만 허용했지만 이는 1980년대 미국 네오콘의 등장과 함께 깨지기 시작했다. 레이건 행정부의 그라나다, 파나마 침공이 있었고 부시 행정부의 아프가니스탄과 이라크 침공이 있었다. 하지만 당시에 지금과 같은 관심과 일치된 대응은 없었다. 지금은 미국과 유럽이 공조해 러시아에 예상보다 훨씬 강력하고 포괄적인 금융 제재를 하고 있고, 다른 나라의 군사적 갈등에 개입하지 않는 걸 원칙으로 했던 독일, 핀란드, 스웨덴 같은 국가들이 우크라이나에 무기를 제공하기 시작했다. 미국과 대서양 연합 전체가 공동으로 들고 일어났다.

왜 이렇게 되는지를 이해하려면 2차 세계대전이 종결되면서 어떤 질서를 탄생시켰는가를 봐야 한다. 2차 세계대전을 종결한 '얄타체제'라고 부르는 전후 질서는 단순한 냉전이 아니다. 루스벨트 미국 대통령이 1945년 얄타회담을 통해 세운 전후 세계질서의 기본 구도는 미국·소련·영국에 중국을 더한 빅 4의 구도였다. 기본적으로 식민주의와 팽창주의에 반대하는 질서인데, 루스벨트는 소련이 탈식민주의·반팽창주의라고 보고 핵심 동맹으로 끌어들였고, 식민주의 종결의 승인을 위해 영국을 끌어들였다. 전후 인도차이나를 관리하기 위해 중국의 장제스(나중에 마오쩌둥의 중국으로 대체)를 초대했다. 프랑스는 나중에 영국의 처칠이 끌어들였다. 이것이 지금 유엔 안보리 상임이사국의 구도이다. 이들 사이의 직접적 충돌은 피한다는 것이 지금까지 세계질서의 핵심이었는데, 지금 러시아의 우크라이나 침공이 보여주는 것은 20세기 질서의 수립자들인 이들 빅 4 내부에서 근본적인 위기가 시작되었다는 것이다. 이것이 중국으로 연동되어 중국과 러시아라는 두 축이 흔들리면 전후 세계의 기반인 유엔 질서 자체가 심각하게 흔들릴 가능성이 있다."

ㅡ왜 지금 이런 사태가 벌어졌는가?

"19세기 자본주의 질서가 무너진 뒤 20세기 질서가 어떻게 재건되는가를 보면 두 가지 측면이 있다. 자본주의 질서를 시장개입적 자유주의 형태로 전환해서 개별 국가 경제 단위에서 성장과 고용을 연동시키게 했고, 이와 더불어 세계질서가 적어도 유럽 내에서는 안정적인 평화 유지 구도 속에서 작동할 수 있어야 했다. 얄타체제에서 루스벨트는 소련의 세력권(서유럽과의 완충지대)을 인정해주면서 브레튼우즈 체제에 끌어들이려 했다. 냉전이 발발하면서 소련과 중국은 여기서 상대적으로 떨어져서 지정학적으로 약간 고립된 상태가 되었지만, 소련도 얄타체제를 상당 부분 유지해 나갔다.

상대적으로 안정적인 세계질서 아래에서 민족국가별 복지체제의 모색이라는 이런 구상은 그리 오래가지 못했는데, 사회주의 체제가 붕괴하고 신자유주의가 등장하면서 전 지구적으로 동요가 굉장히 커졌다. 이에 따른 원심력을 막기 위한 1990년대 이후의 대응은 개별 국가별로 통합력을 키우는 방식이 아니라, 금융을 매개로 전 세계적인 자본주의 네트워크의 통합력을 강화하는 방식이었다. 많은 국가들이 여기서 떨어져 나가서는 생존하기 어렵게 되었지만, 개별 국가 안에서는 불평등이나 빈곤 문제가 심각해지고 국내 통치가 동요하면서 원심력이 커졌다.

구심력을 되살리려는 시도 중 하나는 지역통합으로, 유럽연합의 등장이었다. 러시아와의 완충지대가 사라진 상태에서 러시아를 유럽으로 끌어당길 것이냐 아니면 배척할 것이냐가 중요한 쟁점이 되었다. 이것이 난제인 것은 러시아에도 양면성이 있기 때문이다. 러시아는 19세기부터 지속적으로 유럽의 일원이 되고자 하면서도, 유럽에 편입되는 것을 상당히 두려워한다. 지금의 유럽통합의 핵심은 독일을 중심으로 유럽을 만드는 '대독일'의 형성이고, 그 상태에서 러시아를 유럽으로 통합시키는 것은 쉽지 않다. 러시아는 서유럽 세계와 석유와 천연가스를 매개로 경제적으로 통합성이 높아져 유럽에서 떨어져 나가지도 못한다. 러시아나 중국처럼 규모가 커서 지역통합에 완전히 들어가기 어려운 국가들이 경제적 이익이나 금융적 통합 때문에 전 지구적 경제·금융 네트워크 외부로 나가지도 못하는 상태에서, 국내 정치의 원심력에 대응하기 위해 권위주의적 통치를 강화하는 경향이 발생한다. 이것이 러시아와 중국이 '준동맹' 관계를 맺게 된 이유 중 하나다."

─러시아의 우크라이나 침공은 대만문제와 동아시아에 어떤 영향을 미치게 될까?

"이 문제를 이해하려면 우선 '시진핑 체제'의 등장을 이야기해야 한다. 우리가 과거에 알던 중국이 지금의 중국이라고 생각하면 안 된다. 시진핑 체제의 핵심은 '혈통론 집단의 세습권력' 형성이다. 혁명 1세대 지도자의 자제들, 즉 세습된 엘리트 집단이 시진핑의 등장과 더불어 거대한 2세대 통치세력을 형성했다. 이것이 바로 시진핑 1인 권력이 아니라 시진핑을 핵심으로 하는 중국공산당 영도 세력이고, 이들은 항상 시진핑 같은 인물을 배출할 수 있다. 이 세력의 중요성이 커진 이유를 알려면 중국 개혁개방의 과정을 볼 필요가 있다. 개혁개방은 세계 시장에 편입하고 해외 자본을 유치해 중국 관료 자본주의가 이득을 얻어가는 과정이었다. 중국은 세계 표준을 거부하는 것이 아니라 그것을 따라갔고 상당히 내부화했다. 그런데 이런 방식으로 자본주의 시스템이 30년 동안 작동하면서, 당의 통제력은 이완되고 당이 이익집단화되어 가는 경향이 발생했다. 이에 대응해 혈통론 세대의 집단 권력이 형성되어, 관료적이고 제도적인 통치, 기술에 의한 국가자본주의적 지배를 굉장히 견고하게 수립해 나간다. 탄압만 있는 것이 아니다. 일종의 복지 혜택을 부여하는 방식으로 통치를 한다. 문제는 이런 통치 아래에서 공개적으로 이견을 제기하기 매우 어려워지고, 내부 토론 과정은 은폐된다. 개혁개방의 기본 특징인 지방의 주도성이 사라지고 리스크가 중앙으로 과도하게 집중되면서 모든 책임은 중앙에 쏠리게 되고, 중요한 정세에 대해 일단 결단을 하면 되돌리기가 어려워진다. 중화 민족주의와 결합한 사회 관리 정책으로 내적 불만도 통제할 수 있게 되었다."

—그렇다면 시진핑 체제에서 대만에 대한 통일 문제가 왜 이토록 중요해졌는가?

"다당제 아래에서라면 신자유주의의 문제를 상이한 정치집단 사이에 떠넘기는 것도 가능하다. 그렇지만 중국의 일당제 아래에서 지금까지는 문제를 중앙과 지방 관계를 통해 회피할 수 있었다. 문제가 생기면 지방의 책임으로 돌릴 수 있기 때문이다. 그런데 이제는 지방의 주도권을 제거한 상태에서 모든 리스크도 중앙에 집중되었고, 이것이 뉴노멀 아래 '시진핑 신시대 사상'으로 총괄되었다. 시진핑은 문제 해결의 돌파력을 보여줘야 하는 상황이고, 이 점이 대만 위기를 만들어내는 중요한 이유 중 하나이다. 러시아가 외부의 방어벽으로 여기는 지역에 대한 구소련 시기의 영향력을 강조하는 데 비해, 중국은 '영토 보전'을 강조하고 외부의 모든 개입에 대한 차단을 매우 중시한다. 잠재적 포위의 가능성도 돌파해야 한다. 따라서 신장, 티베트, 홍콩이 중요해졌고, 이제 남은 문제는 대만이다. 대만 통일은 표면적으로는 '미뤄진 통일'을 완수하는 것이지만, 다른 한편에서는 내부의 응집력을 강화하기 위한 정치·군사적 드라이브와도 밀접하게 연관되어 있다. '왜 시진핑을 핵심으로 하는 당의 영도가 타당한가'를 보여주기 위해, '세계 최강 국가' '위협받지 않는 국가'의 목표가 중시되면서, 전략적으로 대만이 매우 중요해졌다. 이것이 '중국몽'과 함께 제시된 '강군몽'의 배경이다.

후진타오 시기까지는 세계를 향해 우호적 제스처를 취하고 '도광양회'(능력을 감추고 힘을 기름)를 했다. 이제는 더는 그럴 수 없을 정도로 중국의 몸집이 커졌다. 중국의 의도가 무엇이든 달라진 위상 때문에 중국이 위협이 될 수밖에 없는 상황에서 주요한 충돌 지점이 생겨났는데 그것이 대만문제다. 대만문제에 대한 공언을 이행하지 못하면 10년 안에 통치성의 위기가 발생할 가능성도 있다. 이제 '2035년까지 대만문제를 해결하고, 2050년까지 어느 나라에도 지지 않는 군사력을 지닌 세계 최강 국가가 돼야 한다'는 일정표가 등장했다. 이 계획이 있을 때만 나머지 모든 문제가 해결 가능한 상태로 이미 드라이브가 걸려 있고, 되돌리기는 어렵다. 그런데 이것을 중국 홀로는 할 수 없기 때문에 '반미 동맹'을 강화하려 할 것인데, 유라시아 지역에서는 러시아와 북한이 중요하고, 남미와 아프리카 국가들로 이를 지탱하는 구조다."

—지금 푸틴이 국제적으로 고립되어 있고 중국 국내에 반전 여론도 있지만, 중국이 러시아와 관계를 약화시킬 가능성은 없다는 뜻인가?

"어느 정도는 중국이 러시아를 협상 무대에 올리려고 하는 제스처는 취할 수 있다. 왜냐하면 시진핑이 당장 대만을 점령할 생각은 없다고 보이기 때문이다. 올해 가을 20차 당대회에서 3연임을 해야 하고, 대만은 향후 10년에 걸쳐 해결할 문제이다. 중국은 러시아를 바둑판의 돌처럼 활용할 수도 있다. 북한과도 그런 관계를 계속해 갈 것이다.

지금 중국에 가장 중요한 부분은 대만과 관련해 '러시아의 우크라이나 침공에서 무엇을 학습할 것인가'이다. 첫 번째는 국제은행결제망 SWIFT 통제처럼 미국 등의 금융 제재가 예상보다 굉장히 강하다는 점이다. 러시아는 외환 보유고와 금 보유를 늘리면 제재가 들어와도 일정 기간 버틸 수 있다고 예상했지만 오판이었다. 외환 보유고는 절반 이상 미국과 서유럽의 국채를 사는 데 미국이 그것을 동결하는 순간 쓸 수 없는 자산이 되었다. 또 금을 팔려 해도 달러로 금을 살 수 있는 나라들은 이미 금융 제재에 동참하고 있다.

두 번째는 개방 경제의 취약성과 강점인데 이건 양날의 칼이다. 러시아는 에너지밖에 없지만, 중국은 글로벌 분업과 로지스틱스와 긴밀히 연결되어 있다. 그런데 코로나19 이후 외부의 수요가 줄어드는 '전시 자본주의'와 같은 상태에서 중국은 내수에 의존해 버렸고, 전략적 수입 물자들을 상당 부분 국산화하는 방향으로 가고 있다. 여전히 해결하지 못하고 있는 반도체가 10년 안에는 어떻게 될 것인가가 중요하다. 세 번째는 길게 끌면 안 된다는 교훈이므로 1~2주 안에 결판을 볼 수 있는 군사적 준비가 중요해질 것이다. 다음은 내부 동요가 안 되게 하는 것이다. 여론은 통제할 수 있다고 판단할 것이고, 군과 민간기업가들에 대한 당의 통제도 강하다.

마지막으로 중요한 건 세계 정치에서 고립되는 문제다. 유엔 표결에서 러시아를 지지한 나라가 4개국밖에 안 된다. 그런데 중국은 적어도 3분의 1 이상이 찬성하는 것을 목표로 할 것이다. 한국이 기권하도록 하는 것을 목표로 장기적인 플랜을 세울 가능성이 있다. 러시아는 타국의 영토를 침범한 것이지만, 중국은 '대만문제는 내정'이라고 주장하는 점도 중요하다. 중국이 앞으로 10년 동안 준비한 다음 대만을 무력통일하려 시도한다면 국제사회가 지금처럼 대응할 수 있을까. 중국의 위상이 러시아보다 훨씬 크고, 러시아가 유럽 내에서 고립되는 것과 달리 동아시아 전체가 중국화되고 있고, 일본의 영향력이 줄어들고 일본과 한국은 통일된 목소리를 낼 수 없는 상황이다. 그런데 중국이 만약 대만을 무력통일하는 경우 동아시아 질서는 완전히 변하게 된다. 대만 위협을 묵인한다면, 그다음 동아시아 질서는 우리가 알던 것과 매우 다른, 위협적인 것이 될 가능성이 높다."

－**미국은 쇠퇴했고 중국식 모델이 대안이라고 보는 사람들이 있다.**

"중국 스스로가 자신들의 입장을 '수세적 예외주의'로 정한 것으로 보이고 그것은 스스로 보편성을 포기했다는 말이다. 2008년 베이징올림픽 때 중국은 '서구식 보편을 대체하는 새로운 보편을 중국이 만들고 있다'고 보여주려 했다. 그런데 이번 2022년 올림픽 전후 시기 중국은 '우리는 예외이고 우리 식대로 가니까 건들지 말라'는 얘기를 하고 있다. 추격자 국가가 기존 질서에 도전할 때 기존 질서를 파괴할 뿐인가,

아니면 새로운 대안을 만들어내는가가 중요하다. 그런데 중국은 대안을 만들어내려는 시도를 포기한 것이나 다름이 없다. 중화주의와 '애국자통치'를 강조하는 것은 중국식 모델을 다른 나라가 따라 하는 것은 불가능하다는 선언이다. 이 상황을 1933년의 독일 상황과 비슷하다고 보는 것은 과한 것일까? 나치가 집권한 1933년 무렵이면 서구의 어떤 나라도 독일을 모델로 따르겠다는 생각을 할 수 없게 되었다. 그럼에도 나치는 1933년에서 1938년까지 대불황을 나름대로 극복하고 실업 문제를 해결하면서, 루르 공업 지역을 중심으로 유럽과 경제통합을 강화시켰다. 1938년 뮌헨협정은 이런 경제통합성을 배경으로, 독일의 체코와 오스트리아 합병이리는 레벤스라움(생활선)의 요구를 '독일의 내정 문제'로 인정한 프랑스와 영국의 태도 때문에 가능했던 것이다. 1933년의 독일처럼 지금의 중국도 내부에서 점점 더 어떤 이견도 용인되지 않지만, 역설적으로 동아시아와 유럽과의 경제통합은 더욱 강화하고 있다. 국내에서는 완전히 시장 자유주의적 경제를 운영하면서, '대만문제만 해결하겠다'고 한다. 19세기 말 일본의 야마가타 아리토모는 주권선과 이익선을 주장하면서 생존과 팽창의 경계를 모호하게 만든 적이 있다. 중국이 대만까지를 제1도련선, 괌·사이판까지를 제2도련선이라고 설정한 것이 역사적 전례가 없는 것이 아니다."

―중국 내부에 여러 경제적·사회적 문제가 있다. 당내 이견이나 비판적 여론을 고려해 중국 스스로 방향을 바꾸게 될 가능성은 없는가?

"향후 10년간은 별로 없을 것이다. 중국이 문제를 가장 잘 돌파해

나가고 있는 국가이기 때문이다. 어쨌든 코로나19에 비교적 잘 대응했다. 미국과도 싸움이 붙었지만 잘 버티고 있다. '공동부유' 정책이 제대로 추진되는 것은 아니지만, 감찰기구를 강화해 부패관리, 졸부들을 확실히 처벌하는 데 대한 여론의 지지도 강하다. 여러 가지 문제도 나타나고 있지만, 외부와의 대결을 통해 내부를 단합시켜 나갈 수 있기 때문에 시진핑에게 유리하게 작용하고 있다. 내부의 이견도 계속 정리되어 가고 당 내부의 이견도 표출이 안 된다. 이런 식으로 시진핑에게 1인 권력을 집중시켰기 때문에, 시진핑이 적어도 앞으로 5년은 책임지고 분명한 업적을 보여주려 할 것이다. 물론 대만문제를 비롯한 중국의 향후 정책이 100퍼센트 결정된 상태는 아니고, 여러 가능성은 열려 있다. 그래서 한국이 어떤 입장을 취하는지가 중요하다. 중국이 한국은 어차피 변수가 아니라고 볼지, 한국 변수가 매우 중요하다고 볼지가 중국공산당이 이후 동아시아 정세를 판단하고 결정해가는 데 중요한 요소라고 생각한다. 한국 사회가 중국에 대한 외교에서 공동의 입장을 정립해 대응해야 하고, 이념적 좌표를 설정할 수 있는 능력을 갖춰야 한다."

—강대국 세력의 충돌이 벌어지는 지정학적 위치라는 점에서 많은 한국인들이 우크라이나 사태를 동병상련의 입장에서 보고 있다. 급변하는 세계정세에서 한국의 외교는 어떻게 달라져야 하나?

"한국은 세계질서에 주체적으로 대응한 적이 없고 제도의 변화를 제대로 읽어내지 못한다. 한국에는 '분석의 외교'가 없고 '의지의 외교' 밖에 없다고 생각한다. 역사를 일종의 불변의 틀로 보고 있다. 일본은 언제나 똑같은 일본, 중국은 똑같은 중국, 북한도 불변의 북한으로 보는 경향이 강하다. 러시아와 영국은 19세기에 80년 동안 적대국으로 크림 전쟁처럼 전면 전쟁까지 나아갔지만 20세기 두 번의 세계대전에서 같이 연합국에 속할 수 있었다는 역사를 교훈 삼아야 한다.

연합을 할 때는 어떤 이념을 기본으로 하느냐가 매우 중요하다. 그런데 한국은 지금 국내의 이념 지향도 혼란스럽고 국제적 질서에 대해서도 혼동하고 있다. 한국은 사상적으로 자유주의 사상가도 없고 사상 논쟁도 없는데 자유주의 제도는 매우 잘 작동하는 기묘한 국가이다. 자유주의 제도를 스스로 설계해서 만든 것이 아니어서, 문제가 생기면 해체해서 수리하려는 노력에 곤란을 겪는다. 자유주의와 포퓰리즘의 차이를 이해하는 것이 중요할 텐데, 포퓰리스트는 항상 '누구냐'를 묻는다. 누가 권력을 잡고 있는가, 누가 적이냐 좋은 편이냐. 반면 자유주의자는 누가 권력을 잡느냐가 중요하지 않다. 어떤 제도가 등장했고 그 제도가 유효하게 작동하느냐만 묻는다. 지금도 우리나라는 외교를 선과 악의 구도로 보고, 현실주의로 보지 않는다. 또 외교를 국내정치를 풀어가는 사상적 기초에서 풀어가지도 않고 다만 전문 외교관만의 일로만 여기는 경향이 크다."

—올해 한-중 수교 30주년이고 한국의 새 정부가 출범한다. 지난 30년 동안 한-중 관계의 두 축은 '북핵 문제를 해결하려면 중국과 협력해야 하고, 한국 수출의 25% 이상을 차지하는 중국 시장에 사활이 걸려 있다'는 것이었다. 이것도 변해야 하나?

"변해야 한다. 러시아와 중국을 중심으로 국제정세가 요동치고 있다. 북한은 이 흐름을 타고 가는 게 생존에 유리하다고 판단하면서, 한국이 제대로 목소리도 못 낼 것으로 보고 있다. 이런 상태로 가면 남북 협상도 의미가 없다. 한국이 새로운 질서에서 협상 카드를 가지려면 어떤 구도에서 가능한지를 판단해야 한다. 중국과 관계를 유지하고 냉철하게 외교를 하면서도, 과도한 중국 의존도를 줄여가며 다변화도 해야 하고, 필요한 부분에서는 '아니다'라고 분명하게 이야기할 수 있어야 한다. 일단은 중국이 군사적 방향으로 더 움직이지 않도록 제어하는 게 한국의 역할이다. 동아시아 질서에서 중국이 만약 대만 위기로 가는 상황이 되면 미국과 일본의 입장은 정리되어 있고, 북한도 입장을 정했다. 한국의 입장이 무엇인지가 앞으로 10년 동안 대단히 중요해진다. '동아시아의 평화를 유지할 것인가, 질서의 거대한 위기로 가게 될까'에 대해 중국은 적어도 한국의 입장이 무엇인지를 계속 물어보며 가게 된다. 한국을 무시하고 가기는 어렵다. 왜냐하면 한·미·일이 연결되면 중국이 마치 지금의 러시아처럼 고립될 가능성도 있기 때문이다. 그런데 세계 10위의 경제인 한국이 중국의 무력 사용을 지지하거나 묵인하는 방향으로 가면, 상황은 힘들어진다. 중국이 만약 향후 10년 동안 대만 위기로 가는 길을 걷는다고 하면, 한국은 '노NO'라고 할 수 있는 준비를 해나가야 된다. 대만 문제의 첫 단추인 홍콩문제가 벌어졌을 때 한국은 이미 한 번 묵인을 했다."

─어떤 새로운 세계질서를 만들어가야 할까?

"지금 자유주의적 질서가 동요하고 있는 건 맞다. 그런데 러시아와 중국은 기존 자유주의 질서의 폐기로 나가려 할 뿐 대안을 제시하는 것은 아니다. 20세기 러시아와 중국의 혁명은 단순한 자유주의 질서의 폐기가 아니었다. 자유주의 질서의 한계를 넘어서려는 지향 아래 사회주의적 질문을 제기하려고 했던 것이다. 러시아혁명이 성공한 핵심적 이유는 반전평화주의적 국제주의에 있었다. 중국공산당도 2차 세계대전에서 반파시즘에 섰었고, 미국 루스벨트 정부는 장제스 국민당의 독재보다 옌안공산당의 연립정부 입장을 더 지지했던 시기도 있었다. 사회주의는 왜 몰락했는가. 소련은 출발점인 반전평화주의를 버리고 과도한 군사주의로 나아갔다가 몰락했다. 중국공산당도 옌안에서는 연립정부 하의 인민민주주의 구도를 지향했지만 건국 이후 시진핑 체제까지 오는 긴 과정에서 민주를 폐기했다. 서구가 보여주는 자유주의의 위선도 문제이지만 중국과 러시아가 보여주는 자유주의의 폐기 또한 지구적 위협이 될 수 있다. '반미'를 위해 자유주의의 미달이나 폐기가 정당화되지는 않는다. 자유주의 유산을 넘어서면서 새로운 세계질서를 만들려는 노력이 필요하다. 지난 세기 대중운동은 '사회주의인가, 야만인가'를 질문으로 제기했지 '야만적 사회주의'를 선택지로 내세운 적은 없었다."

얄타협정문
-3외상 프로토콜 합의문과 일본문제에 관한 3대표 협의문-[1]

1945년 2월

워싱턴 D.C. 3월 24일. 크림(얄타)회담에서 루스벨트 대통령, 처칠 총리, 스탈린 대원수 사이에서 합의된 내용 전문을 금일 국무부에서 공표한 내용에 따라 다음과 같이 알림.

크림회담 의정서

2월 4일에서 11일까지 미합중국(미국), 왕국연합(영국), 소비에사회주의공화국연합(소련) 정부 수뇌가 참석하여 개최된 크림회담에서 다음과 같은 결론에 도달했다.

I. 국제기구

다음과 같이 결정함.

1. 제안된 국제기구 설립을 위한 국제연합 회의는 1945년 4월 25일 수요일 개최하며, 장소는 미국으로 한다.

2. 회의 초청 대상국은 다음과 같다.

(a) 1945년 2월 8일 기준 국제연합 가입국

(b) 1945년 3월 1일까지 공동의 적에 선전포고한 연합국Associated Nations. (여기에 해당하는 '연합국'은 8개 연합국과 터키를 말함) 국제기구 회의가 개최되면 영국과 미국 대표는 두 소비에트 사회주의 공화국인 우크라이나와 백러시아를 창립국으로 수용하는 제안을 지지할 것이다.

3. 세 열강을 대신해 미국 정부는 이 회담에서 제안된 국제기구에 대한 결정에 관해 중국 정부 및 프랑스 임시정부와 협의한다.

4. 국제연합 회의에 참석할 모든 참가국에 발송될 초청장 원문은 다음과 같다:

"미국 정부는 그 자신을 대리해 그리고 영국, 소련, 중화민국 정부, 프랑스 공화국 임시정부를 대신해 _____의 정부가 1945년 4월 25일 또는 그 직후 국제 평화·안보 유지를 위한 전 세계적 총괄 국제조직 헌장 준비를 위해 미국 샌프란시스코에서 열리는 회의에 대표단을 파견해줄 것을 초청합니다."

"위에 거명된 정부들은 지난 10월의 덤바턴 오크스 회담의 결과로 공표되었고 VI장 C절의 다음과 같은 규정으로 보완된 총괄 국제조직 수립을 위한 제안문을 이 헌장의 기초로 삼아주기 바랍니다."

C절. 투표
안전보장이사회 각 성원국은 1표씩 행사한다.

2. 안전보장이사회의 절차상 문제에 관한 의결을 위해서는 7개 성원국의 찬성표를 얻어야 한다.

3. 안전보장이사회의 모든 의결에 대해서는 상임이사국 전원 찬성표를 포함해 7개국의 찬성표를 얻어야 한다: 단, VIII장 A절 결정과 VIII장 C절 제1문단 두 번째 문장에 해당하는 결정의 경우, 분쟁 당사국은 기권해야 한다.

"조율arrangement을 위한 추가 정보는 향후 배포될 것입니다."

"_____국 정부가 미리 제안문에 대한 의견과 논평을 회의에 제출하기를 원하면, 미국 정부는 기꺼이 이 의견과 논평을 기타 참여국 정부에 배포할 것입니다."

신탁통치
안전보장이사회의 상임이사국이 될 5개국은 유엔 총회에 앞서 신탁통치 문제에 관해 사전 협의하는 데 동의했다.

신탁통치가 다음 항목에만 적용될 것이 분명하다는 조건 아래 이상의 권고를 수용한다.

(a) 국제연맹의 기존 위임통치령

(b) 현 전쟁의 결과로 적에게서 분리된 영토

(c) 자발적으로 신탁통치 아래 놓인 기타 영토

(d) 곧 개최될 국제연합 회의나 사전협의 회의 때는 해당 구체적 영토를 거론하지 않을 것이며, 어느 영토가 상기 신탁통치 범주에 속할지에 대해서는 추후 합의를 진행할 것임.

II. 유럽 해방 선언

다음과 같은 선언이 승인됨.

소비에트 사회주의 공화국 수반, 대영제국 총리, 미합중국 대통령은 각국 국민과 해방된 유럽 국민의 공통 이해관계에 대해 협의했다. 세 수뇌는 세 정부가 해방된 유럽이 안정을 얻기까지 일시적으로 나치 독일 지배에서 해방된 민족들과 유럽의 구 추축국 위성국가의 민족들이 민주적 수단으로 당면 정치적·경제적 문제들을 해결할 수 있도록 함께 지원 정책을 추진하기로 상호 합의하였음을 공동 선언한다.

유럽에서 질서를 수립하고 국민경제 생활을 재건하는 일은 해방된 민족들이 나치즘과 파시즘의 마지막 잔재를 없애고 자기 자신의 선택으로 민주적 제도를 만들어내는 것을 가능하게 하는 과정을 통해 달성되어야 한다. 이는 대서양 헌장의 원칙으로, 모든 인민은 자신이 살게 될 정부를 선택할 권리가 있으며, 침략국이 강제로 빼앗은 주권과 자치권은 해당 민족에게 되돌려

주어야 한다.

해방된 민족이 이런 권리를 향유할 조건을 수립할 수 있도록, 세 정부는 해방된 모든 유럽 국가 또는 유럽의 구 추축국에서 필요한 조건이 있다고 판단되면 아래 사항을 공동지원할 것이다.

(a) 국내 평화를 위한 조건 형성
(b) 위기에 처한 민족의 구제를 위한 긴급 구제조치 시행
(c) 모든 민주적 주민을 광범하게 대표하고 가능한 한 신속하게 자유 선거로 해당 민족의 의지에 부응하는 정부를 수립할 것을 약속하는 임시정부를 구성하는 일
(d) 필요하면 이 선거가 시행되도록 촉진하는 일

세 정부는 다른 국제연합 및 임시정부 기구들과 협의할 것이며 여타 유럽 정부의 직접적 이해관계가 걸린 사안에 대해서는 이들 정부와 협의할 것이다.

세 정부가 보기에 어떤 해방된 유럽국이나 유럽의 구 추축국 위성국에서 이런 행위를 필요로 하는 상황이 있다고 판단되면, 세 정부는 즉각 협의해 이 선언에서 제안된 공동책임 시행에 필요한 조치를 취할 것이다.

이 선언에서 우리는 대서양 헌장의 원칙과 국제연합 선언의 약속을 재확인하고, 법에 따라 여타 평화애호국들과 함께 평화, 안보, 자유 그리고 모든 인류의 안녕에 봉헌된 세계질서를 법에 따라 세우겠다는 결의를 재확인한다.

이 선언을 발표하면서 세 강국은 프랑스 공화국 임시정부가 이 제안된 절차에 함께 할 것을 기대한다.

III. 독일의 분할

독일의 항복 조건 12조 (a)를 다음과 같이 수정하는 데 동의한다.

"영국, 미국 그리고 소련은 독일에 대해 최고 권위를 지닌다. 이 권위를 행사할 때, 이들은 미래의 평화와 안보를 위해 필요하다고 여길 시 독일의 완전한 분할을 포함한 단계를 밟아갈 것이다."

독일 분할 절차의 연구는 앤서니 이든 씨Mr. Anthony Eden, 존 위넌트 씨Mr. John Winant, 페도어 구제프 씨Mr. Fedor T. Gusev로 구성된 위원회에 위임되었다. 이 위원회는 프랑스 대표를 참가시키는 것이 적절한지 고려할 수 있다.

IV. 프랑스 점령구역과 독일 통치 협의회

독일에서 프랑스군이 점령할 구역을 프랑스에 할당하기로 합의되었다. 이 구역은 영국 및 미국 구역에서 분할되며 그 범위는 영국과 미국이 프랑스 임시정부와 협의해 결정한다.

프랑스 임시정부를 독일의 연합군 통치위원회 구성원으로 초청하는 것에도 합의했다.

V. 배상금

다음과 같은 의정서가 승인됨.

의정서

크림회담에서 독일의 현물배상 문제에 관해 세 정부 수뇌 사이에 다음 사항이 논의되었다.

1. 독일은 전쟁 중에 연합국에 입힌 손실에 대해 현물배상해야 한다. 전쟁의 주요한 부담을 졌고, 가장 심대한 손상을 입었으며 적에 대한 승리를 주도한 나라들에게 우선적으로 배상을 제공한다.

2. 독일에서 현물배상은 다음 세 형태로 제공된다.

(a) 독일 항복 또는 조직된 저항 종료 2년 이내에 독일 영토 내외에서 독일의 국부의 반출(시설, 기계장비, 선박, 철도차량, 해외 독일 투자금, 독일 내 산업·유통·기타 기업의 지분 등등). 이 반출의 주된 목적은 독일의 전쟁 잠재력 파괴임

(b) 고정된 기간 동안 현시점의 생산물을 매년 전달

(c) 독일 노동의 사용

3. 이상의 독일 배상금 부과의 세부적인 계획의 원칙을 수립하기 위해 모스크바에 연합국 배상위원회를 둔다. 이 위원회는 소비에트 사회주의 공화국,

대영제국, 미합중국에서 각 한 명씩 세 대표로 구성한다.

4. 배상금 총액을 정하고 독일 침공으로 고통을 겪은 나라들에 배분하는 일과 관련해 소련 대표와 미국 대표는 다음에 합의하였다.

"모스크바 배상위원회는 논의를 위한 첫 조사로 소련 정부의 제안을 제출하는데, 이에 따르면 2절의 (a)와 (b)항에 따른 배상금 총액은 220억 달러로 하고 그중 50퍼센트는 소비에트사회주의공화국에 지급되어야 한다."

영국 대표는 모스크바 배싱위원회에서 배상 문제를 다루는 동안에는 구체적 배상액을 거론해서는 안 된다는 견해를 표명하였다.

위의 소련-미국의 제안이 모스크바 배상 위원회가 고려할 제안 중 하나로 이 위원회에 제출되었다.

VI. 주요 전범

이 회담 종료 후 적절한 절차에 따라 세 외무장관이 주요 전범을 조사해 보고하기로 회담에서 합의했다.

VII. 폴란드

폴란드에 대한 다음과 같은 선언이 회담에서 합의되었다.

"적군the Red Army이 폴란드를 완전히 해방하여 새로운 상황이 도래했다. 이 때문에 최근 폴란드 서부 해방 이전에 가능했던 것보다 훨씬 광범하게 기반을 확장한 폴란드 임시정부 수립이 요구된다. 따라서 폴란드에서 지금 작동 중인 임시정부는 폴란드 국내외의 민주주의 지도자 모두를 포함하는 더 광범한 민주적 기반에서 수립되어야 한다. 이 새로운 정부에 폴란드 민족통일 임시정부라는 명칭을 부여한다."

"M. 몰로토프M. Molotov, M. 해리먼Mr. Harriman과 A. 클락 커 경Sir A. Clark Kerr에게 우선적으로 모스크바에서 현 임시정부 구성원들 및 여타 폴란드 국내외 민주 지도자들과 상기 노선에 따라 현 정부를 재구성하는 문제에 대해 협의할 위원회 권한을 부여한다. 이 폴란드 민족통일 임시정부는 가능한 한 빨리 보통·비밀 선거 원칙에 따라 자유롭고 제약 없는 선거를 치를 수 있도록 약속한다. 모든 민주적이고 반나치적 정당은 이 선거에 참여하여 후보를 세울 권한을 지닌다."

"폴란드 민족통일 임시정부가 이상에 따라 적절하게 수립되면, 현 폴란드 임시정부와 외교관계를 유지하고 있는 소련 정부 그리고 영국 정부와 미국 정부는 새로운 폴란드 민족통일 임시정부와 외교관계를 수립할 것이며 대사를 교환해 정부별로 폴란드 상황에 대해 보고받을 것이다."

"세 정부 수뇌는 폴란드의 동부 국경이 커즌 선을 따르되 폴란드에 유리하도록 일부 지역에서 5~8킬로미터 축소할 수 있도록 고려한다. 세 수뇌는 폴란드가 북부와 서부에서 상당한 영토 할양을 받아야 함을 승인한다. 세 수뇌는 이 영토 할양의 범위에 대해 폴란드 민족통일 임시정부의 견해를 적절한 방식으로 청취해야 하며 또 폴란드 서부 국경 획정은 평화회담 이후에 기다렸다 진행해야 한다고 생각한다."

VIII. 유고슬라비아

티토 장군과 이반 수바시치 박사Dr. Ivan Subasitch에게 다음을 권고하기로 합의했다.[2]

(a) 티토-수바시치 협약을 즉각 실행에 옮기고 이 협약에 따라 신정부를 구성할 것

(b) 신정부가 구성되면 즉각 다음을 선언할 것

(I) 반파시스트 민족해방 의회AVNOJ를 확대해 적과 협력하지 않았던 구 유고슬라비아 스쿱스티나Skupstina 구성원을 포함시킬 것

(II) 반파시스트 민족해방 의회AVNOJ의 입법 활동은 이후 제헌의회의 비준을 획득해야 함. 그리고 이 발언은 크림회담 코뮤니케로 공표되어야 함.

IX. 이탈리아-유고슬라비아 전선—이탈리아-오스트리아 전선

영국 대표단, 미국 대표단, 소련 대표단은 합의에 따라, 이 주제에 대한 노트를 남겨두었다. 후일 이 주제를 고려하고 각자의 관점을 제출하기 위해서이다.

X. 유고슬라비아-불가리아 관계

외상들 사이에서 유고슬라비아-불가리아 동맹조약이 바람직한지에 대한 의

견교환이 있었다. 쟁점은 휴전상태에 있는 국가가 타국과 조약을 체결할 수 있는가였다. 이든 씨는 이것이 승인받지 못할 수 있다는 점을 불가리아와 유고슬라비아 정부에 통보할 것을 제안하였다. 스테티니우스 씨는 영국과 미국 대사들이 모스크바에서 몰로토프 씨와 이 문제를 더 논의할 것을 제안하였다. 몰로토프 씨는 스테티니우스 제안에 동의했다.

XI. 동남부 유럽

영국 대표단은 다음 주제들에 대한 타국 대표단들의 고려를 위해 각서(통지문)를 제출하였다.

(a) 불가리아 통제 위원회

(b) 불가리아에 대한 그리스의 주장권, 특히 배상금에 관해서.

(c) 루마니아 유전 설비

XII. 이란

이든 씨, 스테티니우스 씨 그리고 몰로토프 씨는 이란 상황에 대해 의견을 교환했다. 이 문제를 외교 채널을 통해 추진하기로 합의했다.

XIII. 삼국 외상회의(삼상회의)

삼국 외상 사이의 협의를 위해 항구적 기구를 수립하기로 얄타회담에서 합의했다. 삼국 외상은 필요한 만큼 자주, 아마도 3~4개월마다 모임을 갖는다. 회의는 3국 수도에서 순서별로 돌아가며 개최하고, 첫 회의는 런던에서 열기로 했다.

XIV. 몽트뢰 협약Convention과 해협 문제

다음번 런던에서 개최되는 삼국 외상 회담에서는 소련 정부가 몽트뢰 협약 관련 쟁점에 관해 각 정부에 제출하는 것으로 양해된 제안을 논의하기로 합의했다. 적절할 때 터키 정부에게 내용을 알린다.

이상의 의정서에 대해 크림회담에서 1945년 2월 11일 세 외상이 승인하고 서명하였다.

E. R. 스테티니우스 주니어

M. 몰로토프

앤서니 이든

일본 문제에 대한 합의[3]

독일이 항복하고 유럽에서 전쟁이 종식된 2개월 또는 3개월 이후 소련이 연합국 편에 서서 대일본 전쟁을 개시하기로 세 열강—소련, 미합중국, 대영제국— 수뇌가 합의했다. 이에 대한 조건은 다음과 같다.

1. 외몽골(몽골 인민공화국)의 현 상태를 유지한다.

2. 1904년 일본의 기만적 공격으로 침해된 러시아의 구 권리들을 회복한다. 즉,

(a) 사할린 남부와 부속열도를 소련에 반환한다.

(b) 다롄 상업항을 국제화하고 이 항구에서 소련의 우선적 이익을 보장하며, 소련 해군기지로서 뤼순항 조차권을 회복시킨다.

(c) 중동철도와 다롄으로 이어진 남만주철도는 소-중 합작 회사를 설립해 공동 운영하며, 이는 소련의 우선적 이익이 보장되고 중국은 만주의 주권을 되찾는 것을 의미한다.

3. 쿠릴열도를 소련에 반환한다.

외몽골 그리고 상기 언급한 항구와 철도에 대한 합의는 장카이석(장제스) 총통의 동의를 요하는 것으로 해석된다. 루스벨트 대통령이 스탈린 대원수의 조언을 구해 이 동의를 획득할 조치를 취한다.

일본이 패배한 후 세 열강 수뇌는 이상의 소련의 요구를 무조건 이행할 것이다.

소련은 중국을 일본의 멍에로부터 해방시키기 위한 군사지원을 위해 기꺼이 중국국민당 정부와 소중우호동맹조약을 체결할 것이다.

이오시프 스탈린

프랭클린 D. 루스벨트

윈스턴 S. 처칠

1945년 2월 11일

주

프롤로그

1 백승욱 2022e, 14.

2 맥닐 2005, 306.

3 폴라니 2009.

4 포셋 2022, 386-388.

5 뒤메닐·레비 2014; 슈트렉 2018.

6 비판사회학회 2022.

7 폴라니 2009.

8 파시즘 부상의 고전적 설명으로는 라이히 2006과 팩턴 2005를 참고하라. 극단
   적 폭력에 대한 발리바르 2012의 분석도 참고하라.

9 포셋 2022, 368-415.

10 제르바우도 2022, 8장.

11 백승욱 2022e, 21.

12 백승욱 2022e, 20.

13 백승욱 2023a.

14 이에 대해서는 비판사회학회 2022를 참고하라.

15 백승욱 2022e.

16 백승욱 2019a.

17 월러스틴·홉킨즈 외 1999a, 11-23; Immanuel Wallerstein, *Commentaries*,
   https://www.binghamton.edu/fbc/commentaries/index.html.

1장

1 Watkins 2022.

2 Bilous 2022a; 2022b.

3   "How Will Russia's War on Ukraine End?" *Jacobin*, July 5, 2022. https://
    jacobin.com/2022/07/russia-ukraine-war-nato-expansion-diploma-
    cy-military-aid(2022년 7월 10일 검색).

4   이런 견해는 「먼슬리 리뷰」 그룹 내에서도 확인된다. 프라사드 2022 참조.

5   이 전쟁에 대한 발리바르의 비판은 다음 두 개의 번역 글에서 좀 더 확인할 수
    있다. 에티엔 발리바르, "'평화주의는 선택지가 아니다': 우크라이나 전쟁에 대
    한 에티엔 발리바르 인터뷰", http://www.pssp.org/bbs/view.php?board=fo-
    cus&nid=8295&page=1; 에티엔 발리바르, "난민들과 함께 우크라이나는 이미
    사실상 유럽으로 들어왔다", 「웹진 인무브」, https://en-movement.net/329.

6   박노자 2022; 전지윤 2022.

7   정재원 2022.

8   스마이저 2019; 션즈화 2014a.

9   베스타 2020.

10 이혜정은 바이든이 동시에 추구하는 세 가지 목표를 '전 지구적 민주주의 재건',
    '미중 대립을 중심으로 경제적 실익을 추구하는 미국 중산층 재건하기', '기후위
    기, 핵확산, 기술 등 전 지구적 공통문제에서 미국 리더십을 복원하기'라는 서로
    상충하고 모순되는 목표라고 지적한다. 그리고 이 세 목표를 함께 달성하기 어
    렵기 때문에 결국 실리적 목표 추구가 부각되면서 첫 번째와 세 번째 정책목표
    는 약화될 가능성도 있다고 지적한다. 이혜정 2022, 99.

11 김양희 2023.

12 이런 견해를 잘 드러내는 사례로 베클리·브랜즈 2023을 보라. 이들은 상승하는
    잠재적 헤게모니 국가가 기존의 헤게모니와 전쟁이 불가피함을 주장하는 '투키
    디데스 함정론'을 비판한다. 또한 헤게모니가 되는 데 실패하고 정점을 지나 선
    택지가 좁아지는 국가의 조급함에 기인하는 '정점에 이른 강대국 함정론'을 제
    기하고 20세기 독일, 일본, 소련의 예에서 그 근거를 찾는다는 점에서 독특함을
    보인다. 한편 냉전 구상 설계자 중 한 사람이기도 한 조지 케넌의 '자기비판'을
    지금 다시 새겨듣는 것도 중요한데, 케넌은 냉전 시기에 미국의 대외정책은 소
    련의 군사적 팽창에 대한 잘못된 판단에 기반하였고 또 미국 고유의 법률적·도
    덕적 기준을 국제정치에 부당하게 적용하기도 해서 많은 부정적 결과를 낳았다
    고 말한다. 케넌 2013, 346–364.

13 러시아가 나토 동진을 어떻게 위협으로 느끼는지에 대해서는 김규철 2022를
    보라.

14 이 정도는 아니더라도 서구의 오래된 '루소포비아'가 이번에도 확인되었다는
    주장도 많다. 전쟁 전에 출판되었지만 2014년 상황에서 시작해 2022년 전쟁
    으로 나아가는 상황을 보여주면서 서방의 루소포비아를 비난한 논자로는 메탕
    2022을 볼 수 있다.

15 이해영 2023; 이해영 2022.

16 "러시아 철군 요구는 기회주의적 발상", 「민플러스」, 2022년 4월 4일. 이런 일방적 러시아 옹호론에 대한 반론으로 쌍방이 얽혀 있는 돈바스 분쟁지역의 특징에 대한 설명은 부즈갈린의 글(Buzgalin 2015, 328-331)과 전지윤 2022에 소개된 견해들을 참고하라.

17 "푸틴 왜 '나토 가입' 말했나", 「중앙일보」 2000년 3월 7일.

18 Yoder 2019, 906-907.

19 van der Pijl 2021a, 2-6; 2021b, 14-30.

20 독자적 군사기술 개발 및 상품화와 아프리카에 대한 지정학적 관심 등 때문에 프랑스는 나토 내에 있으면서도 나토와 별개의 안보기구를 주도하려는 노력을 포기하지는 않고 있다. 프랑스는 유럽연합 주도로 2017년 창설된 '항구적 안보협력체Permanent Structured Cooperation, PESCO'가 느슨하다고 비판적 태도를 취하면서 2018년 별도로 영국, 프랑스 등 9개국 중심의 '유럽 개입 이니셔티브European Intervention Initiative, E2I'를 창설했다. Serfati 2021, 68-73; Shifrinson 2020, 362.

21 Shifrinson 2020, 346.

22 van der Pijl 2021b, 22-29.

23 유럽통합에서 발생한 문제에 대해서는 다음을 참조. 백승욱 2013; 윤종희 2020; van der Pijl 2021a.

24 이런 상황에 대해서는 아이켄베리 2008, 372-382를 참고할 수 있다.

25 Buzgalin 2015, 331.

26 베클리·브랜즈 2023, 23-24.

27 아이켄베리 2021.

28 김양희 2023, 39-41.

29 아이켄베리 2008; 아이켄베리 2021.

30 매년 경희대에 아이켄베리를 초청해 토론을 진행한 안병진 교수의 견해.

31 단극체제에서 다극체제로 전환의 현실주의적 설명에 대해서는 차태서 2023a에 소개된 내용을 참고하라. 국제정치에 대한 현실주의적 스펙트럼은 매우 광범한데, 프랭클린 루스벨트, 모겐소, E.H. 카, 키신저, 미어샤이머 등이 모두 포함될 수도 있다.

32 아리기 2014; 백승욱 2006; 백승욱 2022f.

33 Arrighi 2003. 아리기의 분석틀은 '체계적 축적순환'의 구도에서 2차 세계대전 종전 이후 현재까지를 하나의 순환으로 묶어서 보고, '실물적 팽창'에서 '금융적 팽창'의 전환점으로서 신자유주의의 등장을 이해하는 것이다. 금융적 팽창 국면은 국가간체계 질서의 동요를 '최종적 위기'를 거쳐 '체계의 카오스'로 나아가는 과정으로 보여준다. 아리기 2014; 백승욱 2006, 521-295 참조.

34 백승욱 2006, 365-403; 백승욱 2005, 135-152.

35 제3세계 세력화의 정점은 1970년대 남미 국가들을 중심으로 신국제경제질서 NIEO가 미국 주도의 세계경제의 대안으로 부상했을 때였으며 신자유주의의 목표 중 하나는 이 도전을 누르는 것이었다. van der Pijl 2006, 122-125.

36 포셋 2022, 694-695. 포셋은 국가들의 관계에서 자유주의의 위기가 '이데올로기의 종언'이라는 외양을 띠는 이유는 "더 이상 자신의 이데올로기를 타인에게 강요하는 데 노골적으로 힘쓰지 않게 되었다는 뜻"이라고 해석한다. 자유주의가 더는 '헤게모니적'이지 않고 노골적으로 각국 이익을 도모하는 실용적·무력적 힘으로 전환되었다는 의미이다.

37 백승욱 편 2005, 117-152.

38 신자유주의적 전환에 대해서는 다음을 참조. 백승욱 2006, 349-380; 박찬종 2022; 윤종희 2022; 윤종희 2015, 10-11장; 뒤메닐·레비 2014; 헬라이너 2010.

39 뒤메닐·레비 2014.

40 슈트렉 2018, 119-132.

41 뒤메닐·레비 2014; 박찬종 2022, 171-239; 윤종희 2017, 90-98.

42 아이켄베리 2021, 379-421.

43 포셋 2022, 49.

44 탈냉전의 단극체제의 실패와 공위기로 전환에 대해서는 차태서 2023a 참고.

45 아이켄베리 2021.

46 이런 전환은 현실주의자 미어샤이머의 요청이기도 하다. 미어샤이머 2020, 355-379.

47 Arrighi 2005, 113-116.

48 Buzgalin 2015, 328-343.

49 레비츠키·지블랫 2018; 제르바우도 2022; 뭉크 2018, 139-172.

50 Kagarlitsky 2022; 노경덕, "'출구' 없는 우크라이나 전쟁… '목표' 없는 미, '명분' 없는 러", 「데일리안」, 2022년 6월 20일.

51 https://www.joongang.co.kr/article/25038565.

52 황일도 2023, 4.

53 "전술핵·극초음속미사일 … '전략무기' 쏟아낸 김정은 노림수는", 「한겨레」 2021년 1월 11일.

54 핵무기를 사용할 수 있는 경우는 다섯 가지로 제시되었다. ①핵무기 또는 대량살육(살상)무기 공격이 감행됐거나 임박했다고 판단되는 경우, ②국가지도부·국가핵무력지휘기구에 대한 적대세력의 핵·비핵 공격이 감행됐거나 임박했다고 판단되는 경우, ③중요 전략적 대상들에 대한 치명적인 군사적 공격이 감행됐거나 임박했다고 판단되는 경우, ④유사시 전쟁확대·장기화를 막고 전쟁 주

도권을 장악하기 위한 작전상 필요가 불가피한 경우, ⑤기타 국가의 존립·인민의 생명 안전에 파국적 위기를 초래하는 사태가 발생해 핵무기로 대응할 불가피한 상황이 조성되는 경우 등이다. https://www.donga.com/news/article/all/20220913/115417997/1.

55　황일도 2023, 1.

56　구갑우 2022.

57　북한 핵전략 방향 전환의 과정에 대해서는 차태서 2023b 및 Panda 2020 참조.

58　구갑우 2022.

59　김진하 2022, 190-194.

60　구갑우 2022. 김여정 북한 노동당 부부장이 '남조선' 대신 '대한민국'이라는 표현을 공식적으로 사용하기 시작한 것도 이런 맥락에서 이해된다. "'남조선' 대신 '대한민국' 강조했다. … 김여정, 갑자기 말바꾼 이유", 「중앙일보」 2023년 7월 11일.

61　Narang, 2015. 나랑의 유형 구분에 대한 좀 더 자세한 설명은 Narang 2014, 13-53을 보라.

62　Narang and Panda 2020. 재래식 전력 비대칭성의 위협에 놓인 핵 개발국이 핵 확전의 위협을 높이기 위해 왜 다각적 핵전략을 모색하는지에 대한 설명으로는 Lieber and Press 2020, 124 참조.

63　황일도 2023.

64　위의 책.

65　북한문제 전문가인 안드레이 란코프 교수의 견해에도 주목할 필요가 있다. "기울어진 한반도 군사력 균형 바로잡을 때다", 「동아일보」 2022년 10월 18일.

66　윤영관(박민희 인터뷰), "북핵 위기, 더 어려운 상황 온다. … '민족 대 동맹' 이분법 벗어나야", 「한겨레」 2022년 11월 2일; 이근, "韓, 핵 없으면 중국 '천하' 밑으로 들어간다", 「신동아」 2022년 11월 19일; 위성락(박찬수 인터뷰), "한국전쟁 이후 가장 어려운 시기, 외교 좌표가 안 보인다", 「한겨레」 2022년 10월 26일.

67　황일도 2023, 21. 황일도는 북한의 이런 핵전략 변화가 러시아의 공식 핵정책을 모방하고 있다고 해석한다. 북한의 전략 방향은 2020년 6월 러시아 대통령령으로 반포된 '핵억제 영역의 러시아 국가정책 기본 원칙에 대하여'와 매우 유사하며, 북한은 이를 모방해 미국의 대북 행동을 제약할 수 있다고 생각하지만 북한이 러시아가 미국에 대해 상호확증 파괴역량을 보유한 것과 유사한 수준에 도달할 수 없기 때문에 위험성은 더 커진다고 판단한다. 위의 책, 20.

68　Narang and Panda 2020, 48.

69　"바이든, 북한, 핵공격 감행 시 '정권 종말' 맞을 것 경고", 「오마이뉴스」 2023년 4월 23일.

70　김진하 2022, 182-187; 이철 2023.

71 Narang and Panda, 53; 황일도 2023, 57.

72 전재성 2023; 차태서 2023b, 26-34; Panda 2020, ch.11.

73 Lieber and Press 2020, 127.

2장

1 장정아 2019; 모리 가즈코 2023, 239-245.

2 조영남 2022c; 조영남 2022d; 장윤미 2023; 안치영 2018a, 210-229; 2018b, 168-174; 2021, 55-62; 조영남 2021, 65-68; 장윤미 2021, 280-289.

3 김재관 2021, 106-112; Mastro 2021, 58-67.

4 조영남 2022a, 5-13.

5 張神根 2022.

6 세 차례의 역사결의 본문과 중앙위원회 「공보」, 최고지도자의 배경 설명은 모두 2021년 11월 제3차 역사결의 발표와 함께 배포된 학습자료 『黨的歷史決議資料汇編』(2021.11.)에 실려 있다.

7 조영남 2022a, 5-6.

8 왕밍, 보구, 장원톈, 왕쟈샹王稼祥, 천창하오陳昌浩, 양상쿤楊尙昆 등 모스크바 중산대학의 소련 유학파로 구성된 이 새로운 지도부에 대해서는 "28.5인의 볼셰비키"라는 명칭이 붙곤 했다. https://wenku.baidu.com/view/b67838ea6294dd88d0d26ba8.html(2022년 3월 31일 검색).

9 조영남 2022a, 7-9; 鄧小平 1981, 65-68.

10 鄧小平 1981, 65.

11 이 때문에 제1차 결의에서는 코민테른에 대한 평가가 유보된다. 이 결의를 소개하면서 마오쩌둥은 "코민테른 문제는 왜 제기하지 않았는가? 고의로 제기하지 않았다. 코민테른이 이제는 존재하지 않고, 우리 또한 책임을 코민테른에 넘기고자 하지 않는다"라고 말했다(毛澤東 1945, 30).

12 백승욱 2020a, 62-70; 楊奎松 2012, 502-570.

13 鄧小平 1981; 陳思 2022, 12-13.

14 鄧小平 1981, 69-73.

15 조영남 2022a, 10-13; 鄧小平 1981, 65-75.

16 백승욱 2008, 145-178.

17 조영남 2022a, 20.

18 위의 책, 22; 石仲泉 2022, 13-18.

19 조영남 2022a, 20; 習近平 2021, 127-133; 林緒武 2022.

20 林緒武 2022, 6.

21 「역사결의」7장.

22 「역사결의」6장.

23 『黨的歷史決議資料汇編』104.

24 林緒武 2022, 7.

25 習近平 2021, 131.

26 백승욱 2012, 199-236; 전리군 2014, 223-235; 조정로 2015.

27 鄧小平 1981, 66. 대괄호는 필자.

28 위의 책, 71; 74.

29 위의 책, 68.

30 위의 책, 65.

31 위의 책, 68; 안치영 2013, 200-234.

32 백승욱 2012, 219-222. 질문은 다음 순서로 이어진다. ①대중을 통일시키는 것
    은 당이라는 조직인가, 마오쩌둥 '사상'인가? ②마오쩌둥 사상이 마오쩌둥 개인
    과 분리될 수 있다면 마오쩌둥 사상이 당에 의해 독점되어야 하는 이유가 있는
    가? ③혁명적 인민과 이 사상이 유기적으로 통일되려면 인민도 변화해야 하지
    만 이 사상도 지속적으로 변해야 한다. ④그렇다면 다시, 마오쩌둥 사상을 마오
    쩌둥이나 당이 독점할 수 있는가?

33 陳思 2022, 13-14; 林緒武 2022, 5-8; 宋學勤·衛瑋岺 2022, 23-27.

34 陳思 2022, 14.

35 宋學勤·衛瑋岺 2022, 25.

36 장윤미 2023, 61-64.

37 조영남 2022a, 16; 習近平 2021, 129-131.

38 『黨的歷史決議資料汇編』124.

39 장윤미 2023, 64-75.

40 石仲泉 2022, 17.

41 천보다 2012.

42 모택동 2008, 「중국의 사회 각 계층(계급) 분석」(1925년); 모택동 2002, 「중국혁
    명과 중국공산당(1939년).

43 '중화민족'이라는 표현은 2017년 19차 당대회에서 이전 당대회에 비해 압도적
    으로 많이(44차례) 언급된 이후 2018년 3월 제13차 전국인민대표대회 3차 회의
    에서 통과된 헌법 개정안에서 처음으로 헌법에 삽입되었다. 장윤미 2021, 284.

44 林緒武 2022, 7-8.

45 위의 책, 7.

46 예외적으로 "중국공산당과 중국 인민·중화민족의 관계"라는 용어가 사용되기
    도 한다. 習近平 2021, 132.

47 장윤미 2023, 211-216; 陳理 2021, 7-8.

48 장윤미 2021, 284-289.

49 『黨的歷史決議資料汇編』 122.

50 이미 중국의 역사 다시 쓰기는 마르크스주의적 관점에서의 역사 서술을 상당
    부분 폐기하고 중국 예외주의로 나아가고 있었다. 백승욱 2021a, 301-315.

51 백승욱 2019, 63-68; 쑨원 2000.

52 『黨的歷史決議資料汇編』 119.

53 조영남 2023, 31-54.

54 https://baijiahao.baidu.com/s?id=1761521731322087079&wfr=spi-
    der&-for=pc(2023년 3월 29일 검색).

55 Yoder 2019, 907-910.

56 김선래 2022, 32.

57 동시에 러시아는 인도에 중국과 비슷한 수준의 첨단무기를 수출해 중국에 대한
    견제를 유지하고자 한다. Røseth 2019, 269-278.

58 에이버리 골드스타인Avery Goldstein은 시진핑 체제하에서 중국의 대외정책이 과
    거 정책의 지속인 '안심reassurance' 외에 기존 세계질서에 대한 '개혁'과 중국 핵
    심 이익 확보를 위한 '저항'을 강화하고 있다고 보고, 이 개혁과 저항 전략의 추
    진과정에서 특히 2008년 이후 해상영토 분쟁이나 사드 분쟁 등을 겪으면서 인
    근 국가들의 경계가 커지면서 세계질서의 갈등구도가 형성됨을 지적하고 있다.
    Goldstein 2020, 178-200.

59 이희옥·백승욱 2021.

60 백승욱 2008.

61 조영남 2022c; 조영남 2022d.

62 집단지도체제 유지의 입장에서 이 논점의 개관을 보려면 조영남 2019 II-IV부
    를 보라.

63 '보수적 홍위병'의 혈통론에 대해서는 백승욱 2007, 34-53; 2012, 70-90을 보
    라.

64 백승욱 2012, 79-90; 백승욱 2007.

65 자세한 내용은 백승욱 2012, 79-81을 보라.

66 위의 책 81쪽에서 재인용.

67 위의 책 378쪽에서 재인용.

68 '삼종인'이란 "문화대혁명 중 조반을 일으켜 출세한 자, 파벌 의식이 심각한 자,

문화대혁명 중 파괴하고 야탈한 자"를 일컬으며, 조반파에 대한 당권파의 보복의 성격을 지녔다. 장윤미 2023, 106-107.

69   백승욱 2012.

70   조정로 2015, 461; 506.

71   錢理群 2011, https://chinadigitaltimes.net/chinese/207017.html(2022년 7월 20일 검색). 첸리췬이 제기하는 질문의 역사적 맥락을 이해하려면 그의 책 첸리췬 2012와 조반파 출신으로서 문화대혁명에 대한 자기 비판적 성찰을 담은 전리군(첸리췬) 2014 그리고 전리군 2012를 볼 필요가 있다. 이를 바탕으로 마오쩌둥 시대 중국 사회 모순의 복잡성에 대해 좀 더 심층적으로 이해할 필요가 제기된다. 백승욱 2012; 印紅標 2009; 宋永毅 主編 2007; 徐友漁 1999; 李遜 1996.

72   백승욱 2021a, 297-323.

73   이에 대해서는 허자오톈 2018에 실린 '저자 후기'를 참고하라.

74   조영남 2019, 588-613.

75   장윤미 2021, 284-289.

76   하남석 2020, 87-112.

77   장정아 2020; 2019, 235-253.

78   조영남 2022b, 34-41.

79   김영구 2019, 159-178.

80   백승욱·장영석·조문영·김판수 2015; 백승욱·김판수·정규식 2017; 뤼쓰치·백승욱 2016; 장윤미 2023, 284-304.

81   백승욱·조문영·장영석 2017; 장영석·백승욱 2017.

82   뤼쓰치·백승욱 2016, 40-71.

83   강군몽의 실현 전략에 대해서는 정재흥 2022; 김진하 외 2022, 61-70 참조.

84   차정미 2021, 82-85; Goldstein 2020, 187-188.

85   Goldstein 2023, 106.

86   정한범 2022; Røseth 2019, 269-277.

87   Thompson 2020, 9-11; Wuthnow and Fravel 2022, 8-15.

88   Goldstein 2023, 103.

89   Wuthnow and Fravel 2022, 28.

90   van der Pijl 1998, 78-83.

91   도시 2022; 김재관 2021, 106-112.

92   Mastro 2021, 60-67.

93   이현태 2023.

94   서정경 2023.

95   "Countries in debt seek out China as a last resort," *The New York Times*, March 30, 2023.

96   조영남 2023, 42-47.

97   조영남 2023; 윤종석 2023.

98   왕샤오밍 2023, 199-200.

3장

1   냉전을 미국 헤게모니 우위 아래 미·소 공동지배의 안정된 질서로 이해하고자 한 대표적 논자는 세계체계 분석을 이끈 이매뉴얼 월러스틴이었다. 월러스틴 1996, 21-41; 월러스틴 2004, 24-27.

2   아리기 2014, 135-140.

3   미·소·영 대표 사이의 얄타협약은 이 책 부록을 볼 것. 협정문은 미·소·영 세 나라 외상이 합의한 의정서와 미·소·영 세 나라 수뇌가 합의한 일본 문제에 관한 합의 두 부분으로 구성된다. 얄타회담 진행 과정에 대한 상세한 분석은 플로히 2020을 보라. 냉전 시기 전 세계적으로 군사적 대립이 가장 두드러진 시기는 얄타체제 성립 초기보다 오히려 1970년대였는데, 이에 대해서는 좀 더 복잡한 분석이 필요하다. 베스타 2020 참조.

4   월러스틴 2005; 아리기 2014, 1장; 백승욱 2006, 3-6강.

5   아리기 2014, 4장.

6   Butler 2005, 5-6; LaFeber 2008, 216-217.

7   백승욱 2006, 337-344.

8   루스벨트는 월리스를 기용한 이유에 대해 "그는 '철학자'다. 그는 아이디어가 있다. 그는 올바로 생각한다. 그는 다른 사람의 생각을 도울 것이다"라고 평가했다고 한다(Henrikson 2008, 50). 월리스는 1948년 대통령 선거에서 진보당 대표로 트루먼과 맞선 이력이 있다(Culver and Hyde 2001). 커리는 루스벨트 행정부의 대표적 '케인지안'으로 뉴딜 구상에 중요한 기여를 했고 IMF를 설계한 인물로, 루스벨트는 중요한 국면에 장제스와 공산당 문제를 해결하기 위해 커리를 중국에 특사로 파견하였다. 그는 화이트와 함께 루스벨트 행정부에서 월리스 부통령의 친구이자 철학적 동맹자이기도 했다(Culver and Hyde 2001, 492-493). 1944년 루스벨트 4선 선거 때 부통령 러닝메이트로 월리스는 트루먼과 경쟁했고 대중적 인기가 있었음에도 당내 반대가 많아 트루먼에게 밀려났고 잠시 상무부 장관을 맡았다. 월리스는 루스벨트 사후 트루먼에 대해 비판적이었고 1948년 선거에서 진보당을 결성해 대통령 후보로 나서 인종분리 반대, 복지

확대, 에너지 산업 국유화, 소련과 친선을 공약으로 내걸었다.
https://en.wikipedia.org/wiki/Progressive_Party_(United_States,_1948).

9   셔먼 1987, 124-126.

10 곽귀병 2017.

11 그린버그 2018, 49-129; Gerhardt 1999.

12 물론 루스벨트의 고려에는 미국 병사의 인명 손실을 40만 명 아래로 최소화하면서 독일과 일본과의 전쟁을 실질적으로 종식시키기 위해서는 소련의 대대적 개입과 그에 걸맞은 보상이 있어야 한다는 점도 포함되어 있었다. Hunt 2007, 121; Gardner 2008, 130.

13 종전 후 현실에서 신탁통치는 이상과 현실 사이의 괴리 때문에 정치적 동요를 겪고 그 출현과 변용의 맥락에 대한 다양한 해석을 겪는다. 이에 대해서는 강성현 2017을 참고하라. Gardner 2008, 130.

14 LaFeber 2008, 216-217; Schaller 2008, 216-217.

15 미국의 무기대여법(정식 명칭은 '미합중국 방위 촉진을 위한 조례')에 따른 2차 세계대전 해외 무기 지원 총액은 484억 달러였는데, 그중 영국이 314억 달러(64.9퍼센트)로 가장 큰 지원을 받았고 소련이 두 번째 규모로 110억 달러(22.7퍼센트)의 지원을 받았다. 무기대여법에 따른 지원은 공식적으로는 유상 지원으로 전쟁 종료 후 현물 반환이나 가치 환산 비용 반환 등의 방식으로 상환해야 했지만, 전쟁 상황을 고려해 상환이 불가능하거나 일부분만 상환하는 경우가 많았다. 소련은 냉전 기간에도 이 비용의 일부를 여러 방식으로 미국에 상환했다. https://en.wikipedia.org/wiki/Lend-Lease(2022년 6월 5일 검색).

16 Butler 2005, 325; Butler 2015, 505-509.

17 Hitchcock 2010, 505-509.

18 楊奎松 2012, 556-559.

19 Butler 2005, 324.

20 Reynolds and Pechatnov 2018, 10.

21 아이켄베리 2008, 268; 아이켄베리 2021, 283-287.

22 구소련과 미국, 영국 측의 새롭게 공개된 문서를 활용한 연구 결과에 따르면, 이후 냉전적 균열의 조짐이 있었다 하더라도 얄타회담을 냉전 수립과 곧바로 직결시켜 설명하기는 어렵다. 플로히 2020.

23 Butler 2005; Reynolds and Pechatnov 2018, 1.

24 Butler 2005, 7-16.

25 가토 요코 2012, 157-192.

26 아이켄베리 2021, 55에서 재인용.

27 이 말은 루스벨트가 아들 엘리엇에게 남긴 것이고 당시 루스벨트를 수행하며

일기를 세밀하게 남긴 마거릿 서클리Margaret Suckley의 자료를 통해 이후 사실로 확인되었다. Gardner 2008, 127.

28 Reynolds and Pechatnov 2018, 10.

29 아이켄베리 2008, 273.

30 Butler 2015, 8.

31 아이켄베리 2008, 261-268.

32 아이켄베리 2021, 263. 아이켄베리는 1945년 이후 수립된 이런 국제질서의 특 징을 과거의 세력균형형과 패권형과 구분해 "입헌형"이라고 부르고, 그 제도적 안정성·지속성의 특징을 강조한다. 아이켄베리, 2008.

33 이하 서신들은 Butler 2015에 수록된 것으로 인용 시 따로 쪽수를 표기하지 않 고 날짜만 적었다.

34 테헤란에서 처음 만난 스탈린과 루스벨트는 독소전쟁, 프랑스에 대한 평가, 식 민지 문제 등 여러 핵심 쟁점에 대해 의견이 크게 다르지 않았고 테헤란회담 내 내 양자 사이의 우호적 분위기가 지속되었다. 로버츠 2022, 312-324.

35 스탈린의 대일전 약속은 테헤란 이전 모스크바 외상회의에서 먼저 확인되었다. "소련 정부는 극동의 상황을 검토한 끝에, 연합국이 히틀러의 독일을 패퇴시켜 유럽 전쟁이 종료된 직후 일본과 바로 맞설 것임을 결정했습니다. 이것이 우리 공식적 입장이라고 헐을 통해 루스벨트 대통령에게 전달되기 바랍니다. 그렇지 만 당분간 비밀을 지켜주기 바랍니다."(1943년 10월 30일 자 스탈린 편지)

36 Reynolds and Pechatnov 2018, 16.

37 1941년 6월 22일 독일의 '바르바로사 작전'은 독일군 330만 명을 3개 집단군으 로 동원해 진행되었고, 3년 후 1944년 6월 22일 소련의 대반격인 '바그라티온 작전Operation Bagration'은 125만 명의 소련군을 동원해 진행되었다. 이 전쟁에서 미국은 소련에 총 100억 8,000만 달러, 영국은 50억 9,000만 달러 상당의 지원 을 했다. 독일 측은 전투원 444만~531만 명과 민간인 150만~300만 명의 사망 자가 발생한 것으로 추정된다. 오키 다케시 2021, 258; 268.

38 독소전쟁의 전개 과정에 대해서는 오키 다케시 2021; 콜리어 2008, 561-705를 참고.

39 Butler 2015, 34-36. 그에 앞서 처칠은 6월 22일 방송 연설에서 공산주의에 반 대하지만 히틀러라는 공동의 적과 싸우기 위해 "러시아와 러시아 국민들을 위 해 어떤 도움이든 제공할 것"임을 밝혔고, 이틀 후인 6월 24일 루스벨트는 백악 관 기자회견에서 영국에 대한 지원을 소련으로 확장할 것임을 알렸다. 로버츠 2022, 178.

40 Butler 2015, 38.

41 위의 책 14에서 인용.

42 위의 책 12. 물론 루스벨트는 미국 병사의 인명 손실을 40만 명 아래로 최소화

하면서 독일과 일본과의 전쟁을 실질적으로 종식하기 위해서 소련의 대대적 개입과 그에 걸맞은 보상이 있어야 한다는 점을 고려하고 있었다. Hunt 2007, 121. 2차 세계대전 전투에서 미국은 40.5만 명의 사망자를 낳은 데 비해 소련의 사망자는 2,700만 명에 이르렀다.

43 Butler 2015, 71.

44 위의 책, 216.

45 위의 책, 69.

46 위의 책, 80; Reynolds and Pechatnov 2018, 15-16.

47 Reynolds and Pechatnov 2018, 11. 세 인물 중 루스벨트가 나이가 가장 적었으나 스탈린은 항상 루스벨트를 중심 인물로 대우했다.

48 위의 책, 159.

49 전후 세계질서에 대한 루스벨트의 구상은 유엔이라는 기구로 현실화했다. 유엔 창설 구상에서 4강 주도의 유엔이라는 루스벨트의 구상은 소국들에 대한 고려를 좀 더 강조한 국무성 차관 섬너 웰리스의 구상으로 보완되어 유엔의 현실적 형태를 갖추었다. Henrikson 2008, 50.

50 위의 책, 189. 소련의 대일 참전이 문서로 명시화한 것은 얄타회담에 와서였는데, 얄타회담에서 미국 측은 소련의 대일 참전이 미군 100만 명 정도의 피해를 막을 수 있다고 보고 이에 대한 합의를 적극 추진했고 그 대가로 러일전쟁 때 상실한 만주, 사할린, 쿠릴열도 등에 대한 소련의 이득권을 회복하고 한반도에서 장기의 신탁통치를 하는 것 등을 보장했다. 플로히 2020, 405-426.

51 프랑스 문제는 루스벨트와 스탈린 관계에 복잡하게 작용했다. 프랑스 식민주의의 문제점은 루스벨트와 스탈린의 동조를 이끌어낸 중요 공감대였지만, 스탈린은 프랑스 드골 정부의 승인과 안보리 참여 등을 통해 프랑스를 유리한 지렛대로 이용하고자 했다(Butler 2015, 80). 그렇지만 독일 점령 이후 프랑스는 독일 전후 개편 방향을 소련 측 입장에서 미국·영국 입장으로 전환하게 만든 주요한 고리가 된다. Schwarz 2010, 139-145.

52 Butler 2015, 240.

53 이 문제는 결국 얄타회담에서 소련 연방 중 러시아 외에 벨라루스와 우크라이나에게도 1표씩 할당해 총 3표를 부여하고 영국은 6표를 보유하는 방식으로 해결되었고, 스탈린은 반대로 미국 또한 3표의 투표권을 보유할 수 있고 필요하면 공식적으로 지지하겠다는 의사를 전달했다. Butler 2015; 플로히 2020, 347-369.

54 이 20세기 법인자본주의 제도적 틀의 특이점과 신자유주의하에서의 변화에 대해서는 구본우 2017 그리고 구본우 2022를 참고할 것.

55 Butler 2015, 326.

56 플로히 2020, 224-233.

57 로버츠 2022, 79-96.

58 위키피디아(https://en.wikipedia.org/wiki/Curzon_Line).

59 Schwarz 2010,

60 Butler 2015, 262-263. 이어진 회담에서 헝가리와 불가리아에 대한 소련의 지분은 더 높게 조정되었다. 처칠·스탈린 회담의 상세한 과정에 대해서는 플로히 2020, 280-291 참조.

61 '베른 사건'이라고 알려진 이 비밀 회담은 당시 베른 주재 OSS 책임자이자 훗날 오랫동안 CIA 국장을 맡게 되는 앨런 덜레스Allen Dulles 주도로 실제로는 취리히에서 열렸다. 연합국 사이의 신뢰에 타격을 준 이 사건에 대해서는 플로히 2020, 646-652를 보라.

62 Butler 2015, 323.

63 플로히 2020, 370-387.

64 스마이저 2019, 57; 759.

65 플로히 2020, 318-336.

66 플로히 2020, 354-369; Butler 2005, 294.

67 Buzgalin 2015, 328-331.

68 2차 세계대전 종전 시점에 마오쩌둥에 대한 미국의 인식이나 장제스에 대한 소련의 인식은 현실정치를 기반으로 한 전략적 고려의 성격을 띠고 있었다. 신욱희 2019, 86.

69 楊奎松 2012, 502-505.

70 일찍이 1928~1934년 코민테른 6차대회 이후의 격렬한 '극좌적 언설'에도 불구하고 코민테른이 실제로 기존 세계질서에 근본적으로 도전하는 세계혁명을 위한 준비를 했던 적은 없고 이 시기에 실질적 '봉기'를 일으킨 것은 거의 중국이 유일했다고 할 수 있다. 맥더모트·애그뉴 2009, 150-170.

71 Butler 2015, 269-270. 스탈린은 이 협약을 체결하면서 이 협약 체결의 내용과 프랑스 국경 획정 문제의 구체적 내용에 대해 루스벨트에게 자문을 구했고(1944년 12월 3일 자 편지) 루스벨트의 동의를 얻었다(1944년 12월 6일 자 회신).

72 楊奎松 2012, 556-559.

73 위의 책, 595.

74 로버츠 2022, 449-468.

75 Pechatnov 2010, 96.

76 위의 책 100; 오코노기 마사오 2019, 544-555. 이 회담이 바로 반탁과 찬탁을 둘러싼 소용돌이가 발생하는 계기가 되었다. 논란은 한반도 신탁통치 구상을 소련이 제안했다고 『동아일보』가 오보를 내면서 시작되었다. 앞서도 설명했듯이 신탁통치는 1941년부터 루스벨트가 제안한 전후 구상이었고 얄타 의정서에

도 기본 원칙이 실려 있었다. 모스크바 3상회의에서는 이 신탁통치 원칙을 한반도에도 적용한다는 구체적 논의가 있었던 것이다.

77 스마이저 2019, 152.

78 마셜플랜은 본래 소련을 배제하지 않았고 베를린 봉쇄 또한 냉전적 대결 구도를 염두에 두고 시작된 것은 아니었다. 나토 또한 영국 대표 "베빈의 강력한 결심과 소련의 오산이 없었다면 탄생할 수 없었을 것"이었다. Hitchcock 2010, 157-169.

79 백승욱 2020a, 65-72.

80 포츠담 합의에 기반해 소련은 폴란드의 동쪽 영토를 러시아로 넘기는 대가로서 독일 동부 영토를 (연합국에 상의 없이) 폴란드에 넘겼는데 이로써 독일 전체 영토 중 소련 점령 비율이 40퍼센트에서 16퍼센트로 축소되어 이는 이후 독일 점령정책에서 소련에게 불리하게 작용했다. Schwarz 2010, 147.

81 로버츠 2022, 493-529; 스마이저 2019, 75-155.

82 스마이저 2019, 155.

83 Butler 2015, 325.

84 Pechatnov 2010, 107.

85 Hichcock 2010.

86 위의 책.

87 다우어 2009, 94; 266.

88 20세기 초부터 미국화가 세계적으로 영향력을 확장해간 과정에 대해서는 테일러 2005; 아리기 1994, 116-125; Hunt 2008, 79-150을 보라. 다우어 2009, 517에서 재인용.

89 아이켄베리 2021, 277; 아리기 2014, 495-500.

90 Gardner 2008, 133-135.

91 백원담 2013, 54.

92 Butler 2015; 오코노기 마사오 2019, 51-85.

93 란코프 2013, 26.

94 오코노기 마사오 2019; 스마이저 2019; Guthrie-Shimizu 2010.

95 Schwarz 2010.

96 Hitchcock 2010.

97 Leffler 2010; Pechatnov 2010.

98 Gardner 2008; 楊奎松 2012; 汪朝光 2016; 汪朝光 2010; 陶文釗 外 2009; 戴茂林·李波 2017.

99 오코노기 마사오 2019.

100 션즈화 2014a.

101 월러스틴 2004, 28-31.

102 스마이저 2019, 505; https://en.wikipedia.org/wiki/Bilderberg_meeting.

103 van der Pijl 1998, 123-127; 이동기 2019, 23-24.

104 베스타 2020.

105 스마이저 2019.

106 베스타 2020; 스마이저 2019.

107 최근 공개된 소련 문서에 따르면 히스와 소련의 연계가 있던 것은 사실이나 히
스가 얄타회담의 방향에 개입할 수 없었다는 점은 분명하다. 소련의 정보 수집
은 오히려 '케임브리지 5인방'에 더 의존했다. 플로히 2020, 37-40; 641-642.
앨저 히스는 하버드 로스쿨 출신 변호사로 미국 진보법학의 출발점으로 거론되
는 대법원장 올리버 웬들 홈스 주니어의 로클럭을 잠시 맡기도 했다. 히스는 루
스벨트의 얄타 이념에 가장 근접해 있던 인물 중 한 명으로 루스벨트는 앨저 히
스에게 1945년 4월 25일 샌프란시스코에서 창립된 UN의 초대 사무총장 임무
를 맡겼다. 냉전 시기 얄타회담에 대한 상이한 평가들에 대해서는 노경덕 2016,
317-321 참조. 이런 '뉴딜 자유주의자'의 특징을 크리스토퍼 놀란 감독의 2023
년작 영화 〈오펜하이머〉를 통해서도 잘 확인할 수 있다. 오펜하이머 또한 루스
벨트, 히스처럼 하버드 출신 뉴딜주의자였다.

108 Reynolds and Pechatnov 2018, 11.

109 위의 책, 16.

110 독일 사민당의 역사가 그런 딜레마를 잘 보여준다. 그레빙 2020.

111 베스타 2020, 370-393.

112 란코프 2013; 와다 하루끼 2014.

113 1930년대 후반 소련 사회의 상황에 대해서는 피츠패트릭 2017, 271-302 참조.

114 백승욱 2022e; 백승욱 2019a.

4장

1 楊奎松 2012, 595.

2 션즈화 2014a, 305-319.

3 션즈화 2014a, 572-605.

4 중국에서 역사 다시 쓰기는 혁명사에 한정되지 않고 훨씬 광범하게 진행된다.
이미 1990년대부터 중국 역사학계에서는 혁명사의 앞선 시기에 대해서 수정주
의적 해석을 정착시켰는데 그 핵심은 '자본주의 맹아론'을 부정하고 '관료자본
론' 또한 부정하는 것이었다. 자본주의 맹아론의 자리를 '송대宋代 상업혁명'과

'과밀형증장involution' 같은 중국 특이성의 논리가 대체하고, 관료자본론의 자리를 급진적 축적을 위한 국가자본 형성이라는 논리가 대체하였다(백승욱 2019b). 혁명사 재서술의 시도만큼이나 이는 두 가지 분기 가능성을 담고 있는데, 한편에서 좀 더 세계적 관점의 복잡성을 강조하는 길로 갈 수도 있고 다른 한편에서는 훨씬 더 중화주의적 특수성을 강조하는 논리로 이어질 수 있다. 우리는 후진타오 시기를 지나 시진핑 체제하에서 이런 두 번째 분기로 어떻게 급속하게 진행되는지 2장에서 살펴본 바 있다. 중간지대의 혁명이라는 국제관계사를 강조하는 입장은 최근 중국사의 새로운 서술과 일맥상통하며, 제국의 역사를 교류, 상업, 남방과 북방의 만남 등을 통해 설명하려는 입장과도 연결된다. 해외에서 이런 새로운 사관에 따른 중국사 쓰기의 대표적 예는『하버드 중국사』시리즈이다.

5   한 예로 중국공산당중앙당사연구실 2016의 서술을 참고할 것.

6   楊奎松 2012, 582.

7   楊奎松 2010, 4.

8   이로부터 다음과 같은 새로운 질문이 제기될 수 있을 것이다. 그럼 그런 정세는 어떻게 만들어진 것일까. 여기서 왜 미국과 소련 사이일까. 영국과 일본 사이도 독일과 일본 사이도 아니고. 그럼 다시 그에 앞선 러시아혁명 역시 '중간지대의 혁명'으로 해석될 수 있는 것 아닐까? 영국과 독일 사이에서, 아니면 영국과 미국 사이에서 전개된 독특한 국제정세의 산물. 이미 러시아혁명에 대해 레닌의 규정, 사슬의 '약한고리' 규정 이래 오랜 논쟁을 근본적으로 끌고 가는 것이다. 그 함의는 지금 그럼 다시 혁명의 시대인가 아니면 혁명이 불가능한 시대를 말하는가. 중국의 이 해석만큼 '일국사회주의' 명제를 근본적으로 부정하는 주장은 없다. 중간지대의 '혁명' 이후, 그럼 중국은 중간지대를 벗어난 '이탈de-linking'을 수행한 것일까? 아니면 계속해서 그 중간지대에 있었던 것이고, 드디어 2010년대 중간지대가 아닌 미중 대립의 지위로 올라선 것일까? 이것은 사회주의에 어떤 의미를 주는 것일까?

9   션즈화 2014a, 378-385.

10   위의 책, 488.

11   임우경 2013, 153-190.

12   야마무로 신이치 2003, 야마무로 신이치 2018.

13   So and Chiu 1995, 92.

14   상빙 2013.

15   하라다 게이이치 2013, 8.

16   왕효추 2002.

17   쑨원의 호는 中山, 자는 逸仙(광둥어로 읽으면 Yat-sen)이다.

18   김형종 1989; 민두기 1989; 1994; 이승휘 2018.

19   이승휘 2018, 120-134; 후카마치 히데오 2018, 192-198.

20   이승휘 2018; 민두기 1989; 강명희 2021.

21   楊奎松 2012, 32-77.

22   나현수 1989; 민두기 1994; 이승휘 2018.

23   이승휘 2018, 53-63.

24   楊奎松 2012, 68-70.

25   위의 책, 157-158

26   민두기 1989, 109-113.

27   쑨원 2000; 모택동 2002; 백승욱 2019a, 63-66.

28   쑨원 2000, 283; 321.

29   장제스의 모스크바 방문의 가장 중요한 목적은 광둥의 혁명 근거지 대신 소련
      과 접경지역의 중국 서북지역에 소련의 물적·군사적 지원을 받아 군사기지를
      세워 베이징으로 진공한다는 '서북 군사계획'을 협의하기 위한 것이었다. 이승
      휘 2018, 552-553에서 재인용.

30   楊奎松 2012, xx.

31   위의 책, 126-160.

32   위의 책, 161; 169.

33   맥더모트·애그뉴 2009, 148-155.

34   楊奎松 2012, 169-181; 240-286; 맥더모트·애그뉴 2009, 273-283; 판초프·
      레빈 2017, 337-341.

35   楊奎松 2012, 250-300; 맥더모트·애그뉴 2009, 273-283; 중국공산당중앙당
      사연구실 2016, 519-543.

36   판한녠은 코민테른 지시로 코민테른 7차 대회의 통일전선전술의 실행 가능성
      을 타진하기 위해 홍콩을 거쳐 난징을 방문해 국민당 첩보 업무를 맡은 CC계의
      천리푸를 만났다. 이 때문에 옌안으로 오는 데 시간이 길게 지연되었다. 판한녠
      은 건국 후 상하이 부시장을 맡았는데, 문화대혁명 때 1936년 국민당과 접촉했
      다는 이유로 간첩죄로 탄압받았다.

37   楊奎松 2012, 364-420; 金冲及 1996, 391-397; 중국공산당중앙당사연구실
      2016, 677-701.

38   楊奎松 2005, 53-278.

39   가토 요코 2012.

40   楊奎松 2012, 324.

41   위의 책, 412-414.

42   위의 책, 433-444.

43 반하트 2016.

44 楊奎松 2012, 436-445.

45 위의 책, 460.

46 위의 책, 479-496.

47 로버츠 2022, 300.

48 楊奎松 2005, 147-151.

49 楊奎松 2012, 502-505; 2005, 180-184.

50 Schaller 2008, 149.

51 楊奎松 2012, 76.

52 Schaller 2008, 153.

53 위의 책, 152-154.

54 스틸웰과 장제스의 대립은 계속되어, 미국은 남한의 초대 군정장관으로 스틸웰
    을 파견하려 준비하였으나 장제스가 강력히 반대하여 하지 중장으로 교체하였
    다. 오코노기 마사오 2019, 196-198.

55 Schaller 2008, 165. 소련은 1945년 국민당과 '중소우호동맹조약'을, 1949년
    공산당과 '중소우호동맹상호원조조약'을 체결하였다.

56 陶文钊 外 2009, 394-102.

57 楊奎松 2012, 525; 汪朝光 2016.

58 판초프·레빈 2017, 494-497.

59 楊奎松 2012, 526.

60 위의 책, 551-565.

61 맥더모트·애그뉴 2009, 204-219.

62 楊奎松 2012, 535; 楊奎松 主编 2006, 21-24.

63 楊奎松 2012, 550; 楊奎松 主编 2006, 25.

64 楊奎松 2009, 33-39.

65 戴茂林·李波 2017, 24-28.

66 楊奎松 2012, 538-539.

67 위의 책, 556-559.

68 Gardner 2010, 127.

69 楊奎松 2012, 570; 2009, 44; Melvyn 2010, 72; Pechatnov 2010, 100-101.

70 Schwarz 2010.

71 위의 책; Pecahnov 2010.

72 얄타회담에서 루스벨트와 스탈린은 식민국가로서 프랑스가 세계에 기여한 바

없으며, 인도차이나에서 프랑스의 영향력을 제거하기 위해 신탁통치 실시가 필요하다는 생각에 완전히 일치했다. 그러나 전후 구상이 바뀌면서 불가피하게 프랑스를 파트너로 다시 인정하고 인도차이나에서의 기존 권익 유지를 미국이 승인하게 되면서 그 남겨진 식민주의의 후과는 베트남전쟁으로까지 이어지게 된다. Gardner 2008, 130-132.

73 Schwarz 2010, 144.

74 위의 책, 147.

75 Pechanov 2010, 103.

76 楊奎松 2012, 552-565; 2005, 240-243; 金冲及 1996, 756-757; 판초프·레빈 2017, 495-507.

77 楊奎松 2009, 45-47.

78 楊奎松 2012, 571.

79 오코노기 마사오 2019, 645.

80 楊奎松 2012, 591-592.

81 오코노기 마사오 2019, 186.

82 Pechatnov 2010, 106.

83 Schwarz 2010, 142.

84 Hitchcock 2010, 158.

85 Pechatnov 2010, 107.

86 아이켄베리 2008, 299-305; Hitchcock 2010, 169.

87 오코노기 마사오 2019, 651.

88 楊奎松 2012, 595.

89 와다 하루끼 2014, 82.

90 정병준 2006, 479-483; 로버츠 2022, 603-606; 션즈화 2014a, 319-320.

91 김학재 2015, 284-285.

92 신욱희 2019, 87.

93 션즈화는 애치슨 선언이 소련의 판단에 전혀 중요한 고려가 될 수 없었으며, 소련은 미국 전신 해독을 통해 미국 정부의 입장이 장제스보다 중국공산당 쪽으로 기운다고 판단하면서 신중국과의 관계에 힘을 쏟기 시작했다고 주장한다. 션즈화 2014a, 4-10; 352-353; 백지운 2023, 228.

94 위의 책, 211-212.

95 위의 책, 305.

96 위의 책, 310-337. "중국인민해방군은 1950년 4월 18일 하이난다오海南島를 해방한 후 물자와 병력을 동남해안의 화동군구華東軍區로 대거 집결시키고 있었

다. 5월 푸젠성福建省 연해에는 불철주야로 수륙양용작전을 연마한 천이陳毅의 제3야전군 30만 대군과 각종 함선이 전쟁 준비 태세를 갖추고 있었다."(백지운 2023, 229).

97 션즈화 2014b, 30-37. 조지 케넌은 전후 일본 문제 처리에서 미국과 소련의 대립과 오해를 강조하면서, 전후 일본 처리에서 소련이 배제된 채 일본이 미국 군사력 요새로 남고 일본에 대한 평화적 해결에 대해 소련과 합의가 되지 못해 그에 대한 모스크바의 보상의 형태로 한국전쟁이 발발했고 그 배경에는 소련 군사적 팽창에 대한 미국 측의 잘못된 극단적 과대평가가 있었음을 지적한다. 케넌 2013, 335-337.

98 션즈화 2014a, 310.

99 위의 책, 392.

100 한국전쟁 중국 파병에 대한 중국, 소련, 북한의 상이한 기대와 판단에 대해서는 김동일 2014을 참고할 것; 션즈화 2014a, 392-471.

101 이 때문에 한국전쟁에 소련이 '공식적으로' 참전하지 않은 것으로 하는 데 대해 미국-소련 쌍방의 묵시적 동의가 있었다. 소련은 군사지원 외에 공군이 실제 전투에 참여했지만, 미국과 소련 모두 전쟁 후 40년간 참전 사실을 비밀로했다. 소련 공군은 부대 교체 등의 방식으로 총 10개 항공 사단과 4개 고사포사단이 참전하여 참전 공군 총인원 7만 2,000명이었고, 참전 인원수가 가장 많았던 1952년에 2만 6,000명이었다. 실제 전투를 위해 6만 4,300차례 출격했고, 격추된 '적기' 1,106대, 소련 측 손실 조종사 120명과 전투기 335대. 중조연합공군은 총 10개 항공사단(중국 7, 조선 3) 2만 2,300차례 출격. 사망자 126명 손실 비행기 231대의 기록이 있다. 션즈화 2014a, 504-505.

102 션즈화 2014a, 488-489.

103 신욱희 2014.

104 션즈화 2014a, 508-510.

105 위의 책, 576.

106 김동길 2019.

107 션즈화 2014a, 652-653.

108 김학재 2013.

109 혁명 이후 중국 역사에서 항미원조를 어떻게 해석하는가는 대중 동원의 방식에서 중요한 함의를 지닌다. 이에 대해서는 백지운 2023과 이에 대한 서평(백승욱 2023b)도 참조하라.

110 제네바회담에 대한 소개는 오정현 2021을 참고할 것. 김연철은 제네바회담에서 중국의 관심사는 한반도 문제 해결보다는 인도차이나 전쟁방지 쪽에 더 쏠려 있었다고 주장한다. 김연철 2011.

111 션즈화 2014a, 481-483.

112 신욱희 또한 한국전쟁 참전 요인이 현 시기 중국의 국제정세 판단에도 유사하게 작동하고 있음을 주장한다. 신욱희 2014, 97-102.

113 다우어 2009; 션즈화 2010; 오코노기 마사오 2019; 川島眞·服部龍二 2007; Hichcock 2010; Hunt 2007, 122-128; Guthrie-Shimizu 2010; Schwarz 2010; Pechatnov 2010.

114 신욱희 2019, 85-91.

115 스마이저 2019.

116 이 동서 냉전 형성의 차이에 대해서는 김학재 2019, 33-73을 참고할 것.

117 김학재는 이런 동아시아 냉전구도의 특징을 중국-북한의 불인정 체제와 판문점 체제 그리고 샌프란시스코 체제라는 세 가지 체제 위에 정초된 질서로서 "동아시아의 홉스적 질서"라고 보고 이는 '정치'가 작동하지 않은 '합의 없는 질서'의 산물이라고 지칭한다. 김학재 2015, 356-357.

118 박구병 2019; 베스타 2020.

119 이남주 2020, 19-21.

120 중국사회주의 건설 시기의 역사에 대해서는 모리스 마이스너 2004; 백승욱 2021b, 289-316; 전리군(첸리췬) 2012를 보라.

121 뉴딜 지향 법원의 딜레마에 대해서는 Horwitz 1994, 253-267을 보라.

122 다우어 2009; 아메미야 쇼이치 2012.

123 첸리췬 2012; 전리군(첸리췬) 2012, 167-253. 첸리췬의 '1957년학'의 함의에 대해서는 첸리췬 2012에 실린 백승욱의 해제; 이홍규·연광석 엮음 2014를 보라.

124 백승욱 2007; 백승욱 2012; 천이난 2008; 조정로 2015.

125 인민해방군의 극단적 진압의 비극은 1968년 광시에서 전개되었다. 백승욱 2012, 155-163.

126 백승욱 2001.

127 백승욱 2008.

128 4항 기본원칙은 ①사회주의 노선, ②프롤레타리아 독재(인민민주독재), ③중국공산당 영도, ④마르크스-레닌주의와 마오쩌둥 사상의 견지를 말한다.

129 조영남 2016; 하남석 2020b.

130 조영남·안치영 2011; 안치영 2013; 조영남 2016b.

131 백승욱 편 2007, 제2장; 제3장; 백승욱 2012, 제4장; 제5장.

132 "US forum debates issue of 'abandoning' Taiwan," *Taipei Times* Oct 20, 2011. https://www.taipeitimes.com/News/taiwan/archives/2011/10/20/2003516214(2023년 5월 10일 검색). 낸시 터커와 보니 글레이저는 미국의 패권적 자유주의의 '신냉전'적 구도에서 대만에 대한 정치적·군사적

밀착관계 유지의 입장을 내세운 반면, 찰스 글레이저는 대만과의 관계가 중국 과 관계 개선에 부담이 되며 대만과의 거리를 둘 것을 주장했다. 각각의 입장에 대해서는 Tucker and Glaser 2011, 23-37과 Glaser 2011을 볼 것.

133 L. Goldstein 2023.

134 Yuan 2023.

135 Blanchette and Hass 2023.

에필로그

1 백승욱 2017a, 16.

2 위키피디아(2차 세계대전 종전 후 잔류 독일인 사망자는 포함하지 않음).

3 2022년 미국 CSIS가 실시한 워게임 시뮬레이션에서는 중국의 대만 점령이 실 제 일어나면 미국이 개입하게 되고 미국도 승리하기는 어렵지만 중국도 마찬가 지여서 결국 모두 패배하는 결과가 나옴을 보여주었다. 그렇지만 이 시뮬레이 션에는 동아시아 위기가 두 곳에서 동시에 발생할 경우는 가정되지 않았다.

4 군사역량 차원에서 미국과 중국을 비교분석한 코트Cote는 중국이 대만섬을 전 면적으로 점령할 역량이 부족하고 또 이 점령 방식의 전쟁이 불러올 국제적 반 발이 크기 때문에 포위의 '강압' 방식이 등장할 가능성이 크고, 미국은 현재 이 두 번째 방식에 대한 대응이 부족하다고 본다. 그렇지만 두 번째 방식에 대해 미 국이 본격적으로 대응을 준비하게 되면 재래식 전쟁 대응 교리를 변경해 오히 려 핵사용의 경계가 낮아지는 전면적 확전이 될 가능성이 커지고 그 결과는 미 국에 유리할 것이라고 판단한다. Cote Jr. 2022. 2022년 CISI의 대만전쟁 시뮬 레이션의 결과 미국이 꼭 유리하지 않다는 결과가 나온 이후, 미국 내에서도 강 경 대응을 피해 다각적인 대응을 요구하는 목소리가 커지고 있기도 하다. 회색 지대 방식의 포위-강압에 대한 억제책 마련, 시진핑을 코너에 몰지 않도록 주 의하기, 대만에 대한 군사지원 이상의 다각적 지원 등의 종합적 대책이 제시된 다. Blanchette and Hass 2023.

5 https://v.daum.net/v/20220824040415602; https://www.joongang.co.kr/ article/25125553#home.

6 김규범 2023, 177.

7 여기서 예시한 순서와는 다른 시나리오지만 중국과 북한의 군사적 움직임이 연 결됨을 주장한 경우로 이철 2023을 참고할 수 있다. 이철의 책에는 미국과 중국 에서 이 군사적 위기를 보는 다양한 입장들도 다수 소개되어 있다.

8 구갑우 2022, 77.

9 황일도 2023, 51-52.

10 그 한 예시로 도시 2022, 21-22를 보라.

11 전재성 2023; Panda 2020, ch.11. 냉전 시기 대소련 '봉쇄'를 설계한 것으로 유명한 조지 케넌이 현실주의 입장에서 단순한 '가치외교'에 대해 경계하며 남긴 다음과 같은 말을 기억해두는 것도 중요할 것인데, 케넌은 국제정세 판단에서 도덕적 잣대로 내세워 대중의 일시적 여론에 휘둘리는 것을 '민주주의'로 비판한다. "민주주의는 (…) 일단 자극을 받아서 칼을 들어야 하는 지경에 이르면, 이런 상황을 낳은 상대를 쉽게 용서하지 않습니다. (…) 민주주의는 화가 나서 싸웁니다. 전쟁을 벌일 수밖에 없게 됐다는 바로 그 이유 때문에 싸우는 거죠. (…) 자신이 저지른 실패를 비판할 수 없는 신성한 습관으로 변명하는 나라는 철저한 재앙으로 빠져들면서도 변명을 할 수 있습니다." 케넌 2013, 180; 194. 케넌은 소련에 대한 '군사적' 봉쇄, 미국의 베트남 전쟁, 그리고 이라크 전쟁에 모두 반대했다.

부록1

1 https://www.hani.co.kr/arti/international/international_general/1034107.html.

부록2

1 Yale Law School, Lillian Goldman Law Library, "The Avalon Project: Documents in Law, History and Diplomacy" https://avalon.law.yale.edu/wwii/yalta.asp.

2 유고 망명정부를 대표한 이반 수바시치는 군주제를 반대하고 대신 빨치산 운동을 주도한 티토를 만나 1944년 6월 16일 티토-수바시치 협약을 체결하여, 빨치산을 유고의 합법적 무장세력으로 인정하는 대신 빨치산 세력은 새 정부를 승인하고 참여하기로 결정하였다. 수바시치는 1945년 3월 7일까지 유고슬라비아 총리로 있다가 티토에게 그 자리를 물려주고 10월까지 내각에 외상으로 남아 있다 이후 결별하였다.
https://en.wikipedia.org/wiki/Ivan_%C5%A0uba%C5%A1i%C4%87.

3 '얄타 비밀협정'이라고 지칭되기도 하는 내용.

참고문헌

가토 요코, 2012, 『만주사변에서 중일전쟁으로』, 김영숙 옮김, 어문학사.

강명희, 2021, 「5·4운동과 국민혁명」, 중국근현대사학회 엮음, 『중국 근현대사 강의』(개정판), 151-180.

강성현, 2017, 「전후 미국의 '점령형 신탁통치'와 냉전적 변형: 조선, 미크로네시아, 류큐제도를 중심으로」, 『사회와 역사』 112, 강성현·백원담 편, 『종전에서 냉전으로: 미국 삼부조정위원회와 전후 동아시아 '신질서'』 진인진, 65-110.

곽귀병, 2017, 「원탁에 둘러앉은 외교관과 군인들: 극동을 중심으로 살펴보는 미국 삼부조정위원회의 통치 기제, 1944~1947」, 강성현·백원담 편, 『종전에서 냉전으로: 미국 삼부조정위원회와 전후 동아시아 '신질서'』, 진인진, 29-64.

구갑우, 2022, 「김정은 정권의 전략적 노선과 대외정책」, 김상기 외, 『한반도 외교안보 환경 변화와 평화·비핵 체제 모색』, 통일연구원 4, 6-60.

구본우, 2017, 「20세기 미국 회계제도결합체의 진화와 자본축적」, 중앙대학교 사회학과 박사학위논문.

———, 2022, 「고전적 자유주의에서 케인스주의적 자유주의로」, 비판사회학회 엮음, 『세계화와 사회변동』, 한울, 84-172.

그레빙, 헬가, 2020, 『독일 노동운동사: 1848년 혁명부터 21세기까지』, 이진일 옮김, 길.

그린버그, 우디, 2018, 『바이마르의 세기: 독일 망명자들과 냉전의 이데올로기적 토대』, 이재욱 옮김, 회화나무.

김규범, 2023, 「북한 "8월 종파사건"과 중국」, 『성균차이나브리프』 67호.

김규철, 2022, 「러시아의 우크라이나 전쟁과 동북아 군사전략」, 김선래 외, 『미중러 전략경쟁과 우크라이나 전쟁』, 다해, 90-115.

김동길, 2019, 「휴전협상에서 북·중·소 3국의 태도변화 및 결과」, 『한국과 국제정치』 35(3), 27-66.

김동일, 2014, 「한국전쟁 초기 중국군 조기 파병을 둘러싼 스탈린, 마오쩌둥, 김일성의 동상이몽」, 『한국과 국제정치』 30(2), 45-77.

김선래 외, 2022, 『미중러 전략경쟁과 우크라이나 전쟁』, 다해, 32.

김양희, 2023, 「보호주의 진영화 시대, 한국 경제안보 전략 모색」, 『황해문화』 118호.

김연철, 2011, 「1954년 제네바 회담과 동북아 냉전질서」, 『아세아연구』 54권 1호, 203-206.

김영구, 2019, 「시진핑 집권 이후 중국의 신장 위구르사회에 대한 강경 정책의 심화 과정: '거극단화'의 달성을 목표로 한 종교정책의 추이를 중심으로」, 『중국연구』 제78호, 159-178.

김윤태 외, 2017, 『발전국가: 과거, 현재, 미래』, 나남.

김재관, 2021, 「바이든 정부의 대 중국 외교정책에 대한 분석과 전망: 미중 간 전략경쟁을 중심으로」, 『글로벌정치연구』 제14권 1호, 77-119.

김진하, 2022, 「북한의 대외전략 전망」, 김진하 외, 『동북아 정세 변화와 북한의 전략적 선택: 미중 경쟁구도의 전개와 북한의 대응 전략을 중심으로』, 통일연구원.

김학재, 2013, 「중국의 한국전쟁 개입과 동아시아 분단체제의 탄생」, 백원담·임우경 엮음, 『'냉전' 아시아의 탄생: 신중국과 한국전쟁』, 문화과학사, 399-415.

———, 2015, 『판문점 체제의 기원: 한국전쟁과 자유주의 평화기획』, 후마니타스.

———, 2019, 「냉전과 열전의 지역적 기원」, 신욱희·권헌익 엮음, 『글로벌 냉전과 동아시아』, 서울대학교출판문화원.

김형종, 1989, 「신해혁명의 전개」, 『강좌 중국사 VI: 개혁과 혁명』, 지식산업사.

나현수, 1989, 「제1차 국공합작과 북벌」, 『강좌 중국사 VII: 신질서의 모색』, 지식산업사.

노경덕, 2016, 「얄타회담 다시보기」, 『사총』 87.

다우어, 존, 2009, 『패배를 껴안고: 2차 세계대전 후의 일본과 일본인』, 최은석 옮김, 민음사.

도시, 러쉬, 2022, 『롱 게임: 미국을 대체하려는 중국의 대전략』, 박민희·황준범 옮김, 생각의힘.

뒤메닐, 제라르·도미니크 레비, 2014, 『신자유주의의 위기: 자본의 반격 그 이후』, 김덕민 옮김, 후마니타스.

라이히, 빌헬름, 2006, 『파시즘의 대중심리』, 황선길 옮김, 그린비.

란코프, 안드레이, 2013, 『리얼 노스코리아』, 김수빈 옮김, 개마고원.

로버츠, 제프리, 2022, 『스탈린의 전쟁』, 열린책들.

뤄쓰치·백승욱, 2016, 「'사회치리'社會治理로 방향전환을 모색하는 광둥성의 사회관리 정책」, 『현대중국연구』 제17집 2호, 38-78.

레비츠키, 스티븐·대니얼 지블랫, 2018, 『어떻게 민주주의는 무너지는가: 우리가 놓치는 민주주의의 위기 신호』 박세연 옮김, 어크로스.

마이스너, 모리스, 2004, 『모택동의 중국과 그 이후』, 김수영 옮김, 이산.

마키하라 노리오, 2012, 『민권과 헌법』, 박지영 옮김, 어문학사.

맥닐, 윌리엄, 2005, 『전염병의 세계사』, 김우영 옮김, 이산.

맥더모트, 케빈·제레미 애그뉴, 2009, 『코민테른: 레닌에서 스탈린까지, 국제 공산주의운동의 역사』, 황동하 옮김, 서해문집.

메탕, 기, 2022, 『루소포비아: 러시아 혐오의 국제정치와 서구의 위선』, 김창진·강성희 옮김, 가을의아침, 99-144.

모리 가즈코, 2023, 『현대 중국의 정치와 외교』, 이용빈 옮김, 한울.

모택동, 2002, 『모택동 선집 2』, 김승일 옮김, 범우사.

———, 2001, 『모택동 선집1』, 김승일 옮김, 범우사

뭉크, 야스차, 2018, 『위험한 민주주의: 새로운 위기, 무엇이 민주주의를 파괴하는가』, 함규진 옮김, 미래엔.

미어샤이머, 존 J., 2020, 『미국 외교의 거대한 환상: 자유주의적 패권 정책에 대한 공격적 현실주의의 비판』, 이춘근 옮김, 김앤김북스.

민두기, 1989, 「민국혁명론: 현대사의 기점으로서의 신해혁명과 5.4운동」, 『강좌 중국사 VI: 개혁과 혁명』, 지식산업사.

———, 1994, 『신해혁명사: 중국의 공화혁명(1903~1913)』, 민음사.

박구병, 2019, 「라틴아메리카의 '열띤 냉전'과 대외의존의 심화(1945~75)」, 신욱희·권헌익 엮음, 『글로벌 냉전과 동아시아』, 서울대학교출판문화원.

박노자, 2022, 「마르크스주의적 시각에서 본 러시아 제국주의와 우크라이나」, 『마르크스주의연구』 제19권 3호, 12-37.

박태균, 2013, 『원형과 변용: 한국 경제개발계획의 기원』, 서울대학교출판문화원.

박찬종, 2022, 「케인스주의에서 신자유주의로의 전환」, 『세계화와 사회변동』, 비판사회학회 엮음, 한울아카데미, 171-239.

반하트, 마이클 A., 2016, 『일본의 총력전: 1919~1941년 경제 안보의 추구』, 박성진·이완범 옮김, 한국학중앙연구원.

발리바르, 에티엔, 2012, 『폭력과 시민다움: 반폭력의 정치를 위하여』, 진태원 옮김, 난장.

백승욱 편, 2005, 『'미국의 세기'는 끝났는가?: 세계체계 분석으로 본 미국 헤게모니의 역사』, 그린비.

———, 2007, 『중국 노동자의 기억의 정치』, 폴리테이아.

백승욱, 2001, 『중국의 노동자와 노동 정책: '단위 체제의 해체'』, 문학과지성사.

———, 2006, 『자본주의 역사강의』, 그린비.

―――, 2007,『문화대혁명: 중국 현대사의 트라우마』, 살림.

―――, 2008,『세계화의 경계에 선 중국』, 창비.

―――, 2012,『중국 문화대혁명과 정치의 아포리아: 중앙문혁소조장 천보다와 조반의 시대』, 그린비.

―――, 2013,「EU의 경제위기 대응과 신자유주의적 통합의 심화」,『마르크스주의 연구』 10권 4호, 68-104.

―――, 2017a,『생각하는 마르크스: 무엇이 아니라 어떻게』, 북콤마.

―――, 2017b,「마르크스에게서 재생산 개념의 형성과 체계의 사고」,『마르크스주의 연구』 제14권 4호.

―――, 2017c,「장기 20세기와 사회주의 역사적 경험의 회고 러시아혁명과 중국혁명을 중심으로」,『경제와사회』 116호, 18-59.

―――, 2019a,「동아시아 단절의 담론구성체 형성의 맥락에서 살펴본 3.1운동의 사상사적 전환의 공백」,『사회와 역사』 121집, 39-92.

―――, 2019b,「'신시대'와 중국의 역사 다시 쓰기: 일국사와 지역사의 경계에서」,『중국 사회과학논총』 창간호(성균중국연구소), 6-36.

―――, 2019c, "세계체계 분석의 한 시대가 저물다",「한겨레」 2019년 9월 6일.

―――, 2020a,「미국헤게모니 형성기 동아시아 국가간체계 질서의 변동: 월러스틴의 이론 자원으로 검토한 냉전 형성과정과 중국 변수」, 서울대학교 아시아연구소,『아시아리뷰』 제10권 2호(제20호), 35-81.

―――, 2020b,「지금 다시 마르크스주의의 근본 질문을 재개해야 할 이유: 알튀세르와 발리바르의 프롤레타리아 독재론과 사회주의라는 질문」,『마르크스주의 연구』 17권 2호, 12-39.

―――, 2021a,『중국공산당 100년의 변천: 혁명에서 '신시대'로』, 책과함께, 295-328.

―――, 2021b,『중국 근현대사 강의』(개정판), 중국근현대사학회 편, 한울아카데미, 287-314.

―――, 2022a,「우크라이나 위기를 통해 본 동요하는 얄타체제: 단일 세계주의라는 잊힌 출발점을 돌아보기」, 포스텍융합문명원,『문명과 경계』 제5호.

―――, 2022b, "우크라이나와 대만 위기는 연결된다… '노'라고 할 수 있는 한국이 중요",「한겨레」 2022년 3월 9일.

―――, 2022c,「중국공산당 역사결의를 통해 본 시진핑 체제의 성격」,『마르크스주의연구』 제19권 2호, 10-33.

―――, 2022d,「20대 대선 평가: 촛불의 오해, 차도(借刀) 응징, 그리고 자유주의라는 질문」,『황해문화』 제115호(2022년 여름호), 228-253.

——— 2022e,『1991년 잊힌 퇴조의 출발점: 자유주의 전환의 실패와 촛불의 오해』, 북
콤마.

——— 2022f,「사회변동이론의 조명: 세계체계 분석과 역사적 자본주의」, 비판사회학회
엮음,『세계화와 사회변동』, 한울.

———, 2023a,「삼중의 위기에 직면한 한국 사회」,『동향과 전망』117호, 142-148.

———, 2023b,「(서평)중국 시진핑 시대의 방향을 읽어낼 핵심어 '항미원조'」,『서울리뷰오
브북스』11호, 54-67.

백승욱·김판수·정규식, 2017,「중국 동북지역 사회관리 정책에서 나타나는 당-정 주도
성」,『현대중국연구』19권 2호, 337-368.

백승욱·장영석·조문영·김판수, 2015,「시진핑 시대 중국 사회건설과 사회관리」,『현대중
국연구』17권 1호, 1-51.

백승욱·조문영·장영석, 2017,「'사회'로 확장되는 중국 공회(노동조합): 광둥성 공회의 체제
개혁을 중심으로」,『한국사회학』51권 1호, 39-89.

백원담, 2013,「한국전쟁과 동아시아상의 연쇄」, 백원담·임우경 편,『'냉전' 아시아의 탄생:
신중국과 한국전쟁』, 문화과학사, 15-68.

백지운, 2023,『항미원조: 중국인들의 한국전쟁』, 창비.

베스타, 오드 아르네, 2020,『냉전의 지구사: 미국과 소련 그리고 제3세계』, 옥창준 옮김, 에
코리브르.

베클리, 마이클·할 브랜즈, 2023,『중국은 어떻게 실패하는가: 미중 패권 대결 최악의 시간
이 온다』, 김종수 옮김, 부키.

비판사회학회 엮음, 2022,『세계화와 사회변동』, 한울.

상빙, 2013,「신해정변과 일본」, 배경한 편,『동아시아 역사 속의 신해혁명』, 한울.

서정경, 2023,「미국의 견제 속 중국 특색 강대국 외교의 시련과 응전」, 이희옥·조영남 엮
음,『중국식 현대화와 시진핑 리더십: 중국공산당 20차 전국대표대회 분석』, 책과함
께, 238-246.

셔먼, 프란츠, 1987,『현대국제정치론: 패권주의를 중심으로 I』, 장을병 옮김, 일월서각.

션즈화, 2010,『마오쩌둥 스탈린과 조선전쟁』, 최만원 옮김, 선인.

션즈화, 2014a,『조선전쟁의 재탐구: 중국·소련·조선의 협력과 갈등』, 김동길 옮김, 선인.

———, 2014b,「극동에서 소련의 전략적 이익보장: 한국전쟁의 기원과 스탈린의 정책결정
동기」,『한국과 국제정치』30(2), 30-37.

슈트렉, 볼프강, 2018,『조종이 울린다: 자본주의라는 난파선에 관하여』, 유강은 옮김, 여
문책.

스마이저, 윌리엄, 2019,『얄타에서 베를린까지: 독일은 어떻게 분단되고 통일되었는가』,

김남섭 옮김, 동녘.

스카치폴, 테다, 1982, 『국가와 사회혁명: 혁명의 비교연구』, 한창수·김현택 옮김, 까치.

신욱희, 2014, 「중국의 한국전쟁 참전: 중국 대북정책의 역사적 형성과 지속」, 『한국과 국
　　제정치』 30(2), 82-97.

―――, 2019, 「동북아 냉전체제의 형성」, 신욱희·권헌익 엮음, 『글로벌 냉전과 동아시아』,
　　서울대학교출판문화원.

쑨원, 2000, 『삼민주의』, 김승일 외 옮김, 범우사.

아리기, 조반니, 1994, 「맑스주의의 20세기, 미국의 20세기」, 로빈 블랙번 편, 김영희 외 옮
　　김, 『몰락 이후』, 창작과비평사, 92-144.

―――, 2009, 『베이징의 애덤 스미스』, 강진아 옮김, 길.

―――, 2014, 『장기 20세기』(개정판), 백승욱 옮김, 그린비.

아리기, 조반니·비버리 실버, 2008, 『체계론으로 보는 세계사』, 최홍주 옮김, 모티브북.

아메미야 쇼이치, 2012, 『점령과 개혁: 일본근현대사 시리즈 7』, 유지아 옮김, 어문학사.

아이켄베리, G. 존, 2008, 『승리 이후』, 강승훈 옮김, 한울

―――, 2021, 『민주주의가 안전한 세상: 세계질서의 위기와 자유주의적 국제주의』, 홍지수
　　옮김, 경희대학교 출판문화원 33.

야마무로 신이치, 2003, 「국민국가 형성의 삼중주와 동아시아세계」, 『여럿이며 하나인 아
　　시아』, 임성모 옮김, 창비.

―――, 2017, 『러일전쟁의 세기: 연쇄시점으로 보는 일본과 세계』, 정재정 옮김, 소화.

―――, 2018, 『사상과제로서의 아시아』, 정선태·윤대석 옮김, 소명출판.

안치영, 2013, 『덩 샤오핑 시대의 탄생: 중국의 역사 재평가와 개혁』, 창비.

―――, 2018a, 「과연 시진핑 1인체제가 형성되었는가?」, 『황해문화』 제99권, 210-229.

―――, 2018b, 「중국공산당 19차 당 대회 보고와 시진핑 신시대 중국 특색 사회주의 사
　　상」, 『동향과 전망』 제102권, 144-185.

―――, 2021, 「중국공산당 100년: 혁명에서 신시대까지」, 이희옥·백승욱 엮음, 『중국공산
　　당 100년의 변천, 1921~2021: 혁명에서 '신시대'로』, 책과함께, 35-65.

오정현, 2021, 「1954년 제네바 정치회담과 한반도 국제관계: 전후 분단체제의 형성」, 『통일
　　정책연구』 30권 1호, 1-30.

오코노기 마사오, 2019, 『한반도 분단의 기원』, 류상영 외 옮김, 나남.

오키 다케시, 2021, 『독소전쟁: 모든 것을 파멸시킨 2차 세계대전 최대의 전투』, 박삼헌 옮
　　김, AK커뮤니케이션즈.

와다 하루끼, 2014, 『북한 현대사』, 남기정 옮김, 창비.

왕샤오밍, 2023, 「중국 대륙의 문화연구가 직면한 도전과 요구」, 『황해문화』 118호.

왕효추, 2002, 『근대 중국과 일본: 타산지석의 역사』, 신승하 옮김, 고려대학교출판부.

월러스틴, 이매뉴얼, 1996, 『자유주의 이후』, 강문구 옮김, 당대.

─── , 1999a, 「세계체제: 위기는 있는가?」, 이매뉴얼 월러스틴·테렌스 K. 홉킨즈 편, 백승욱·김영아 옮김, 『이행의 시대』, 창비.

─── , 1999b, 『유토피스틱스: 또는 21세기의 역사적 선택들』, 백영경 옮김, 창비.

─── , 1999c, 『근대세계체제 I: 자본주의적 농업과 16세기 유럽 세계경제의 기원』, 나종일 외 옮김, 까치.

─── , 1999d, 『근대세계체제 II: 중상주의와 유럽 세계경제의 공고화, 1600~1750년』, 유재건 외 옮김, 까치.

─── , 1999e, 『근대세계체제 III: 자본주의 세계경제의 거대한 팽창의 두 번째 시대, 1730~1840년대』, 김인중 외 옮김, 까치.

─── , 2001, 『우리가 아는 세계의 종언』, 백승욱 옮김, 창비.

─── , 2004, 『미국 패권의 몰락』, 한기욱·정범진 옮김, 창비.

─── , 2005, 『월러스틴의 세계체제 분석』, 이광근 옮김, 당대.

─── , 2017, 『근대세계체제 IV: 중도적 자유주의의 승리, 1789~1914』, 박구병 옮김, 까치.

윤상우, 2005, 『동아시아 발전의 사회학』, 나남.

윤소영, 2020, 『한국사회성격논쟁 세미나 I』, 공감.

윤종석, 2023, 「시진핑 집권 10년 이후, 중국사회의 안정은 지속될까?」, 이희옥·조영남 엮음, 『중국식 현대화와 시진핑 리더십: 중국공산당 20차 전국대표대회 분석』, 책과함께, 196-209.

윤종희, 2015, 『현대의 경계에서』, 생각의힘.

─── , 2017, 「현대 자본주의 경제에서 금융시스템의 진화: 금융주도 자본주의론 비판」, 『경제와사회』 제115호, 72-102.

─── , 2020, 「21세기 금융세계화의 유럽적 형태」, 『경제와사회』 128호, 172-199;

─── , 2022, 「신자유주의적 전환과 금융세계화」, 비판사회학회 엮음, 『세계화와 사회변동』, 한울, 245-304.

이남주, 2020, 「동아시아 질서의 변화와 새로운 지역협력의 모색: 샌프란시스코체제의 동학을 중심으로」, 『경제와사회』 제125호, 12-39.

이노우에 가쓰오, 2013, 『막말. 유신』, 이원우 옮김, 어문학사.

이동기, 2019, 「몰락에서 평화로: 전후 유럽 냉전사(1945-75)」, 신욱희·권헌익 엮음, 『글로벌 냉전과 동아시아』, 서울대학교출판문화원.

이승휘, 2018, 『손문의 혁명』, 한울.

이철, 2023, 『이미 시작된 전쟁: 북한은 왜 전쟁을 일으킬 수밖에 없는가』, 페이지2.

이해영, 2022, "서방 언론은 허구였다! 러시아 뜻대로 끝나가는 전쟁", 「피렌체의 식탁」
(2022.4.4.).

──────, 2023, 『우크라이나 전쟁과 신세계 질서』, 사계절.

이현태, 2023, 「시진핑 집권 3기, 중국경제는 어디로 가는가?」, 이희옥 조영남 엮음, 『중국
식 현대화와 시진핑 리더십: 중국공산당 20차 전국대표대회 분석』, 책과함께, 103-
109.

이혜정, 2022, 「바이든 정부의 대외전략과 한반도정책」, 김상기 외, 『한반도 외교안보 환경
변화와 평화·비핵 체제 모색』, 통일연구원.

이홍규·연광석 엮음, 2014, 『전리군과의 대화』, 한울.

이희옥·백승욱 편, 2021, 『중국공산당 100년의 변천, 1921~2021: 혁명에서 '신시대'로』,
책과함께.

이희옥·조영남 엮음, 2023, 『중국식 현대화와 시진핑 리더십: 중국공산당 20차 전국대표
대회 분석』, 책과함께.

임우경, 2013, 「변신하는 국민과 냉전: 항미원조 시기 중국의 반미대중운동」, 백원담·임우
경 엮음, 『'냉전' 아시아의 탄생: 신중국과 한국전쟁』, 문화과학사.

장영석·백승욱, 2017, 「노동자 집단적 저항의 일상화와 중국의 노동정책 변화: 광둥성을
중심으로」, 『산업노동연구』 23권 2호, 231-276.

장윤미, 2021, 「중국공산당의 사회건설 구상: '군중노선'과 새로운 '인민' 주체의 창조」, 『현
대중국연구』 제23권 2호, 253-300.

──────, 2023, 『당치黨治국가 중국: 시진핑 시대 통치구조와 정치의 변화』, 서강대학교출
판부.

장정아, 2019, 「모든 것이 정치다: 2019년 홍콩 시위의 기억과 유산」, 『황해문화』 105호,
235-253.

──────, 2020, "민주화 기로에 선 홍콩, 어디로 가나", JTBC 〈차이나는 클라스〉 제151회
(2020.4.1.).

전리군(첸리췬), 2012, 『모택동시대와 포스트모택동 시대, 1949~2009』(상, 하), 연광석 옮
김, 한울.

──────, 2014, 「문혁의 질문과 그 복잡성을 마주하며」(백승욱 저, 『중국문화대혁명과 정치의 아
포리아』 서평), 연광석 옮김, 『황해문화』 제83권, 223-235.

전재성, 2023, 「한반도 정전체제와 북핵체제를 넘어: 불완전 주권성의 전개와 극복」, 『한국

과 국제정치』 제39권 제1호, 66-75.

전지윤, 2022, 「러시아의 우크라이나 침략과 전쟁: 반제국주의 좌파는 어떤 관점과 태도를 가질 것인가」, 『마르크스주의연구』 제19권 3호, 38-63.

정병준, 2006, 『한국전쟁: 38선 충돌과 전쟁의 형성』, 돌베개.

정재원, 2022, 「러시아의 우크라이나 침략의 본질: 러시아의 오래된 제국적 기획의 실현」, 『경제와사회』 135호, 156-189.

정재흥, 2022, 「중국의 대외전략 변화와 중러 전략적 안보협력 강화」, 김선래 외, 『미중러 전략경쟁과 우크라이나 전쟁』, 다해, 194-204.

정한범, 2022, 「미·중·러 갈등과 한반도 평화구축」, 김선래 외, 『미중러 전략전쟁과 우크라이나 전쟁』, 다해, 256-257.

제르바우도, 파울로, 2022, 『거대한 반격: 포퓰리즘과 팬데믹 이후의 정치』, 남상백 옮김, 다른백년.

조영남, 2016a, 『톈안먼 사건: 1988~1992년』, 민음사.

——, 2016b, 『파벌과 투쟁: 1983~1987년』, 민음사.

——, 2019, 『중국의 엘리트정치: 마오쩌둥에서 시진핑까지』, 나남.

——, 2021, 「중국공산당 100년과 엘리트 정치의 변화」, 『중소연구』 제45권 1호, 45-75.

——, 2022a, 「중국공산당 세 개의 '역사 결의' 비교 분석」, 『중국사회과학논총』 제4권 1호, 4-30.

——, 2022b, 「중국공산당의 대학 통제 분석: 왜 대학생들은 민주화 시위에 나서지 않을까?」, 『중소연구』 제46권 1호, 7-49.

——, 2022c, 『중국의 통치체제 1: 공산당 영도 체제』, 21세기북스.

——, 2022d, 『중국의 통치체제 2: 공산당 통치 기제』, 21세기북스.

——, 2023, 「시진핑, '일인지배'의 첫발을 내딛다」, 이희옥·조영남 엮음, 『중국식 현대화와 시진핑 리더십: 중국공산당 20차 전국대표대회 분석』, 책과함께.

조영남·안치영, 2011, 『중국의 민주주의: 공산당의 당내민주 연구』, 나남.

조정로, 2015, 『민주수업』, 연광석 옮김, 나름북스.

중국공산당중앙당사연구실, 2016, 『중국공산당역사 제1권 상』, 홍순도·홍광훈 옮김, 서교출판사.

차정미, 2021, 「시진핑 시대 중국의 군사혁신 연구: 육군의 군사혁신 전략을 중심으로」, 『국제정치논총』 제61집 1호, 75-109.

차태서, 2023a, 「탈단극적 계기로의 진입?: 우크라이나 전쟁 시대 세계질서의 대전환 읽기」, 『국제·지역연구』 32권 1호, 1-39.

─────, 2023b, 「핵보유국 북한과 살아가기: 탈단극 시대 한반도 문제의 전환과 대북정책 패러다임 변동」, 『국제관계연구』 제28권 제1호.

천보다, 2012, 「프롤레타리아 문화대혁명 중의 두 가지 노선: 중앙공작회의에서의 연설」 (1966.10.16.), 백승욱 저, 『중국 문화대혁명과 정치의 아포리아: 중앙문혁소조장 천보다와 조반의 시대』 수록, 298-322.

천이난, 2008, 『문화대혁명, 또 다른 기억』, 그린비

첸리췬, 2012, 『망각을 거부하라: 1957년학 연구 기록』, 그린비.

테일러, 피터 J, 2005, 「헤게모니 순환으로서의 '미국의 세기'」, 백승욱 편, 『'미국의 세기'는 끝났는가?: 세계체계 분석으로 본 미국 헤게모니의 역사』, 52-82. 그린비.

틸리, 찰스, 1999, 『비교 역사 사회학: 거대구조, 폭넓은 과정, 대규모 비교』, 박형신·안치민 옮김, 일신사.

케넌, 조지, 2013, 『조지 케넌의 미국 외교 50년: 세계대전에서 냉전까지, 20세기 미국 외교 전략의 불편한 진실』, 유강은 옮김, 가람기획.

콜리어, 폴, 2008, 『2차 세계대전: 탐욕의 끝, 사상 최악의 전쟁』, 강민수 옮김, 플래닛미디어.

판초프, 알렉산더·스티븐 레빈, 2017, 『마오쩌둥 평전: 현대 중국의 마지막 권력자』, 심규호 옮김, 민음사.

팩스턴, 로버트 O., 2005, 『파시즘: 열광과 광기의 정치』, 손명희·최희영 옮김, 교양인.

포셋, 에드먼드, 2022, 『자유주의: 어느 사상의 일생』, 신재성 옮김, 글항아리.

폴라니, 칼, 2009, 『거대한 전환: 우리 시대의 정치·경제적 기원』, 홍기빈 옮김, 길.

프라사드, 비자이 엮음, 2022, 『신냉전에 반대한다』, 심재은 외 옮김, 두번째테제.

플로히, 세르히, 2020, 『얄타, 8일간의 외교전쟁』, 허승철 옮김, 역사비평사.

피츠패트릭, 쉴라, 2017, 『러시아 혁명, 1917-1938』, 고광열 옮김, 사계절.

하라다 게이이치, 2013, 『청일·러일전쟁』, 최석완 옮김, 어문학사.

하남석, 2020a, 「시진핑 시기 중국의 노동운동 탄압과 저항의 양상들」, 『도시인문학 연구』 제12권 1호, 87-112.

─────, 2020b, 「1989년 천안문 사건과 그 이후: 역사의 중첩과 트라우마의 재생산」, 『역사비평』 131호, 86-109.

허자오톈, 2018, 『현대중국의 사상적 곤경』, 임우경 옮김, 창비.

황일도, 2023, 『북한의 장기 핵 전력구조 전망: 이론적 해석 및 선행사례』, 국립외교원 외교안보연구소.

헬라이너, 에릭, 2010, 『누가 금융 세계화를 만들었나: 국가와 세계 금융의 정치경제』, 정재환 옮김, 후마니타스.

후카마치 히데오, 2018, 『쑨원: 근대화의 기로』, 박제이 옮김, AK.

金沖及 主编, 1996, 『毛泽东传(1893~1949)』, 中央文献出版社.

戴茂林·李波, 2017, 『中共中央东北局(1945~1954)』, 辽宁人民出版社.

陶文钊·杨奎松·王建明, 2009, 『抗日战争时期中国对外关系』, 中国社会科学出版社.

邓小平, 1981, 『对起草「关于建国以来党的若干历史问题的决议」的意见』(『党的历史决议资料汇编』 수록).

林緒武, 2022, 「单的三个历史决议对中共党史及社会主义发展史研究的学术价值」, 『科学社会主义』第一期, 4-10.

毛澤東, 1945, 『对「关于若干历史问题的决议」草案的说明』(『党的历史决议资料汇编』 수록).

徐友漁, 1999, 『形形色色的造反: 紅衛兵情神素質的形成及演變』香港: 中文大學出版社.

石仲泉, 2022, 「党的百年奋斗之花: "两个确立"的跃升」, 『理论建设』第一期.

宋永毅 主編, 2007, 『文化大革命: 歷史眞相和集體記憶』, 香港: 田園書屋.

宋學勤·衛瑋岑, 2022, 「三个历史决议的时代价值与未来导向」, 『中国高校社会科学』第一期, 21-27.

習近平, 2021, 『关于「中共中央关于百年奋斗重大成就和历史经验的决议」的说明』(『党的历史决议资料汇编』 수록).

楊奎松, 2005, 『革命 2: 毛泽东与莫斯科的恩恩怨怨』, 广西师范大学出版社.

———, 2009, 『中华人民共和国建国史研究 2』, 江西人民出版社.

———, 2010, 『中间地带的革命: 國際大背景下看中共成功之道』, 山西人民出版社.

———, 2012, 『革命 1: "中间地带"的革命—国际大背景下看中共成功之道』, 广西师范大学出版社.

———, 2013, 「孙中山的西北军事计划及其夭折」, 『民国人物过眼录』, 四川人民出版社.

楊奎松 主编, 2006, 『冷战时期中国对外关系』, 北京大学出版社.

汪朝光, 2010, 『1945~1949: 國共政爭與中國命運』, 社會科學文獻出版社.

———, 2016, 『和與戰的決策: 戰後國民黨的東北決擇』, 中國人民大學出版社.

李遜, 1996, 『大崩壞: 上海工人造反興亡史』, 臺北: 時報文化.

印紅標, 2009, 『失蹤者的足跡: 文化大革命時期的青年思潮』, 香港: 中文大學出版社.

張神根, 2022, 「三个历史决议与站起来, 富起来, 强起来的逻辑里路」, 『现代哲学』第一期, 17.

錢理群, 2011, 「回顧2010年」, https://chinadigitaltimes.net/chinese/207017.html(2022년 7월 20일 검색).

陳理, 2021, 「深刻理解把握指定第三个历史决议的深刻依据, 丰富内涵 重点内容和核心要义」, 『中共党史研究』第6期, 5-17.

陳思, 2022, 「贯通三个历史决议的正确党史观」, 『党史博采』第二期, 10-14.

川島眞·服部龍二 編, 2007, 『東アジア國際政治史』, 名古屋大學出版會.

Abu-Lughod, Janet ed., 2000, *Sociology for the Twenty-first Century: Continuities and*

Cutting Edges, 117-133. The University of Chicago Press.

Adams, Julia, Elisabeth S. Clemens, and Ann S. Orloff, 2005, "Introduction: Social Change, Modernity, and the Three Waves of Historical Sociology," In J. Adams, E. S. Clemens, and A. S. Orloff, ed., *Remaking Modernity: Politics, History, and Sociology(Politics, History, and Culture)*, 1-72, Durham, N.C.: Duke University Press.

Arrighi, Giovanni, 1999, "Globalization and Historical Macrosociology," In Abu-Lughod 2000.

―――, 2003, "The Social and Political Economy of Global Trubulence," *New Left Review* 20, March/April, 71.

―――, 2005, "Hegemony Unraveling 2," *New Left Review* 33, May-June.

Arrighi, Giovanni, Takeshi Hamashita, and Mark Selden, 2003, "Introduction: The rise of Ease Asia in Regional and World Historical Perspective," The Resurgence of East Asia: 500, 150 and 50 Year Perspective, Routledge.

Bilous, Taras, 2022a, "A letter to the Western Left from Kyiv," *Open Democracy*, Feb. 25, 2002.

―――, 2022b, "Self-Determination and the War in Ukraine," *Commons*, April 5.(사회진보연대 옮김, 2022.5.20. 「자결권과 우크라이나 전쟁」. http://www.pssp.org/bbs/view.php?board=focus&nid=8305. 2023년 7월 20일 검색).

Blanchette, Jude and Ryan Hass, 2023, "The Taiwan long game: Why the best solution is no solution," *Foreign Affairs*, 102(1), 102-114.

Butler, Susan, ed., 2005, *My Dear Mr. Stalin: The Complete Correspondence Between Franklin D. Roosevelt and Joseph V. Stalin*, Yale University Press.

Butler, Susan, 2015, *Roosevelt and Stalin: Portrait of a Partnership*, Vintage Books.

Buzgalin, Alexander, 2015, "Ukraine: Anatomy of a Civil War," *International Critical Thought*, Vol.5, No.3, 327-347.

Cote Jr., Owen R., 2022, "One if by invasion, two if by coercion: US military capacity to protect Taiwan from China" *Bulletin of the Atomic Scientists*, 78(2), 65-72.

Culver, John C., and John Hyde, 2001, *American Dreamer: A Life of Henry A. Wallace*, W. W. Norton & Company.

Devine, Thomas W, 2013, *Henry Wallace's 1948 Presidential Campaign and the Future of Postwar Liberalism*, The University of North Carolina Press.

Duménil, Gérard and Dominique Levy, 2018, *Managerial Capitalism: Ownership, Management and the Coming New Mode of Production*, Pluto Press.

Gardner, Lloyd, 2008, "FDR and the 'Colonial Question'," In David B. Woolner, Warren F. Kimball, and David Reynolds, eds., *FDR's World: War, Peace, and Legacy*, Palgrave.

Gerhardt, Uta, 1999, "A World from Brave to New: Talcott Parsons and the War Efforts at Harvard University," *Journal of History of Behavioral Sciences* 35(3), 257-289.

Glaser, Charles, 2011, "Will China's Rise Lead to War?: Why Realism Does Not Mean Pessimism," *Foreign Affairs*, 90(2).

Guthrie-Shimizu, Sayuri, 2010, "Japan, the United States, and the Cold War, 1945-1960," In Melvyn P. Leffler and Odd Arne Westad, eds, *The Cambridge History of The Cold War*, Volume I: Origins, 244-265. Cambridge University Press.

Goldstein, Avery, 2020, "China's Grand Strategy under Xi Jinping: Reassurance, Reform, and Resistance," *International Security*, Vol.45, No.1, 164-201.

Goldstein, Lyle, 2023, "The trouble wth Taiwan," *Bulletin of the Atomic Scientists*, 79(2).

Henrikson, Alan K., 2008, "FDR and the "World-Wide Arena," In David B. Woolner, Warren F. Kimball, and David Reynolds, eds., *FDR's World: War, Peace, and Legacy*, Palgrave.

Hitchcock, William I., 2010, "The Marshall Plan and the Creation of the West," In Melvyn P. Leffler and Odd Arne Westad, eds., *The Cambridge History of The Cold War*, Volume I: Origins, 157-174, Cambridge University Press.

Horwitz, Morton, 1994, *The Transformation of American Law 1870-1960: The Crisis of Legal Orthodoxy*, Oxford University Press.

Hunt, Michael H., 2007, *American Ascendancy: How the United States Gained & Wielded Global Dominance*, The University of North Carolina Press.

Kagarlitsky, Boris, 2022, "A Russian Sociologist Explains Why Putin's War is Going Even Worse Than It Looks (interview)," *Jacobin*, July 22, 2022. https://jacobin.com/2022/07/russia-ukraine-war-media-public-apolitical-vladimir-putin?mc_c%20id=dae6ee9231&mc_eid=bf6859ec7f(2022년 7월 26일 검색).

LaFeber, Walter, 2008, "FDR's worldview, 1941~1945," in David B. Woolner, Warren F. Kimball and David Reynolds, eds., *FDR's World: War, Peace, and Legacy*, Palgrave, 216-217.

Leffler, Melvyn P., 2010, "The Emergence of an American Grand Strategy, 1945-1952," In Melvyn P. Leffler and Odd Arne Westad, eds., *The Cambridge History of The Cold War*, Volume I: Origins, 67-89, Cambridge University Press.

Lieber, Keir A., and Daryl G. Press, 2020, *The Myth of the Nuclear Revolution: Power Politics in the Atomic Age*, Cornell University Press.

Mastro, Oriana Skylar, 2021, "The Taiwan Temptation: Why Beijing Might Resort to Force," *Foreign Affairs*, Vol.100, No.4, 58-67.

McMichael, Philip, 1990, "Incorporating Comparison within a World-Historical Perspective: An Alternative Comparative Method," *American Sociological Review* Vol. 55, 385-397.

McMichael, Philip, 2000, "World-Systems Analysis, Globalization, and Incorporated Comparison," *Journal of World-Systems Research* VI, 3, fall/winter, 68-99.

Narang, Vipin, 2014, *Nuclear Strategy in the Modern Era: Regional Powers and International Conflict*, Princeton University Press.

————, 2015, "Nuclear Strategies of Emerging Nuclear Powers: North Korea and Iran," *The Washington Quarterly*, 39(1), 73-91.

———— and Ankit Panda, 2020, "North Korea: Risks of Escalation,"*Survival: Global Politics and Strategy* Vol.62, No.1, 48 50.

Panda, Ankit, 2020, *Kim Jong Un and the Bomb: Survival and Deterrence in North Korea*, Oxford University Press.

Pechatnov, Vladimir O., 2010, "The Soviet Union and the World, 1944-1953," In Melvyn P. Leffler and Odd Arne Westad, eds., *The Cambridge History of The Cold War*, Volume I: Origins, 90-111. Cambridge University Press.

Reynolds, David, and Vladimir Pechatnov, eds., 2018, *The Kremlin Letters: Stalin's Wartime Correspondence with Churchill and Roosevelt*, Connecticut: Yale University Press.

Røseth, Tom, 2019, "Russia's Partnership Policies in Its Military Realtions with Beijing," *Problems of Post-Communism* Vol.66, No.4, 268-286.

Schaller, Michael, 2008, "FDR and the 'China Question'," In David B. Woolner, Warren F. Kimball, and David Reynolds, eds., *FDR's World: War, Peace, and Legacy*, Palgrave.

Schwarz, Hans-Peter, 2010, "The division of Germany, 1945-1949," In Melvyn P. Leffler and Odd Arne Westad, eds., *The Cambridge History of The Cold War*, Volume I: Origins, 133-153, Cambridge University Press.

Serfati, Claude, 2021, "Defence as France's competitive advantage in the European Union," in Kees van der Pijl, ed., *The Militarization of the European Union*, Cambridge Scholars Publishing.

406

Shifrinson, Joshua R., 2020, "NATO enlargement and US foreign policy: the origins, durability, and impact of an idea," *International Politics*, No.57, 342-370.

Thompson, Drew, 2020, "The Rise of Xi Jinpng and China's New Era: Implicaitons for the United States and Taiwan," *Issues & Studes: A Social Science Quarterly on China, Taiwan and East Asian Affairs* Vol.56, No.1, 1-25.

Tucker, Nancy Bernkopf, and Bonnie Glaser, 2011, "Should the United States Abandon Taiwan?", *The Washington Quarterly 34*(4), 23-37.

van der Pijl, 1998, *Transnational Classes and Intrenational Relations*, Routledge.

———, 2006, *Global Rivalries From the Cold War to Iraq*, Pluto Press.

———, 2021a, "Introduction: EU Defence Plans in the Crisis," in Kees van der Pijl, ed., *The Militarization of the European Union*, Cambridge Scholars Publishing.

———, 2021b, "Sovereignty, Democracy, and the Monopoly of Violence in Europe," in Kees van der Pijl, ed., *The Militarization of the European Union*, Cambridge Scholars Publishing.

Watkins, Susan, 2022, "An Avoidable War?," *New Left Review*, No.133, 5-16.

So, Alvin Y., and Stephen W. K. Chiu, 1995, *East Asia and the World Economy*, Sage.

Wallerstein, Immanuel, 1974, "The Rise and Future Demise of the World Capitalist System: Concepts for Comparative Analysis," In *The Essential Wallerstein*, 71-105, The New Press, 2000.

———, 1992, "The West, Capitalism, and the Modern World-System," *Review* XV, 4, Fall, 561-619.

Wuthnow, Joel, and M. Taylor Fravel, 2022, "China's military strategy for a 'new era': Some change, more continuity, and tantalizing hints," *Journal of Strategic-Studies*(Published online: Mar. 1, 2022), 1-36.

Yoder, Brandon K., 2019, "Power shifts, third-party threats, and credible signals: explaining China's successful reassurance of Russia," *International Politics*, No.57, 885-917.

Yuan, Jingdong, 2023, "The United States and stability in the Taiwan Strait," *Bulletin of the Atomic Scientists*, 79(2), 83-84.

본문은 「우크라이나 전쟁과 동아시아 지정학의 변화」, 『경제와사회』 135호, 2022년; 「중국공산당 역사결의를 통해 본 시진핑 체제의 성격」, 『마르크스주의 연구』 제19권 2호, 2022년; 「우크라이나 위기를 통해 본 동요하는 얄타체제: 단일 세계주의라는 잊힌 출발점을 돌아보기」, 『문명과 경계』 5호, 2022년; 「미국 헤게모니 형성기 동아시아 국가간체계 질서의 변동: 월러스틴의 이론 자원으로 검토한 냉전 형성 과정과 중국 변수」, 『아시아리뷰』 제10권 제2호, 2020년 등의 내용을 중심으로 단행본 구성에 맞추어 대폭 수정하고 보충하였으며, 2022년 새얼문화재단 강연과 민주노총 공공운수노동조합 강연 등의 내용도 반영하였다. 에필로그는 2023년 1월 25일 성균중국연구소 토론회 "샌프란시스코체제 이후의 동아시아와 중국"에서 발표한 내용을 수정하고 보완했다.

찾아보기

군축 83
권위주의 41, 295, 316
금융세계화 17, 58
김정은 74~79

1957년학 291
1차 세계대전 15~19, 55, 187~190,
199, 309
28.5인의 볼셰비키 255
2차 세계대전 23, 149~151, 157,
186~187, 197~201
4항 기본원칙 96, 294
ICBM/SLBM 76, 323
ILO 178~180

ㄴ
나랑, 비핀Narang, Vipin 78, 81
나토NATO 35, 274, 313
난징정부 252
냉전 25, 40, 44~45, 147~153, 209,
216~218, 284~286
네 경찰국 154~157, 162, 177, 202~203
노선 오류 102~110
뉴딜 154, 211, 289, 308
닉슨, 리처드Nixon, Richard 44
닉슨독트린 214

ㄱ
강군몽 131~133, 318~319
거부억제 79
공위기interregnum 70
관동군 260
국가간체계 23, 53, 150~151, 211
국가핵무력 완성 75
국공합작 203, 245~251, 259
국민당 개조 244, 245~251
국민당 좌파 244, 246~249
국민당(중국) 158, 203~205, 230~235,
245~251, 264~277
국제연맹 151, 162~163
군벌(중국) 255
군비통제 83, 335

ㄷ
다극체제 59~64
다자주의 62, 151, 162
단극체제 59~64
단일 세계주의One Worldism 148, 154,
161, 220~223, 262
대리전쟁 45, 309, 333
대만 12~13, 73, 80~82, 87~92, 121,
131~141, 276~284, 299~301,
315~322, 328~336
대서양 헌장 157, 162
대약진 106
대장정 256~258
덤바턴, 오크스Oaks, Dumbarton 177

덩샤오핑鄧小平 98~100, 105~107, 293

독소 불가침 조약 169, 187, 200

독소전쟁(1941~1945) 38, 157, 203, 261, 309

독일 38, 55~56, 149, 155~159, 169~174, 184~190, 194~201

돈바스 내전 71

동류화 242~245, 249~251

두 개의 확립 97

두 세계주의(자유세계주의) 148, 205~211

드골, 샤를Gaulle, Charles 158, 204

딕시 조사단 261

ㄹ

랴오중카이廖仲愷 247

러시아 36~42, 54~57, 71~74, 120~121, 133~138, 197~201, 312~314

러시아혁명 222~223

레닌, 블라디미르Lenin, Vladimir 200, 250

레벤스라움Lebensraum(생존공간) 55, 184

뢰비, 미카엘Löwy, Michael 37

루스벨트, 프랭클린 D.Roosevelt, Franklin D. 25, 148, 154~160, 162~168, 170~181, 191~193

리리싼李立三 103, 254

ㅁ

마셜플랜 210, 273

마셜, 조지Marshall, George 158, 204, 264, 268, 271

마오쩌둥毛澤東 90, 93~95, 100~118, 211, 254~257, 275~279, 282~284

만주국 162, 258

만주사변 255, 258

몰로토프, 뱌체슬라프Molotov, Vyacheslav 156, 174, 208

무기대여법 157, 171

무스토, 마르셀로Musto, Marcello 37

문화대혁명 106~108, 123~128, 292~295

미프, 파벨Mif, Pavel 254

ㅂ

바르바로사 작전 201

바이든, 조Biden, Joe 120, 300

반둥회의(1955년) 138

발리바르, 에티엔Balibar, Étienne 37

베를린 봉쇄 207, 273

베트남전쟁 40, 149, 214

벨라루스 169, 184, 188, 197~201, 260

보구博古 256

보로딘 245~246

볼커, 폴Volcker, Paul 66

봉쇄containment 45, 161

부시, 조지 W.Bush, George W. 63, 65

북벌(중국) 252

북한 13, 74~83, 231~232, 275~280, 312~315, 319~322

북한 핵도발 322~328

브레튼우즈 체제 66, 155, 212~213

브렉시트 41, 64

비대칭적 확전 78~83

빌로우스, 타라스Bilous, Taras 36

ㅅ

사회관리(중국) 130, 139
사회주의 19, 24, 41, 99, 109, 152, 216, 222~224, 288~295, 299, 338
사회주의적 민주 105, 128, 293
삼민주의 116, 247~248, 292
삼부조정위원회 155
상하이 쿠데타 249
샌프란시스코 강화조약 149, 231
세계체계 26, 59, 150~151, 288
세력권 54, 151, 156, 188, 200~201, 238
션즈화沈志華 233, 237~239, 279~281
소련 38, 44~45, 60~62, 149, 162~168, 168~176, 176~181, 187~190, 190~201, 202~205, 221~223, 231~232, 264~274, 310
수세적 예외주의 92, 115, 133, 296
스마이저, 윌리엄 R.Smyser, William R. 207
스탈린, 이오지프Stalin, Joseph 155~167, 169~176, 176~179, 191~193, 207~209, 230, 272~282
스테티니어스, 에드워드 R.Stettinius, Edward R. 177, 269
스틸웰, 조지프Stilwell, Joseph 263
시진핑習近平 72~73, 88~92, 99~102, 117, 121~131, 134~139
시진핑 사상 72, 89~91, 97, 100~101, 130, 139
시진핑 체제 89, 101, 121~131, 134~138, 316~317
신국제경제질서 215

신냉전 38~47, 77, 307~311
신시대 98~102
신자유주의 40~42, 61~71, 311
신탁통치 156, 269, 357~358
신해혁명 233, 244
쑨원孫文 116, 243~250

ㅇ

아이켄베리, G. 존Ikenberry, G. John 60
아프리카 215, 223, 286
안전보장이사회(유엔) 12, 54, 148, 155~159, 177, 213, 310
애치슨, 딘Acheson, Dean 276
얄타구상 25, 148~153, 161, 202, 230~233, 289, 310
얄타체제 12, 64, 148~153, 161, 182, 210~216, 224, 285, 305
양퀘이쑹楊奎松 233, 235, 251
역사결의(중국공산당) 89~97, 102~111, 114~117
영국 151, 156, 174, 192~194, 199, 310
영토적 온전성 54~56
예방적·선제적 공격 53, 64~74
옌안 94, 257, 275
옌안정풍 260
오데르-나이세강 193~195
오스만 제국 197~199
왓킨스, 수전Watkins, Susan 36
왕밍王名 93, 103, 257
왕샤오밍王曉明 140,
우발적 확전 81

우산혁명(홍콩) 73, 117, 312~313

우크라이나 35~39, 39~47, 52~53, 169, 182~184, 195~201

우크라이나 전쟁 54~58, 61, 69, 71~74, 80~82, 119~121, 133~134, 150, 301, 312~314

우한 정부 252

원교근공 137, 301

원심력 41, 119

월러스틴, 이매뉴얼Wallerstein, Immanuel 29

월리스, 헨리Wallis, Henry 155

윌슨, 우드로Wilson, Woodrow 18, 163

유럽 50~54, 56, 149~152, 285~286

유로마이단 49, 312~313

유엔 총회 151, 158, 176~177

응징억제 79

이라크전쟁 69

일국양제 87, 117, 317

일대일로 120, 136, 295

일본 55, 149, 159, 162, 203, 209, 231, 240, 243~244, 258~260, 265~267, 330~332

ㅈ

자본주의 40~42, 65~70, 180, 220~223, 290

장궈타오張國燾 93, 257,

장원톈張聞天 256,

장제스蔣介石 94, 203~205, 211, 245~251, 252~261, 262~268

장징궈蔣經國 265

장쩌민江澤民 101,

저우언라이周恩來 93, 271

전면 엄격한 당 관리 110, 112, 138

전면적 영도(중국공산당) 91, 109, 123, 129

전술핵 75~81, 312~313, 323~326

제3세계 63, 213~216

제국주의 151~152, 233~234, 242, 317

제네바회담(1954년) 281~282

조반파 108, 124~128, 292~294

조선노동당 75, 77

주더朱德 93, 254

주요 모순 96, 101

중간지대의 혁명 202, 234, 288

중국 44~47, 56~58, 72~74, 87~89, 133~141, 202~205, 217~219, 230~236, 251~261, 264~283, 289~297

중국공산당 24, 89~94, 101, 203~205, 232, 236~240, 253~261, 271~278

중국몽 131

중산함 사건 249~252

중소분쟁 223

중소우호동맹상호원조조약(1950년) 240, 276

중소우호동맹조약(1945년) 158, 204, 265

중원대전 255

중일전쟁(1937~1945) 259~261

중화민족의 위대한 부흥 102, 113~115, 316~317

중화소비에트공화국(루이진 소비에트) 254

집단군 169

집단지도체제 89, 107, 122, 128

준이회의 104, 256

ㅊ

처칠, 윈스턴 S.Churchill, Winston S. 165~168, 174~176, 191~192, 209, 221
천두슈陳獨秀 93, 103, 253
(세계)체계의 카오스 68, 298~302
첸리췬錢理群 127, 291
초공전 203, 256~261
축적체제 62

ㅋ

카, E.H.Carr, Edward Hallett 163
카이로회담 156, 211, 261
커리, 로클린Currie, Lauchlin 155, 262
커즌선 183~194
케넌, 조지 F.Kennan, George F. 45, 276
코민테른 203, 217, 221, 245, 253~259
코민테른 해체 93~94, 260
쿠바 223
크림반도 71, 87, 120, 314
크림전쟁 197
클린턴, 빌Clinton, Bill 65
키이우(키예프) 169, 196

ㅌ

탈냉전 50~53, 59~62, 211
터키(튀르키예) 269
테헤란회담 164~168, 176, 269

트럼프, 도널드Trump, Donald 41, 60
트루먼, 해리 S.Truman, Harry S. 160~161, 181, 208~209, 264, 266, 268~269, 272

ㅍ

파리강화회의 244
파시즘 17~18, 38
파키스탄 78
팬데믹 15~16, 18
페데리치, 실비아Federici, Silvia 37
펠로시, 낸시Pelosi, Nancy 88, 319
포츠담회담 194, 206, 212, 269
포퓰리즘 41, 69, 301, 316
폴라니, 칼Polanyi, Karl 17
폴란드 38, 206
폴란드 영토 분할 182~187, 187~190, 194~195, 196~201
폴란드 임시정부 190~192, 272
푸틴 41, 50~52, 72~73, 88, 120, 200, 321
프랑스 50, 64, 72, 156, 158, 166~167, 174~177, 187, 199, 211, 270, 310
프랑스적 길 204~205, 264~268
프로이센 184~186, 189, 196, 208
핀란드 189, 201

ㅎ

하노이 노딜 75~80
한국전쟁 207, 212, 218, 225, 231, 236~241, 275~282, 285~287, 290, 315

한국전쟁 정전협정 218, 231, 282

항미 원조 218, 231, 240~241, 279~282, 290~291, 295~296, 322

해리먼, 애버렐Harriman, Averell 160, 180

핵무력 정책법 76~77, 79

핵억제 82

핵위기 80, 301, 315, 323~324, 333~335

헤게모니 50, 59~71, 133, 148, 151, 210, 224

현실주의(학파) 53, 60~64

혈통론 123~128, 317

홉킨스, 해리Hopkins, Harry 160, 170, 172, 205, 269

홍위병 123~127

홍콩 73, 87, 116~117, 130, 312~313, 317

화궈펑華國鋒 108

확증보복 78~81

황푸군관학교 245, 251~252

후진타오胡錦濤 100, 128, 234, 316

후차오무胡喬木 106

히스, 앨저Hiss, Alger 220, 289

히틀러, 아돌프Hitler, Adolf 168~169, 201

연결된 위기

**우크라이나 전쟁에서 한반도 핵위기까지,
알타체제의 해체는 무엇을 의미하는가**

1판 1쇄 펴냄   2023년 9월 22일
1판 2쇄 펴냄   2024년 1월 22일

지은이   백승욱
발행인   김병준
편집   정혜지
디자인   권성민
마케팅   김유정·차현지·최은규·이수빈
발행처   생각의힘

등록   2011. 10. 27. 제406-2011-000127호
주소   서울시 마포구 독막로6길 11, 우대빌딩 2, 3층
전화   02-6925-4183(편집), 02-6925-4188(영업)
팩스   02-6925-4182
전자우편   tpbook1@tpbook.co.kr
홈페이지   www.tpbook.co.kr

ISBN   979-11-93166-20-8   (93300)